TACITE,

TRADUIT

PAR DUREAU DE LAMALLE,

AVEC LES SUPPLÉMENTS DE BROTIER,

TRADUITS

PAR M. NOËL.

TOME QUATRIÈME.

IMPRIMERIE MOREAU,
Rue Montmartre, n° 39.

TACITE,

TRADUIT

PAR DUREAU DE LAMALLE,

DE L'ACADÉMIE FRANÇAISE,

AVEC LE TEXTE LATIN EN REGARD.

QUATRIÈME ÉDITION,

REVUE, CORRIGÉE ET AUGMENTÉE DES SUPPLÉMENTS DE BROTIER,

TRADUITS POUR LA PREMIÈRE FOIS

PAR M. NOËL,

CHEVALIER DE LA LÉGION-D'HONNEUR, INSPECTEUR GÉNÉRAL DES ÉTUDES,
MEMBRE DE PLUSIEURS SOCIÉTÉS SAVANTES.

AVEC DES PORTRAITS D'APRÈS LES MONUMENTS, ET UNE CARTE
DE L'EMPIRE ROMAIN.

A PARIS,

CHEZ L.-G. MICHAUD, LIBRAIRE-ÉDITEUR,

PLACE DES VICTOIRES, N°. 3.

M. DCCC. XXVII.

ANNALES
DE C. CORN. TACITE.

BREVIARIUM LIBRI QUINTI DECIMI.

I. Armeniam invadit Vologeses, Parthorum rex, quem Corbulo cautè, fortiter tamen repressit. VI. Caesennius Paetus adventat, proprius Armeniae tuendae dux: imperitiâ et temeritate rem perdit: Corbulo ei, sed serò, succurrit. XVIII. Romae decreta de Parthis tropaea, integro adhuc bello. XIX. Senatûs-consultum de fictis adoptionibus. XXIII. Neroni filia ex Poppaeâ nascitur. Ingens, sed fluxa laetitia. Infans, quartum intra mensem defuncta, honorem divae obtinet. XXIV. Parthorum legati Romam veniunt, super retinendâ Armeniâ: inriti remittuntur; et bellum Corbuloni permissum. Armeniam iterùm invadit; metuque Parthis injecto, ad colloquium ventum est. Placuit arma poni, et Tiridatem diadema statuae Neronis subjicere, nec nisi sponte ejus resumere. XXXII. Nationes Alpium maritimarum in jus Latii translatae. XXXIII. Nero Neapoli canit in publico: Romae luxu et libidine omnia polluit. XXXV. Torquatus Silanus mori adigitur. XXXVIII. Urbs ardet, forte incertum an dolo Principis, qui, patriae ruinis usus, auream domum exstruit. XLIV. Christiani quaesitissimis poenis adfecti, falso crimine incendii. Addita suppliciis ludibria. XLVII. Prodigia. XLVIII. Conjuratio in Neronem inita et prodita, duce ejus C. Pisone. Multi inlustrium interempti, quos inter Lucanus et Seneca. LXXIV.

SOMMAIRE DU LIVRE QUINZIÈME.

I. Vologèse, roi des Parthes, envahit l'Arménie ; Corbulon repousse l'invasion avec autant de prudence que de courage. VI. Césennius Pétus, chargé plus spécialement de la défense de l'Arménie. Son impéritie et sa témérité compromettent le salut de l'armée. Secours tardif que lui donne Corbulon. XVIII. Trophées décernés par le sénat avant que la guerre des Parthes soit terminée. XIX. Senatus-consulte contre les adoptions fictives. XXIII. Naissance d'une fille de Néron et de Poppée ; elle cause une joie vive, mais de peu de durée ; l'enfant meurt au bout de quatre mois ; on lui décerne les honneurs divins. XXIV. Ambassade des Parthes qui annonce leur prétention de garder l'Arménie. On les congédie avec un refus, et la conduite de la guerre est confiée à Corbulon. Ce général envahit de nouveau l'Arménie, et la terreur qu'il inspire aux Parthes les force de demander une entrevue. Ils consentent à mettre bas les armes, et Tiridate à déposer son diadème aux pieds de la statue de Néron, pour ne le reprendre que sous son bon plaisir. XXXII. Nations des Alpes maritimes admises aux priviléges du Latium. XXXIII. A Naples, Néron chante en public ; à Rome, son luxe et ses dissolutions portent partout la corruption. XXXV. Torquatus Silanus est forcé de se donner la mort. XXXVIII. Incendie de Rome, effet du hasard ou l'ouvrage de Néron. Il s'établit sur les ruines de sa patrie et se bâtit un palais que son luxe fait nommer le *palais d'or*. XLIV. Les chrétiens sont livrés aux plus cruelles tortures, supposés auteurs de

BREVIARIUM.

Decreta dona et grates diis. Mensis Aprilis Neronis cognomentum accipit.

Gesta hæc annis paulò ampliùs tribus.

A. U. C.	J.-C.	
DCCCXVI.	63. coss.	C. Memmio Regulo. L. Verginio Rufo.
DCCCXVII.	64. coss.	C. Læcanio Basso. M. Licinio Crasso.
DCCCXVIII.	65. coss.	A. Licinio Nervà Siliano. M. Vestino Attico.

SOMMAIRE.

l'incendie ; à leurs supplices se joint la dérision. **XLVII.** Prodiges. **XLVIII.** Conjuration contre Néron, à la tête de laquelle est Pison. Découverte du complot. Mort de plusieurs personnages illustres, du nombre desquels sont Sénèque et Lucain. **LXXIV.** Offrandes et actions de grâces décernées aux dieux. Le mois d'avril reçoit le surnom de Néron.

Espace d'un peu plus de trois ans.

A. DE R.	DE J.-C.		
DCCCXVI.	63. cons.	{	C. Memmius Régulus. L. Verginius Rufus.
DCCCXVII.	64. cons.	{	C. Læcanius Bassus. M. Licinius Crassus.
DCCCXVIII.	65. cons.	{	A. Licinius Nerva Silianus. M. Vestinus Atticus.

C. CORNELII TACITI

ANNALIUM

LIBER DECIMUS QUINTUS.

I. *INTEREA rex Parthorum Vologeses, cognitis Corbulonis rebus, regemque alienigenam Tigranen Armeniæ impositum; simul, fratre Tiridate pulso, spretum Arsacidarum fastigium ire ultum volens, magnitudine rursùm romanâ et continui fœderis reverentiâ, diversas ad curas trahebatur: cunctator ingenio, et defectione Hyrcanorum, gentis validæ, multisque ex eo bellis inligatus. Atque illum ambiguum novus insuper nuntius contumeliæ exstimulat: quippè egressus Armeniâ Tigranes, Adiabenos, conterminam nationem, latiùs ac diutiùs quàm per latrocinia vastaverat: idque primores gentium ægrè tolerabant: eò contemptionis descensum ut, ne duce quidem romano incursarentur, sed temeritate obsi-

* An de Rome 815.

ANNALES

DE C. CORN. TACITE.

LIVRE QUINZIÈME.

I. Cependant Vologèse, roi des Parthes, ayant appris les succès de Corbulon, et qu'on avait placé Tigrane, un étranger, sur le trône de l'Arménie, voulait aller venger l'injure faite à la majesté des Arsacides par l'expulsion de son frère Tiridate; puis, dans le même moment, la considération de la grandeur romaine et d'une ancienne alliance non interrompue ramenait à des mouvements contraires ce monarque, naturellement irrésolu, entravé, d'ailleurs, par la révolte des Hyrcaniens, nation puissante, et par toutes les guerres que cette révolte avait entraînées à sa suite. Au milieu de ces incertitudes, la nouvelle d'un second outrage vient aiguillonner son orgueil. Tigrane, ne se renfermant point dans l'Arménie, avait été ravager l'Adiabène*, province limitrophe; et, pour une incursion furtive, le ravage

---

* Partie du Kurdistan et de la Mésopotamie.

dis, tot per annos inter mancipia habiti. Accendebat dolorem eorum Monobazus, quem penes Adiabenum regimen, quod praesidium, aut undè peteret, rogitans. Jam de Armeniâ concessum; et proxima trahi, nisi defendant Parthi : levius servitium apud Romanos deditis, quàm captis esse. Tiridates quoque regni profugus, per silentium haud modicè querendo, gravior erat. Non enim ignaviâ magna imperia contineri : virorum armorumque faciendum certamen. Id in summâ fortunâ æquius quod validius. Et sua retinere privatæ domûs : de alienis certare, regiam laudem esse.

II. Igitur, commotus his, Vologeses concilium vocat, et proximum sibi Tiridatem constituit, atque ità orditur : « Hunc ego, eodem mecum patre geni-
» tum, cùm mihi, per ætatem, summo nomine con-
» cessisset, in possessionem Armeniæ deduxi, qui
» tertius potentiæ gradus habetur : nam Medos Pa-
» corus antè ceperat : videbarque, contra vetera
» fratrum odia et certamina, familiæ nostræ penates
» rite composuisse : prohibent Romani, et pacem
» ipsis nunquàm prosperè lacessitam, nunc quoque

avait duré long-temps et embrassé un grand terrain. C'est ce qui indignait surtout les grands du royaume. Ils se voyaient tombés dans un tel mépris que Rome ne daignait pas même envoyer contre eux un de ses généraux, et qu'elle les livrait aux insultes d'un vil otage, confondu long-temps parmi ses esclaves. Le gouverneur de l'Adiabène, Monobaze, enflammait encore le dépit (1) de la nation. Dans toutes ses lettres il demandait qui prendrait donc leur défense, à qui donc ils s'adresseraient? On avait déjà fait le sacrifice de l'Arménie; il faudrait en faire bien d'autres, puisque les Parthes renonçaient à les soutenir; leur chaîne serait plus légère en se soumettant aux Romains, qu'en devenant leurs captifs. Mais Tiridate, par sa présence seule, accusait encore plus Vologèse; la vue de ce prince, fugitif et détrôné, disait (2) assez haut que les grands empires ne se maintenaient point avec de la pusillanimité; que c'était avec des soldats et des armes qu'il aurait fallu combattre; qu'entre souverains, c'était la force qui réglait les droits; que des citoyens pouvaient se borner à conserver leur héritage; que la gloire des rois était de travailler à l'agrandir.

II. Entraîné par tous ces motifs, Vologèse assemble un conseil, où il place Tiridate, immédiatement à côté de lui, et il parle ainsi : « Mon frère Tiridate m'avait cédé, en
» faveur de mon âge, cette couronne, la première de tou-
» tes, et je l'avais dédommagé par la possession de l'Armé-
» nie qui passe pour le troisième établissement de notre
» maison; car les Mèdes étaient échus d'avance à Pacorus.
» Par-là, je me flattais d'avoir étouffé ces haines et ces ri-
» valités qui désunissent les frères, et assuré la tranquillité
» de ma famille. Les Romains s'y opposent. Oubliant com-
» bien il leur en a coûté jadis pour avoir provoqué les Par-

» in exitium abrumpunt. Non ibo inficias : æquitate
» quàm sanguine, caussâ quàm armis, retinere parta
» majoribus malueram : si cunctatione deliqui, vir-
» tute corrigam. Vestra quidem vis et gloria in inte-
» gro est, additâ modestiæ famâ; quæ neque sum-
» mis mortalium spernenda est, et à diis æstimatur.»
Simul diademate caput Tiridatis evinxit; promptam
equitum manum, quæ regem ex more sectatur, Mo-
nesi, nobili viro, tradidit, adjectis Adiabenorum
auxiliis : mandavitque Tigranem Armeniâ exturbari,
dùm ipse, positis adversùs Hyrcanos discordiis,
vires intimas, molemque belli ciet, provinciis romanis minitans.

III. Quæ ubi Corbuloni certis nuntiis audita sunt,
legiones duas cum Verulano Severo, et Vettio Bola-
no, subsidium Tigrani mittit, occulto præcepto,
compositiùs cuncta quàm festinantiùs agerent : quippè
bellum habere quàm gerere malebat. Scripseratque
Cæsari proprio duce opus esse qui Armeniam defen-
deret : Syriam, ingruente Vologese, acriore in discrimine esse. Atque interim reliquas legiones pro
ripâ Euphratis locat, tumultuariam provincialium
manum armat : hostiles ingressus præsidiis intercipit. Et, quià egena aquarum regio est, castella fon-
tibus imposita : quosdam rivos congestu arenæ ab-
didit.

» thes, ils nous provoquent encore pour se préparer de nou-
» velles humiliations. Je ne le nierai point; j'avais préféré
» la négociation à la guerre, et je voulais maintenir les con-
» quêtes de nos ancêtres par la justice plutôt que par la force.
» Si j'ai failli, mon courage réparera les erreurs de ma politi-
» que. Votre puissance est entière ainsi que votre honneur, et
» vous avez de plus le mérite de la modération, vertu que
» ne dédaignent point les plus grands des mortels, et dont
» les dieux nous tiennent compte. » En même temps, il
ceint du diadème le front de Tiridate; il donne à Monèse,
guerrier d'une naissance illustre, cette brave cavalerie qui
accompagne toujours les rois ; il y joint les troupes des
Adiabéniens, et lui ordonne d'aller chasser Tigrane de l'Arménie, tandis que, lui-même, renonçant à ses démêlés avec
l'Hyrcanie, s'environnait de toutes ses forces et d'un appareil de guerre formidable, prêt à fondre à chaque instant
sur les provinces romaines.

III. Corbulon, exactement informé de ces mouvements,
envoya sur-le-champ au secours de Tigrane deux légions,
sous la conduite de Vérulanus Sévérus et de Vettius Bolanus, avec un ordre secret de mettre en tout plus de prudence
que de précipitation; car il ne voulait point engager la
guerre; il préférait la repousser. Il avait écrit à Néron que
l'Arménie avait besoin d'un général particulier, que la Syrie, menacée par Vologèse, était dans un danger plus pressant. En attendant, il place ce qui lui restait de légions le
long de l'Euphrate; il lève à la hâte un corps de troupes
dans la province (3); fortifie tous les passages par où l'ennemi pouvait pénétrer : des redoutes, construites sur les sources,
lui assurèrent le peu d'eau que fournit la contrée ; quelques
ruisseaux furent ensevelis sous des monceaux de sable.

IV. Ea dùm à Corbulone tuendæ Syriæ parantur, acto raptim agmine Moneses, ut famam suî præiret, non ideò nescium aut incautum Tigranem offendit. Occupaverat Tigranocerta, urbem copiâ defensorum et magnitudine mœnium validam. Ad hæc Nicephorius, amnis haud spernendâ latitudine, partem murorum ambit : et ducta ingens fossa quà fluvio diffidebatur. Inerantque milites, et provisi antè commeatus : quorum subvectu pauci avidiùs progressi, et repentinis hostibus circumventi, irâ magis quàm metu, ceteros accenderant. Sed Partho ad exsequendas obsidiones nulla cominùs audacia : raris sagittis, neque clausos exterret, et semet frustratur. Adiabeni, cùm promovere scalas et machinamenta inciperent, facilè detrusi, mox, erumpentibus nostris, cæduntur.

V. Corbulo tamen, quamvis secundis rebus suis, moderandum fortunæ ratus, misit ad Vologesen qui expostularent vim provinciæ inlatam : socium amicumque regem, cohortes romanas circumsideri : omitteret potiùs obsidionem, aut se quoque in agro hostili castra positurum. Casperius centurio, in eam legationem delectus, apud oppidum Nisibin, septem et triginta millibus passuum à Tigranocertâ distantem, adiit regem, et mandata ferociter edidit. Vologesi vetus et penitùs infixum erat arma romana vitandi : nec præsentia prosperè fluebant : inritum

IV. Tandis que Corbulon pourvoyait ainsi à la défense de la Syrie, Monèse précipitait sa marche, afin de prévenir jusqu'au bruit de son arrivée ; il n'en trouva pas moins Tigrane instruit et précautionné. Celui-ci avait occupé Tigranocerte*, ville très-forte, et par le nombre de ses défenseurs, et par la hauteur de ses murailles. De plus, le Nicéphore, rivière assez large, entoure une partie des murs; et, dans les endroits où l'on se défiait du fleuve, on y avait suppléé par un fossé profond. La place, depuis long-temps, était munie de soldats et de vivres ; et le malheur d'un petit détachement que l'ardeur avait emporté trop loin au-devant d'un convoi, et qui fut enveloppé brusquement par l'ennemi, avait donné, au reste, plus de colère que de crainte. D'ailleurs les Parthes n'entendent point les siéges; ils n'osent attaquer de près, et tous leurs efforts se bornent à quelques flèches qui, derrière des murs, sont peu à craindre. Les Adiabènes voulurent tenter une escalade et employer des machines : on les repoussa sans peine, et, dans ce moment, une sortie brusque des nôtres leur tua beaucoup de monde.

V. Corbulon, toutefois, malgré le succès de ses armes, persuadé qu'il fallait de la modération dans la prospérité, députa vers Vologèse, pour se plaindre qu'on eût envahi leur province; qu'un roi, leur allié et leur ami, que des cohortes romaines fussent ainsi resserrées. Il demandait la levée du siége, sinon il irait lui-même camper sur les terres ennemies. Le centurion Caspérius, chargé de la députation, trouva le roi à Nisibe**, à trente-sept mille pas de Tigranocerte, et il énonça ses ordres avec hauteur. De tout temps,

* Tigranocerte est, suivant d'Anville, la ville de Séred ; le Nicéphore est la rivière de Khabour.
** Presque le même nom, Nésibin.

obsidium : tutus manu et copiis Tigranes : fugati qui expugnationem sumpserant : missæ in Armeniam legiones : et aliæ pro Syriâ, paratæ ultrò inrumpere : sibi imbecillum equitem pabuli inopiâ : nam exorta vis locustarum ambederat quidquid herbidum aut frondosum. Igitur, metu abstruso, mitiora obtendens, missurum ad imperatorem romanum legatos, super petendâ Armeniâ, et firmandâ pace, respondet. Monesem omittere Tigranocerta jubet; ipse retrò concedit.

VI. Hæc plures, ut formidine regis, et Corbulonis minis patrata magnificè extollebant. Alii occultè pepigisse interpretabantur; ut, omisso utrinquè bello, et abeunte Vologese, Tigranes quoque Armeniâ abscederet. Cur enim exercitum romanum à Tigranocertis deductum? cur deserta per otium quæ bello defenderant? An meliùs hibernavisse in extremâ Cappadociâ, raptim erectis tuguriis, quàm in sede regni modò retenti? Dilata prorsùs arma, ut Vologeses cum alio quàm cum Corbulone certaret : Corbulo meritæ tot per annos gloriæ non ultrà periculum faceret. Nam, ut retuli, proprium ducem tuendæ Armeniæ poposcerat, et adventare Cæsennius Pætus audiebatur : jamque aderat, copiis ità divisis ut quarta et duodecima legiones, additâ quintâ, quæ recèns è Mœsis excita erat, simul Pontica, et Galatarum Cappadocumque auxilia Pæto obedirent : ter-

Vologèse avait tenu fortement à l'idée de ne point se compromettre avec les armes romaines ; et alors les affaires ne prenaient pas un cours heureux ; le siége n'avançait point, on avait été repoussé dans l'assaut ; Tigrane était pourvu d'hommes et de vivres ; des légions protégeaient l'Arménie ; d'autres, le long de la Syrie, menaçaient ses propres États ; la disette de fourrage épuisait sa cavalerie ; des armées dévorantes de sauterelles n'avaient laissé ni herbe, ni feuille. Vologèse, renfermant ses craintes, et feignant de se radoucir, répondit qu'il allait députer vers l'empereur de Rome, pour demander l'Arménie et consolider la paix. Il ordonna à Monèse d'abandonner Tigranocerte ; il revint lui-même sur ses pas.

VI. La multitude, attribuant cette retraite aux craintes du monarque et aux menaces de Corbulon, l'exaltait comme un exploit magnifique. D'autres soupçonnaient un traité secret, par lequel la guerre devait cesser des deux côtés, et Tigrane évacuer l'Arménie en même temps que Vologèse. Car autrement, pourquoi retirer l'armée romaine de Tigranocerte ? Pourquoi abandonner, dans la paix, ce qu'on avait défendu dans la guerre ? Hivernerait-on plus commodément à l'extrémité de la Cappadoce, dans des baraques construites à la hâte, que dans la capitale d'un royaume où l'on venait de se maintenir ? Certes, on n'avait voulu que reculer la guerre : Vologèse, pour éviter d'avoir en tête Corbulon ; Corbulon, pour ne plus compromettre une gloire, ouvrage de tant d'années. En effet, il avait demandé, comme je l'ai dit, un chef particulier pour la défense de l'Arménie, et l'on attendait Pætus* incessam-

---

* Cæsennius Pætus.

tia et sexta et decima legiones, priorque Syriæ miles, apud Corbulonem manerent. Cetera ex rerum usu sociarent, partirenturve. Sed neque Corbulo æmuli patiens; et Pætus, cui satis ad gloriam erat si proximus haberetur, despiciebat gesta, nihil cædis aut prædæ, usurpatas nomine tenùs urbium expugnationes dictitans : se tributa ac leges, et, pro umbrâ regis, romanum jus victis impositurum.

VII. Sub idem tempus, legati Vologesis, quos ad Principem missos memoravi, revertêre inriti : bellumque propalàm sumptum à Parthis : nec Pætus detrectavit, sed duabus legionibus, quarum quartam Funisulanus Vettonianus eo in tempore, duodecimam Calavius Sabinus regebant, Armeniam intrat, tristi omine. Nam, in transgressu Euphratis, quem ponte transmittebat, nullâ palàm caussâ, turbatus equus qui consularia insignia gestabat, retrò evasit. Hostiaque, quæ muniebantur, hibernaculis adsistens, semifacta opera fugâ perrupit, seque vallo extulit : et pila militum arsêre*, magis insigni prodigio, quia parthus hostis missilibus telis decertat.

---

* Ce phénomène électrique était alors regardé comme un prodige.

ment. A son arrivée, les troupes furent partagées : la quatrième et la douzième légions, avec la cinquième qu'on venait de tirer de la Mésie, et les auxiliaires du Pont, de Galatie et de Cappadoce, obéirent à Pætus; la troisième, la sixième, la dixième et les anciens soldats de Syrie restèrent sous les ordres de Corbulon. Du reste, ils devaient, selon que le bien du service l'exigerait, agir de concert, ou séparément. Corbulon ne pouvait souffrir même qu'on s'égalât à lui; et Pætus, qui eût dû se trouver encore très-honoré d'être mis à quelque distance de ce grand homme, ne parlait qu'avec mépris de ses exploits; il disait sans cesse qu'on n'avait point gagné de batailles, qu'on n'avait point enlevé de butin; que ces conquêtes de places, dont on se prévalait, n'étaient qu'imaginaires; qu'il saurait bien, lui, imposer aux vaincus des lois et des tributs, et substituer à ce fantôme de roi la domination romaine.

VII. Vers le même temps, les députés que Vologèse avait envoyés à Rome, comme on l'a vu plus haut, revinrent sans avoir rien terminé; les Parthes entreprirent ouvertement la guerre, et Pætus ne s'y refusa point. Il prend deux légions, la quatrième et la douzième, commandées, l'une par Vettonianus*, l'autre par Calavius, et il entre dans l'Arménie, sous les auspices les plus sinistres. Comme il passait l'Euphrate sur un pont, le cheval qui portait les ornements consulaires, saisi d'effroi, sans cause apparente, revint sur ses pas; une victime qu'on tenait attachée auprès de quelques fortifications commencées, franchit les ouvrages à demi-construits, et s'enfuit hors des retranchements. Le feu prit à des javelots de légionnaires : prodige qui frappa d'autant plus,

---

* Funisulanus Vettonianus, Calavius Sabinus.

VIII. Ceterùm Pætus, spretis ominibus, nec dùm satis firmatis hibernaculis, nullo rei frumentariæ provisu, rapit exercitum trans montem Taurum, reciperandis, ut ferebat, Tigranocertis, vastandisque regionibus quas Corbulo integras omisisset. Et capta quædam castella, gloriæque et prædæ nonnihil partum, si aut gloriam cum modo, aut prædam cum curâ habuisset. Longinquis itineribus percursando, quæ obtineri nequibant, corrupto qui captus erat commeatu, et instante jam hieme, reduxit exercitum, composuitque ad Cæsarem litteras, quasi confecto bello, verbis magnificis, rerum vacuas.

IX. Interim Corbulo nunquàm neglectam Euphratis ripam crebrioribus præsidiis insedit : et, ne ponti injiciendo impedimentum hostiles turmæ adferrent, (jam enim subjectis campis magnà specie volitabant) naves magnitudine præstantes, et connexas trabibus, ac turribus auctas, agit per amnem, catapultisque et balistis proturbat Barbaros, in quos saxa et hastæ longiùs permeabant quàm ut contrario sagittarum jactu adæquarentur. Dein pons continuatus; collesque adversi, per socias cohortes, pòst legionum castris occupantur, tantâ celeritate et ostentatione virium ut Parthi, omisso paratu invadendæ Syriæ, spem omnem in Armeniam verterent.

X. Ibi Pætus, imminentium nescius, quintam

que les Parthes ne combattent qu'avec des armes de trait.

VIII. Pætus bravant les présages, et n'ayant ni assez fortifié ses camps, ni aucunement pourvu à ses subsistances, franchit précipitamment le mont Taurus, pour aller, comme il s'en vantait, reprendre Tigranocerte, et ravager des contrées qu'il disait n'avoir point été entamées par Corbulon. En effet, il prit quelques forts, et il eût remporté un peu de butin et de gloire, s'il eût su borner l'une et veiller sur l'autre. Il s'épuisa à parcourir de vastes pays qu'il ne pouvait garder; il laissa gâter les provisions qu'il avait prises; enfin se voyant pressé par l'hiver, il ramena son armée, et il écrivit à Néron comme s'il eût terminé la guerre, couvrant, sous le faste des expressions, la nullité de ses exploits.

IX. Pendant ce temps, Corbulon, qui n'avait jamais négligé la rive de l'Euphrate, la garnissait encore de nouvelles fortifications; et, de peur que la cavalerie ennemie (car on la voyait déjà se déployer dans les plaines voisines avec un appareil imposant) ne vînt troubler la construction d'un pont qu'il faisait jeter sur le fleuve, il fit avancer, le long de la rivière, de très-grands navires, qu'il lia par des poutres, et qu'il hérissa de tours; il contint les Barbares avec les catapultes et les balistes, qui lançaient des pierres et des javelines à des distances que leurs flèches ne pouvaient franchir. Le pont fut achevé sans interruption; et, aussitôt, il fit occuper les collines opposées par les cohortes alliées; puis, par un camp de légions, avec une telle promptitude et une telle apparence de forces, que les Parthes, renonçant à leurs projets d'invasion en Syrie, tournèrent vers l'Arménie toutes leurs espérances.

X. Là, Pætus s'abandonnait à une sécurité profonde; il

legionem procul in Ponto habebat; reliquias promiscuis militum commeatibus infirmaverat; donec, adventare Vologesen magno et infenso agmine, auditum. Accitur legio duodecima, et, undè famam aucti exercitûs speraverat, prodita infrequentia : quâ tamen retineri castra, et eludi Parthus tractu belli poterat, si Pæto, aut in suis, aut in alienis consiliis, constantia fuisset. Verùm, ubi à viris militaribus adversùs urgentes casus firmatus erat, rursùs, ne alienæ sententiæ indigens videretur, in diversa ac deteriora transibat. Et tunc, relictis hibernis, non fossam neque vallum sibi, sed corpora et arma in hostem data clamitans, duxit legiones, quasi prælio certaturus. Deindè, amisso centurione et paucis militibus, quos visendis hostium copiis præmiserat, trepidus remeavit. Et, quià minùs acriter Vologeses institerat, vanâ rursùs fiduciâ, tria millia delecti peditis proximo Tauri jugo imposuit, quò transitum regis arcerent. Alares quoque Pannonios, robur equitatûs, in parte campi locat. Conjunx ac filius castello, cui Arsamosata nomen est, abditi, datâ in præsidium cohorte, ac disperso milite, qui, in uno habitus, vagum hostem promptiùs sustentavisset : et ægrè compulsum ferunt, ut instantem Corbuloni fateretur : nec à Corbulone properatum, quo, gliscentibus periculis, etiam subsidii laus augeretur. Expediri tamen itineri singula millia ex tribus legionibus, et alarios octingentos, parem numerum è cohortibus jussit.

tenait la cinquième légion au loin dans le Pont ; il avait affaibli toutes les autres par une foule de congés indiscrets, lorsqu'il apprit que Vologèse allait fondre sur lui avec une armée formidable. Aussitôt il mande la douzième légion ; mais ce corps très-incomplet, au lieu d'augmenter, comme il le croyait, la réputation de ses forces, en décela la faiblesse. Toutefois il eût pu encore se maintenir dans son camp, et, en traînant la guerre, faire échouer les Parthes, s'il eût su former un projet, ou suivre celui des autres. Mais, quand de sages conseils l'avaient tiré d'un péril pressant, dans la crainte de paraître dépendre des lumières d'autrui, il reprenait aussitôt une résolution contraire, et toujours plus mauvaise. D'abord, abandonnant son camp, et ne cessant de crier qu'avec des bras et des armes on n'avait besoin ni de remparts, ni de retranchements, il marche comme s'il eût voulu combattre ; puis, ayant perdu un centurion et quelques soldats, qu'il avait envoyés reconnaître l'ennemi, il revient précipitamment sur ses pas. Ensuite, comme Vologèse avait mis peu d'ardeur dans sa poursuite, reprenant sa vaine présomption, il posta trois mille hommes, l'élite de son infanterie, sur une montagne du Taurus, la plus proche, afin de fermer le passage au roi ; il jeta aussi l'élite de sa cavalerie, la division de Pannonie, dans un coin de la plaine. Sa femme et son fils furent envoyés au fond d'un château, nommé Arsamosate*, et il leur donna une cohorte pour les garder. Il dispersa ainsi toutes ses troupes, qui, réunies, auraient eu plus de courage contre un ennemi mal discipliné ; et ce ne fut, dit-on, qu'à la dernière extrémité qu'il se détermina à avouer sa détresse à Corbulon,

---

* Aujourd'hui Simsat.

XI. At Vologeses, quamvis obsessa à Pæto itinera hinc peditatu, indè equite accepisset, nihil mutato consilio, sed vi ac minis alares exterruit, legionarios obtrivit, uno tantùm centurione, Tarquitio Crescente, turrim in quâ præsidium agitabat defendere auso, factâ sæpiùs eruptione, et cæsis qui Barbarorum propiùs suggrediebantur, donec ignium jactu circumveniretur: peditum si quis integer, longinqua et avia; vulnerati, castra repetivêre: virtutem regis, sævitiam et copias gentium, cuncta metu extollentes, facili credulitate eorum qui eadem pavebant. Ne dux quidem obniti adversis, sed cuncta militiæ munia deseruerat, missis iterùm ad Corbulonem precibus veniret properè, signa et aquilas, et nomen reliquum infelicis exercitûs tueretur: se fidem interim, donec vita suppeditet, retenturos.

XII. Ille, interritus, et parte copiarum apud Syriam relictâ, ut munimenta Euphrati imposita retinerentur; quà proximum, et commeatibus non egenum, regionem Comagenam, exin Cappadociam,

qui, dit-on aussi, ne se pressa point, laissant croître le péril pour donner plus d'éclat au secours. Corbulon, pourtant, tira de chacune de ses trois légions mille hommes qui, avec huit cents chevaux et un nombre égal de fantassins auxiliaires, reçurent l'ordre de se disposer à partir.

XI. Cependant Vologèse, sans s'effrayer un instant de cette cavalerie et de cette infanterie, dont il savait que Pætus avait embarrassé sa marche, persiste dans son plan. Ses attaques, ses dispositions seules, épouvantèrent la cavalerie Pannonienne; les légionnaires furent écrasés; il n'y eut qu'un seul centurion, Tarquitius Crescens, qui osa défendre une tour, dont il commandait la garnison; après avoir fait de fréquentes sorties, et taillé en pièces tous les Barbares qui approchaient, il ne succomba qu'au moment où il fut enveloppé par les flammes. Quelques fantassins, que le fer épargna, se sauvèrent au loin dans les déserts, les blessés, dans le camp, débitant, sur la valeur du roi, sur la cruauté et sur les forces des vainqueurs, toutes les exagérations de la crainte, facilement recueillies par ceux qui ont peur. Le général, lui-même, n'avait plus la force de combattre ces terreurs, et il avait abandonné toutes fonctions militaires; seulement il envoya de nouveau presser Corbulon de venir au plus tôt sauver leurs enseignes, leurs aigles, et les restes malheureux d'une armée presque détruite; il promettait de se défendre, en attendant, jusqu'au dernier soupir.

XII. Corbulon, toujours intrépide, ayant laissé en Syrie une partie de ses troupes pour garder ses fortifications sur l'Euphrate, prit le chemin le plus court et le plus commode pour les subsistances; il gagna la Comagène, ensuite la Cap-

indè Armenios petivit. Comitabantur exercitum, præter alia sueta bello, magna vis camelorum, onusta frumento, ut simul hostem famemque depelleret. Primum è perculsis Pactium, primipili centurionem, obvium habuit, dein plerosque militum : quos diversas fugæ caussas obtendentes, redire ad signa, et clementiam Pæti experiri monebat: se nisi victoribus immitem esse. Simul suas legiones adire, hortari, priorum admonere, novam gloriam ostendere; non vicos aut oppida Armeniorum, sed castra romana, duasque in iis legiones pretium laboris peti. Si singulis manipularibus præcipua servati civis corona, imperatoriâ manu tribueretur; quod illud et quantum decus, ubi par eorum numerus adipisceretur, qui attulissent salutem, et qui accepissent ? His atque talibus in commune alacres, (et erant quos pericula fratrum, aut propinquorum propriis stimulis incenderent) continuum diù noctùque iter properabant.

XIII. Eòque intentiùs Vologeses premere obsessos, modò vallum legionum, modò castellum, quo imbellis ætas defendebatur, adpugnare, propiùs incedens quàm mos Parthis, si eâ temeritate hostem in prælium eliceret. At illi vix contuberniis extracti: nec aliud quàm munimenta propugnabant; pars jussu ducis, et alii propriâ ignaviâ, ut Corbulonem

padoce, de là l'Arménie. Avec l'armée, outre l'attirail ordinaire, marchaient des troupes nombreuses de chameaux chargés de blé, afin de repousser à la fois et la famine et l'ennemi. Le premier objet qui vint s'offrir à sa vue fut le primipilaire Pactius, un des fuyards; ensuite plusieurs soldats. Comme ils donnaient à leur fuite différents prétextes, il leur conseilla de retourner à leurs drapeaux et d'essayer leurs supplications sur Pætus : quant à lui, il était impitoyable pour ceux qui se laissaient vaincre. En même temps, il parcourait les rangs de ses propres légions; il les excitait; il leur rappelait leur ancienne gloire; il leur en promettait une nouvelle. Ce n'étaient plus de simples villes, ou des bourgades d'Arménie; c'était un camp romain, et, dans ce camp, douze mille légionnaires qui allaient devenir le prix de leurs travaux; chacun d'eux pouvait se flatter de recevoir, de la main de son général, cette couronne si glorieuse qu'obtiennent les libérateurs des citoyens; et, alors, quel honneur signalé pour une armée entière où l'on compterait autant de libérateurs que de soldats? Ces motifs et d'autres pareils, les animant tous d'une ardeur commune (et il y en avait que le péril d'un proche ou d'un frère aiguillonnait et enflammait plus particulièrement), ils pressent leur marche jour et nuit sans interruption.

XIII. Vologèse redoublait d'autant plus ses efforts contre les assiégés : tantôt il insultait le retranchement des légions, tantôt le château qui recélait les enfants et les femmes; il s'avançait même plus près qu'il n'est ordinaire aux Parthes, dans l'espoir que cette témérité pourrait attirer les Romains au combat. Mais à peine pouvaient-ils s'arracher de leurs tentes, et ils se bornaient à défendre leurs palissades, suivant l'ordre du général; la plupart aussi, par lâcheté, vou-

opperientes, ac, si vis ingrueret, provisis exemplis Caudinæ ac Numantinæ cladis : neque eamdem vim Samnitibus, Italico populo, aut Pœnis romani imperii æmulis. Validam quoque et laudatam antiquitatem, quotiens fortuna daret, saluti consuluisse. Quâ desperatione exercitûs dux subactus, primas tamen litteras ad Vologesen, non supplices, sed in modum querentis composuit, quòd pro Armeniis semper romanæ ditionis, aut subjectis regi, quem Imperator delegisset, hostilia faceret : pacem ex æquo utilem : nec præsentia tantùm spectaret : ipsum adversùs duas legiones, totis regni viribus advenisse : at Romanis orbem terrarum reliquum, quo bellum juvarent.

XIV. Ad ea Vologeses, nihil pro caussâ, sed opperiendos sibi fratres, Pacorum ac Tiridaten, rescripsit; illum locum tempusque consilio destinatum, quo de Armeniâ cernerent : adjecisse deos dignum Arsacidarum, simul et de legionibus romanis statuerent. Missi pòst à Pæto nuntii, et regis colloquium petitum, qui Vasacen, præfectum equitatûs, ire jussit. Tùm Pætus, Lucullos, Pompeios, et si qua Cæsares obtinendæ donandæve Armeniæ egerant : Vasaces, imaginem retinendi largiendive penes nos, vim penes Parthos memorat. Et multùm invicem disceptato, Monobazus Adiabenus in diem posterum testis iis quæ pepigissent, adhibetur. Pla-

lant attendre Corbulon, et, au cas qu'ils fussent trop pressés, s'autorisant d'avance des journées de Numance et des fourches Caudines. On se disait que ni les Samnites, ni aucun peuple d'Italie, ni les Carthaginois, rivaux de notre empire, n'avaient été aussi redoutables; que ces anciens Romains, si braves et si vantés, toutes les fois qu'ils avaient désespéré de vaincre, avaient songé à vivre. Le général, ne résistant plus à ce découragement de l'armée, écrivit à Vologèse, sans toutefois, dans sa première lettre, s'abaisser à un ton suppliant; il prenait, au contraire, celui du reproche : Que les Arméniens, objets de ses hostilités, avaient toujours été soumis, ou à Rome, ou à des souverains du choix de l'Empereur; que la paix était avantageuse aux deux partis, et qu'il ne fallait pas s'arrêter seulement au présent; que le monarque était venu, avec toutes les forces de son empire, contre deux légions; mais qu'il restait aux Romains l'univers pour soutenir leur querelle.

XIV. Vologèse, sans entrer dans aucune discussion, répondit qu'il attendait ses frères, Pacorus et Tiridate; qu'il leur avait fixé ce temps et ce lieu pour décider, dans un conseil, du sort de l'Arménie; que, puisque les dieux y joignaient cette faveur digne des Arsacides, ils prononceraient en même temps sur les légions romaines. Pætus députa de nouveau, pour demander une entrevue au roi, qui envoya à sa place Vasacès, préfet de cavalerie. Dans cette conférence, Pætus cita les Lucullus, les Pompées, et tous les actes des Césars qui avaient ou possédé ou donné l'Arménie. Vasacès répondit que les Romains avaient la prétention, que les Parthes avaient la force. Enfin, après bien des débats, l'Adiabène Monobaze assista le lendemain, comme témoin, au traité qui se conclut; et l'on régla qu'on

cuitque liberari obsidio legiones, et decedere omnem militem finibus Armeniorum; castellaque et commeatus Parthis tradi : quibus perpetratis, copia Vologesi fieret mittendi ad Neronem legatos.

XV. Interim, flumini Arsaniæ (is castra præfluebat) pontem imposuit, specie sibi illud iter expedientis : sed Parthi, quasi documentum victoriæ, jusserant : namque iis usui fuit : nostri per diversum iêre. Addidit rumor sub jugum missas legiones, et alia ex rebus infaustis, quorum simulacrum ab Armeniis usurpatum est. Namque et munimenta ingressi sunt, antequàm agmen romanum excederet, et circumstetêre vias, captivá olim mancipia, aut jumenta agnoscentes, abstrahentesque. Raptæ etiam vestes, retenta arma, pavido milite, et concedente, ne qua prælii caussa exsisteret. Vologeses, armis et corporibus cæsorum aggregatis, quò cladem nostram testaretur, visu fugientium legionum abstinuit. Famæ moderationis quærebatur, postquàm superbiam expleverat. Flumen Arsaniam elephanto insidens, et proximus quisque regem, vi equorum, perrupêre, quia rumor incesserat pontem cessurum oneri, dolo fabricantium : sed qui ingredi ausi sunt validum et fidum intellexêre.

léverait le siége ; que les Romains évacueraient entièrement l'Arménie ; qu'on livrerait aux Parthes les châteaux et les magasins ; que, tous ces arrangements consommés, on laisserait à Vologèse le temps d'envoyer à Néron des ambassadeurs.

XV. Dans l'intervalle, Pætus construisit un pont sur le fleuve Arsanias*, qui coulait au pied du camp, sous prétexte que ce pont lui faciliterait sa route ; mais les Parthes avaient exigé ce monument de leur victoire. En effet, il ne servit qu'à eux : les Romains prirent un chemin tout opposé. La renommée ajouta que les légions avaient passé sous le joug, parce que les légions étaient malheureuses, et qu'elles essuyèrent aussi, de la part des Arméniens, le simulacre de cette ignominie. En effet ceux-ci entrèrent jusque dans les retranchements, avant que les Romains en fussent sortis ; et ils bordèrent tous les chemins, prétendant reconnaître des esclaves et des chevaux pris depuis un temps infini, et les emmenant. Il y eut aussi des habits enlevés, des armes retenues : le soldat, tout tremblant, n'osait disputer, de peur de donner lieu à un combat. Vologèse, ayant élevé un trophée de nos armes et de nos morts, afin d'attester notre désastre, fit grâce aux légions d'être témoin de leur fuite. Il cherchait la gloire de la modération, après avoir satisfait pleinement son orgueil ; il traversa l'Arsanias à la nage sur un éléphant, et tous les grands de sa cour, après lui, sur des chevaux, d'après le bruit qui avait couru que le pont croulerait par la perfidie des architectes. Mais tous ceux qui osèrent y passer en reconnurent la solidité.

* L'Arsen, qui se jette dans l'Euphrate.

XVI. Ceterùm obsessis adeò suppeditavisse rem frumentariam constitit ut horreis ignem injicerent : contràque prodiderit Corbulo Parthos, inopes copiarum, et pabulo attrito, relicturos oppugnationem, neque se plus tridui itinere abfuisse. Adjecit jurejurando Pæti cautum apud signa, adstantibus iis quos testificando rex misisset, neminem Romanum Armeniam ingressurum, donec referrentur litteræ Neronis an paci annueret. Quæ ut augendæ infamiæ composita, sic reliqua non in obscuro habentur; unâ die quadraginta millium spatium emensum esse Pætum desertis passim sauciis; neque minùs deformem illam fugientium trepidationem, quàm si terga in acie vertissent. Corbulo, cum suis copiis, apud ripam Euphratis obvius, non eam speciem insignium et armorum prætulit, ut diversitatem exprobraret : mœsti manipuli, ac vicem commilitonum miserantes, ne lacrymis quidem temperare : vix præ fletu usurpata consalutatio. Decesserat certamen virtutis, et ambitio gloriæ, felicium hominum affectus : sola misericordia valebat, et apud minores magis.

XVII. Ducum inter se brevis sermo secutus est, hoc conquerente inritum laborem : potuisse bellum fugâ Parthorum finiri. Ille integra utrique cuncta respondit, converterent aquilas, et juncti invaderent Armeniam, abscessu Vologesis infirmatam.

XVI. Au reste, il est constant que les assiégés étaient si abondamment pourvus de vivres, qu'ils en brûlèrent des magasins entiers; et Corbulon rapporte * que les Parthes, au contraire, manquaient de tout; que l'épuisement de leurs fourrages les allait contraindre de lever le siége; et que, lui, n'était plus éloigné que de trois jours de marche. Il ajoute que Pætus jura au pied des enseignes, en présence des témoins nommés par le roi, qu'aucun Romain ne mettrait le pied dans l'Arménie, avant qu'on eût rapporté la réponse de Néron touchant l'acceptation de la paix. Il se peut qu'on ait supposé ces faits pour aggraver l'infamie; mais, du moins, le reste n'est point équivoque; il ne l'est point que Pætus, dans un seul jour, fit plus de quarante milles, laissant ses blessés épars de tous côtés, et qu'on n'eût pas fui d'un champ de bataille avec plus de précipitation, ni dans une confusion plus horrible. Corbulon, ayant été à leur rencontre sur les bords de l'Euphrate, ne voulut point que son armée se montrât dans tout l'éclat de ses armes et de ses décorations, pour ne point les humilier par le contraste. Les soldats, accablés du sort de leurs camarades, ne pouvaient retenir leurs larmes : à peine, dans leur douleur, ils se ressouvinrent des acclamations ordinaires : toutes ces rivalités de valeur et de gloire, affections des ames heureuses, s'étaient éloignées de leurs cœurs; il n'y restait que la seule pitié, dans les subalternes surtout.

XVII. Les généraux eurent une entrevue très-froide; Corbulon se plaignit amèrement de l'inutilité d'une marche si pénible, tandis qu'on aurait pu terminer la guerre par la défaite des Parthes. Pætus répondit que rien encore n'était

---

* Dans des Mémoires qu'il avait composés, à l'exemple de Jules-César.

Non ea Imperatoris habere mandata Corbulo; periculo legionum commotum, è provinciâ egressum: quandò in incerto habeantur Parthorum conatus, Syriam repetiturum. Sic quoque optimam fortunam orandam, ut pedes confectus spatiis itinerum, alacrem et facilitate camporum prævenientem equitem adsequeretur. Exin Pætus per Cappadociam hibernavit. At Vologesis ad Corbulonem missi nuntii, detraheret castella trans Euphraten, amnemque ut olim medium faceret; ille, Armeniam quoque diversis præsidiis vacuam fieri expostulabat. Et postremò concessit rex : dirutaque quæ Euphraten ultra communierat Corbulo; et Armenii sine arbitro relicti sunt.

XVIII. At Romæ tropæa de Parthis, arcusque medio Capitolini montis sistebantur, decreta ab senatu integro adhuc bello, neque tùm omissa, dùm adspectui consulitur, spretâ conscientiâ. Quin et, dissimulandis rerum externarum curis, Nero frumentum plebis, vetustate corruptum, in Tiberim jecit, quò securitatem annonæ ostentaret : cujus pretio nihil additum est, quamvis ducentas fermè naves portu in ipso, violentia tempestatis, et centum alias, Tiberi subvectas, fortuitus ignis absumpsisset. Tres dein consulares, L. Pisonem, Ducennium Geminum, Pompeium Paullinum, vectigalibus publicis præposuit, cum insectatione priorum principum, qui gravitate sumptuum justos

perdu; qu'ils n'avaient qu'à tourner leurs aigles, et fondre ensemble sur l'Arménie, affaiblie par la retraite de Vologèse. Corbulon répliqua qu'il n'avait point d'ordre; qu'alarmé du péril des légions, il avait quitté sa province; que, dans l'incertitude des nouveaux projets des Parthes, il allait regagner la Syrie; qu'à son tour, il avait besoin d'invoquer la Fortune, pour qu'une infanterie épuisée par une longue route, pût atteindre une cavalerie fraîche, et dont les plaines facilitaient la marche. Pætus alla hiverner dans la Cappadoce : Vologèse fit sommer Corbulon de détruire les forts qu'il avait construits au-delà de l'Euphrate, et de laisser le fleuve, comme autrefois, frontières des deux empires. Corbulon, de son côté, insistait pour que les Parthes évacuassent entièrement l'Arménie, et, enfin, Vologèse y consentit : toutes les fortifications au-delà de l'Euphrate furent rasées, et l'Arménie resta sans maître.

XVIII. Cependant on dressait à Rome, au milieu du mont Capitolin, des trophées et des arcs de triomphe, sans que ces monuments, décernés par le sénat pendant nos succès, eussent été interrompus depuis nos désastres : on voulait flatter les regards en dépit de la conviction. Néron, pour faire encore diversion aux inquiétudes du dehors, fit prendre tout le blé du peuple qui était gâté, et il le fit jeter dans le Tibre, afin d'entretenir la sécurité sur l'abondance des grains; et le prix n'en haussa point, quoiqu'une tempête violente en eût submergé, dans le port même, près de deux cents navires, et qu'un incendie en eût consumé cent autres sur le Tibre. Trois consulaires, L. Piso, Ducennius Geminus, Pompéius Paullinus, furent préposés au recouvrement des revenus de la république. Dans son édit Néron censura les princes, ses prédécesseurs,

reditus anteissent : se annuum sexcenties sestertium reipublicae largiri.

XIX. Percrebuerat eâ tempestate pravissimus mos, cùm, propinquis comitiis, aut sorte provinciarum, plerique orbi, fictis adoptionibus, adsciscerent filios, praeturasque et provincias inter patres sortiti; statim emitterent manu quos adoptaverant. Magnâ cum invidiâ senatum adeunt, jus naturae, labores educandi, adversùs fraudem, et artes, et brevitatem adoptionis enumerant : satis pretii esse orbis quòd, multâ securitate, nullis oneribus, gratiam, honores, cuncta prompta et obvia haberent. Sibi promissa legum, diù exspectata, in ludibrium verti, quandò quis sine sollicitudine parens, sine luctu orbus, longa Patrum vota repentè adaequaret. Factum ex eo senatûs-consultum ne simulata adoptio in ullâ parte muneris publici juvaret, ac ne usurpandis quidem hereditatibus prodesset.

XX. Exin Claudius Timarchus, Cretensis, reus agitur, ceteris criminibus, ut solent praevalidi provincialium, et opibus nimiis ad injurias minorum elati; una vox ejus usquè ad contumeliam senatûs penetraverat, quòd dictitâsset in suâ potestate situm an proconsulibus, qui Cretam obtinuissent,

qui avaient porté les dépenses de l'État beaucoup au-delà de ses revenus; en sorte qu'il était obligé de prendre, tous les ans, soixante millions de sesterces* sur son propre trésor, pour les donner à la république.

XIX. Il régnait, dans ce temps-là, un usage très-condamnable. Aux approches des comices, ou lorsqu'on était près de tirer au sort les provinces, les sénateurs sans enfants se hâtaient, la plupart, d'en acquérir par des adoptions fictives qu'ils annulaient aussitôt qu'ils avaient concouru, avec les pères de famille, pour les magistratures ou les gouvernements. Ceux-ci se plaignirent amèrement au sénat; ils firent valoir les droits de la nature, les soins de l'éducation contre la fraude et les artifices d'une adoption momentanée. Ne devait-il point suffire, aux citoyens sans enfants, de vivre dans une sécurité profonde, sans aucunes charges, et de voir le zèle de leurs amis leur aplanir la route des honneurs, sans qu'ils eussent besoin de les solliciter eux-mêmes? Fallait-il qu'après une longue attente, les promesses de la loi devinssent illusoires, depuis qu'à l'aide de ces enfants, obtenus sans sollicitude, perdus sans affliction, on égalait tout-à-coup les avantages d'une ancienne paternité? Un sénatus-consulte déclara que les adoptions simulées ne donneraient plus de priviléges, ni pour les emplois publics, ni même pour les héritages.

XX. On instruisit ensuite le procès du Crétois Timarchus. Outre ces vexations communes à tous les hommes riches et puissants des provinces, qui abusent de leurs avantages pour écraser les faibles, on lui reprochait encore un mot qui renfermait une insulte pour le sénat. Il avait dit

---

* Onze millions six cent soixante-treize mille quinze livres.

grates agerentur. Quam occasionem Pætus Thrasea ad bonum publicum vertens, postquàm de reo censuerat provinciâ Cretâ depellendum, hæc addidit: « Usu probatum est, Patres conscripti, leges egre-
» gias, exempla honesta, apud bonos ex delictis
» aliorum gigni. Sic oratorum licentia, Cinciam ro-
» gationem; candidatorum ambitus, Julias leges;
» magistratuum avaritia, Calpurnia scita, pepere-
» runt. Nam culpa, quàm pœna, tempore prior,
» emendari, quàm peccare, posterius est. Ergò ad-
» versùs novam provincialium superbiam dignum
» fide constantiâque romanâ capiamus consilium,
» quò tutelæ sociorum nihil derogetur, nobis opinio
» decedat, qualis quisque habeatur, alibi quàm in
» civium judicio esse.

XXI. » Olim quidem non modò prætor, aut con-
» sul, sed privati etiam mittebantur, qui provincias
» viserent, et quid de cujusque obsequio videretur
» referrent: trepidabantque gentes de existimatione
» singulorum. At nunc colimus externos, et adula-
» mur; et quomodò ad nutum alicujus grates, ità
» promptiùs accusatio decernitur: decernaturque,
» et maneat provincialibus potentiam suam tali
» modo ostentandi: sed laus falsa et precibus expres-
» sa, perindè cohibeantur quàm malitia, quàm cru-
» delitas. Plura sæpè peccantur, dùm demeremur,
» quàm dùm offendimus. Quædam imò virtutes odio

cent fois qu'il dépendait de lui de faire décerner ou non des remercîments publics aux proconsuls qui avaient gouverné la Crète. Thraséas, ramenant au bien public cette discussion particulière, après avoir opiné à ce que l'accusé fût banni de Crète, ajouta : « L'expérience nous apprend, Pères
» conscrits, que ce sont les fautes des méchants qui ont
» fait naître, dans l'esprit des gens de bien, les bonnes lois
» et les sages réglements. Ainsi la loi Cincia (4) dut son
» origine à la licence des orateurs; la loi Julia*, aux bri-
» gues des candidats; les plébiscites de Calpurnius**, à la
» cupidité des proconsuls. Le crime précède toujours l'insti-
» tution de la peine, la réforme est toujours postérieure à
» l'abus. Que ce nouvel orgueil des provinces nous inspire
» donc une résolution digne à la fois et de la générosité et
» de la fermeté romaines : sans affaiblir la protection due
» aux alliés, gardons-nous de l'opinion qui fonde la répu-
» tation d'un Romain, sur d'autres titres que l'estime des
» citoyens de Rome.

XXI. » Jadis, indépendamment du préteur et du consul,
» nous envoyions des particuliers même pour visiter les
» provinces, pour rendre compte de la subordination de
» chacun, et les nations tremblaient dans l'attente du juge-
» ment d'un seul homme. Maintenant, c'est nous qui por-
» tons nos hommages et nos adulations à l'étranger; et le
» moindre d'entre eux, au seul signe de sa volonté, nous
» fait décerner des remercîments, et, bien plus souvent, des

---

* Portée par Auguste. La peine qu'elle infligeait pour la brigue était la déportation. Il y avait une autre loi *Julia* contre l'adultère.

** Cette loi, contre les concussions, est de l'an 605 de la fondation de Rome. Elle fut promulguée par Lucius Calpurnius Piso Frugi, tribun du peuple.

» sunt, severitas obstinata, invictus adversùm gra-
» tiam animus. Indè initia magistratuum nostrorum
» meliora fermè, et finis inclinat, dùm, in modum
» candidatorum, suffragia conquirimus : quæ, si
» arceantur, æquabiliùs atque constantiùs provinciæ
» regentur : nam, ut metu repetundarum infracta
» avaritia est, ità, vetitâ gratiarum actione, ambi-
» tio cohibetur. »

XXII. Magno assensu celebrata sententia, non tamen senatûs-consultum perfici potuit, abnuentibus consulibus eâ de re relatum. Mox, auctore Principe, sanxêre ne quis ad concilium sociorum referret, agendas apud senatum propraetoribus proveconsulibus grates, neu quis eâ legatione fungeretur. Iisdem consulibus, gymnasium ictu fulminis conflagravit, effigiesque in eo Neronis ad informe æs liquefacta. Et, motu terræ, celebre Campaniæ oppidum, Pompeii, magnâ ex parte proruit. Defunctaque virgo Vestalis Lælia, in cujus locum Cornelia, ex familiâ Cossorum, capta est.

XXIII. Memmio Regulo, et Verginio Rufo coss.,

» accusations. Que les accusations soient maintenues ; qu'on
» laisse aux alliés ce moyen de déployer leur puissance :
» mais ces louanges fausses, extorquées par des sollicita-
» tions, qu'on les réprime autant que l'injustice, autant
» que la cruauté. L'envie de nuire fait commettre moins de
» prévarications que le désir de plaire. Quelques vertus
» même se font haïr, l'inflexible sévérité, la justice qui se
» roidit contre la faveur : et c'est pour cela que le com-
» mencement de presque toutes les administrations est tou-
» jours plus vigoureux, et que la fin dégénère ; parce que
» le besoin de suffrages transforme nos proconsuls en can-
» didats. Qu'on supprime cet abus, le gouvernement des
» provinces deviendra plus égal et plus ferme ; et comme la
» crainte des restitutions a contenu la cupidité, la suppres-
» sion des remercîments publics préviendra les lâches con-
» descendances. »

XXII. Cet avis entraîna toutes les voix : cependant, le sénatus-consulte ne put être rédigé, les consuls prétendant que ce n'était point l'objet de la délibération. Depuis, le Prince proposa lui-même le décret, et il fut arrêté que, désormais, on n'agiterait plus, dans le conseil des alliés, de faire rendre, dans le sénat, des actions de grâces aux proconsuls ou aux préteurs, et qu'on n'enverrait aucune députation pour cet objet. Sous les mêmes consuls, le tonnerre consuma le gymnase, et une statue en bronze de Néron s'y liquéfia, au point de perdre sa forme. Un tremblement de terre détruisit, en grande partie, Pompéia, ville considérable de la Campanie ; la vestale Lælia mourut, et l'on choisit, à sa place, une Cornélia, de la branche des Cossus.

XXIII. Sous le consulat de Memmius Régulus et de Ver-

natam sibi ex Poppæâ filiam Nero ultra mortale gaudium accepit, appellavitque Augustam, dato et Poppææ eodem cognomento. Locus puerperio colonia Antium fuit, ubi ipse generatus erat. Jam senatus uterum Poppææ commendaverat diis, votaque publicè susceperat: quæ multiplicata, exsolutaque. Et additæ supplicationes, templumque Fecunditati, et certamen ad exemplar Actiacæ religionis decretum: utque Fortunarum effigies aureæ in solio Capitolini Jovis collocarentur; ludicrum Circense, et Juliæ genti apud Bovillas, ità Claudiæ Domitiæque apud Antium ederetur: quæ fluxa fuêre, quartum intra mensem defunctâ infante. Rursùsque exortæ adulationes, censentium honorem divæ, et pulvinar, ædemque et sacerdotem. Atque ipse, ut lætitiæ, ità mœroris immodicus egit. Adnotatum est, omni senatu Antium sub recentem partum effuso, Thraseam prohibitum, immoto animo, prænuntiam imminentis cædis contumeliam excepisse. Secutam dehinc vocem Cæsaris ferunt quâ reconciliatum se Thraseæ, apud Senecam jactaverit, ac Senecam Cæsari gratulatum. Undè gloria egregiis viris, et pericula gliscebant.

ginius Rufus *, Poppée donna à Néron une fille, qu'il reçut avec des transports extraordinaires, et il la surnomma Augusta ainsi que sa mère. Les couches se firent à Antium**, colonie où lui-même était né. Dès les premiers temps, le sénat avait fait des vœux solennels pour la grossesse de Poppée; on en fit alors de nouveaux, et on les acquitta tous; on y ajouta des prières publiques. On décerna un temple à la Fécondité, des combats religieux pareils à ceux d'Actium*** : il fut ordonné qu'on éléverait aux deux Fortunes **** des statues d'or, qui seraient placées sur le trône de Jupiter-Capitolin, et qu'on célébrerait à Antium, pour les Claudes et pour les Domitius, des jeux du cirque, comme on en célébrait à Boville ***** pour les Jules : toutes choses qui restèrent sans exécution, l'enfant étant mort à quatre mois. Sa mort donna lieu à de nouvelles adulations; on lui décerna les honneurs d'une déesse, le pulvinar******, un temple avec un prêtre; et Néron se montra aussi immodéré dans son affliction qu'il l'avait été dans sa joie. Lorsqu'immédiatement après les couches, tout le sénat courut en foule à Antium, on défendit à Thraséas d'y paraître; et cet affront, l'infaillible avant-coureur de sa perte, Thraséas l'essuya avec une

---

* An de Rome 816 ; de J.-C. 63.

** Capo d'Anzo.

*** Auguste, en mémoire de la bataille d'Actium, fonda, près de ce promontoire, Nicopolis (ville de la victoire). Il y institua des jeux, qui se célébraient tous les cinq ans.

**** La Fortune équestre et la Fortune prospère (*felix*), qui avaient chacune un temple à Antium.

***** A dix milles de Rome, sur la voie Appienne : on y voit encore beaucoup de ruines de Boville.

****** Sorte de lit d'une forme particulière, qu'on dressait dans les temples, et où l'on plaçait les statues des dieux.

XXIV. Inter quæ, veris principio, legati Parthorum mandata regis Vologesis, litterasque in eamdem formam attulêre: Se priora, et totiens jactata super obtinendâ Armeniâ, nunc omittere, quoniam dii, quamvis potentium populorum arbitri, possessionem Parthis, non sine ignominiâ romanâ, tradidissent. Nuper clausum Tigranen; pòst Pætum legionesque, cùm opprimere posset, incolumes dimisisse. Satis approbatam vim: datum et lenitatis experimentum. Nec recusaturum Tiridaten accipiendo diademati in Urbem venire, nisi sacerdotii religione attineretur. Iturum ad signa et effigies Principis, ubì, legionibus coram, regnum auspicaretur.

XXV. Talibus Vologesis litteris, quià Pætus diversa, tanquàm rebus integris, scribebat, interrogatus centurio qui cum legatis advenerat, quo in statu Armenia esset? omnes indè Romanos excessisse, respondit. Tùm, intellecto Barbarorum inrisu, qui peterent quod eripuerant, consuluit inter primores civitatis Nero, bellum anceps, an pax inhonesta placeret: nec dubitatum de bello. Et Corbulo, tot

fermeté inébranlable. Quelques jours après, Néron se vanta, dit-on, chez Sénèque, de s'être réconcilié avec Thraséas; et Sénèque dit à Néron qu'il l'en félicitait. Ce mot, qui faisait tant d'honneur aux deux grands hommes, faisait craindre encore plus pour leurs jours.

XXIV. Au commencement du printemps, les ambassadeurs parthes arrivèrent avec des instructions et une lettre de Vologèse. Ce monarque écrivait que, renonçant à discuter ses droits sur l'Arménie, tant de fois débattus, il lui suffisait que les dieux, au jugement desquels les nations les plus puissantes devaient se soumettre, eussent livré aux Parthes la possession de ce royaume, non sans quelque ignominie pour les Romains; que, dernièrement, les Parthes avaient tenu Tigrane investi; que, depuis, maîtres de la vie de Pætus et de celle des légions, ils avaient consenti à les laisser partir; qu'ils avaient donné assez de preuves de valeur; qu'ils en avaient donné aussi de modération; que Tiridate n'aurait point refusé de venir à Rome recevoir le diadème, s'il n'eût été retenu par la dignité de son sacerdoce; qu'il se rendrait au camp; que, là, au pied des enseignes et des images du Prince, en présence des légions, il recevrait l'investiture de son nouveau royaume.

XXV. Une pareille lettre surprit d'autant plus, que Pætus mandait tout le contraire, et, qu'à l'entendre, rien n'était décidé. Un de nos centurions avait accompagné les ambassadeurs; on le questionna sur l'état où se trouvait l'Arménie : sa réponse fut que les Romains l'avaient entièrement évacuée. Néron sentit alors toute la dérision des Barbares, qui demandaient ce qu'ils avaient pris, et il tint conseil, avec les grands de l'empire, sur le parti qu'on prendrait, ou d'une guerre hasardeuse ou d'une paix déshonorante.

per annos militum atque hostium gnarus, gerendæ rei præficitur, ne cujus alterius inscitiâ rursùm peccaretur, quià Pæti piguerat. Igitur, inriti remittuntur, cum donis tamen, undè spes fieret non frustrà eadem oraturum Tiridaten, si preces ipse attulisset. Syriæque exsecutio Cincio, copiæ militares Corbuloni permissæ; et quintadecima legio, ducente Mario Celso, è Pannoniâ adjecta est. Scribitur tetrarchis ac regibus, præfectisque et procuratoribus, et qui prætorum finitimas provincias regebant, jussis Corbulonis obsequi; in tantum fermè modum auctâ potestate quem populus romanus Cn. Pompeio, bellum piraticum gesturo, dederat. Regressum Pætum, cùm graviora metueret, facetiis insectari satis habuit Cæsar, his fermè verbis: *Ignoscere se statim, ne, tam promptus in pavorem, longiore sollicitudine ægresceret.*

XXVI. At Corbulo, quartâ et duodecimâ legionibus, quæ, fortissimo quoque amisso, et ceteris exterritis, parùm habiles prælio videbantur, in Syriam translatis, sextam indè ac tertiam legiones, integrum militem, et crebris ac prosperis laboribus exercitum, in Armeniam ducit. Additque legionem quintam, quæ per Pontum agens, expers cladis fuerat; simul quintadecimanos, recèns adductos, et

Il n'y eut qu'une voix pour la guerre. La conduite en fut confiée à Corbulon, qui, depuis tant d'années, avait une si grande connaissance de ses soldats et de ses ennemis. On avait eu trop à se repentir du choix de Pætus pour s'exposer à l'incapacité de quelque autre. Les ambassadeurs furent congédiés avec un refus, adouci toutefois par des présents, pour leur laisser l'espoir que Tiridate n'eût pas échoué, comme eux, s'il fût venu faire sa demande en personne. On chargea Cincius de l'administration civile en Syrie, en conservant à Corbulon tout le département militaire; et l'on ajouta à ses troupes la quinzième légion, que Marius Celsus lui amena de la Pannonie. On écrivit aux tétrarques et aux rois, ainsi qu'aux préfets et aux procurateurs, et à ceux des préteurs qui commandaient dans les provinces voisines, d'obéir aux ordres de Corbulon; il reçut un pouvoir presque égal à celui que le peuple romain avait donné à Pompée dans la guerre des pirates. Pætus s'inquiétait sur le sort qui l'attendait à son retour. Néron se contenta de l'assaillir de quelques plaisanteries; il lui dit, et dans les mêmes termes à peu près, qu'il lui pardonnait sur-le-champ, de peur qu'aussi prompt à s'alarmer, de plus longues inquiétudes n'altérassent sa santé.

XXVI. Cependant Corbulon fait passer en Syrie la quatrième et la douzième légions qui, après la perte de leurs meilleurs soldats, et l'extrême abattement des autres, paraissaient peu capables de servir; et, les ayant remplacées par la sixième et la troisième légions, vieux corps au complet, et aguerris par beaucoup de campagnes et de succès, il se met en marche vers l'Arménie. Il joint à ces deux légions la cinquième, qui, restée dans le Pont, n'avait point participé au désastre; la quinzième, qu'on venait de lui ame-

vexilla delectorum ex Illyrico et Ægypto, quodque alarum cohortiumque, et auxilia regum in unum conducta apud Melitenen, quà transmittere Euphraten parabat. Tùm lustratum ritè exercitum ad concionem vocat, orditurque magnifica de auspiciis imperatoriis, rebusque à se gestis, adversa in inscitiam Pæti declinans : multâ auctoritate, quæ viro militari pro facundiâ erat.

XXVII. Mox iter, L. Lucullo quondàm penetratum, apertis quæ vetustas obsepserat, pergit. Et venientes Tiridatis Vologesisque de pace legatos haud adspernatus, adjungit iis centuriones, cum mandatis non immitibus : Non enim adhuc eò ventum ut certamine extremo opus esset. Multa Romanis secunda, quædam Parthis evenisse, documento adversùs superbiam : proindè et Tiridati conducere, intactum vastationibus regnum dono accipere; et Vologesen meliùs societate romanâ quàm damnis mutuis, genti Parthorum consulturum. Scire quantùm intùs discordiarum, quàmque indomitas et præferoces nationes regeret. Contrà Imperatori suo immotam ubiquè pacem, et unum id bellum esse. Simul consilio terrorem adjicere, et Megistanas Ar-

ner, l'élite des vexillaires de l'Illyrie et de l'Égypte, tout ce qu'il y avait de cavalerie et d'infanterie alliées, avec les auxiliaires des rois. Toutes ces troupes eurent l'ordre de se réunir à Mélitène*, où il se proposait de passer l'Euphrate. Là, dans une assemblée générale, après des lustrations solennelles, il harangue son armée; il leur parle, en termes magnifiques, de la puissance de l'Empereur, et de tout ce qu'il avait exécuté sous ses auspices, rejetant tous les malheurs sur l'inexpérience de Pætus, et les entraînant tous par sa grande réputation, qui, dans un guerrier, tenait lieu d'éloquence.

XXVII. Il prit la route par où Lucullus avait pénétré jadis ; il fit rouvrir tous les passages que le temps avait refermés. On ne fut pas long-temps sans voir arriver des députés de Tiridate et de Vologèse, qui venaient traiter de la paix. Loin de rejeter leurs propositions, il fait partir avec eux des centurions chargés d'instructions conciliantes. On n'en était pas venu au point qu'il fallût se faire une guerre implacable : la fortune avait été souvent pour les Romains, quelquefois pour les Parthes ; ce qui était pour tous une leçon contre l'orgueil : il valait donc bien mieux, et pour Tiridate, recevoir en présent un royaume que le fer n'eût pas ravagé, et, pour Vologèse, chercher le bien de sa nation dans une alliance avec Rome, plutôt que dans des dévastations qu'on saurait bien lui rendre. On n'ignorait pas toutes leurs dissensions intestines, et combien étaient féroces et indomptables les nations qu'ils avaient à gouverner. L'empereur de Rome, au contraire, jouissait partout d'une paix inaltérable, et n'avait qu'eux pour ennemis. En même temps,

---

* Aujourd'hui Malatié.

menios, qui primi à nobis defecerant, pellit sedibus, castella eorum exscindit : plana, edita, validos, invalidosque, pari metu complet.

XXVIII. Non infensum, nedùm hostili odio Corbulonis nomen etiam Barbaris habebatur, eòque consilium ejus fidum credebant : ergò Vologeses neque atrox in summam, et quibusdam præfecturis inducias petit. Tiridates locum diemque colloquio poscit. Tempus propinquum, locus in quo nuper obsessæ cum Pæto legiones erant, cùm à Barbaris delectus esset, ob memoriam lætioris sibi rei, non est à Corbulone vitatus, ut dissimilitudo fortunæ gloriam augeret. Neque infamiâ Pæti angebatur : quod eò maximè patuit, quia filio ejus, tribuno, ducere manipulos, atque operire reliquias malæ pugnæ imperavit. Die pactâ, Tiberius Alexander, inlustris eques romanus, minister bello datus, et Vivianus Annius, gener Corbulonis, nondùm senatoriâ ætate, sed pro legato quintæ legioni impositus, in castra Tiridatis venêre, honore ejus, ac ne metueret insidias, tali pignore. Viceni dehinc equites adsumpti. Et, viso Corbulone, rex prior equo desiluit : nec cunctatus Corbulo. Sed pedes uterque dextras miscuêre.

Corbulon joint la terreur aux négociations; il chasse de leurs demeures les mégistanes * arméniens, qui avaient donné l'exemple de la révolte; il détruit leurs châteaux de fond en comble : dans la plaine, sur la montagne, chez les puissants et les faibles, il porte également l'effroi.

XXVIII. Tout barbares qu'ils étaient, les Parthes n'avaient pas même d'animosité contre Corbulon, bien loin de sentir pour lui la haine qu'on ressent pour un ennemi; et ils ne doutaient pas de sa bonne foi dans le conseil qu'il leur donnait. D'ailleurs, Vologèse n'était point pour les partis extrêmes; il demande une cessation d'hostilités pour une certaine étendue de pays; Tiridate demande un jour et un lieu pour conférer. Les Barbares ayant choisi, pour le jour, le plus prochain, et pour le lieu, celui où ils avaient tenu tout récemment Pætus assiégé avec ses légions, parce qu'il leur retraçait des événements heureux, Corbulon ne s'y refusa point, dans l'idée que le contraste rehausserait sa gloire. Car il ne se faisait point une peine de l'humiliation de Pætus, comme il le fit bien voir lorsqu'il choisit le fils même de ce Pætus, tribun de soldats, pour commander le détachement qui alla ensevelir les restes de cette malheureuse journée. Le jour convenu, Tibère Alexandre, chevalier romain de la première classe, qu'on avait donné à Corbulon pour l'aider dans cette guerre, et Vivianus Annius, son propre gendre, qui n'avait pas encore l'âge sénatorial **, mais qui faisait les fonctions de lieutenant de la cinquième légion, se rendirent au camp de Tiridate, par honneur pour ce prince, et afin qu'il ne

---

* Les grands d'Arménie. Ce mot de mégistanes répondait à celui de satrapes en Perse. Mégistane, du mot grec μέγιστος, qui signifie très-grand.
** Vingt-cinq ans.

XXIX. Exin Romanus laudat juvenem, omissis præcipitibus, tuta et salutaria capessentem. Ille, de nobilitate generis multùm præfatus, cetera temperanter adjungit : Iturum quippè Romam, laturumque novum Cæsari decus, non adversis Parthorum rebus supplicem Arsaciden. Tùm placuit Tiridatem ponere, apud effigiem Cæsaris, insigne regium, nec nisi manu Neronis resumere : et colloquium osculo finitum. Dein, paucis diebus interjectis, magnâ utrinquè specie, indè eques compositus per turmas, et insignibus patriis, hinc agmina legionum stetêre, fulgentibus aquilis, signisque, et simulacris deûm, in modum templi. Medio tribunal sedem curulem, et sedes effigiem Neronis, sustinebat. Ad quam progressus Tiridates, cæsis ex more victimis, sublatum capite diadema imagini subjecit: magnis apud cunctos animorum motibus, quos augebat insita adhuc oculis exercituum romanorum cædes, aut obsidio : at nunc versos casus : iturum Tiridatem ostentui gentibus, quantò minùs quàm captivum ?

XXX. Addidit gloriæ Corbulo comitatem, epu-

craignît plus rien pour sa personne avec de pareils otages. Les deux chefs prirent chacun vingt cavaliers. Le roi, apercevant Corbulon, descendit le premier de cheval, et Corbulon ne tarda point à en faire autant. Ayant mis tous deux pied à terre, ils se donnèrent la main.

XXIX. Le Romain félicita le jeune Parthe d'avoir renoncé aux moyens hasardeux, pour prendre un parti plus avantageux et plus sûr. Tiridate, après un long préambule sur la noblesse de sa maison, ajouta, d'un ton moins fastueux, qu'il irait donc à Rome, pour y donner à leur César une gloire nouvelle, celle de voir un Arsacide suppliant, sans avoir été vaincu. On convint que Tiridate déposerait au pied de la statue de Néron toutes les décorations royales, pour ne les reprendre que de la main de Néron même, et ils terminèrent l'entrevue en s'embrassant. A quelques jours de distance, les deux armées parurent dans un appareil superbe; d'un côté, les Parthes rangés par escadrons et avec toutes les décorations de leur pays; de l'autre, les légions romaines avec leurs aigles brillantes, leurs enseignes déployées, et les statues de leurs dieux au milieu d'elles, comme dans un temple. Au centre, s'élevait sur le tribunal une chaise curule qui soutenait la statue de Néron. Tiridate, étant sorti de sa place, après avoir immolé des victimes, suivant l'usage, détacha de son front le diadème, et alla le poser au pied de la statue : spectacle qui excita dans tous les esprits des émotions profondes, que redoublait l'image, encore présente à leurs yeux, de tant de Romains massacrés ou assiégés dans leur propre camp; et alors quel changement de voir Tiridate allant se montrer en spectacle aux nations, suppliant, et, peu s'en fallait, captif?

XXX. La gloire satisfaite, Corbulon se piqua de galan-

lasque : et rogitante rege caussas, quotiens novum aliquid adverterat : ut, initia vigiliarum per centurionem nunciari, convivium buccinâ dimitti; et structam ante augurale aram subditâ face accendi : cuncta in majus attollens, admiratione prisci moris adfecit : postero die, spatium oravit quo tantùm itineris aditurus, fratres antè matremque viseret : obsidem intereà filiam tradit, litterasque supplices ad Neronem.

XXXI. Et digressus, Pacorum apud Medos, Vologesen Ecbatanis reperit, non incuriosum fratris : quippè et propriis nunciis à Corbulone petierat ne quam imaginem servitii Tiridates perferret; neu ferrum traderet, aut complexu provincias obtinentium arceretur, foribusve eorum adsisteret : tantusque ei Romæ, quantus consulibus, honor esset. Scilicèt externæ superbiæ sueto, non inerat notitia nostrî, apud quos vis imperii valet, inania transmittuntur.

XXXII. Eodem anno, Cæsar nationes Alpium maritimarum in jus Latii transtulit. Equitum romanorum locos sedilibus plebis anteposuit, apud Circum : namque ad eam diem indiscreti inibant, quià lex Roscia nihil, nisi de quatuordecim ordinibus, sanxit. Spectacula gladiatorum idem annus habuit,

terie ; il donna des festins splendides. Il se faisait un plaisir de répondre à toutes les questions du roi sur les objets nouveaux qui l'avaient frappé, sur les centurions qui venaient annoncer les gardes qu'on relevait, sur la conque (5) qui sonnait au moment de finir le repas, sur l'autel élevé devant l'augural *, et sur les feux qu'on y tenait toujours allumés. Parlant de tout avec cet enthousiasme qui exagère, il laissa le monarque rempli d'admiration pour nos usages antiques. Tiridate, à la (6) veille d'un si grand voyage, demanda quelque temps pour aller voir ses frères et sa mère ; en attendant il laisse sa fille en otage, et il écrit à l'Empereur pour l'assurer de sa soumission.

XXXI. Du fond de la Médie, où il avait été chercher Pacorus, il revint trouver à Ecbatane** Vologèse. Celui-ci n'avait point négligé les intérêts de son frère. Il avait envoyé un exprès à Corbulon, pour demander, en son propre nom, qu'on n'exigeât de Tiridate rien qui pût avoir l'air de l'asservissement, qu'il ne remît point son épée ; que les gouverneurs des provinces ne lui refusassent point de l'embrasser, ne le fissent point attendre à leurs portes, et qu'à Rome il eût les mêmes honneurs que les consuls. Assurément Vologèse, accoutumé à l'orgueil asiatique, connaissait bien peu les Romains qui, n'estimant du pouvoir que la réalité, en dédaignent les petitesses.

XXXII. Néron, cette année, étendit aux nations des Alpes maritimes les priviléges du (7) Latium. Il assigna aux chevaliers romains des places au-devant du peuple, dans le cirque où, auparavant, ils restaient confondus ; car la loi

---

* Voyez une note du second livre.
** Hamédan, dans l'Irak Ajami.

pari magnificentiâ ac priora. Sed feminarum inlustrium senatorumque plures per arenam fœdati sunt.

XXXIII. C. Lecanio, M. Licinio coss., acriore in dies cupidine adigebatur Nero promiscuas scenas frequentandi : nam adhuc per domum aut hortos cecinerat, Juvenalibus ludis, quos, ut parùm celebres, et tantæ voci angustos, spernebat. Non tamen Romæ incipere ausus, Neapolim, quasi græcam urbem, delegit : indè initium fore ut, transgressus in Achaiam, insignesque, et antiquitùs sacras coronas adeptus, majore famâ studia civium eliceret. Ergò contractum oppidanorum vulgus, et quos è proximis coloniis et municipiis ejus rei fama civerat; quique Cæsarem per honorem, aut varios usus sectantur, etiam militum manipuli, theatrum Neapolitanorum complent.

XXXIV. Illìc, plerique ut arbitrabantur, triste, ut ipse, providum potiùs, et secundis numinibus evenit : nam egresso, qui adfuerat, populo, vacuum, et sine ullius noxâ, theatrum collapsum est. Ergò, per compositos cantus, grates diis, atque ipsam recentis casûs fortunam celebrans, petiturusque maris Hadriæ trajectus, apud Beneventum interim consedit : ubi gladiatorium munus à Vatinio celebre edebatur. Vatinius inter fœdissima ejus

Roscia ne leur accordait les quatorze bancs qu'au théâtre. Il donna de nouveaux spectacles de gladiateurs aussi magnifiques que les premiers; mais on vit à regret des sénateurs et des femmes du premier rang se dégrader sur l'arène (8).

XXXIII. Sous le consulat de Caïus Læcanius et de Marcus Licinius*, la passion de monter sur les théâtres publics entraînait chaque jour plus violemment Néron; car il n'avait encore chanté qu'à ses Juvénales, dans ses appartements ou dans ses jardins, devant des spectateurs trop peu nombreux, et sur un théâtre beaucoup trop resserré, selon lui pour une aussi belle voix. N'osant, toutefois, débuter à Rome, il choisit Naples, ville qu'on peut regarder comme grecque, et il se flattait qu'après cet essai, passant dans la Grèce même, et remportant ces brillantes couronnes consacrées par l'antiquité, une plus grande renommée éveillerait enfin l'enthousiasme des citoyens. On rassembla la populace de Naples, et, avec les habitants des villes voisines, qu'avait attirés le bruit de cette nouveauté, avec tous ceux qui composent le cortége ou la maison du Prince, auxquels on joignit des compagnies entières de soldats, on parvint à remplir la vaste étendue du théâtre.

XXXIV. Il y arriva un événement que la plupart jugeaient sinistre, que Néron regardait plutôt comme une faveur du ciel et une providence des dieux. Après le spectacle, tout le peuple étant déjà sorti, l'édifice s'écroula, en sorte qu'il n'y eut personne de blessé. Néron remercia les dieux par des hymnes dont il composa la musique, et dans lesquels il célébrait jusqu'au bonheur même de ce dernier événement. Avant de traverser l'Adriatique, il s'arrêta à Béné-

---

* An de Rome 817; de J.-C. 64.

aulæ ostenta fuit, sutrinæ tabernæ alumnus, corpore detorto, facetiis scurrilibus; primò in contumelias adsumptus, dehinc optimi cujusque criminatione eò usquè valuit ut gratiâ, pecuniâ, vi nocendi etiam malos præmineret.

XXXV. Ejus munus frequentanti Neroni, ne inter voluptates quidem à sceleribus cessabatur. Iisdem quippè illis diebus, Torquatus Silanus mori adigitur, quià, super Juniæ familiæ claritudinem, divum Augustum atavum ferebat. Jussi accusatores objicere prodigum largitionibus, neque aliam spem quàm in novis rebus esse: quin eum homines habere, quos ab epistolis, et libellis, et rationibus appellet, nomina summæ curæ et meditamenta. Tùm intimus quisque libertorum vincti abreptique. Et, cùm damnatio instaret, brachiorum venas Torquatus interscidit, secutaque Neronis oratio ex more: Quamvis sontem et defensioni meritò diffisum, victurum tamen fuisse, si clementiam judicis expectâsset.

XXXVI. Nec multò pòst, omissâ in præsens Achaiâ (caussæ in incerto fuêre) Urbem revisit, provincias Orientis, maximè Ægyptum, secretis imaginationibus agitans. Dehinc, edicto testificatus, non longam suî absentiam, et cuncta in republicâ

vent, où Vatinius donnait un spectacle de gladiateurs, qui attirait un grand concours. Ce Vatinius (9) fut une des plus grandes monstruosités de ce temps. Apprenti cordonnier, ses hideuses difformités et ses basses bouffonneries en firent d'abord le jouet de la cour; depuis, ses délations contre les plus vertueux citoyens lui donnèrent un crédit, des richesses énormes, et un pouvoir de nuire, dont il abusa plus qu'aucun des pervers de ce siècle.

XXXV. Tout en contemplant ces fêtes assidûment, au milieu même des voluptés, Néron ne se ralentissait point sur les crimes. Ce fut, en effet, dans ce moment que Torquatus Silanus fut réduit à se tuer, parce qu'à l'illustration des Junius il joignait le tort d'être l'arrière-petit-fils d'Auguste. On ordonna aux accusateurs de lui reprocher de la prodigalité dans ses largesses, ce qui ne lui laissait d'autre ressource qu'une révolution. On lui fit un crime d'avoir chez lui des hommes qu'il qualifiait de secrétaires, d'intendants, de trésoriers-généraux, titres réservés au rang suprême, et qui en décelaient la prétention. On arrêta tous ses affranchis de confiance, qui furent jetés dans les prisons; au moment d'être condamné, Torquatus se coupa les veines des bras; et Néron ne manqua pas de dire, suivant l'usage, que Silanus, quoique coupable, et désespérant, avec raison, de pouvoir se justifier, aurait eu sa grâce, s'il eût attendu la clémence de son juge.

XXXVI. Peu de temps après, renonçant, pour le moment, au voyage de Grèce (on n'a pas su pourquoi), Néron revint à Rome; les provinces d'Orient, surtout l'Égypte, occupaient en secret son imagination. Il annonça, dans un édit, que son absence ne serait pas longue, que le repos et la prospérité de la république n'en souffriraient pas; et,

perindè immota ac prospera fore; super eâ profectione adiit Capitolium. Illìc, veneratus deos, cùm Vestæ quoque templum inîsset, repentè cunctos per artus tremens, seu numine exterrente, seu facinorum recordatione nunquàm timore vacuus, deseruit inceptum, cunctas sibi curas amore patriæ leviores dictitans. Vidisse civium moestos vultus, audire secretas querimonias, quòd tantum aditurus esset iter cujus ne modicos quidem egressus tolerarent, sueti adversùm fortuita adspectu Principis refoveri. Ergò, ut in privatis necessitudinibus proxima pignora prævalerent, ità populum romanum vim plurimam habere, parendumque retinenti. Hæc atque talia plebi volentia fuêre, voluptatum cupidine, et, quæ præcipua cura est, rei frumentariæ angustias, si abesset, metuenti. Senatus et primores in incerto erant, procul an coràm atrocior haberetur : dehinc, quæ natura magnis timoribus, deterius credebant quod evenerat.

XXXVII. Ipse, quò fidem adquireret nihil usquàm perindè lætum sibi, publicis locis struere convivia, totâque Urbe quasi domo uti. Et celeberrimæ luxu famâque epulæ fuêre quas à Tigellino paratas, ut exemplum referam, ne sæpiùs eadem prodigentia narranda sit. Igitur, in stagno Agrippæ fabricatus est ratem, cui superpositum convivium

à l'occasion de ce départ, il monta au Capitole. Là, après avoir rendu ses hommages aux dieux, étant entré aussi dans le temple de Vesta, il fut saisi tout-à-coup d'un tremblement universel, soit que cet effroi lui fût inspiré par la déesse, ou par ses forfaits, dont le ressouvenir ne le laissait jamais sans crainte, et il abandonna son dessein. Il dit que l'amour de la patrie était plus fort que toutes ses résolutions ; qu'il avait lu l'abattement des citoyens sur leur visage ; qu'il entendait leurs plaintes secrètes sur une si longue séparation ; qu'ils n'avaient eu que trop de peine à supporter ses moindres absences, s'étant fait un besoin de la vue de leur prince, qui, seule, les rassurait contre les malheurs imprévus ; que le peuple romain avait sur son cœur le même pouvoir que des enfants chéris sur un père tendre ; qu'il ne pouvait résister à leurs efforts pour le retenir. Ces cajoleries et d'autres semblables charmèrent le peuple amoureux de plaisirs, et, ce qui est pour lui la première des considérations, craignant pour sa subsistance si le Prince s'éloignait. Pour le sénat et les grands, ils ne savaient si Néron ne serait pas encore plus terrible de loin que de près. Quand il fut resté, par cette inconséquence naturelle aux grandes frayeurs, ils regardèrent le malheur arrivé comme le pire de tous.

XXXVII. Néron, pour achever de convaincre que rien ne le flattait autant que son séjour à Rome, couvrait de ses festins les places publiques, et il semblait que Rome entière fût son palais. Entre tous ses repas, célèbres par leur somptuosité, je citerai celui qu'ordonna Tigellinus, pour ne plus revenir sur ces prodigalités énormes. On équipa, sur l'étang d'Agrippa, un radeau que d'autres bâtiments faisaient mouvoir, et sur lequel on servit le festin. Les navires,

aliarum tractu navium moveretur : naves auro et ebore distinctæ : remigesque exoleti, per ætates et scientiam libidinum componebantur : volucres et feras diversis è terris, et animalia maris Oceano abusquè petiverat : crepidinibus stagni lupanaria adstabant, inlustribus feminis completa : et contrà scorta visebantur, nudis corporibus : jam gestus motusque obsceni ; et, postquàm tenebræ incedebant, quantùm juxtà nemoris, et circumjecta tecta, consonare cantu, et luminibus clarescere. Ipse, per licita atque inlicita fœdatus, nihil flagitii reliquerat quò corruptior ageret, nisi, paucos post dies, uni ex illo contaminatorum grege, cui nomen Pythagoræ fuit, in modum solemnium conjugiorum denupsisset. Inditum Imperatori flammeum : visi auspices, dos, et genialis torus, et faces nuptiales : cuncta deniquè spectata quæ, etiam in feminâ, nox operit.

XXXVIII. Sequitur clades, fortè, an dolo Principis incertum : nam utrumque auctores prodidêre : sed omnibus, quæ huic urbi per violentiam ignium acciderunt, gravior atque atrocior. Initium in eâ parte Circi ortum quæ Palatino Cœlioque montibus contigua est. Ubì, per tabernas, quibus id mercimonium inerat, quo flamma alitur, simul cœptus ignis, et statim validus, ac vento citus, longitudinem Circi corripuit : neque enim domus munimentis septæ, vel templa muris cincta, aut quid aliud moræ interjacebat. Impetu pervagatum incendium, plana primùm, deindè in edita adsurgens, et rur-

brillants d'or et d'ivoire, avaient pour rameurs tous les mignons de la cour, rangés suivant leur âge et leurs talents pour la débauche. On avait rassemblé le gibier de tous les pays, et jusqu'aux poissons même de l'Océan. Les bords de l'étang étaient garnis de maisons infâmes, remplies des plus illustres Romaines, qui avaient en regard des courtisanes toutes nues. On donna d'abord des danses et des pantomimes obscènes; ensuite, à mesure que l'obscurité gagna, tout le bois qui était auprès, et les maisons d'alentour, étincelèrent d'illuminations, et retentirent de chants. Néron s'y souilla par toutes sortes d'abominations; et l'on eût cru qu'il avait épuisé tous les genres de dépravation, si, quelques jours après, il n'eût choisi, dans ce vil troupeau d'infâmes débauchés, un nommé Pythagore, qu'il prit pour époux, avec toute la pompe d'un mariage solennel. L'Empereur reçut le *flammeum* *; on n'oublia ni les aruspices et la dot, ni le lit et les torches nuptiales; enfin, on étala publiquement tout ce qu'avec les femmes même on couvre des voiles de la nuit.

XXXVIII. On essuya, cette année, un désastre dont on ne sait point si le hasard ou bien Néron fut l'auteur (car l'un et l'autre a été dit par les historiens). Ce fut le plus cruel et le plus terrible que le feu ait jamais causé à Rome. L'incendie commença dans la partie du cirque contiguë au mont Palatin et au mont Cælius. Là, les boutiques se trouvant remplies de toutes les matières qui sont l'aliment de la flamme, le feu violent, dès sa naissance, et poussé par le vent, eut, en un moment, enveloppé toute la longueur du cirque, où il n'y avait aucun de ces palais protégés par leur enclos, aucun de ces temples isolés par des murs, rien en-

---

* Voile couleur de feu, qu'on suspendait au-dessus de la mariée.

sùm inferiora populando, anteiit remedia velocitate mali, et obnoxiâ Urbe arctis itineribus, hùcque et illùc flexis, atque enormibus vicis, qualis vetus Roma fuit. Ad hoc lamenta paventium feminarum, fessa senum ac rudis pueritiæ ætas, quique sibi, quique aliis consulebant, dùm trahunt invalidos, aut opperiuntur, pars morans, pars festinans, cuncta impediebant : et sæpè, dùm in tergum respectant, lateribus aut fronte circumveniebantur; vel, si in proxima evaserant, illis quoque igni correptis, etiam quæ longinqua crediderant, in eodem casu reperiebantur. Postremò, quid vitarent, quid peterent ambigui, complere vias, sterni per agros : quidam amissis omnibus fortunis diurni quoque victûs, alii caritate suorum, quos eripere nequiverant, quamvis patente effugio, interiêre. Nec quisquam defendere audebat, crebris multorum minis restinguere prohibentium, et quià alii palàm faces jaciebant, atque esse sibi auctorem vociferabantur; sive ut raptus licentiùs exercerent, seu jussu.

XXXIX. Eo in tempore, Nero, Antii agens, non antè in Urbem regressus est quàm domui ejus, quà

fin qui pût retarder sa marche. Courant donc avec impétuosité, ravageant d'abord tout ce qui était de niveau, puis s'élançant sur les hauteurs, et de là, redescendant encore, l'incendie prévint tous les remèdes par la rapidité du mal, et par toutes les facilités qu'y donnaient des massifs énormes de maisons, des rues étroites, irrégulières et tortueuses, comme celles de l'ancienne Rome. D'ailleurs, les lamentations et les frayeurs des femmes, la faiblesse des vieillards et celle des enfants ; puis les habitants qui se pressaient, ceux-ci, pour eux-mêmes, ceux-là, pour d'autres, traînant des malades ou les attendant ; les uns s'arrêtant, les autres se hâtant ; tout ce trouble empêchait les secours, et souvent, tandis qu'ils regardaient derrière eux, ils se retrouvaient investis par-devant ou par les côtés ; ou bien, s'ils tentaient de se réfugier dans les quartiers voisins, les trouvant déjà la proie des flammes, ils se revoyaient encore, à des distances qu'ils avaient jugées considérables, poursuivis par le même fléau. Enfin ne sachant plus où était le péril, où était le refuge, ils restent entassés dans les rues, étendus dans les champs ; quelques-uns ayant perdu toute leur fortune, et n'ayant pas même de quoi subsister ; d'autres, par amour pour des proches qu'ils n'avaient pu arracher à la mort, avec tous les moyens d'échapper, s'ensevelirent dans les flammes. Et personne n'osait résister au mal ; on entendait autour de soi mille cris menaçants qui défendaient d'éteindre ; on vit même des gens qui lançaient ouvertement des flambeaux, en criant, à haute voix, qu'ils en avaient l'ordre, soit afin d'exercer plus librement leur brigandage, soit que l'ordre fût réel.

XXXIX. Pendant ce temps, Néron était resté à Antium ; il ne revint à Rome qu'au moment où l'édifice qu'il avait

palatium, et Mæcenatis hortos continuaverat, ignis propinquaret. Neque tamen sisti potuit quin et palatium, et domus, et cuncta circùm haurirentur. Sed solatium populo exturbato et profugo campum Martis, ac monumenta Agrippæ, hortos quin etiam suos patefecit : et subitaria ædificia exstruxit, quæ multitudinem inopem acciperent : subvectaque ustensilia ab Ostiâ, et propinquis municipiis; pretiumque frumenti minutum, usquè ad ternos nummos. Quæ, quanquàm popularia, in inritum cadebant, quià pervaserat rumor ipso tempore flagrantis urbis, inîsse eum domesticam scenam, et cecinisse trojanum excidium, præsentia mala vetustis cladibus adsimulantem.

XL. Sexto demùm die, apud imas Esquilias, finis incendio factus, prorutis per immensum ædificiis, ut continuæ violentiæ campus, et velut vacuum cœlum occurreret. Nec dùm posito metu, redibat levis rursùm grassatus ignis, patulis magis urbis locis, eòque strages hominum minor : delubra deûm, et porticus amœnitati dicatæ, latiùs procidêre. Plusque infamiæ id incendium habuit, quià prædiis Tigellini Æmilianis proruperat. Videbaturque Nero condendæ urbis novæ, et cognomento suo appellandæ gloriam quærere. Quippè in regiones quatuordecim Roma dividitur; quarum quatuor integræ manebant, tres solo tenùs dejectæ : septem reliquis pauca tectorum vestigia supererant, lacera et semiusta.

construit pour joindre le palais d'Auguste et les jardins de Mécène fut menacé ; et encore ne put-on empêcher que le palais, l'édifice, et tout ce qui les entourait, ne fussent la proie des flammes. Néron, pour consoler le peuple, errant et sans asile, fit ouvrir le Champ-de-Mars, les monuments d'Agrippa, et jusqu'à ses propres jardins ; on construisit, à la hâte, des hangards, pour recevoir la partie la plus indigente ; on fit venir des meubles d'Ostie et des villes voisines, et le blé fut réduit au plus bas prix*; mais tous ces traits de popularité étaient en pure perte, parce qu'il y avait un bruit universellement répandu qu'à l'instant même de l'embrasement de sa capitale, il était monté sur son théâtre, et y avait chanté la destruction de Troie par une allusion de cet ancien désastre à la calamité présente.

XL. Le sixième jour enfin, l'incendie s'arrêta au pied des Esquilies**, après qu'on eut abattu une immensité d'édifices, afin que cette mer de feu ne rencontrât plus qu'un champ nu, et s'il se pouvait, que le vide de l'air. Mais à peine respirait-on de ces alarmes, que le feu se ranima*** encore avec violence ; il fit de nouveaux ravages, mais dans des quartiers plus découverts ; les temples, les portiques consacrés à l'agrément, trouvèrent, en s'écroulant, plus d'espace pour leurs ruines ; ce qui fit périr moins de monde. Ce nouvel incendie excita encore plus de soupçons, parce qu'il partit des possessions émiliennes ****, qu'occupait Tigellinus.

---

* Environ douze sous de notre monnaie.
** Quartier de Rome où était le palais de Mécène.
*** Ce passage a été fort altéré : j'ai adopté la leçon de Brotier.
**** La rue Émilienne, dans le septième quartier de l'ancienne Rome.

XLI. Domuum, et insularum, et templorum, quæ amissa sunt, numerum inire haud promptum fuerit : sed vetustissimâ religione, quod Servius Tullius Lunæ, et magna ara fanumque quæ præsenti Herculi Arcas Evander sacraverat, ædesque Statoris Jovis, vota Romulo, Numæque regia, et delubrum Vestæ cum penatibus populi romani, exusta. Jam opes tot victoriis quæsitæ, et græcarum artium decora, exin monumenta ingeniorum antiqua et incorrupta : quamvis in tantâ resurgentis Urbis pulchritudine, multa seniores meminerant, quæ reparari nequibant. Fuêre qui adnotarent quarto decimo kalendas sextiles principium incendii hujus ortum, quo et Senones captam Urbem inflammaverant : alii eò usquè curâ progressi sunt, ut totidem annos mensesque et dies inter utraque incendia numerent.

XLII. Ceterùm Nero usus est patriæ ruinis, exstruxitque domum, in quâ haud perindè gemmæ et aurum miraculo essent, solita pridem, et luxu vulgata, quàm arva et stagna, et in modum solitudinum hinc silvæ, indè aperta spatia et prospectus : magistris et machinatoribus Severo et Celere,

Il paraissait que Néron cherchait la gloire de bâtir une ville nouvelle, et de lui donner son nom. En effet, des quatorze quartiers de Rome, quatre seulement restaient entiers, trois étaient rasés jusqu'au sol ; les sept autres offraient à peine quelques vestiges de bâtiments en ruine et à demi-brûlés.

XLI. Il serait difficile de compter ce qu'il y eut de maisons particulières, de palais et de temples détruits. Les plus anciens monuments religieux, celui que Servius Tullius avait érigé à la Lune ; le grand autel et le temple consacré, par l'Arcadien Évandre, à Hercule, alors en Italie ; celui de Jupiter-Stator, voué par Romulus ; le palais de Numa, et le temple de Vesta, avec les pénates du peuple romain, furent entièrement consumés : sans parler de cet amas de richesses acquises par tant de victoires, et de tous ces chefs-d'œuvre de la Grèce, et d'une foule de manuscrits authentiques, anciens monuments du génie, que nos vieillards se ressouvenaient d'avoir vus, et dont toute la magnificence de la nouvelle Rome n'est pas capable de faire oublier la perte. Quelques-uns observèrent que l'incendie avait commencé le 14 * des kalendes d'août, jour où les Gaulois avaient pris et brûlé Rome : d'autres poussèrent même leurs recherches au point de supputer autant d'années, de mois et de jours entre les deux incendies, que du premier à la fondation de Rome.

XLII. Néron (10) s'établit sur les ruines de sa patrie, et il y construisit un palais, moins étonnant encore par l'or et les pierreries, embellissements ordinaires, et, depuis long-temps, prodigués par le luxe, que parce qu'on y voyait des champs de blé et des lacs, des espèces de solitudes avec des

* 19 Juillet.

quibus ingenium et audacia erat etiam quæ natura denegavisset per artem tentare, et viribus Principis inludere. Namque, ab lacu Averno, navigabilem fossam usquè ad ostia Tiberina depressuros promiserant, squalenti littore, aut per montes adversos : neque enim aliud humidum gignendis aquis occurrit quàm Pomptinæ paludes : cetera abrupta, aut arentia : ac, si perrumpi possent, intolerandus labor, nec satis caussæ. Nero tamen, ut erat incredibilium cupitor, effodere proxima Averno juga connixus est : manentque vestigia inritæ spei.

XLIII. Ceterùm, urbis quæ domui supererant, non, ut post gallica incendia, nullâ distinctione, nec passim erecta, sed dimensis vicorum ordinibus, et latis viarum spatiis, cohibitâque ædificiorum altitudine, ac patefactis areis, additisque porticibus, quæ frontem insularum protegerent. Eas porticus Nero suâ pecuniâ exstructurum, purgatasque areas dominis traditurum pollicitus est. Addidit præmia, pro cujusque ordine, et rei familiaris copiis; finivitque tempus, intra quod, effectis domibus aut insulis, adipiscerentur. Ruderi accipiendo Ostienses paludes destinabat, utiquè naves, quæ frumentum Tiberi subvectâssent, onustæ rudere decurrerent. Ædificiaque ipsa, certâ sui parte, sine trabibus, saxo Gabino Albanove solidarentur : quòd is lapis ignibus

bois d'un côté, de l'autre, des espaces découverts et des perspectives; le tout exécuté d'après les plans de Sévérus et de Céler, qui mettaient leur génie et leur ambition, à vouloir obtenir par l'art ce que la nature s'obstinait à refuser, et qui se jouaient des trésors du Prince. En effet ils avaient promis de creuser un canal navigable depuis le lac Averne jusqu'à l'embouchure du Tibre, à travers un terrain aride, ou des montagnes élevées, quoique, pour fournir l'eau, les environs n'offrissent d'autres ressources que les marais Pontins, que le reste fût desséché, escarpé, et qu'on ne pût rompre cette chaîne de montagnes qu'avec d'inconcevables travaux et bien peu d'utilité. Néron, toutefois, qui aimait l'extraordinaire, s'efforça d'ouvrir les hauteurs voisines de l'Averne, et l'on voit encore les traces de ses essais infructueux.

XLIII. Ce qu'une seule maison laissa de terrain à la ville ne fut point rebâti, comme après l'incendie des Gaulois, au hasard et confusément : on aligna, on élargit les rues; on réduisit la hauteur des édifices ; on ouvrit des cours, et l'on ajouta des portiques qui ombrageaient la façade des bâtiments. Néron promit de construire ces portiques à ses frais, de livrer aux propriétaires l'emplacement purgé de tout décombre, et de récompenser, en proportion de leur rang et de leur fortune, ceux qui auraient achevé leurs maisons avant un terme qu'il assigna. Il destinait les marais d'Ostie pour recevoir les déblais, dont les navires, qui avaient transporté les blés sur le Tibre, se chargeaient à leur retour : on régla que les édifices, dans de certaines parties, seraient construits sans bois, et seulement en pierres d'Albe et de Gabie, qui sont à l'épreuve du feu : de plus, qu'il y aurait, pour l'eau, des inspecteurs qui veilleraient à

impervius est. Jam aqua, privatorum licentiâ intercepta, quò largior, et pluribus locis in publicum flueret, custodes; et subsidia reprimendis ignibus in propatulo quisque haberet; ne communione parietum, sed propriis quæque muris ambirentur. Eâ ex utilitate accepta, decorem quoque novæ urbi attulêre. Erant tamen qui crederent veterem illam formam salubritati magis conduxisse, quoniàm angustiæ itinerum, et altitudo tectorum non perindè solis vapore perrumperentur : at nunc patulam latitudinem, et nullâ umbrâ defensam, graviore æstu ardescere.

XLIV. Et hæc quidem humanis consiliis providebantur. Mox petita diis piacula, aditique Sibyllæ libri, ex quibus supplicatum Vulcano et Cereri Proserpinæque, ac propitiata Juno per matronas, primùm in Capitolio, deindè apud proximum mare : undè haustâ aquâ, templum et simulacrum deæ prospersum est ; et sellisternia ac pervigilia celebravêre feminæ quibus mariti erant. Sed, non ope humanâ, non largitionibus Principis, aut deûm placamentis, decedebat infamia, quin jussum incendium crederetur. Ergò abolendo rumori Nero subdidit reos, et quæsitissimis poenis adfecit quos per flagitia invisos, vulgus christianos appellabat. Auctor nominis ejus *Christus*, Tiberio imperitante, per procuratorem Pontium Pilatum, supplicio affectus erat. Repressaque in præsens exitiabilis superstitio

ce qu'elle ne fût plus interceptée par les particuliers, à ce qu'elle circulât plus abondamment, et en plus de lieux, pour le service public; que chacun pût trouver, sous sa main, des secours contre le feu. On arrêta aussi qu'il n'y aurait plus de murs mitoyens, et que chaque maison aurait une enceinte séparée. Ces réglements, adoptés pour leur utilité, contribuèrent aussi à l'embellissement de la nouvelle ville. Quelques-uns, cependant, croyaient l'ancienne forme plus convenable pour la salubrité (11). Ces rues étroites, et ces toits élevés, ne laissaient pas, à beaucoup près, un passage aussi libre aux rayons du soleil; au lieu que, maintenant, toute cette largeur qui reste à découvert, sans aucune ombre qui la défende, est en butte à tous les traits d'une chaleur brûlante.

XLIV. Telles étaient les mesures que suggérait la prudence humaine : on recourut encore aux expiations pour apaiser les dieux; on consulta les livres de la Sibylle, et, d'après leur réponse, on fit des prières publiques à Vulcain, à Cérès et à Proserpine : des dames romaines allèrent invoquer Junon, d'abord au Capitole, ensuite, sur le rivage de la mer le plus prochain, où l'on puisa de l'eau pour arroser le temple et la statue de la déesse; les femmes qui avaient des maris célébrèrent des sellisternes*, et veillèrent auprès des dieux. Mais, ni les secours humains, ni les largesses du Prince, ni les expiations religieuses, ne pouvaient rien contre les bruits infamants qui attribuaient l'incendie aux ordres de Néron. Pour détruire ces bruits, il chercha

---

* Cérémonie religieuse. On dressait des lits de festins dans les temples, où l'on plaçait couchées les statues des dieux; les statues des déesses étaient assises sur des siéges : *Sellisternes*, de *sellæ sterni*, siéges dressés.

rursùs erumpebat, non modò per Judæam, originem ejus mali, sed per Urbem etiam, quò cuncta undiquè atrocia aut pudenda confluunt, celebranturque. Igitur primùm correpti qui fatebantur, deindè indicio eorum multitudo ingens, haud perindè in crimine incendii quàm odio humani generis convicti sunt. Et pereuntibus addita ludibria, ut, ferarum tergis contecti, laniatu canum interirent, aut crucibus affixi, aut flammandi, atque, ubi defecisset dies, in usum nocturni luminis urerentur. Hortos suos ei spectaculo Nero obtulerat, et Circense ludicrum edebat, habitu aurigæ permixtus plebi, vel curriculo insistens. Undè, quanquàm adversùs sontes, et novissima exempla meritos, miseratio oriebatur, tanquàm non utilitate publicâ, sed in sævitiam unius absumerentur.

XLV. Intereà, conferendis pecuniis pervastata Italia, provinciæ eversæ, sociique populi, et quæ civitatum liberæ vocantur. Inque eam prædam etiam dii cessêre, spoliatis in Urbe templis, egestoque auro quod triumphis, quod votis, omnis populi romani ætas prosperè, aut in metu, sacraverat.

des coupables, et fit souffrir les plus cruelles tortures à des malheureux abhorrés pour leurs infamies, qu'on appelait vulgairement (12) chrétiens. Le Christ, qui leur donna son nom, avait été condamné au supplice sous Tibère, par le procurateur Ponce Pilate; ce qui réprima pour le moment cette exécrable superstition; mais, bientôt, le torrent se déborda de nouveau, non-seulement dans la Judée, où il avait pris sa source, mais jusque dans Rome même, où viennent enfin se rendre et se grossir tous les déréglements et tous les crimes. On commença par se saisir de ceux qui s'avouaient chrétiens, et, ensuite, sur leur déposition, d'une multitude immense, qui fut moins convaincue d'avoir incendié Rome que de haïr le genre humain : à leur supplice on ajoutait la dérision; on les enveloppait de peaux de bêtes, pour les faire dévorer par des chiens; on les attachait en croix, ou l'on enduisait leurs corps de résine, et l'on s'en servait la nuit comme de flambeaux pour s'éclairer. Néron avait cédé ses propres jardins pour ce spectacle, et, dans le même temps, il donnait des jeux au Cirque, se mêlant parmi le peuple, en habit de cocher, ou conduisant des chars. Aussi, quoique coupables et dignes des derniers supplices, on se sentit ému de compassion pour ces victimes qui semblaient immolées moins au bien public qu'aux passe-temps d'un barbare.

XLV. Cependant, des contributions énormes dévastaient l'Italie, ruinaient les provinces, les peuples alliés, et jusqu'aux États qu'on appelle libres. Les dieux même furent enveloppés dans ce pillage général; on dépouilla les temples de Rome; on prit tout l'or que la reconnaissance et la piété du peuple romain avaient, depuis la fondation de l'empire, consacré aux dieux dans ses prospérités et dans ses revers.

Enimverò per Asiam atque Achaiam non dona tantùm, sed simulacra numinum abripiebantur, missis in eas provincias Acrato, ac Secundo Carinate. Ille libertus, cuicumque flagitio promptus; hic græcâ doctrinâ ore tenùs exercitus, animum bonis artibus non induerat. Ferebatur Seneca quò invidiam sacrilegii à semet averteret, longinqui ruris secessum oravisse, et, postquàm non concedebatur, fictâ valetudine, quasi æger nervis, cubiculum non egressus. Tradidêre quidam venenum ei per libertum ipsius, cui nomen Cleonicus, paratum, jussu Neronis; vitatumque à Senecâ, proditione liberti, seu propriâ formidine, dùm persimplici victu, et agrestibus pomis, ac, si sitis admoneret, profluente aquâ vitam tolerat.

XLVI. Per idem tempus, gladiatores, apud oppidum Præneste, tentatâ eruptione, præsidio militis qui custos adesset, coërciti sunt : jam Spartacum, et vetera mala rumoribus ferente populo, ut est novarum rerum cupiens, pavidusque. Nec multò pòst, clades rei navalis accipitur, non bello (quippè haud aliàs tam immota pax) sed certum ad diem in Campaniam redire classem Nero jusserat, non exceptis maris casibus. Ergò gubernatores, quamvis sæviente pelago, à Formiis movêre, et gravi Africo, dùm promontorium Miseni superare contendunt,

L'Asie et la Grèce furent encore moins épargnées ; on ne se borna point aux offrandes des temples, on y enleva jusqu'aux statues des dieux : rien n'échappait à la rapacité d'Acratus et de Carinas, qu'on avait envoyés dans ces provinces. Acratus était un affranchi qu'aucun crime n'effrayait ; l'autre, un philosophe grec, qui avait fait une grande étude de la morale, pour en parler, non pour se rendre meilleur. Sénèque, dans la crainte de voir retomber sur lui l'odieux de ces sacriléges, avait demandé à se retirer dans une terre éloignée, et, sur le refus du Prince, il avait prétexté une maladie, la goutte, pour ne point sortir de chez lui ; voilà, du moins, ce qui a été dit. Quelques-uns ont rapporté que Néron voulut alors le faire empoisonner par un affranchi même de Sénèque, nommé Cléonicus, et que Sénèque fut préservé, soit par l'avis que lui donna l'affranchi lui-même, soit par sa propre défiance, s'étant borné, pour toute nourriture, à quelques fruits sauvages, et, pour toute boisson, à de l'eau courante.

XLVI. Dans le même temps, les gladiateurs qui étaient à Préneste*, tentèrent de se soulever, et, quoiqu'un détachement de soldats, chargés de les garder, eût réprimé aussitôt ce mouvement, le peuple, dans ses frayeurs, aussi avide de révolutions que prompt à s'en alarmer, se figurait déjà Spartacus et tous les malheurs anciens. A quelques jours de distance, on apprit la perte de la flotte. Ce malheur n'était pas le fruit d'un combat ; car il n'y eut jamais une paix si profonde. Mais Néron avait fixé un jour précis pour le retour de la flotte en Campanie, et n'avait point excepté les

---

* Palestrine, dans la campagne de Rome.

Cumanis littoribus impacti, triremium plerasque, et minora navigia passim amiserunt.

XLVII. Fine anni, vulgantur prodigia, imminentium malorum nuncia. Vis fulgurum non aliàs crebrior, et sidus cometes, sanguine inlustri semper Neroni expiatum. Bicipites hominum aliorumve animalium partus abjecti in publicum, aut, in sacrificiis quibus gravidas hostias immolare mos est, reperti. Et, in agro Placentino, viam propter, natus vitulus cui caput in crure esset. Secutaque haruspicum interpretatio: parari rerum humanarum aliud caput, sed non fore validum, neque occultum; quià non in utero repressum, at iter juxta editum sit.

XLVIII. Ineunt deindè consulatum Silius Nerva, et Atticus Vestinus, coeptâ simul, et auctâ conjuratione, in quam certatim nomina dederant senatores, eques, miles, feminæ etiam, cum odio Neronis, tùm favore in C. Pisonem. Is Calpurnio genere ortus, ac multas insignesque familias paternâ nobilitate complexus, claro apud vulgum rumore erat, per virtutem, aut species virtutibus similes. Namque facundiam tuendis civibus exercebat, largitionem adversùs amicos, et ignotis quoque comi sermone et congressu. Aderant etiam fortuita, corpus procerum, decora facies. Sed procul gravitas mo-

hasards de la mer; aussi, quoiqu'elle fût très-menaçante, les pilotes partirent de Formies*. Comme ils s'efforçaient de doubler le promontoire de Misène, un vent de sud violent les poussa contre le rivage de Cumes, où l'on perdit la plupart des trirèmes et quantité de petits bâtiments.

XLVII. Sur la fin de l'année, on ne parla (13) que de prodiges, avant-coureurs de calamités prochaines; jamais on n'avait vu plus d'éclairs et de plus terribles. Il parut aussi une comète, présage que Néron expiait toujours par un sang illustre. On citait des embryons d'hommes et d'animaux à deux têtes, jetés dans les chemins; d'autres, trouvés dans les sacrifices où c'est l'usage d'immoler des bêtes pleines; on citait un veau né sur le territoire de Plaisance, près de la grande route, lequel avait une tête à la cuisse; et, à ce sujet, une interprétation des aruspices, que cette tête en annonçait une autre prête à gouverner le monde, mais qui serait découverte avant son accroissement, parce que le veau était né avant terme, et sur le bord du chemin (14).

XLVIII. Silius Nerva et Atticus Vestinus ouvrirent leur consulat** au moment d'une conjuration, puissante aussitôt que formée, où s'étaient jetés, à l'envi, sénateurs, chevaliers, soldats, des femmes même, et par haine contre le Prince, et par intérêt pour Pison. Celui-ci, du sang des Calpurnius, qui embrassaient, dans leurs alliances, les plus illustres maisons de Rome, jouissait, parmi la multitude, d'une grande réputation, qu'il devait à la vertu, ou plutôt à ces dehors qui y ressemblent. Il employait son éloquence à défendre les citoyens; libéral envers ses amis, avec les in-

---

* Mola, dans la terre de Labour.
** An de Rome 818; de J.-C. 65.

rum, aut voluptatum parcimonia : lenitati ac magnificentiæ, et aliquandò luxui indulgebat. Idque pluribus probabatur qui, in tantâ vitiorum dulcedine, summum imperium non restrictum, nec perseverum volunt.

XLIX. Initium conjurationi non à cupidine ipsius fuit : nec tamen facilè memoraverim quis primus auctor, cujus instinctu concitum sit, quod tam multi sumpserunt. Promptissimos Subrium Flavium, tribunum prætoriæ cohortis, et Sulpicium Asprum, centurionem, exstitisse, constantia exitûs docuit. Et Lucanus Annæus, Plautiusque Lateranus, consul designatus, vivida odia intulêre. Lucanum propriæ caussæ accendebant, quòd famam carminum ejus premebat Nero, prohibueratque ostentare, vanus adsimulatione. Lateranum, consulem designatum, nulla injuria, sed amor reipublicæ sociavit. At Flavius Scevinus, et Afranius Quinctianus, uterque senatorii ordinis, contra famam suî, principium tanti facinoris capessivêre : nam Scevino dissoluta luxu mens, et proindè vita somno languida : Quinctianus mollitiâ corporis infamis, et à Nerone probroso carmine diffamatus, contumelias ultum ibat.

L. Ergò, dùm scelera Principis, et finem adesse imperii, deligendumque qui fessis rebus succurreret, inter se aut inter amicos jaciunt, aggregavêre

connus même son entretien était aimable et son abord prévenant. Il avait encore ces dons du hasard, une belle figure, une taille majestueuse; mais nulle dignité dans ses mœurs, nulle retenue dans ses plaisirs; il aimait la mollesse et le faste; quelquefois il allait jusqu'à la débauche, et cela même lui faisait beaucoup de partisans, de ceux qui, trouvant au vice des charmes si doux, ne veulent point, au rang suprême, tant d'exactitude et de rigidité.

XLIX. Son ambition ne fut pas la première cause de la conjuration; et même j'aurais peine à dire quel fut l'instigateur d'un projet qui eut tant de complices. Ceux qui y mirent le plus de chaleur furent Subrius, tribun d'une cohorte prétorienne, et le centurion Sulpicius, comme il parut par l'intrépidité de leur mort. Lucain, et Latéranus, consul désigné, y portèrent aussi des haines violentes. Lucain poursuivait, dans Néron, un rival qui cherchait à étouffer la gloire de ses vers, et, par une jalouse vanité, lui avait défendu de les montrer (15); Latéranus n'avait aucun ressentiment personnel; il conspira par amour pour la patrie. Mais on s'étonna, d'après leur réputation, de voir Scévinus et Quinctianus se jeter dans tous les commencements d'une entreprise aussi hasardeuse; car la débauche avait énervé l'ame de Scévinus, et sa vie n'était qu'un assoupissement continuel. Quinctianus, décrié pour d'infâmes prostitutions, et diffamé, par Néron, dans une satire, voulait venger cet outrage.

L. Ces conjurés ne parlant donc que des crimes du Prince, de l'empire qui touchait à sa fin, et du besoin d'élire un chef qui sauvât l'État de sa ruine, tous ces dis-

Tullium Senecionem, Cervarium Proculum, Vulcatium Araricum, Julium Tugurinum, Munatium Gratum, Antonium Natalem, Martium Festum, equites romanos : ex quibus Senecio, è præcipuâ familiaritate Neronis, speciem amicitiæ etiam tùm retinens, eò pluribus periculis conflictabatur. Natalis particeps ad omne secretum Pisoni erat : ceteris spes ex novis rebus petebatur. Adscitæ sunt, super Subrium et Sulpicium, de quibus retuli, militares manus, Granius Silvanus, et Statius Proximus, tribuni cohortium prætoriarum, Maximus Scaurus, et Venetus Paulus, centuriones. Sed summum robur in Fenio Rufo, præfecto, videbatur, quem, vitâ famâque laudatum, per sævitiam impudicitiamque Tigellinus in animo Principis anteibat, fatigabatque criminationibus, ac sæpè in metum adduxerat, quasi adulterum Agrippinæ, et desiderio ejus ultioni intentum. Igitur, ubi conjuratis præfectum quoque prætorii in partes descendisse, crebro ipsius sermone facta fides ; promptiùs jam de tempore ac loco cædis agitabant. Et cepisse impetum Subrius Flavius ferebatur, in scenâ canentem Neronem adgrediendi ; aut cùm, ardente domo, per noctem hùc illùc cursaret incustoditus. Hîc occasio solitudinis ; ibi ipsa frequentia, tanti decoris testis, pulcherrimum animum exstimulaverant : nisi impunitatis cupido retinuisset, magnis semper conatibus adversa.

LI. Interim, cunctantibus prolatantibusque spem

cours, jetés entre eux, entre leurs amis, entraînèrent Sénécion, Proculus, Araricus, Tugurinus, Munatius, Natalis, Festus, tous chevaliers romains. Sénécion, jadis un des principaux favoris de Néron, et qui conservait encore alors l'apparence de la faveur, n'en était que plus assailli de terreurs et de dangers ; Natalis était le confident de tous les secrets de Pison; les autres envisageaient leur avancement dans la révolution. Outre les deux guerriers dont j'ai parlé, Subrius et Sulpicius, ils s'assurèrent encore quelques bras éprouvés, Silvanus et Statius, tribuns de cohortes prétoriennes, Scaurus et Vénétus, centurions; mais c'était dans Fénius, préfet du prétoire, qu'ils mettaient leur principale confiance; Fénius, avec sa vertu et sa réputation, se voyait éclipsé dans l'esprit du Prince, par la barbarie et l'impudicité de Tigellinus, qui le fatiguait d'accusations, et souvent avait pensé le perdre, en le peignant comme l'amant d'Agrippine, et comme n'aspirant qu'à venger sa mort. Sitôt donc que les conjurés surent le préfet du prétoire engagé dans leur parti, et ils n'en pouvaient douter, d'après les assurances multipliées qu'il en avait données lui-même, plus hardis déjà, ils parlèrent de fixer l'heure et le lieu de l'assassinat. On dit même que Subrius avait été tenté d'attaquer Néron tandis qu'il chantait sur le théâtre, ou lorsque, pendant l'incendie du palais, il courut toute la nuit, sans gardes. Dans ce dernier cas, il surprenait Néron seul; et, dans l'autre, la présence même de cette foule de témoins eût été un aiguillon pour cette ame héroïque ; mais il fut retenu par le désir de l'impunité, obstacle ordinaire des grandes entreprises.

LI. Au milieu de ces irrésolutions, qui reculaient leurs

ac metum, Epicharis quædam, incertum quonam modo sciscitata (neque illi antè ulla rerum honestarum cura fuerat), accendere, et arguere conjuratos : ac postremò lentitudinis eorum pertæsa, et in Campaniâ agens, primores classiariorum Misenensium labefacere, et conscientiâ inligare connixa est tali initio. Erat chiliarchus in eâ classe Volusius Proculus, occidendæ matris Neronis inter ministros, non ex magnitudine sceleris provectus, ut rebatur : is, mulieri olim cognitus, seu recèns ortâ amicitiâ, dùm merita erga Neronem sua, et quàm in inritum cecidissent aperit, adjicitque questus, et destinationem vindictæ, si facultas oriretur, spem dedit posse impelli, et plures conciliare : nec leve auxilium in classe, crebras occasiones ; quià Nero multo apud Puteolos et Misenum maris usu lætabatur. Ergò Epicharis plura : et omnia scelera Principis orditur : neque senatui quid manere : sed provisum quonam modo pœnas eversæ reipublicæ daret : accingeretur modò navare operam, et militum acerrimos ducere in partes, ac digna pretia exspectaret. Nomina tamen conjuratorum reticuit. Undè Proculi indicium inritum fuit, quamvis ea quæ audierat ad Neronem detulisset. Accita quippè Epicharis, et cum indice composita, nullis testibus innixum facilè confutavit. Sed ipsa in custodiâ retenta est, suspectante Nerone haud falsa esse, etiam quæ vera non probabantur.

espérances, prolongeaient leurs craintes, Épicharis, une femme qui était du complot, et on ne sait comment (car jusqu'alors sa conduite avait été assez méprisable), n'épargnait, aux conjurés, ni exhortations, ni reproches; enfin, dégoûtée de leur lenteur, et se trouvant en Campanie, où était la flotte de Misène, elle travailla à ébranler les principaux commandants et à les lier à la conjuration. Elle s'y prit de cette manière : il y avait un chiliarque sur la flotte, nommé Volusius Proculus, l'un de ceux qui étaient entrés dans le projet de faire périr la mère de Néron, et qui n'avait point été récompensé selon l'importance du crime, à ce qu'il croyait. Soit qu'il eût connu anciennement Épicharis, ou que leur amitié fût récente, il s'ouvre à elle, et, comme il parlait des services qu'il avait rendus à Néron et de son ingratitude, qu'il s'en plaignait, qu'il annonçait même une résolution de s'en venger, si l'occasion se présentait, elle conçut l'espoir de le gagner, et, par lui, une partie des gens de la flotte : ce qui n'eût pas été d'un faible secours, et eût fourni des occasions fréquentes, parce que Néron allait souvent à Pouzzol et à Misène se promener sur la mer. Épicharis se déclare donc; et d'abord elle retrace tous les crimes du Prince; elle montre le sénat (16) poussé à bout, ayant pourvu aux moyens de punir le destructeur de la république; elle presse Proculus de seconder seulement l'entreprise, et d'engager dans leur parti ses plus braves soldats; elle lui promet de dignes récompenses. Cependant elle tut le nom des conjurés. Aussi, quoique Proculus eût rapporté sur-le-champ à Néron ce qu'il venait d'entendre, sa déposition ne servit de rien. Épicharis, confrontée, nia tout, et confondit sans peine un dénonciateur que n'appuyait aucun témoin. Toutefois, elle fut retenue en prison,

LII. Conjuratis tamen metu proditionis permotis, placitum maturare caedem apud Baias, in villâ Pisonis : cujus amoenitate captus Caesar crebrò ventitabat, balneasque et epulas inibat, omissis excubiis, et fortunae suae mole. Sed abnuit Piso, invidiam praetendens si sacra mensae, diique hospitales caede qualiscumque Principis cruentarentur : meliùs apud Urbem, in illâ invisâ, et spoliis civium exstructâ domo, vel in publico patraturos quod pro republicâ suscepissent. Haec in commune : ceterùm timore occulto ne L. Silanus, eximiâ nobilitate, disciplinâque C. Cassii, apud quem educatus erat, ad omnem claritudinem sublatus, imperium invaderet, promptè daturis operam qui à conjuratione integri essent, quique miserarentur Neronem, tanquàm per scelus interfectum. Plerique Vestini quoque consulis acre ingenium vitavisse Pisonem crediderunt, ne ad libertatem moveretur, vel, delecto imperatore alio, sui muneris rempublicam faceret. Etenim expers conjurationis erat; quamvis super eo crimine Nero vetus adversùs insontem odium expleverit.

LIII. Tandem statuêre Circensium ludorum die, qui Cereri celebratur, exsequi destinata : quiâ Caesar, rarus egressu, domoque aut hortis clausus, ad ludicra Circi ventitabat, promptioresque aditus erant laetitiâ spectaculi. Ordinem insidiis compo-

Néron soupçonnant que tout n'était point faux, quoique rien ne fût prouvé.

LII. Les conjurés, cependant, que la crainte d'une trahison faisait frémir, voulaient presser le meurtre, et tuer le Prince à Baies, dans la maison de Pison. Néron, enchanté de la beauté du lieu, s'y rendait souvent; et, à l'heure du bain et du repas, il renvoyait toujours sa garde, attirail incommode de la grandeur. Mais Pison refusa, trouvant odieux d'ensanglanter sa table et ses dieux hospitaliers par le meurtre d'un prince, quel qu'il fût; soutenant qu'il valait mieux l'immoler à Rome, dans cet exécrable palais, bâti des dépouilles des citoyens, enfin exécuter publiquement ce qu'on entreprenait pour le bien public. Voilà ce qu'il dit tout haut. Mais, dans le fond, il craignait que Lucius Silanus, ce jeune homme que sa haute naissance et les lumières qu'il avait puisées dans les leçons de Cassius, portaient naturellement à toutes les grandeurs, n'envahît l'empire, sûr d'être secondé puissamment par ceux qui n'auraient point trempé dans la conjuration, et qui n'eussent envisagé, dans le meurtre de Néron, que l'horreur d'un complot sacrilége. Plusieurs ont cru que Pison avait redouté aussi le génie entreprenant du consul Vestinus, qui aurait pu remuer, ou en faveur de la liberté, ou pour élire un prince qui lui fût redevable de l'empire. En effet, Vestinus n'entra point dans la conjuration, quoique Néron le chargeât de ce crime, pour assouvir, sur un innocent, sa vieille inimitié.

LIII. Enfin ils fixèrent l'exécution au jour des jeux du cirque*, où l'on célèbre la fête de Cérès; Néron, qui, d'ailleurs, sortait peu, et se tenait renfermé dans son palais

---

* 19 avril.

suerant ut Lateranus, quasi subsidium rei familiari oraret, deprecabundus, et genibus Principis accidens, prosterneret incautum, premeretque, animi validus, et corpore ingens. Tùm jacentem et impeditum, tribuni et centuriones, et ceterorum ut quisque audentiæ habuisset, accurrerent, trucidarentque : primas sibi partes expostulante Scevino, qui pugionem, templo Salutis in Etruriâ, sive, ut alii tradidêre, Fortunæ Ferentano in oppido detraxerat, gestabatque velut magno operi sacrum. Interim Piso apud ædem Cereris opperiretur ; undè eum præfectus Fenius et ceteri accitum ferrent in castra, comitante Antoniâ, Claudii Cæsaris filiâ, ad eliciendum vulgi favorem : quod C. Plinius memorat. Nobis quoquo modo traditum non occultare in animo fuit, quamvis absurdum videretur, aut inanem ad spem Antoniam nomen et periculum commodavisse, aut Pisonem, notum amore uxoris, alii matrimonio se obstrinxisse : nisi si cupido dominandi cunctis affectibus flagrantior est.

LIV. Sed mirum quàm inter diversi generis, ordinis, ætatis, sexûs, dites, pauperes, taciturnitate omnia cohibita sint; donec proditio cœpit è domo Scevini : qui, pridiè insidiarum, multo sermone cum Antonio Natale, dein regressus domum, testamentum obsignavit : promptum vaginâ pugio-

ou dans ses jardins, venait fréquemment au cirque, et les plaisirs du spectacle laissaient un accès plus libre auprès de lui. On avait réglé ainsi l'ordre de l'attaque. Latéranus, sous prétexte de demander quelque secours dans sa détresse, devait, d'un air suppliant, tomber aux genoux du Prince, et, de là, le renverser brusquement et le terrasser; ce qui lui était facile à cause de son grand courage et de sa haute stature. Alors, les tribuns et les centurions, avec les autres conjurés, à proportion de leur audace, devaient fondre sur lui et le massacrer; Scévinus sollicitait l'honneur du premier coup; il avait, sur lui, un poignard qu'il avait pris en Étrurie, dans le temple de la déesse Salus, ou, selon d'autres, dans celui de la Fortune, à Férente*, et il le portait toujours comme une arme consacrée aux grandes entreprises. Pendant ce temps, Pison devait rester au temple de Cérès, d'où, ensuite, Fénius et les autres l'eussent mené au camp. Antonie, fille de l'empereur Claude, devait l'accompagner, pour lui ménager la faveur du peuple, à ce que Pline rapporte. Quel qu'eût été le garant de ce fait, mon dessein n'était point de le taire, quoiqu'il paraisse peu croyable, ou qu'Antonie, pour un intérêt frivole, eût prêté son nom et compromis ses jours; ou que Pison, connu par sa tendresse pour sa femme, eût pris des engagements pour un autre mariage : à moins que la passion de régner n'étouffe toutes les autres affections.

LIV. Ce qui étonne, c'est qu'au milieu de tant de personnes riches, pauvres, de naissance, de rang, de sexe et d'âge différents, un secret impénétrable eût voilé tous leurs projets; enfin il se trouva un traître dans la maison de Scé-

---

* Frenti, en Toscane.

nem, de quo suprà retuli, vetustate obtusum increpans, asperari saxo, et in mucronem ardescere jussit. Eamque curam liberto Milicho mandavit. Simul adfluentius solito convivium initum : servorum carissimi libertate, et alii pecuniâ donati : atque ipse moestus, et magnae cogitationis manifestus erat, quamvis laetitiam vagis sermonibus simularet. Postremò vulneribus ligamenta, quibusque sistitur sanguis, parare eumdem Milichum monet ; sive gnarum conjurationis, et illùc usquè fidem, seu nescium, et tunc primùm arreptis suspicionibus, ut plerique tradidêre, de consequentibus. Nam, cùm secum servilis animus praemia perfidiae reputavit, simulque immensa pecunia et potentia obversabantur, cessit fas, et salus patroni, et acceptae libertatis memoria. Etenim uxoris quoque consilium adsumpserat, muliebre ac deterius : quippè ultrò metum intentabat : multosque adstitisse libertos ac servos qui eadem viderint : nihil profuturum unius silentium : at praemia penes unum fore qui indicio praevenisset.

LV. Igitur, coeptâ luce, Milichus in hortos Servilianos pergit, et, cùm foribus arceretur, magna et atrocia adferre dictitans, deductusque ab jani-

vinus. La veille de l'exécution, ce sénateur, après un long entretien avec Natalis, rentra chez lui, et fit son testament; puis, ayant tiré de sa gaîne le poignard dont j'ai parlé plus haut, et voyant avec peine que le temps l'avait émoussé, il recommanda qu'on l'éguisât sur la pierre, que la pointe en fût étincelante, et il chargea de ce soin un affranchi, Milichus. Ensuite, il donna un repas plus somptueux qu'à l'ordinaire, la liberté aux esclaves qu'il aimait le mieux, de l'argent à d'autres, et, cependant, il paraissait sombre et préoccupé fortement d'une grande pensée, quoique, dans son entretien, qui était sans suite, il affectât de la gaîté. Enfin, il commande tout l'appareil propre pour bander des plaies, pour étancher le sang, et toujours à ce même Milichus. On ne sait si cet homme était du secret, et l'avait gardé jusqu'alors, ou bien si, l'ignorant, ses soupçons, comme plusieurs l'ont rapporté, furent éveillés, pour la première fois, par toutes ces circonstances; mais cette ame servile n'eut pas sitôt supputé le prix d'une perfidie, que son devoir, que la vie de son maître, que la mémoire de la liberté qu'il avait reçue, que tous ces motifs disparurent devant la perspective d'un argent et d'un pouvoir immenses. D'ailleurs, il avait consulté sa femme, dont les conseils se sentirent de la lâcheté de son sexe. Elle était la première à remplir sa tête de frayeurs, sur ce que nombre d'esclaves et d'affranchis avaient vu les mêmes choses, sur ce que le silence d'un seul ne servirait de rien, au lieu que les récompenses seraient toutes pour celui-là seul qui dénoncerait le premier.

LV. Au point du jour, Milichus va donc aux jardins de Servilius. D'abord, on lui refuse l'entrée; mais, à force de répéter qu'il apporte un avis de la dernière importance, et la

toribus ad libertum Neronis, Epaphroditum, mox ab eo ad Neronem, urgens periculum, graves conjurationes, et cetera quæ audierat, conjectaveratque docet. Telum quoque in necem ejus paratum ostendit, accirique reum jussit : is, raptus per milites, et defensionem orsus, ferrum cujus argueretur olim religione patriâ cultum, et in cubiculo habitum, ac fraude liberti subreptum, respondit. Tabulas testamenti sæpiùs à se, incustoditâ dierum observatione, signatas. Pecunias et libertates servis et antè dono datas, sed ideò tunc largiùs, quià, tenui jam re familiari, et instantibus creditoribus, testamento diffideret. Enimverò liberales semper epulas struxisse, et vitam amœnam, et duris judicibus parùm probatam. Fomenta vulneribus nulla jussu suo, sed quià cetera palàm vana objecisset, adjungere crimen, ut sese pariter indicem et testem faceret. Adjicit dictis constantiam, incusat ultrò intestabilem, et consceleratum, tantâ vocis ac vultûs securitate ut labaret indicium, nisi Milichum uxor admonuisset Antonium Natalem multa cum Scevino, ac secretò collocutum, et esse utrosque C. Pisonis intimos.

LVI. Ergò accitur Natalis : et diversi interrogantur quisnam is sermo, quà de re fuisset ? cùm exorta suspicio, quià non congruentia responderant, indi-

révélation d'un complot, il se fait introduire chez Épaphrodite, affranchi de Néron, qui le mène chez Néron même ; là, il parle d'un péril urgent, d'une grande conspiration, de tout ce qu'il avait entendu et conjecturé. Il montre aussi l'arme préparée pour assassiner le Prince, et il demande qu'on fasse venir Scévinus. Des soldats allèrent le prendre sur-le-champ. Scévinus allégua, pour sa justification, que ce poignard, qu'on lui objectait, avait été de tout temps révéré d'un culte particulier dans sa famille, et qu'il le gardait dans son appartement, d'où son perfide affranchi l'avait dérobé ; qu'il avait fait son testament plus d'une fois et à différentes époques indistinctement ; qu'il lui était arrivé déjà de donner de l'argent et la liberté à des esclaves ; et que, s'il y avait mis dans ce moment plus de libéralité, c'est que, dans l'épuisement de sa fortune, et avec les créanciers qui le pressaient, il craignait pour son testament ; que toute sa vie il avait donné des repas splendides, et que ses dépenses lui avaient même attiré les reproches des juges austères ; que tout cet apprêt pour des blessures s'était fait sans son ordre, et que ce malheureux avait voulu étayer la frivolité de ses autres imputations par une calomnie dont il se faisait, à la fois, et le dénonciateur et le témoin. Il soutient ses discours par de la fermeté ; il est le premier à accuser son esclave, à le traiter de scélérat exécrable, et avec tant d'assurance dans l'air et dans le ton, quela délation tombait, si la femme de Milichus ne l'eût averti que Natalis avait eu une conférence longue et secrète avec Scévinus, et qu'ils étaient tous deux les amis de Pison.

LVI. On fait donc venir Natalis, et on les interroge séparément sur le sujet, sur les détails de leur entretien. La diversité de leurs réponses fit naître des soupçons, et on les

taque vincla. Et tormentorum adspectum ac minas non tulêre. Prior tamen Natalis, totius conjurationis magis gnarus, simul arguendi peritior, de Pisone primùm fatetur : deindè adjicit Annœum Senecam, sive internuncius inter eum Pisonemque fuit, sive ut Neronis gratiam pararet qui infensus Senecæ, omnes ad eum opprimendum artes conquirebat. Tùm, cognito Natalis indicio, Scevinus quoque, pari imbecillitate, an cuncta jam patefacta credens, nec ullum silentii emolumentum, edidit ceteros : ex quibus Lucanus, Quinctianusque, et Senecio diù abnuêre. Pòst, promissâ impunitate corrupti, quò tarditatem excusarent, Lucanus Aciliam matrem suam, Quinctianus Glicium Gallum, Senecio Annium Pollionem, amicorum præcipuos, nominavêre.

LVII. Atque interim Nero, recordatus Volusii Proculi indicio Epicharin attineri, ratusque muliebre corpus impar dolori, tormentis dilacerari jubet. At illam non verbera, non ignes, non ira eò acriùs torquentium ne à feminâ spernerentur, pervicêre, quin objecta denegaret. Sic primus quæstionis dies contemptus. Postero, cùm ad eosdem cruciatus retraheretur gestamine sellæ (nam dissolutis membris insistere nequibat), vinclo fasciæ, quam pectori detraxerat, in modum laquei ad arcum sellæ restricto, indidit cervicem, et corporis pondere connisa, tenuem jam spiritum expressit : clariore exemplo libertina mulier, in tantâ necessitate, alienos, ac propè ignotos protegendo, cùm ingenui, et viri,

chargea de fers : ils ne soutinrent pas l'aspect et la menace des tortures. Natalis, toutefois, fut le premier qui avoua. Plus instruit des détails de la conjuration, et, voyant (17) mieux ce qu'il fallait dire, il nomma d'abord Pison, ensuite Sénèque, soit qu'en effet il eût négocié entre Sénèque et Pison, soit qu'il voulût, par-là, se concilier Néron, qu'il savait implacable ennemi de Sénèque, et cherchant ardemment tous les moyens de le perdre. Lorsque Scévinus eut appris l'aveu de Natalis, par une faiblesse pareille, ou dans l'idée peut-être que tout était déjà découvert, et qu'il ne gagnerait rien à se taire, il déclara les autres complices. Dans ce nombre, Sénécion, Lucain, Quinctianus, nièrent longtemps. Enfin, se laissant corrompre par la promesse de l'impunité, afin de se faire pardonner leur lenteur, Lucain dénonça Acilia, sa propre mère ; Quinctianus et Sénécion dénoncèrent Gallus et Pollion, leurs meilleurs amis.

LVII. Cependant Néron, se rappelant qu'on détenait Épicharis sur la déposition de Proculus, et n'imaginant pas qu'une femme pût résister à la douleur, donne ordre qu'on déchire son corps à la question. Mais ni les fouets, ni les feux, ni la rage industrieuse des bourreaux, qu'irritaient les bravades d'une femme, ne purent vaincre l'opiniâtreté de ses dénégations : ce fut ainsi qu'elle triompha de la question le premier jour. Le lendemain, comme on la ramenait aux mêmes tortures, portée sur une chaise (car ses membres disloqués ne lui permettaient pas de se soutenir), elle détacha son lacet, qu'elle noua au haut de la chaise ; ensuite passant son cou dans le nœud, et s'appesantissant de tout le poids de son corps, elle s'arracha les faibles restes de sa vie : exemple mémorable dans une femme, dans une affranchie, qui, au milieu des plus cruelles douleurs, sut garder à des

et equites romani, senatoresque, intacti tormentis, carissima suorum quisque pignorum proderent. Non enim omittebant Lucanus quoque, et Senecio, et Quinctianus, passim conscios edere, magis magisque pavido Nerone, quanquàm multiplicatis excubiis semet sepsisset.

LVIII. Quin et Urbem, per manipulos occupatis moenibus, insesso etiam mari et amne, velut in custodiam dedit. Volitabantque per fora, per domos, rura quoque, et proxima municipiorum, pedites equitesque, permixti Germanis, quibus fidebat Princeps, quasi externis. Continua hinc et juncta agmina trahi, ac foribus hortorum adjacere. Atque, ubi dicendam ad caussam introissent, lætatum erga conjuratos, si fortuitus sermo, et subiti occursus, si convivium, si spectaculum simul inîssent, pro crimine accipi : cùm super Neronis ac Tigellini sævas percunctationes, Fenius quoque Rufus violenter urgeret. Nondùm ab indicibus nominatus, sed, quò fidem inscitiæ pararet, atrox adversùs socios. Idem Subrio Flavio adsistenti, innuentique, an inter ipsam cognitionem destringeret gladium, cædemque patraret; renuit, infregitque impetum jam manum ad capulum referentis.

LIX. Fuêre qui, proditâ conjuratione, dùm auditur Milichus, dùm dubitat Scevinus, hortarentur

étrangers, et presque à des inconnus, une fidélité inébranlable ; tandis que des citoyens, des hommes, des chevaliers et des sénateurs, avant la moindre épreuve, trahissaient à l'envi les plus chers objets de leur attachement : car Lucain même, Sénécion et Quinctianus, ne cessaient de révéler indistinctement leurs complices, et Néron s'alarmait de plus en plus, malgré la double et triple garde dont il s'était environné.

LVIII. Il alla jusqu'à garnir de soldats tous les murs, jusqu'à faire investir et la mer et le Tibre. Il semblait vouloir tenir Rome prisonnière. Incessamment couraient dans les places, dans les maisons, et jusque dans les champs et dans les villes voisines, fantassins et cavaliers, mêlés avec un grand nombre de Germains, qui avaient la confiance du Prince, comme étrangers. On voyait traîner continuellement des troupes entières d'accusés, qu'on entassait aux portes des jardins ; et, quand ils étaient entrés pour subir l'interrogatoire, s'ils avaient marqué de la joie à la vue de quelques conjurés, si, par hasard, ils s'étaient parlé, s'ils s'étaient rencontrés ensemble au spectacle ou dans un festin, on les jugeait coupables. Fénius, Fénius lui-même, se joignait aux barbares interrogatoires de Tigellinus et de Néron ; et, comme on ne l'avait point encore nommé, il poursuivait ses complices impitoyablement, pour ne point le paraître. Subrius, présent à l'interrogatoire, voulait, sur l'heure même, assassiner le Prince, et il fit signe à ce même Fénius ; mais celui-ci s'y opposa, et arrêta le mouvement du tribun, qui portait déjà la main sur la garde de son épée.

LIX. La conjuration découverte, pendant qu'on entendait Milichus, que Scévinus chancelait, quelques amis de

Pisonem pergere in castra, aut rostra ascendere, studiaque militum et populi tentare : si conatibus ejus conscii aggregarentur, secuturos etiam integros; magnamque motæ rei famam, quæ plurimùm in novis consiliis valeret. Nihil adversùm hoc Neroni provisum : etiam fortes viros subitis terreri; nedùm ille scenicus, Tigellino scilicèt cum pellicibus suis comitante, arma contrà cieret. Multa experiendo confieri, quæ segnibus ardua videantur. Frustrà silentium et fidem in tot consciorum animis et corporibus sperari. Cruciatu aut præmio cuncta pervia esse. Venturos qui ipsum quoque vincirent, postremò indignâ nece afficerent. Quantò laudabilius periturum, dùm amplectitur rempublicam, dùm auxilia libertati invocat? Miles potiùs deesset, et plebes desereret; dùm ipse majoribus, dùm posteris, si vita præriperetur, mortem approbaret. Immotus his, et paululùm in publico versatus, pòst domi secretus, animum adversùm suprema firmabat, donec manus militum adveniret, quos Nero tirones, aut stipendiis recentes delegerat. Nam vetus miles timebatur, tanquàm favore imbutus. Obiit, abruptis brachiorum venis. Testamentum fœdis adversùs Neronem adulationibus, amori uxoris dedit; quam degenerem, et solâ corporis famâ commendatam, amici matrimonio abstulerat. Nomen mulieris Arria Galla; priori marito Domitius Silius : hic patientiâ, illa impudicitiâ Pisonis infamiam propagavêre.

Pison le pressèrent de marcher au camp, ou de monter aux rostres, et de faire une tentative sur les soldats ou sur le peuple; leurs complices, en secondant ses efforts, entraîneraient ceux même qui ne l'étaient pas; c'était beaucoup qu'une première impulsion, dont le bruit seul avait, dans les nouvelles entreprises, une grande influence. Néron n'était point préparé à cet événement; si les braves même s'intimident quand ils sont surpris, pouvait-on croire que ce vil chanteur trouvât dans Tigellinus et dans les courtisanes qui l'accompagnaient, le courage de résister? Beaucoup de projets, au moment de l'exécution, s'aplanissaient, qui, auparavant, semblaient impraticables; c'était en vain qu'il se flattait du silence et de la fidélité de tant de complices; il fallait se défier des corps et des ames; il n'était point de secret que n'arrachassent les tortures ou les récompenses, et on viendrait bientôt l'arrêter lui-même, pour le traîner ensuite à une mort ignominieuse; combien ne valait-il pas mieux périr en embrassant la cause publique, en invoquant le nom de la liberté! Si les soldats lui manquaient, et si le peuple l'abandonnait, il lui resterait du moins l'honneur d'une mort digne de ses ancêtres, digne de ses descendants. Ces motifs ne touchèrent point Pison; il se montra en public quelques instants, puis alla se renfermer chez lui pour se préparer à son dernier moment. Bientôt il vit arriver les satellites de Néron, tous choisis parmi les soldats nouvellement enrôlés, ou qui, du moins, n'étaient pas encore vétérans; car Néron craignait que ceux-ci n'eussent été gagnés. Pison se fit couper les veines des bras. Son testament fut infecté d'adulation pour Néron; ce qu'il fit par amour pour sa femme. Cette femme, nommée Arria, indigne de sa race, n'était recommandable que par sa beauté. Il l'avait

LX. Proximam necem Plautii Laterani, consulis designati, Nero adjungit, adeò properè ut non complecti liberos, non illud breve mortis arbitrium permitteret. Raptus in locum servilibus poenis sepositum, manu Statii, tribuni, trucidatur, plenus constantis silentii, nec tribuno objiciens eamdem conscientiam. Sequitur caedes Annaei Senecae laetissima Principi, non quià conjurationis manifestum compererat, sed ut ferro grassaretur, quandò venenum non processerat. Solus quippè Natalis, et hactenùs prompsit: missum se ad aegrotum Senecam uti viseret, conquereturque cur Pisonem aditu arceret? meliùs fore si amicitiam familiari congressu exercuissent. Et respondisse Senecam: Sermones mutuos, et crebra colloquia neutri conducere: ceterùm salutem suam incolumitate Pisonis inniti. Haec ferre Granius Silvanus, tribunus praetoriae cohortis, et, an dicta Natalis, suaque responsa nosceret, percunctari Senecam jubetur. Is, fortè, an prudens, ad eum diem ex Campaniâ remeaverat, quartumque apud lapidem, suburbano rure substiterat. Illò, propinquâ vesperâ, tribunus venit, et villam globis militum sepsit. Tùm ipsi, cum Pompeiâ Paullinâ uxore, et amicis duobus epulanti, mandata Imperatoris edidit.

enlevée à Domitius Silius, son ami, dont elle était l'épouse. Le choix d'un prostitué (18), pour son ami, et d'une impudique, pour sa femme, suffit pour faire juger des mœurs de Pison.

LX. La mort de Latéranus, consul désigné, suivit immédiatement et avec tant de promptitude, que Néron ne lui laissa pas même le temps d'embrasser ses enfants, ni cet instant * si court qu'on avait ordinairement pour disposer de sa mort. Traîné précipitamment au lieu réservé pour le supplice des esclaves, il est égorgé de la propre main du tribun Statius, gardant jusqu'au bout un généreux silence, et ne reprochant rien à son complice, qui était son bourreau. Mais la mort que Néron désirait le plus impatiemment était celle de Sénèque; il voulut enfin terminer avec le fer, puisque le poison avait échoué; car il n'eut point la preuve que Sénèque eût conspiré. Natalis, qui l'impliqua seul, se borna à dire qu'il avait été voir Sénèque malade, et lui demander pourquoi il refusait de recevoir Pison; qu'il serait mieux de cultiver leur amitié en se voyant souvent; à quoi Sénèque avait répondu que ces visites mutuelles et ces fréquents entretiens ne convenaient ni à l'un ni à l'autre; qu'au reste sa vie tenait à celle de Pison. On chargea Silvanus, tribun d'une cohorte prétorienne, de porter cette déposition, et de demander à Sénèque s'il convenait du discours de Natalis et de sa réponse. Soit par hasard, soit à dessein, Sénèque était revenu de Campanie ce jour même; il s'était arrêté à quatre milles de Rome, dans une de ses maisons de plaisance. Le tribun y arriva le soir, et la fit investir par un gros de soldats. Sénèque soupait avec

---

* Néron laissait une heure.

LXI. Seneca, missum ad se Natalem, conquestumque, nomine Pisonis quòd à visendo eo prohiberetur, seque rationem valetudinis, et amorem quietis excusavisse, respondit. Cur salutem privati hominis incolumitati suæ anteferret, caussam non habuisse : nec sibi promptum in adulationes ingenium ; idque nulli magis gnarum quàm Neroni, qui sæpiùs libertatem Senecæ quàm servitium expertus esset. Ubi hæc à tribuno relata sunt, Poppæâ et Tigellino coram, quod erat sævienti principi intimum consiliorum, interrogat an Seneca voluntariam mortem pararet ? Tùm tribunus, nulla pavoris signa, nihil triste in verbis ejus, aut vultu deprehensum, confirmavit. Ergò regredi, et indicere mortem jubetur. Tradit Fabius Rusticus, non eo quo venerat itinere reditum, sed flexisse ad Fenium præfectum, et expositis Cæsaris jussis, an obtemperaret interrogavisse : monitumque ab eo ut exsequeretur ; fatali omnium ignaviâ : nam et Silvanus inter conjuratos erat, augebatque scelera, in quorum ultionem consenserat. Voci tamen et adspectui pepercit. Intromisitque ad Senecam unum ex centurionibus, qui necessitatem ultimam denunciaret.

LXII. Ille, interritus, poscit testamenti tabulas : ac, denegante centurione, conversus ad amicos, quandò meritis eorum referre gratiam prohiberetur, quod unum jam, et tamen pulcherrimum habeat,

sa femme Pauline et deux amis, lorsqu'on lui remit l'ordre de l'Empereur.

LXI. Il répondit que Natalis était venu de la part de Pison se plaindre de ce qu'il refusait de le voir; qu'il avait allégué sa santé et son amour pour le repos; que rien au monde n'avait pu lui faire dire d'un homme, qui n'était pas (19) son souverain, qu'il fût prêt à lui sacrifier sa vie; que son caractère ne le portait point à l'adulation, et que personne ne le savait mieux que Néron, qui avait éprouvé plus souvent le courage de Sénèque que ses complaisances. Lorsque le tribun vint rapporter cette réponse, Néron était avec Poppée et Tigellinus, son conseil de confiance, avec lequel il réglait toutes ses cruautés; il demande si Sénèque songeait à se donner la mort. Le tribun répondit qu'il ne le croyait pas, à l'air d'assurance et de sérénité qu'il avait remarqué dans ses discours et sur son visage. On le renvoie donc porter à Sénèque l'ordre de mourir. Fabius rapporte qu'à son retour il prit un autre chemin, et se détourna pour voir Fénius; qu'ayant exposé l'ordre de César, il lui demanda s'il obéirait; et que le préfet le lui conseilla, par cette lâcheté fatale qui les engourdissait tous; car Silvanus était du nombre des conjurés, et il multipliait les crimes dont il avait conspiré la vengeance. Toutefois il ne voulut souiller ni sa bouche, ni ses yeux; ce fut un des centurions qui entra pour signifier à Sénèque son arrêt de mort.

LXII. Lui, sans s'émouvoir, demande son testament; et, sur le refus du centurion, se tournant vers ses amis, et les prenant à témoin de l'impossibilité où on le réduisait de reconnaître leurs services, il leur lègue l'image de sa vie, le seul bien (20) alors qu'il possédait, et le plus pré-

imaginem vitæ suæ relinquere testatur : cujus si memores essent bonarum artium, famam tam constantis amicitiæ laturos. Simul lacrymas eorum, modò sermone, modò intentior, in modum coercentis, ad firmitudinem revocat, rogitans : ubì præcepta sapientiæ ? ubì tot per annos meditata ratio adversùm imminentia ? Cui enim ignaram fuisse sævitiam Neronis ? Neque aliud superesse, post matrem fratremque interfectos, quàm ut educatoris præceptorisque necem adjiceret.

LXIII. Ubi hæc atque talia velut in commune disseruit, complectitur uxorem, et paululùm adversùs præsentem formidinem molitus, rogat oratque temperaret dolori, ne æternum susciperet, sed in contemplatione vitæ, per virtutem actæ, desiderium mariti solatiis honestis toleraret. Illa, contrà, sibi quoque destinatam mortem adseverat, manumque percussoris exposcit. Tùm Seneca, gloriæ ejus non adversus, simul amore, ne sibi unicè dilectam ad injurias relinqueret : « Vitæ, inquit, delinimenta » monstraveram tibi, tu mortis decus mavis : non » invidebo exemplo. Sit hujus tam fortis exitûs » constantia penes utrosque par, claritudinis plus » in tuo fine. » Post quæ eodem ictu brachia ferro exsolvunt. Seneca, quoniam senile corpus, et parco victu tenuatum, lenta effugia sanguini præbebat, crurum quoque et poplitum venas abrumpit. Sævisque cruciatibus defessus, ne dolore suo animum uxoris infringeret, atque ipse, visendo ejus tor-

cieux; il leur dit de se ressouvenir de lui, qu'une amitié aussi constante leur ferait honneur; et, comme ils fondaient en larmes, il ranime leur courage, tantôt avec douceur, tantôt avec une sorte d'empire et de sévérité; leur demandant où était donc la philosophie, où était cette raison qui, depuis tant d'années, se prémunissait contre les événements; si l'on ignorait la cruauté de Néron; et s'il était possible que le meurtrier de sa mère et de son frère épargnât son instituteur?

LXIII. Voilà ce qu'il dit à peu près en s'adressant à tous : ensuite il embrasse sa femme; et, faisant quelque effort pour repousser les craintes que lui donnait la situation de cette épouse chérie, il la prie, il la conjure de modérer sa douleur, d'en abréger le cours, et de chercher, dans la contemplation d'une vie vertueuse, un adoucissement honorable à la perte de son mari. Pauline protesta qu'elle était décidée à mourir, et elle sollicitait le ministère de l'exécuteur. Sénèque ne voulut point s'opposer à la gloire de sa femme; d'ailleurs sa tendresse s'alarmait de laisser en proie aux outrages ce qu'il aimait uniquement : « Je t'avais indi» qué, dit-il, ce qui pouvait t'engager à vivre; tu préfères » l'honneur de mourir, je ne serai point jaloux de tant de » vertu. Quand le courage serait égal dans nos deux morts, » le mérite sera toujours plus grand dans la tienne. » Après ces mots, le même fer leur ouvre le bras à tous deux. Sénèque, dont le corps exténué par la vieillesse et par un régime austère, ne laissait échapper son sang qu'avec lenteur, se fait aussi couper les veines des jambes et des jarrets. Comme il souffrait des tortures affreuses, craignant que ses

menta, ad impatientiam delaberetur, suadet in aliud cubiculum abscederet. Et novissimo quoque momento suppeditante eloquentiâ, advocatis scriptoribus, pleraque tradidit quæ in vulgus edita ejus verbis, invertere supersedeo.

LXIV. At Nero, nullo in Paullinam proprio odio, ac ne glisceret invidia crudelitatis, inhiberi mortem imperat. Hortantibus militibus, servi libertique obligant brachia, premunt sanguinem, incertum an ignaræ: nam, ut est vulgus ad deteriora promptum, non defuêre qui crederent, donec implacabilem Neronem timuerit, famam sociatæ cum marito mortis petivisse: deindè, oblatâ mitiore spe, blandimentis vitæ evictam: cui addidit paucos posteà annos, laudabili in maritum memoriâ, et ore ac membris in eum pallorem albentibus, ut ostentui esset multum vitalis spiritûs egestum. Seneca interim, durante tractu, et lentitudine mortis, Statium Annæum, diù sibi amicitiæ fide et arte medicinæ probatum, orat provisum pridem venenum, quo damnati publico Atheniensium judicio exstinguerentur, promeret: adlatumque hausit frustrà, frigidus jam artus, et cluso corpore adversùm vim veneni. Postremò stagnum calidæ aquæ introiit, respergens proximos servorum, additâ voce, libare se liquorem illum Jovi liberatori. Exin, balneo inlatus, et vapore ejus exanimatus, sine ullo funeris solemni

douleurs n'abattissent le courage de Pauline, et redoutant aussi pour lui-même le spectacle des tourments de sa femme, il lui conseille de passer dans une autre chambre. Alors il appelle ses secrétaires ; et, son éloquence ne l'abandonnant pas même à son dernier moment, il leur fit écrire un discours que je ne veux point défigurer, et qui est entre les mains de tout le monde, tel qu'il le dicta.

LXIV. Cependant Néron, qui n'avait contre Pauline aucun ressentiment personnel, et qui craignait que sa cruauté ne devînt aussi trop odieuse, donne ordre qu'on prévienne cette mort. Sur les instances des soldats, les affranchis et les esclaves étanchent le sang, lui lient les veines des bras. On ignore si ce fut à l'insu de Pauline ; car dans le public, ardent à saisir les imputations malignes, il ne manqua point de gens persuadés que, tant qu'elle crut Néron implacable, elle avait cherché l'honneur de partager le sort de son mari ; mais qu'ayant une fois envisagé un espoir plus flatteur, elle succomba à la douceur de vivre. Elle vécut encore quelques années, fidèle à la mémoire de son époux ; elle avait conservé une pâleur extrême, qui montrait visiblement combien elle avait perdu d'esprits et de vie. De son côté, Sénèque, voyant le sang * couler avec tant de peine, et la mort si lente à venir, pria Statius Annæus, qui lui avait rendu long-temps les services d'un ami et ceux d'un médecin, de lui apporter un poison dont il s'était pourvu anciennement : c'est celui qu'on fait prendre aux criminels à Athènes. Sénèque l'avala, mais en vain ; ses membres déjà froids ne pouvaient développer l'activité du poison. Enfin il entra dans un bain chaud, dont il arrosa les esclaves qui

---

* *Tractu* id est *stillantis sanguinis.*

crematur. Ità codicillis præscripserat, cùm, etiam tùm prædives et præpotens, supremis suis consuleret.

LXV. Fama fuit Subrium Flavium cum centurionibus occulto consilio, neque tamen ignorante Senecâ, destinavisse ut, post occisum operâ Pisonis Neronem, Piso quoque interficeretur, tradereturque imperium Senecæ, quasi, insonti, claritudine virtutum ad summum fastigium delecto. Quin et verba Flavii vulgabantur. Non referre dedecori, si citharœdus demoveretur, et tragœdus succederet : quià, ut Nero citharâ, ità Piso tragico ornatu canebat.

LXVI. Ceterùm militaris quoque conspiratio non ultrà fefellit, accensis quoque indicibus ad prodendum Fenium Rufum, quem eumdem conscium et inquisitorem non tolerabant. Ergò, instanti minitantique renidens Scevinus, neminem ait plura scire quàm ipsum. Hortaturque ultrò, redderet tam bono principi vicem. Non vox adversùm ea Fenio, non silentium ; sed verba sua præpediens, et pavoris manifestus, ceterisque, ac maximè Cervario Proculo, equite, ad convincendum eum connisis, jussu Imperatoris, à Cassio milite, qui ob insigne corporis robur adstabat, corripitur, viniciturque.

étaient le plus près, en disant qu'il offrait cette libation à Jupiter libérateur. Puis il se plongea dans l'étuve, dont la vapeur le suffoqua. Son corps fut brûlé sans aucune pompe ; il l'avait recommandé lui-même par son testament, dans le temps qu'il avait encore toutes ses richesses et toute sa faveur, s'occupant dès lors de sa fin.

LXV. Le bruit courut que Subrius, ainsi que les centurions, par une résolution secrète, qui pourtant ne fut point ignorée de Sénèque, avaient décidé qu'après s'être défait de Néron par la main de Pison, ils se déferaient de Pison même, pour donner l'empire à Sénèque, qui semblait n'avoir sollicité ce choix que par la réputation bien innocente de ses vertus. On allait même jusqu'à débiter les propres mots de Subrius : qu'on ne gagnerait rien à remplacer un joueur de lyre par un comédien ; car Pison jouait la tragédie publiquement, comme Néron jouait de la lyre.

LXVI. Au reste, la part que les gens de guerre avaient eue à la conspiration cessa d'être ignorée ; les conjurés se déchaînèrent, à la fin, contre Fénius, qu'ils ne supportaient point d'avoir, à la fois, pour complice et pour juge. Comme il les pressait de questions et de menaces, Scévinus, avec un sourire amer, lui dit que personne n'en savait plus que lui, et il l'exhorta à dévoiler tout lui-même, à ne rien cacher à un si bon prince. A ce mot, Fénius ne peut ni parler, ni se taire ; des sons mal articulés et mille signes visibles de frayeur le trahissent. Tous les autres en même temps, et particulièrement Cervarius, chevalier romain, accumulent, à l'envi, les preuves ; l'Empereur le fait saisir et garrotter par Cassius, soldat d'une force prodigieuse, qu'il tenait près de sa personne.

LXVII. Mox, aorumdem indicio, Subrius Flavius, tribunus, pervertitur, primò dissimilitudinem morum ad defensionem trahens, neque se armatum, cum inermibus et effeminatis, tantum facinus consociaturum : dein, postquàm urgebatur, confessionis gloriam amplexus, interrogatusque à Nerone quibus caussis ad oblivionem sacramenti processisset, « Oderam te, inquit ; nec quisquam tibi fide- » lior militum fuit, dùm amari meruisti : odisse » cœpi, postquàm parricida matris et uxoris, au- » riga, et histrio, et incendiarius exstitisti. » Ipsa retuli verba, quià non, ut Senecæ, vulgata erant : nec minùs nosci decebat militaris viri sensus incomptos et validos. Nihil in illâ conjuratione gravius auribus Neronis accidisse constitit, qui, ut faciendis sceleribus promptus, ità audiendi quæ faceret insolens erat. Pœna Flavii Vejano Nigro, tribuno, mandatur. Is proximo in agro scrobem effodi jussit, quàm Flavius, ut humilem et angustam increpans, circumstantibus militibus, « Ne hoc quidem, inquit, » ex disciplinâ : » admonitusque fortiter protendere cervicem, « Utinàm, ait, tu tam fortiter ferias. » Et ille, multùm tremens, cùm vix duobus ictibus caput amputavisset, sævitiam apud Neronem jactavit, sesquiplagâ interfectum à se dicendo.

LXVIII. Proximum constantiæ exemplum Sulpicius Asper, centurio, præbuit : percunctanti Neroni cur in cædem suam conspiravisset ? breviter

LXVII. Ces mêmes dépositions eurent bientôt perdu aussi le tribun Subrius, qui, d'abord, pour sa justification, s'était rejeté sur la différence de caractère, sur l'impossibilité qu'un guerrier, tel que lui, se fût associé, pour une pareille entreprise, avec des hommes lâches et efféminés. Puis, se voyant pressé, il envisage, dans l'aveu, une gloire nouvelle qu'il embrasse. Interrogé par Néron sur les motifs qui l'avaient poussé à trahir son serment, « Je te haïssais, » dit-il; parmi tes soldats, nul ne te fut plus fidèle, tant » que tu méritas d'être aimé ; j'ai commencé à te haïr, de- » puis que je t'ai vu assassin de ta mère et de ta femme, » cocher, histrion et incendiaire. » J'ai rapporté ses propres mots, parce qu'ils n'ont pas été aussi répandus que ceux de Sénèque, et qu'il y a, dans cette réponse de soldat, une simplicité brute et énergique, qui ne méritait pas moins d'être connue. Ce qu'il y a de certain, c'est que, dans toute cette conjuration, rien ne blessa plus cruellement les oreilles de Néron, pour qui ces vérités étaient aussi nouvelles que les crimes lui étaient familiers. On charge le tribun Niger [*] du supplice de Subrius. Niger fit creuser une fosse dans un champ tout près de là. Subrius, ne la trouvant ni assez large, ni assez profonde, en présence des soldats qui l'entouraient, « Cela même, dit-il, ils ne savent pas le faire ; » et, le tribun lui recommandant de bien présenter la gorge : « Puisses-tu frapper aussi bien ! » Mais lui, tout tremblant, put à peine, en deux coups, détacher la tête; du reste, il s'en félicita, se vantant à Néron d'avoir tué Subrius deux fois pour une.

LXVIII. Après Subrius, le centurion Sulpicius fut celui

---

[*] Véianus Niger.

respondens : Non aliter tot flagitiis ejus subveniri
potuisse. Tùm jussam pœnam subiit. Nec ceteri centuriones in perpetiendis suppliciis degeneravêre.
At non Fenio Rufo par animus, sed lamentationes
suas etiam in testamentum contulit. Opperiebatur
Nero ut Vestinus quoque consul in crimen traheretur, violentum et infensum ratus : sed ex conjuratis consilia cum Vestino non miscuerant, quidam,
vetustis in eum simultatibus, plures quià præcipitem
et insociabilem credebant. Ceterùm Neronis odium
adversùs Vestinum ex intimâ sodalitate cœperat,
dùm hic ignaviam Principis penitùs cognitam despi-
cit, ille ferociam amici metuit, sæpè asperis facetiis inlusus; quæ ubi multùm ex vero traxêre, acrem
suî memoriam relinquunt. Accesserat recens caussa,
quòd Vestinus Statiliam Messalinam matrimonio sibi
junxerat, haud nescius inter adulteros ejus et Cæsarem esse.

LXIX. Igitur, non crimine, non accusatore ex-
sistente, quià speciem judicis induere non poterat,
ad vim dominationis conversus, Gerelanum, tribunum, cum cohorte militum immittit : jubetque præ-
venire conatus consulis, occupare velut arcem ejus,
opprimere delectam juventutem : quià Vestinus im-
minentes foro ædes, decoraque servitia, et pari
ætate habebat. Cuncta eo die munia consulis im-
pleverat, conviviumque celebrabat, nihil metuens,
an dissimulando metu : cùm ingressi milites, vocari

qui marqua le plus d'intrépidité. Néron lui demandant pourquoi il avait conspiré, il répondit froidement que c'était le seul remède à tant de forfaits, et il marcha au supplice. Les autres centurions souffrirent aussi la mort sans faiblesse ; mais Fénius n'eut pas le même courage, et il porta ses lamentations jusque dans son testament. Néron s'attendait qu'on impliquerait aussi dans la conspiration le consul Vestinus, qu'il connaissait violent et son ennemi mortel ; mais les conjurés ne l'avaient point associé à leurs projets : quelques-uns, parce qu'ils le haïssaient depuis long-temps ; beaucoup, parce qu'ils lui croyaient un caractère fougueux et intraitable. La haine de Néron contre Vestinus avait commencé dans le temps de leur plus intime liaison, où Vestinus connut pleinement la bassesse de Néron, qu'il méprisa, et Néron, l'audace de Vestinus, qu'il craignit, ayant essuyé souvent de ces plaisanteries mordantes qui, lorsqu'elles ont un grand fonds de vérité, laissent un vif ressouvenir. Il s'y était joint un grief tout récent. Vestinus venait d'épouser Statilia *, quoiqu'il n'ignorât pas que l'Empereur fût un de ses amants.

LXIX. Comme il ne voyait donc ni délit, ni accusateur, qu'il ne pouvait se couvrir de formes judiciaires, Néron, recourant aux moyens tyranniques, détache le tribun Gérélanus avec une cohorte de soldats, et lui ordonne d'aller prévenir les desseins du consul, occuper sa forteresse, surprendre sa milice. Il désignait ainsi la maison de Vestinus, qui dominait sur le Forum, et cette troupe de beaux esclaves, tous du même âge, qu'il entretenait. Vestinus avait, ce jour-là, rempli toutes les fonctions de consul, et il don-

---

* Statilia Messalina, depuis femme de Néron.

eum à tribuno dixêre. Ille, nihil demoratus, exsurgit : et omnia simul properantur; clauditur cubiculo; præsto est medicus; abscinduntur venæ; vigens adhuc balneo infertur; calidâ aquâ mersatur, nullâ editâ voce quâ semet miseraretur. Circumdati interim custodiâ qui simul discubuerant, nec, nisi provectâ nocte, omissi sunt', postquàm pavorem eorum, ex mensâ exitium opperientium, et imaginatus et inridens Nero, Satis supplicii luisse, ait, pro epulis consularibus.

LXX. Exin M. Annæi Lucani cædem imperat. Is, profluente sanguine, ubi frigescere pedes manusque, et paulatim ab extremis cedere spiritum, fervido adhuc et compote mentis pectore, intelligit, recordatus carmen à se compositum, quo vulneratum militem, per ejusmodi mortis imaginem obiisse tradiderat, versus ipsos retulit : eaque illi suprema vox fuit. Senecio posthàc, et Quinctianus, et Scevinus, non ex priore vitæ mollitiâ, mox reliqui conjuratorum periêre, nullo facto dictove memorando.

LXXI. Sed compleri interim Urbs funeribus, Capitolium victimis : alius filio, fratre alius, aut propinquo aut amico interfectis, agere grates deis, ornare lauro domum, genua ipsius advolvi, et dextram osculis fatigare. Atque ille gaudium id credens, Antonii Natalis et Cervarii Proculi festinata indicia

nait un grand repas, soit qu'il ne craignît rien, soit pour cacher sa crainte. Tout-à-coup les soldats viennent lui annoncer que le tribun le demande. Sur-le-champ il se lève, et tout s'expédie à la fois ; on l'enferme dans une chambre, le médecin s'y trouve, on lui coupe les veines ; il est porté encore plein de vie au bain, plongé dans l'eau chaude, sans avoir proféré un mot de plainte sur son sort. On avait, pendant ce temps-là, donné des gardes à tous les convives, et on ne les relâcha que bien avant dans la nuit, lorsque Néron, qui s'était figuré la frayeur de ces malheureux attendant la mort au sortir de table, et qui s'en était beaucoup amusé, eut dit qu'ils avaient acheté assez cher l'honneur de dîner avec un consul.

LXX. Il ordonna ensuite la mort de Lucain. Celui-ci, observant qu'en perdant son sang, les pieds et les mains se refroidissaient les premiers, et que les esprits quittaient insensiblement les extrémités, tandis que le cœur continuait de battre et de penser, se rappela les vers de sa Pharsale (21) où il avait décrit, dans un soldat blessé, une mort semblable, il se mit à les réciter, et ce furent ses dernières paroles. Sénécion, Quinctianus et Scévinus moururent après, mieux qu'on ne l'eût attendu de la mollesse de leur vie ; puis le reste des conjurés, sans faire ni dire rien de mémorable.

LXXI. Cependant, tandis que les funérailles s'accumulaient dans Rome, le Capitole regorgeait de victimes. L'un avait perdu un fils, l'autre un frère, un parent, un ami ; et tous remerciaient les dieux, ornaient de lauriers leurs maisons, tombaient aux genoux du Prince, fatiguaient sa main de baisers ; et, lui, prenait cela pour de la joie. Il récompense, par l'impunité, l'empressement de Natalis et

impunitate remuneratur : Milichus, praemiis ditatus, *Conservatoris* sibi nomen, graeco ejus rei vocabulo, adsumpsit. E tribunis Granius Silvanus, quamvis absolutus, suâ manu cecidit : Statius Proximus veniam, quam ab Imperatore acceperat, vanitate exitûs corrupit. Exuti dehinc tribunatu Pompeius, Cornelius Martialis, Flavius Nepos, Statius Domitius, quasi Principem non quidem odissent, sed tamen existimarentur. Novio Prisco, per amicitiam Senecæ, et Glitio Gallo, atque Annio Pollioni, infamatis magis quàm convictis, data exsilia. Priscum Antonia Flaccilla conjunx comitata est : Gallum Egnatia Maximilla, magnis primùm et integris opibus, pòst ademptis : quæ utraque gloriam ejus auxêre. Pellitur et Rufius Crispinus occasione conjurationis, sed Neroni invisus, quòd Poppæam quondàm matrimonio tenuerat. Verginium et Rufum claritudo nominis expulit. Nam Verginius studia juvenum eloquentiâ, Musonius præceptis sapientiæ fovebat. Cluvidieno Quieto, Julio Agrippæ, Blitio Catulino, Petronio Prisco, Julio Altino, velut in agmen et numerum, Ægæi maris insulæ permittuntur. At Cadicia, uxor Scevini, et Cæsonius Maximus Italiâ prohibentur, reos fuisse se, tantùm poenâ experti. Acilia, mater Annæi Lucani, sine absolutione, sine supplicio dissimulata.

de Cervarius à révéler leurs complices; Milichus, comblé de biens, se décora d'un nom grec, qui signifie *Sauveur* *. Parmi les tribuns, Silvanus, quoique absous, se tua de sa propre main; Statius avait reçu aussi de l'Empereur son pardon, que la précipitation (22) de sa mort rendit inutile. Pompéius, Martialis, Flavius Nepos, Statius, tribuns de soldats, furent cassés; on allégua, non pas, il est vrai, qu'ils haïssaient le Prince, mais qu'on le croyait. Priscus, comme ami de Sénèque; Gallus et Pollion, inculpés plutôt que convaincus, furent exilés. Antonie partagea l'exil de Priscus, son époux; Maximilla, celui de Gallus. Celle-ci avait conservé d'abord tous ses biens, qui étaient immenses; on ne tarda point à les lui ôter; l'une et l'autre (23) circonstances ajoutèrent à sa gloire. On bannit aussi Crispinus, sous le prétexte de la conjuration; mais, en effet, parce que Néron ne lui pardonnait pas d'avoir été jadis le mari de Poppée. Pour Verginius ** et Musonius, ils durent leur expulsion à leur célébrité. Verginius, par son éloquence, Musonius, en enseignant la philosophie, excitaient trop d'enthousiasme dans la jeunesse romaine. On envoya, dans les îles de la mer Égée, une colonie d'exilés, Quiétus, Agrippa, Catulinus, Pétronius, Altinus. Cadicia, femme de Scévinus, et Cæsonius, chassés de l'Italie, n'apprirent que par la punition qu'on les avait accusés. Acilia, mère de Lucain, ne fut ni déchargée, ni condamnée; on n'en parla point.

---

* Soter.

** Rhéteur et maître de Perse.

LXXII. Quibus perpetratis Nero, et concione militum habitâ, bina nummûm millia viritim manipularibus divisit, addiditque sine pretio frumentum, quo antè ex modo annonæ, utebantur. Tùm, quasi gesta bello expositurus, vocat senatum, et triumphale decus Petronio Turpiliano, consulari, Cocceio Nervæ, prætori designato, Tigellino, præfecto prætorii tribuit, Tigellinum et Nervam ità extollens ut, super triumphales in foro imagines, apud palatium quoque effigies eorum sisteret : consularia insignia Nymphidio, de quo, quià nunc primùm oblatus est, pauca repetam : nam et ipse pars romanarum cladium erit. Igitur, matre libertinâ ortus, quæ corpus decorum inter servos libertosque principum vulgaverat, ex C. Cæsare se genitum ferebat, quoniam, fortè quâdam, habitu procerus, et torvo vultu erat : sive C. Cæsar, scortorum quoque cupiens, etiam matri ejus inlusit.

LXXIII. Sed Nero, vocato senatu, oratione inter Patres habitâ, edictum apud populum, et collata in libros indicia, confessionesque damnatorum adjunxit. Etenim crebro vulgi rumore lacerabatur, tanquàm viros insontes, ob invidiam, aut metum, exstinxisset. Ceterùm cœptam, adultamque et revictam conjurationem, neque tunc dubitavêre quibus verum noscendi cura erat, et fatentur qui post interitum Neronis in Urbem regressi sunt. At in senatu cunctis, ut cuique plurimùm mœroris, in adulationem demissis, Junium Gallionem, Senecæ

LXXII. Toutes ces vengeances consommées, Néron fit assembler les soldats ; il leur distribua à chacun deux mille sesterces *, et il ordonna qu'on leur livrerait gratuitement le blé, qu'auparavant ils payaient au prix du commerce. Puis, comme s'il avait eu des victoires et des conquêtes à notifier, il convoque le sénat ; il accorde les ornements du triomphe à Pétronius Turpilianus, consulaire ; à Nerva **, préteur désigné ; à Tigellinus, préfet du prétoire, avec cette distinction, pour Nerva et pour Tigellinus, qu'outre des statues triomphales au Forum, il leur en fit ériger dans le palais même. Nymphidius obtint les ornements consulaires. Comme il paraît ici pour la première fois, et qu'il fera aussi lui-même partie de nos proscrits, j'en dirai un mot. Né d'une affranchie, qui avait prostitué sa beauté aux esclaves et aux affranchis des Césars, il se prétendait fils de Caïus, parce qu'il avait sa haute stature et l'air féroce de ce prince, soit par hasard, soit qu'en effet Caïus, qui se rabaissait jusqu'à des courtisanes, eût abusé aussi de la mère de Nymphidius.

LXXIII. Non content d'avoir assemblé le sénat et harangué les Pères, Néron fit publier un édit pour le peuple, avec un mémoire qui contenait les aveux des conjurés et toutes les dépositions ; car le peuple ne cessait de le déchirer, dans l'idée que Néron avait sacrifié des innocents à ses jalousies ou à ses craintes. Mais ceux qui prenaient la peine de chercher la vérité, ne doutèrent point, dès ce temps-là même, qu'il n'y eût une conjuration de formée, qui fut étouffée au moment d'éclore ; et les aveux de ceux qui re-

---
* Trois cent quatre-vingt-neuf livres.
** Coccéius Nerva, depuis empereur.

fratris morte pavidum, et pro suâ incolumitate supplicem, increpuit Salienus Clemens, hostem et parricidam vocans : donec consensu Patrum deterritus est, ne publicis malis abuti ad occasionem privati odii videretur, neu composita, aut oblitterata mansuetudine Principis, novam ad sævitiam retraheret.

LXXIV. Tùm decreta dona, et grates deis decernuntur, propriusque honos Soli, cui est vetus ædes apud Circum, in quo facinus parabatur, qui occulta conjurationis numine retexisset : utque Circensium Cerealium ludicrum pluribus equorum cursibus celebraretur : mensisque aprilis Neronis cognomentum acciperet : templum Saluti exstrueretur, eò loci ex quo Scevinus ferrum prompserat. Ipse eum pugionem apud Capitolium sacravit, inscripsitque Jovi Vindici. In præsens haud animadversum : post arma Julii Vindicis, ad auspicium et præsagium futuræ ultionis trahebatur. Reperio in commentariis senatûs, Cerialem Anicium, consulem designatum, pro sententiâ dixisse ut templum divo Neroni quàm maturrimè publicâ pecuniâ poneretur. Quod quidem

vinrent à Rome, après la mort de Néron, rendent le fait incontestable. Dans le sénat, plus on avait le cœur oppressé de douleur, plus on se confondait en adulations. Gallion, entre autres, que la mort de son frère Sénèque faisait trembler, employait pour lui-même les supplications les plus humbles. Ce fut dans ce moment que Saliénus Clémens se déchaîna contre lui, le traitant d'ennemi, de parricide; et il fallut l'intervention entière du sénat pour apaiser Saliénus. On lui fit sentir enfin qu'il ne fallait point, pour satisfaire un ressentiment personnel, abuser des malheurs publics, et chercher à provoquer de nouvelles rigueurs, lorsque la clémence du Prince avait tout pacifié ou bien tout oublié.

LXXIV. On décerna des offrandes et des actions de grâces pour les dieux; on en ordonna de particulières pour le Soleil, parce qu'il y a dans le cirque, où devait se commettre l'assassinat, un ancien temple de ce dieu, et qu'on lui faisait honneur de ce qu'une conjuration si secrète avait été dévoilée. Il fut arrêté que, le jour de la fête de Cérès, on augmenterait le nombre des courses de chevaux; que le mois d'avril prendrait le surnom de Néron; qu'on élèverait un temple à la déesse Salus, dans le lieu où Scévinus avait pris son poignard; et ce poignard, Néron le consacra lui-même au Capitole, avec cette inscription : à Jupiter Vindex. On n'y fit alors nulle attention. Après le soulèvement de Vindex, on y vit le présage du châtiment réservé à ce prince. Je trouve, dans les Mémoires du sénat, que Cérialis Anicius, consul désigné, ouvrit un avis pour qu'on érigeât incessamment, aux frais de l'État, un temple au dieu Néron. Anicius entendait, sans doute, que Néron s'était

ille decernebat, tanquàm mortale fastigium egresso, et venerationem hominum merito : quod ad omina olim sui exitûs verteretur : nam deûm honor principi non antè habetur quàm agere inter homines desierit.

élevé au-dessus de l'humanité, et qu'il méritait la vénération des mortels; mais on pouvait l'interpréter comme un pronostic de sa fin; car on n'accorde les honneurs des dieux aux princes, qu'après qu'ils ont cessé d'habiter parmi les hommes.

NOTES

DU LIVRE QUINZIÈME.

---

(1) CHAP. Ier, PAGE 9.

Accendebat dolorem eorum Monobazus; Monobaze enflammait encore le dépit de la nation. Ernesti, par le mot *eorum*, entend *earum rerum*. Cette explication ne me paraît pas aussi heureuse que celle de l'abbé Brotier.

(2) CHAP. Ier, PAGE 9.

Tiridates quoque, regni profugus, per silentium haud modicè querendo, gravior erat. Ernesti et l'abbé Brotier lisent *aut modicè querendo*. Freinshémius, Boxhornius et Gronovius défendent l'autre leçon : c'est celle que j'ai préférée.

(3) CHAP. III, PAGE 11.

Præsidiis intercipit. Præsidia signifie quelquefois *des garnisons, des détachements*; plus souvent, dans Tacite, il signifie *des forts, des redoutes*, ce qu'en Espagne on appelle encore *des présides*. C'est cette dernière signification qu'il a dans ce passage. En effet, de simples détachements auraient été une bien faible défense contre des ennemis si supérieurs en nombre ; au lieu que des forts et des redoutes en étaient une excellente vis-à-vis des Parthes, qui n'entendaient rien à l'attaque des places.

(4) CHAP. XX, PAGE 37.

La loi Cincia...... les plébiscites de Calpurnius, etc. La loi (*lex*) était proposée aux deux ordres de l'État, c'est-à-dire, tant aux patriciens qu'aux plébéiens, ou par un préteur, ou par un consul, ou par le dictateur, et le plébiscite était proposé, par un tribun, aux seuls plébéiens. Les patriciens ne furent point tenus à l'observation de cette sorte de décret jusqu'à l'an 304, que le peuple, s'étant retiré sur le mont Aventin, obtint, par les conventions qui furent signées, que les plébiscites auraient force de loi, même pour les patriciens : ce qui fut confirmé, l'an 414, par le dictateur Publilius Philo, et, l'an 468, par Quintus Hortensius, aussi dictateur. Les patriciens ne s'assujettirent entièrement à observer les décrets proposés par les tribuns, qu'après cette dernière confirmation ; et, depuis, on comprit souvent, sous le nom de lois, les plébiscites, et même les décrets nommés *privilegia,* et on les nommait tous indifféremment *rogatio,* parce qu'on les proposait au peuple en cette forme : *velitis, jubeatis, Quirites?* « Voudriez-vous, ordonneriez-vous, Romains ? etc. ; » et le peuple les approuvait par ces paroles : *uti rogas,* « soit fait ce que vous proposez. »

(5) CHAP. XXX, PAGE 53.

Convivium buccinâ dimitti, sur la conque qui sonnait au moment de finir le repas. C'est ainsi que j'ai traduit *buccinâ* parce qu'en effet cet instrument avait la forme d'une conque marine. Il était différent de la trompette (*tuba*), qui était droite; et du cor (*cornu*), qui était recourbé. Ces trois instruments étaient pour l'infanterie; celui de la cavalerie était le clairon (*lituus*).

La *conque* ou *buccine* servait principalement à annoncer les veilles et le changement des gardes de nuit.

Il n'est point inutile d'observer que le mot *classicum*, qui se retrouve souvent dans les auteurs anciens, n'était pas le nom d'un instrument particulier. Ce mot servait à désigner un bruit, un air de cor, de trompette ou de clairon.

Le tambour, *tympanum*, ne fut jamais connu dans les armées romaines; c'est un instrument des peuples orientaux.

(6) CHAP. XXX, PAGE 53.

Tiridate, à la veille d'un si grand voyage. Tiridate mit neuf mois à se rendre de l'Euphrate à Rome. Pendant tout ce temps, il fut toujours défrayé, lui et sa suite, qui était une armée, aux dépens de l'empire. Cela coûtait, chaque jour, huit cent mille sesterces (près de deux cent mille francs).

(7) CHAP. XXXII, PAGE 53.

Néron étendit aux nations des Alpes maritimes les priviléges du Latium. Les magistrats des villes qui jouissaient des priviléges du Latium, prenaient, à l'expiration de leur magistrature, le titre de citoyen romain; et, comme ils étaient annuels, les principales familles se trouvaient bientôt revêtues de cette dignité. (GIBBON, *Histoire de la décadence*.....)

(8) CHAP. XXXII, PAGE 55.

On vit, à regret, des sénateurs...... se dégrader sur l'arène. Suétone compte quatre cents sénateurs et six cents chevaliers qui, sous Néron, se soumirent à cette ignominie. Il y a un bien beau mouvement, dans Dion Cassius, au sujet de cet avilissement des premières maisons de Rome, ainsi prostituées aux regards et aux plaisirs du peuple (page 997, tome II).

(9) CHAP. XXXIV, PAGE 57.

Ce Vatinius fut une des plus grandes monstruosités de ce temps. Vatinius, sachant toute l'aversion de Néron pour le sénat, lui dit un jour : *Je te hais, César, parce que tu es sénateur.* Ce mot fut une des choses qui flattèrent le plus Néron.

(10) CHAP. XLII, PAGE 67.

Néron s'établit sur les ruines de sa patrie, et il y construisit un palais, etc. On l'appelait le palais d'or, *domus aurea.* Pline l'ancien rapporte que, lorsque Tiridate vint à Rome recevoir l'investiture de l'Arménie, Néron, curieux d'étaler à ce monarque toute la magnificence de l'empire, fit couvrir d'or le vaste théâtre de Pompée, et Pline ajoute que cet or n'était qu'une petite partie de celui du palais de Néron.

Il s'étendait depuis la rue Sacrée, depuis le Palatium, jusqu'aux Esquilies; il occupait tout l'espace immense où sont maintenant les églises de Sainte-Francisque, de Saint-François-de-Paule, de Saint-Pierre-ès-liens, le Colysée, les ruines des Thermes de Titus, l'église de Sainte-Marie-Majeure, et cette foule de jardins répandus sur le mont Esquilin.

Il s'annonçait par un vaste portique de mille pas de longueur (cinq mille de nos pieds), soutenu par un triple rang de colonnes. A l'entrée de ce portique était la statue en bronze de Néron, de cent vingt pieds de hauteur.

Le lac qui faisait partie des jardins était une mer. Il était bordé d'édifices qui semblaient former une ville. Les vignobles, les champs de blé, les pâturages, les bois, composaient tout un pays, couvert d'animaux de toute espèce.

Depuis, Vespasien fit tourner à des objets d'utilité publique ce monument de folie plus encore que de magnificence. Le colosse de Néron fut la statue du Soleil. Cette foule de bronzes, de marbres, de statues, qu'on avait fait venir, à frais énormes, de toutes les parties de la terre, pour en décorer d'infâmes boudoirs, servirent à l'embellissement du temple de la Paix et des autres monuments publics, genre de magnificence le plus convenable à un souverain. A la place du lac s'éleva un vaste amphithéâtre; les champs de blé firent place aux thermes de Titus. (SUÉTONE. *Note de l'abbé Brotier.*)

(11) CHAP. XLIII, PAGE 71.

L'ancienne forme plus convenable pour la salubrité. Les médecins ont remarqué qu'en été il y a plus de malades à Rome, dans la rue du Faubourg-Neuf, que dans celle de l'ancien faubourg, qui est beaucoup plus étroite. (*Note du même.*)

(12) CHAP. XLIV, PAGE 73.

Adversùs sontes. « Il n'y a pas un mot, dans tout ce récit
» de Tacite, dont qui que ce soit puisse abuser contre la reli-
» gion. On sait que l'opinion commune était alors que les chré-
» tiens s'abandonnaient, entre eux, à toutes sortes d'infamies.

» et qu'ils tuaient des enfants dont ils buvaient le sang. De là,
» ces expressions : *Per flagitia invisos...... exsecrabilis supers-*
» *titio..... atrocia pudenda..... convicti odio generis humani...*
» *sontes et novissima exempla meritos.*

» Si quelqu'un a le malheur de haïr notre sainte religion, il
» souhaiterait, sans doute, que Tacite en eût dit moins de
» mal; on le croirait plus facilement. Mais comment, dira-t-on,
» cet auteur judicieux, ce critique éclairé, se serait-il laissé
» entraîner, sur un point d'une telle importance, à une opi-
» nion populaire? Veut-on qu'il n'ait rien dit que de vrai?
» Qu'on soutienne donc que saint Paul, dont les épîtres ne
» respirent que le feu de l'amour divin, égorgeait des enfants;
» que saint Jacques, révéré, au rapport de Josèphe, des Juifs
» même de Jérusalem, s'y livrait aux plus honteuses dé-
» bauches : car il ne faut rien de moins pour mériter les invec-
» tives prodiguées par Tacite contre le christianisme, qu'il
» qualifie de *superstition exécrable, détestée pour ses abomi-*
» *nations, convaincue de haïr tout l'univers, toute composée*
» *d'infâmes et de cruels scélérats dignes des derniers sup-*
» *plices.*

» La Providence avait réglé que la religion chrétienne, loin
» de s'établir par des moyens humains, les aurait tous à com-
» battre; il fut donné à une foule d'hérétiques, marcionites,
» ébionites, gnostiques, etc., d'en déshonorer le nom, dès sa
» naissance, aux yeux des païens, par des mœurs corrompues
» et des dogmes absurdes. Tacite a pu se convaincre, par lui-
» même, de la dépravation de quelques-uns de ces scélérats. Il
» n'en fallait pas davantage pour lui faire juger que tous les
» chrétiens leur ressemblaient; mais Pline le jeune, qui, par
» sa place, fut obligé d'informer juridiquement contre la reli-
» gion chrétienne, la trouva toute différente de l'opinion que
» Tacite, son ami, et lui-même en avaient d'abord conçue.

» Du moins, résulte-t-il, peut-on répliquer, des procédures
» faites par ordre de Néron, que les chrétiens haïssaient le
» genre humain. *Convicti sunt odio generis humani.* Quels
» juges les en convainquirent? Ceux qui, de l'aveu de Tacite,
» condamnaient la vertu même. On aurait pu prouver, aussi
» facilement, que les chrétiens haïssaient leur propre personne,
» sans qu'ils en fussent plus coupables; car on lisait dans le
» livre où sont contenues leurs lois : *Si quis veniat ad me, et*
» *non odit patrem suum et matrem et uxorem et filios et fra-*
» *tres et sorores,* ADHUC AUTEM ET ANIMAM SUAM, *non potest meus*
» *esse discipulus.* Tout le monde sait aujourd'hui quel est le
» sens de ces paroles, et personne n'est assez peu instruit pour
» en abuser. L'Évangile ne recommande rien tant, après l'a-
» mour de Dieu, que l'amour du prochain, et ce prochain est
» quiconque a besoin de nous, nous fût-il autant opposé que
» les Samaritains l'étaient aux Juifs. L'importance de cette di-
» gression en fera pardonner la longueur. » (*Note du P. Dotte-*
ville.)

(13) CHAP. XLVII, PAGE 77.

Fine anni vulgantur prodigia..... Bicipites partus..... natus
vitulus...... secutaque haruspicuum interpretatio. Toutes ces
phrases, *bicipites partus,* etc., dépendent de *vulgantur,* et
c'est mal à propos que Brotier les a isolées par des points. Tacite ne donne pas ces prodiges ridicules pour des faits positifs ;
il les rapporte comme des ouï-dire de la multitude, *vulgantur.*

(14) CHAP. XLVII, PAGE 77.

Quià non in utero repressum, parce que le veau était né
avant terme : littéralement, *parce que le veau n'avait point*
été retenu dans l'utérus le temps qu'il devait y rester. J'ai suivi,

pour le texte, la leçon de Brotier, que lui-même devait à un manuscrit original, corrigé de la main de Muret.

(15) CHAP. XLIX, PAGE 79.

Prohibueratque ostentare, vanus adsimulatione; et, par une jalouse vanité, lui avait défendu de les montrer. J'ai lu, *vanâ æmulatione*, avec Ursin et Freinshémius.

(16) CHAP. LI, PAGE 83.

Neque senatui quid manere; elle montre le sénat poussé à bout. J'ai suivi l'interprétation de l'abbé Brotier, quoique je trouve, comme Ernesti, cette locution bien étrange. Je ne doute pas plus que lui qu'il n'y ait de l'altération dans le texte.

(17) CHAP. LVI, PAGE 93.

Arguendi peritior; voyant mieux ce qu'il fallait dire. « J'ai
» soupçonné qu'*arguendi peritior* pouvait avoir un sens plus
» délicat. Je voulais traduire ainsi : *C'était celui qui en savait
» le plus, et qui voyait le mieux ce qu'il fallait dire. Il avoua
» d'abord que Pison était le chef de l'entreprise; ensuite il
» nomma Sénèque, soit qu'effectivement*, etc. Mais j'ai eu peur
» d'entendre finesse mal à propos, et j'ai traduit, comme tous
» les autres, *il était plus au fait de la conjuration, et plus en
» état d'en convaincre les complices.* » (*Note de l'abbé Blanchet.*) Il me semble que l'abbé Blanchet a été trop modeste, et qu'il avait saisi le véritable sens. *Peritior* me paraît l'indiquer clairement.

(18) CHAP. LIX, PAGE 99.

Hic patientiâ, illa impudicitiâ infamiam Pisonis propagavére; le choix d'un prostitué pour son ami, et d'une impu-

dique pour sa femme, suffit pour faire juger des mœurs de Pison. D'autres entendent par *patientiâ* la faiblesse qu'eut Domitius de céder sa femme; mais cette faiblesse, qui ne déshonorait que Domitius, Tacite n'eût pas dit qu'elle faisait mal juger des mœurs de Pison.

(19) CHAP. LXI, PAGE 101.

Privati hominis; d'un homme qui n'était pas son souverain. Remarquez le sens de *privati hominis*. Sous les empereurs, tout homme qui n'était pas l'empereur, était *privatus homo*. Tacite, au commencement du cinquième livre de l'Histoire, appelle Vespasien, *privatus*, un homme privé, et Vespasien était proconsul, gouverneur de province, et le général d'une grande armée. *Ejusdem anni principio, Cæsar Titus perdomandæ Judææ delectus à patre, et* PRIVATIS UTRIUSQUE *rebus militiâ clarus*, etc.

(20) CHAP. LXII, PAGE 101.

Quod unum jam et tamen pulcherrimum habeat, imaginem vitæ suæ relinquere testatur : cujus si memores essent bonarum artium, famam tam constantis amicitiæ laturos. Ernesti lit *quod unum jam et pulcherrimum habebat*, en substituant *habebat* à *habeat*, en supprimant *tamen*, qui lui paraît froid, et en donnant ces mots comme une réflexion de Tacite, plutôt que comme une partie du discours de Sénèque. Toutes ces corrections sont pleines de justesse et de goût : je ne crois pas qu'on doive balancer à les adopter. Il faut convenir que cet éloge de Sénèque a un peu meilleure grâce dans la bouche de Tacite, qu'il n'en aurait dans celle de Sénèque lui-même.

Ernesti est d'avis qu'on supprime *bonarum artium*; ce que j'ai fait.

(21) CHAP. LXX, PAGE 113.

Les vers de sa Pharsale. Ces vers se trouvent dans le 3ᵉ. livre, v. 635.

> *Ferrea dùm puppi rapidos manus inferit uncos,*
> *Affixit Lycidam: mersus foret ille profundo,*
> *Sed prohibent socii, suspensaque crura retentant.*
> *Scinditur avulsus: nec, sicut vulnere, sanguis*
> *Emicuit lentus; ruptis cadit undiquè venis,*
> *Discursusque animœ diversa in membra ruentis*
> *Interceptus aquis, nullius vita perempti*
> *Est tantâ dimissa viâ: pars ultima trunci*
> *Tradidit in lethum vacuos vitalibus artus.*
> *At tumidus quà pulmo jacet, quà viscera fervent,*
> *Hœserunt ibi fata diù: luctataque, multùm*
> *Hâc cum parte viri vix omnia membra tulerunt.*

Le harpon, lancé sur une galère ennemie, atteint Lycidas et l'entraîne dans les flots. Ses compagnons veulent le retenir; les jambes qu'ils saisissent restent dans leurs mains. Du tronc détaché, le sang ne s'écoule pas en simple ruisseau, comme par une plaie; il jaillit à la fois par tous les canaux, et le mouvement de l'âme qui circule de veine en veine est tout-à-coup interrompu. Jamais la source de la vie n'eut pour s'épancher une voie aussi vaste. La moitié du corps, épuisé de sang et d'esprit, est à l'instant la proie de la mort; celle où le poumon respire, où la chaleur vitale anime les entrailles, lutte long-temps avant de subir le sort de la partie inférieure.

(22) CHAP. LXXI, PAGE 115.

Vanitate exitûs corrupit. Je lis, avec Faerne et Ursin, *velocitate exitûs.*

(23) CHAP. LXXI, PAGE 115.

Quæ utraque gloriam ejus auxére. J'ai lu *ejus*, comme l'abbé Brotier, d'après les anciennes éditions. Ernesti blâme *quæ utraque*, qui lui paraît jeter de l'embarras dans la phrase; et, au lieu de cette phrase-ci, *magnis primùm et integris opibus, pòst ademptis, quæ utraque gloriam ejus auxére*, il propose celle-ci : *utraque magnis primùm et integris opibus, pòst ademptis, quæ gloriam eis auxére.* Je ne crois pas ce changement nécessaire. Dans la phrase de Tacite, *utraque* a un sens naturel et piquant. Il était beau à Maximilla de suivre son mari dans l'exil, quoiqu'elle eût de grands biens qui pouvaient lui procurer, dans Rome, de grandes jouissances ; il était beau à elle de s'exposer, par cette démarche, à perdre ses grands biens, comme elle les perdit effectivement. Ces deux choses contribuèrent également à sa gloire.

ANNALES
DE C. CORN. TACITE.

BREVIARIUM LIBRI SEXTI DECIMI.

I. Neroni inludit fortuna per Cesellium Bassum, qui thesauros in Africâ se reperisse temerè jactitat. III. Gliscit luxuria spe inani. IV. Lustrale certamen in quo cantat Nero, magnâ auditorum molestiâ et Vespasiani periculo. VI. Poppæa mortem obit : corpus ejus differtum odoribus conditur : ductæ tamen publicæ exsequiæ. VII. C. Cassius, L. Silanus in exsilium pulsi. Lepida Principis judicio permissa. X. L. Vetus, Sextia et Pollutia necem subière. XII. Mutata mensium nomina. XIII. Tempestates et morbi. XIV. Anteius et Ostorius ad montem aguntur. XVII. Eodem agmine Annæus Mela, Cerialis Anicius, Rufius Crispinus, C. Petronius cecidère. XX. Siliæ exsilium. XXI. Nerone virtutis ipsius excindendæ cupido, gravior criminationum moles in Thraseam Pætum et Baream Soranum ingruit. Servilia, Sorani filia, patris crimini connectitur. Interrita eorum constantia : iis datur mortis arbitrium. Accusatoribus Eprio, Cossutiano, et Ostorio Sabino tribuuntur præmia.

Gesta autem hæc.

A. U. C.	J.-C.	
DCCCXIX.	68. coss.	{ C. Suetonio Paullino. { C. Lucio Telesino.

SOMMAIRE DU LIVRE SEIZIÈME.

I. Néron est le jouet de la fortune et des illusions de Césellius Bassus, qui prétend avoir trouvé des trésors en Afrique. III. Profusions multipliées sur ce frivole espoir. IV. Combat du chant aux fêtes quinquennales, fatiguant pour les auditeurs; dangers qu'y court Vespasien. VI. Mort de Poppée. Son corps est embaumé; on lui fait des funérailles publiques. VII. Exil de Cassius et de Silanus. Il est réservé au Prince de statuer sur le sort de Lépida. X. Mort de L. Vétus, de Sextia et de Pollutia. XII. Changement des noms des mois. XIII. Tempêtes et épidémies. XIV. Antéius et Ostorius forcés de se donner la mort. XVII. Annéus Mélas, Cérialis Anicius, Rufius Crispinus, C. Pétronius périssent coup sur coup. XX. Exil de Silia. XXI. Néron, acharné contre la vertu elle-même, provoque de violentes dénonciations contre Thraséas et Soranus. Servilie, fille de Soranus, y est impliquée. Leur constance intrépide : ils ont le choix de leur mort. Récompenses prodiguées à leurs accusateurs Éprius, Cossutianus et Sabinus.

Espace de temps.

A. de R.	de J.-C.	
DCCCXIX.	68. cons.	C. Suétonius Paullinus. C. Lucius Télésinus.

C. CORNELII TACITI

ANNALIUM

LIBER DECIMUS SEXTUS.

I. Inlusit dehinc Neroni fortuna, per vanitatem ipsius, et promissa Cesellii Bassi; qui, origine Poenus, mente turbidâ, nocturnæ quietis imaginem ad spem haud dubiam retraxit. Vectusque Romam, Principis aditum emercatus, expromit repertum in agro suo specum altitudine immensâ, quo magna vis auri contineretur, non in formam pecuniæ, sed rudi et antiquo pondere: lateres quippè prægraves jacere, adstantibus parte aliâ columnis; quæ per tantùm ævi occulta augendis præsentibus bonis. Ceterùm, ut conjecturâ demonstraret, Didonem Phœnissam, Tyro profugam, conditâ Carthagine, illas opes abdidisse, ne novus populus nimiâ pecuniâ

ANNALES

DE C. CORN. TACITE.

LIVRE SEIZIÈME.

I. Dans ce temps-là, Néron fut le jouet de la fortune, ou plutôt de sa propre légèreté, s'étant follement confié aux promesses d'un certain Césellius Bassus, Carthaginois d'origine, esprit fantastique, qui fonda, sur un rêve, des espérances infaillibles. Cet homme était venu à Rome exprès. Introduit devant le Prince, à prix d'argent, il lui annonce* qu'il a trouvé, dans son champ, une caverne d'une profondeur immense, qui contenait une grande quantité d'or non monnoyé, en vieux lingots bruts, d'un poids énorme. Il assurait qu'outre ces lingots, entassés dans ce lieu, il y avait, dans un autre, des colonnes d'or, enfouies depuis des siècles, pour enrichir, disait-il, la génération présente. Et il

---

* Suétone rapporte le même fait.

lasciviret, aut reges Numidarum, et aliàs infensi, cupidine auri ad bellum accenderentur.

II. Igitur Nero, non auctoris, non ipsius negotii fide satis spectatâ, nec missis per quos nosceret, an vera adferrentur, auget ultrò rumorem, mittitque qui velut partam prædam aveherent. Dantur triremes et delectum navigium, juvandæ festinationi : nec aliud, per illos dies, populus credulitate, prudentes diversâ famâ tulère. Ac fortè quinquennale ludicrum secundo lustro celebrabatur : vatibus oratoribusque præcipua materia in laudem Principis adsumpta est : non enim tantùm solitas fruges, nec metallis confusum aurum gigni, sed novâ ubertate provenire terram, et obvias opes deferre deos : quæque alia, summâ facundiâ, nec minore adulatione, servilia fingebant, securi de facilitate credentis.

III. Gliscebat interim luxuria spe inani, consumebanturque veteres opes, quasi oblatis quas multos per annos prodigeret. Quin et indè jam largiebatur : et divitiarum exspectatio inter caussas paupertatis publicæ erat. Nam Bassus, effosso agro suo, latisque circùm arvis, dùm hunc vel illum locum

appuyait ces rêveries de conjectures; il prétendait que la Phénicienne Didon, après sa fuite de Tyr * et la fondation de Carthage, avait caché ces trésors de peur qu'une opulence excessive n'amollît un peuple naissant, ou que l'appât de l'or ne fournît un nouvel aliment à l'inimitié des rois numides **.

II. Néron, sans examiner la créance que méritait l'auteur du rapport, ni le rapport lui-même, sans avoir envoyé sur les lieux reconnaître la vérité, est le premier à accréditer ce bruit; et, comptant déjà sur le trésor, il l'envoie chercher. Il donne ses meilleurs vaisseaux, ses meilleurs rameurs, pour accélérer le transport, et on ne parla plus d'autre chose pendant tout ce temps; la multitude, parce qu'elle croyait; les gens instruits, parce qu'ils ne (1) croyaient point. On célébrait alors les quinquennales pour la seconde fois. Les poètes et les orateurs tirèrent de cet événement le principal sujet de leurs panégyriques. Ils débitaient que, non contente de fournir ses moissons accoutumées, et de produire l'or au sein de la mine, où il restait confondu avec les autres métaux, la terre déployait, en faveur du Prince, une fécondité nouvelle; que les dieux lui apportaient d'eux-mêmes des richesses non sollicitées, et autres adulations serviles, qu'avec beaucoup d'esprit, et non moins de penchant à flatter, ils imaginaient à l'envi, bien sûrs de la crédulité du héros qu'ils célébraient.

III. Cependant les prodigalités se multipliaient sur ce frivole espoir, et l'on dissipait les anciens fonds, dans l'idée qu'il s'en offrait un nouveau qu'on n'épuiserait pas de long-

---

* Aujourd'hui Sour.
** Partie orientale du royaume d'Alger.

promissi specûs adseverat, sequunturque non modò milites, sed populus agrestium, efficiendo operi adsumptus, tandem, positâ vecordiâ, non falsa antè somnia sua, seque tunc primùm elusum admirans, pudorem et metum morte voluntariâ effugit. Quidam vinctum ac mox dimissum tradidêre, ademptis bonis, in locum regiæ gazæ.

IV. Intereà senatus, propinquo lustrali certamine, ut dedecus averteret, offert Imperatori victoriam cantûs, adjicitque facundiæ coronam, quâ ludicra deformitas velaretur. Sed Nero, nihil ambitu, nec potestate senatûs opus esse dictitans, se æquum adversùs æmulos, et religione judicum meritam laudem adsecuturum, primò carmen in scenâ recitat : mox, flagitante vulgo, ut omnia studia sua publicaret (hæc enim verba dixêre) ingreditur theatrum, cunctis citharæ legibus obtemperans : ne fessus resideret, ne sudorem, nisi eâ, quam indutui gerebat, veste detergeret : ut nulla oris, aut narium excrementa viserentur. Postremò, flexus genu, cœtum illum manu veneratus, sententias judicum op-

temps. On fit même, sur ce trésor, des largesses ; et l'opulence dont on se flattait, fut une des causes de l'appauvrissement * de l'État. Bassus, après avoir bouleversé son champ et un terrain immense aux environs, annonçant toujours, dans un lieu, puis dans un autre, la caverne promise, et traînant, à sa suite, une troupe de soldats et tout un peuple de paysans qu'on lui avait donnés pour achever les travaux, revint enfin de sa folie; et, ne concevant pas comment, tous ses songes s'étant vérifiés jusqu'alors, celui-là seul l'avait abusé, il se délivra de la honte et de la crainte par une mort volontaire. Quelques-uns ont rapporté qu'il avait été mis en prison, puis relâché, ses biens confisqués seulement pour tenir lieu du trésor.

IV. Cependant le sénat, aux approches des quinquennales, avait, pour sauver l'ignominie, offert d'avance à l'Empereur le prix du chant. Il y ajouta celui de l'éloquence, afin que l'orateur couvrît l'opprobre de l'histrion. Mais Néron, ne cessant de répéter qu'il n'avait besoin ni de brigue, ni de l'autorité du sénat, qu'il voulait l'égalité avec ses rivaux, et ne devoir qu'à l'équité des juges les couronnes qu'il se flattait d'obtenir, commence d'abord à déclamer des vers sur la scène; puis, sur les instances du peuple, qui le pressait de mettre tous ses talents au grand jour (car ce furent les propres termes dont ils se servirent), il monte sur le théâtre, s'assujettissant à toutes les lois prescrites aux musiciens, à ne point s'asseoir pour se reposer, à n'essuyer sa sueur qu'avec la robe qu'il portait, à ne cracher, à ne se moucher jamais. Quand il eut fini, mettant un genou en terre, et tendant respectueusement la main vers l'assem-

---

* On en vint à suspendre la paye des troupes.

periebatur ficto pavore. Et plebs quidem Urbis, histrionum quoque gestus juvare solita, personabat certis modis, plausuque composito. Crederes laetari; ac fortassè laetabantur, per incuriam publici flagitii.

V. Sed qui, remotis è municipiis, severamque adhuc, et antiqui moris retinentes Italiam; quique, per longas provincias, lasciviae inexperti, officio legationum, aut privatâ utilitate advenerant, neque adspectum illum tolerare, neque labori inhonesto sufficere, cùm manibus nesciis fatiscerent, turbarent gnaros, ac saepè à militibus verberarentur, qui per cuneos stabant, ne quod temporis momentum impari clamore, aut silentio segni praeteriret. Constitit plerosque equitum, dùm per angustias aditûs, et ingruentem multitudinem enituntur, obtritos, et alios, dùm diem noctemque sedilibus continuant, morbo exitiabili correptos: quippè gravior inerat metus, si spectaculo defuissent, multis palàm, et pluribus occultis, ut nomina ac vultus, alacritatem, tristitiamque coëuntium scrutarentur. Undè tenuioribus statim inrogata supplicia, adversùs inlustres dissimulatum ad praesens, et mox redditum odium. Ferebantque Vespasianum, tanquàm somno conniveret, à Phœbo liberto increpitum, aegrèque meliorum precibus obtectum: mox imminentem perniciem majore fato effugisse.

blée, il attendit l'arrêt des juges avec l'air de la crainte. La populace de Rome, accoutumée à seconder aussi le jeu des histrions, accompagnait Néron avec des acclamations notées et des applaudissements qu'elle mesurait. On les eût crus transportés de joie, et, peut-être l'étaient-ils (2), dans leur indifférence pour la honte de l'État.

V. Mais les habitants des villes éloignées, où l'on retrouve encore l'ancienne Italie avec toute la sévérité de ses premières mœurs, et tous ceux des provinces reculées, qui, avec l'inexpérience de ces dissolutions, se trouvaient à Rome par députations, ou pour leurs affaires particulières, ne pouvaient endurer ce spectacle, ni suffire à cette tâche ignominieuse; leurs mains inhabiles retombaient de lassitude, troublaient l'harmonie des autres; et souvent ils se voyaient frappés par les soldats, qui veillaient, par tout le spectacle, à ce qu'aucun intervalle de silence, ou moins de vivacité dans les acclamations, ne refroidît le succès. C'est un fait certain que plusieurs chevaliers, en voulant se faire jour à travers la foule qui les pressait dans les passages étroits, furent écrasés; et que d'autres, à force de rester jour et nuit sur leurs bancs, tombèrent dangereusement malades; mais ils craignaient (3) encore plus de s'absenter, à cause des délateurs, qui, plusieurs ouvertement, et beaucoup en secret, s'informaient des noms, épiaient sur les visages la joie et la tristesse des spectateurs. On sévit sur-le-champ contre les plus obscurs; et si, avec les grands, Néron dissimula pour le moment sa haine, elle ne tarda point à se montrer. Vespasien, qui avait paru vouloir un moment s'assoupir, fut, dit-on, réprimandé durement par l'affranchi Phœbus, et il fallut beaucoup de sollicitations pour

VI. Post finem ludicri, Poppæa mortem obiit, fortuitâ mariti iracundiâ, à quo gravida ictu calcis adflicta est : neque enim venenum crediderim, quamvis quidam scriptores tradant, odio magis quàm ex fide : quippè liberorum cupiens, et amori uxoris obnoxius erat. Corpus non igni abolitum, ut romanus mos; sed regum externorum consuetudine, differtum odoribus conditur, tumuloque Juliorum infertur. Ductæ tamen publicæ exsequiæ, laudavitque ipse apud rostra formam ejus, et quòd divinæ infantis parens fuisset, aliaque fortunæ munera pro virtutibus.

VII. Mortem Poppææ, ut palàm tristem, ità recordantibus lætam, ob impudicitiam ejus sævitiamque, novâ insuper invidiâ Nero complevit, prohibendo C. Cassium officio exsequiarum : quod primum indicium mali, neque in longum dilatum est ; sed Silanus additur. Nullo crimine, nisi quòd Cassius opibus vetustis, et gravitate morum, Silanus claritudine generis, et modestâ juventâ præcellebant. Igitur, missâ ad senatum oratione, removendos à republicâ utrosque disseruit ; objectavitque Cassio, quòd, inter imagines majorum, etiam C. Cassii effigiem coluisset, ità inscriptam : *Duci partium.* Quippè semina belli civilis, et defectionem à domo Cæsarum quæsitam. Ac ne memoriâ tantùm

le sauver. Depuis, il fut encore (4) au moment de périr; il n'échappa que par l'ascendant de sa destinée.

VI. Après la fin des jeux (5), Poppée mourut victime de l'emportement de son mari, qui, sans pitié pour sa grossesse, l'avait étendue par terre d'un coup de pied; car je ne crois point au poison, quoi qu'en disent quelques historiens, qui ont plus consulté leur haine que la vérité. Néron désirait d'avoir des enfants, et il était idolâtre de sa femme. Le corps de Poppée ne fut point brûlé, comme c'est l'usage des Romains; on suivit ce qui se pratique pour les rois d'Orient; et, après avoir prodigué les parfums (6) pour l'embaumer *, on le porta au tombeau des Jules. On lui fit des funérailles publiques, et Néron prononça lui-même son éloge dans la tribune; il la loua sur sa beauté, sur ce qu'elle avait donné le jour à une déesse, et sur d'autres faveurs de la fortune, au défaut de vertus.

VII. Quoique la mort de Poppée, malgré l'extérieur de tristesse qu'on prit en public, eût comblé de joie tous les Romains, qui se rappelaient sa barbarie et son impudicité, cette mort ne laissa pas que d'envenimer la haine contre Néron; et il y mit le comble, en défendant à Cassius d'assister aux obsèques; ce fut le premier signal de sa perte. On ne la différa un moment que pour lui associer Silanus; et leur crime, à tous deux, était le grand éclat que donnaient à Cassius ** une opulence héréditaire, des mœurs respectables, et, à Silanus, un nom illustre et une jeunesse vertueuse. Néron envoya au sénat une harangue, où il développa ses raisons pour les écarter l'un et l'autre des affaires

---

* *Conditur*, de *condire*, *condio*.
** Caïus Cassius Longinus, Lucius Junius Silanus Torquatus.

infensi nominis ad discordias uteretur, adsumpsisse L. Silanum, juvenem genere nobilem, animo præruptum, quem novis rebus ostentaret.

VIII. Ipsum dehinc Silanum increpuit iisdem, quibus patruum ejus Torquatum, tanquàm disponeret jam imperii curas, præficeretque rationibus, et libellis, et epistolis libertos; inania simul et falsa: nam Silanus, intentior metu, et exitio patrui ad præcavendum exterritus erat. Inducit posthàc, vocabulo indicum, qui in Lepidam, Cassii uxorem, Silani amitam, incestum cum fratris filio, et diros sacrorum ritus confingerent. Trahebantur, ut conscii, Vulcatius Tullinus, ac Marcellus Cornelius, senatores, et Calpurnius Fabatus, eques romanus: qui, appellato Principe, instantem damnationem frustrati, mox Neronem, circa summa scelera distentum, quasi minores evasêre.

IX. Tunc, consulto senatûs, Cassio et Silano exsilia decernuntur; de Lepidà Cæsar statueret. Deportatusque in insulam Sardiniam Cassius, et senectus ejus exspectabatur. Silanus, tanquàm Naxum deveheretur, Ostiam amotus; pòst, municipio Apuliæ, cui nomen est Barium, clauditur. Illic, indignissi-

publiques. Il reprochait à Cassius d'avoir, parmi les images de ses ancêtres, celle du conjuré Cassius, avec cette inscription : *au chef de parti*. Il disait que c'était là un germe de guerre civile, un dessein * marqué de soulever les esprits contre la famille des Césars; et que, non content de réveiller la mémoire d'un nom ennemi, pour exciter les dissensions, il s'était ménagé, dans Lucius Silanus, jeune homme d'une haute naissance et d'une ambition effrénée, un chef qu'il pût présenter aux mécontents.

VIII. Puis, attaquant Silanus même, il lui fit les mêmes reproches qu'à son oncle Torquatus, de prendre déjà des arrangements pour l'empire, et de donner à des affranchis le titre de contrôleurs, d'intendants et de trésoriers-généraux; imputation fausse autant que frivole; car le malheur de son oncle avait averti Silanus, et la crainte redoublait sa circonspection. Néron produisit ensuite ce qu'il appelait des témoins, qui accusèrent Lépida, femme de Cassius, d'inceste avec son neveu Silanus, et de sacrifices magiques. On impliquait, à titre de complices, Vulcatius Tullinus et Marcellus ** Cornélius, sénateurs, ainsi que Calpurnius Fabatus, chevalier romain. Ceux-ci, par un appel au Prince, éludèrent la condamnation pour le moment; depuis, Néron, distrait par des crimes plus importants, les oublia.

IX. Un sénatus-consulte infligea l'exil à Cassius et à Silanus, en réservant au Prince de statuer sur Lépida. Cassius *** en fut quitte pour être relégué en Sardaigne; on

---

* Notez que ce Cassius était aveugle.
** C'est ce Marcellus que Galba fit périr depuis en Espagne.
*** Il fut rappelé sous Vespasien.

mum casum sapienter tolerans, à centurione, ad cædem misso, corripitur : suadentique venas abrumpere, animum quidem morti destinatum ait, sed non permittere percussori gloriam ministerii. At centurio, quamvis inermem, prævalidum tamen, et iræ quàm timori propiorem cernens, premi à militibus jubet. Nec omisit Silanus obniti et intendere ictus, quantùm manibus nudis valebat, donec à centurione vulneribus adversis, tanquàm in pugnâ, caderet.

X. Haud minùs promptè L. Vetus socrusque ejus Sextia, et Pollutia filia, necem subiêre : invisi Principi, tanquàm vivendo exprobrarent interfectum esse Rubellium Plautum, generum Lucii Veteris. Sed initium detegendæ sævitiæ præbuit, interversis patroni rebus, ad accusandum transgrediens Fortunatus libertus, adscito Claudio Demiano, quem, ob flagitia vinctum à Vetere, Asiæ proconsule, exsolvit Nero, in præmium accusationis. Quod ubi cognitum reo, seque, et libertum pari sorte componi, Formianos in agros digreditur. Illìc eum milites occultâ custodiâ circumdant. Aderat filia, super ingruens

comptait sur sa vieillesse ; Silanus, conduit à Ostie, d'où il devait, dit-on, passer à Naxos *, resta enfermé dans une ville de la Pouille, nommée Barium ** ; et, là, il supportait, en sage, l'indignité de son sort, lorsqu'il voit arriver un centurion chargé de le tuer. Celui-ci lui conseillait de se laisser ouvrir les veines ; Silanus répondit que la mort ne l'effrayait nullement, mais que jamais un bourreau n'aurait l'honneur de contribuer à la sienne. Et, quoique sans armes, sa force singulière intimida le centurion, qui, le voyant plus près de la colère que de la crainte, le fait attaquer par ses soldats ; mais lui ne cessa de se défendre et de frapper lui-même, autant qu'il le pouvait avec ses seules mains, jusqu'au moment où le centurion le fit tomber, comme dans une bataille, percé de coups qu'il reçut tous en face.

X. Ce ne fut pas avec moins de courage qu'Antistius ***, ainsi que sa belle-mère Sextia, et Pollutia, sa fille, subirent la mort, tous haïs du Prince, parce que leur présence semblait lui reprocher l'assassinat de Plautus, gendre d'Antistius ; mais sa haine attendait une occasion que lui fournit l'affranchi Fortunatus. Ce misérable, après avoir ruiné son maître, finit par l'accuser, de concert avec un Démianus ****, qu'Antistius, proconsul d'Asie, avait emprisonné pour ses crimes, et que Néron relâcha pour prix de l'accusation. Antistius, instruit de ces dispositions, et voyant qu'on le mettait aux prises avec un affranchi, se retire à sa

---

* Ile de la mer Égée, maintenant Naxia.
** Barium, maintenant Bari.
*** Lucius Antistius Vétus.
**** Claudius Démianus.

periculum, longo dolore atrox, ex quo percussores Plauti mariti sui viderat : cruentamque cervicem ejus amplexa, servabat sanguinem, et vestes respersas; vidua, implexa luctu continuo, nec ullis alimentis, nisi quæ mortem arcerent. Tùm, hortante patre, Neapolim pergit. Et, quià aditu Neronis prohibebatur, egressus obsidens, audirent insontem, neve consulatûs sui quondàm collegam dederet liberto, modò muliebri ejulatu, aliquandò, sexum egressa, voce infensâ, clamitabat; donec Princeps immobilem se precibus et invidiæ juxtà ostendit.

XI. Ergò nunciat patri abjicere spem, et uti necessitate. Simul adfertur parari cognitionem senatûs, et trucem sententiam. Nec defuêre qui monerent magnâ ex parte hæredem Cæsarem nuncupare, atque ità nepotibus de reliquo consulere : quod adspernatus, ne vitam, proximè libertatem actam, novissimo servitio fœdaret, largitur in servos quantùm aderat pecuniæ : et, si qua asportari possent, sibi quemque deducere, tres modò lectulos ad suprema retineri jubet. Tunc, eodem in cubiculo, eodem ferro abscindunt venas, properique, et singulis vestibus ad verecundiam velati, balneis inferuntur: pater filiam, avia neptem, illa utrosque intuens, et certatim precantes labenti animæ celerem exitum,

terre de Formies. Là, des soldats viennent secrètement l'investir. Il avait auprès de lui sa fille, dont le cœur, outre le danger qui menaçait son père, était déjà ulcéré par une longue douleur. Elle avait vu son mari Plautus assassiné sous ses yeux; elle avait reçu dans ses bras la tête sanglante de son époux; elle conservait ce sang et les robes qui en avaient été trempées; toujours inconsolable, toujours enveloppée de deuil, elle ne prenait d'aliment que pour ne point mourir. Alors, sur les instances de son père, elle se rendit à Naples; et, comme on lui interdisait l'accès du Prince, assiégeant tous les lieux où il passait, elle lui criait d'écouter l'innocent, de ne point livrer un consul, son ancien collègue, à un affranchi, se bornant quelquefois aux gémissements de son sexe, et quelquefois en sortant par des imprécations terribles; mais ses prières et ses emportements trouvèrent Néron également inébranlable.

XI. Elle vient donc annoncer à son père qu'il fallait rejeter toute espérance et recourir à la mort. En même temps, on leur écrivait que le sénat préparait l'instruction du procès et un arrêt terrible. Quelques amis conseillèrent à Antistius de léguer une partie de ses biens à Néron, pour assurer le reste à ses petits-fils; mais il rejeta ce conseil; et, ne voulant point, après avoir vécu toujours à peu près libre, souiller son dernier moment par un acte de servitude, il distribue à ses esclaves tout l'argent qu'il avait, et il leur ordonne de prendre tout ce qui pouvait s'emporter, à l'exception de trois lits qu'il se réserve pour les funérailles. Alors tous trois, dans la même chambre, avec le même fer, s'ouvrent les veines, et, aussitôt, sans garder qu'un seul vêtement pour la pudeur, ils se font porter au bain, fixant les yeux, le père sur sa fille, l'aïeule sur sa petite-fille,

ut relinquerent suos superstites et morituros. Servavitque ordinem fortuna : ac senior priùs, tùm cui prima ætas, exstinguuntur. Accusati post sepulturam, decretumque ut more majorum punirentur. Et Nero intercessit, mortem sine arbitro permittens: ea, cædibus peractis, ludibria adjiciebantur.

XII. P. Gallus, eques romanus, quòd Fenio Rufo intimus, et Veteri non alienus fuerat, aquà atque igni prohibitus est. Liberto et accusatori præmium operæ, locus in theatro inter viatores tribunitios datur. Et mensis, qui Aprilem, eumdemque Neroneum sequebatur, Maius Claudii, Junius Germanici vocabulis mutantur : testificante Cornelio Orfito, qui id censuerat, ideò Junium mensem transmissum, quià duo jam Torquati, ob scelera interfecti, infaustum nomen Junium fecissent.

XIII. Tot facinoribus foedum annum etiam dii tempestatibus et morbis insignivère. Vastata Campania turbine ventorum, qui villas, arbusta, fruges passim disjecit : pertulitque violentiam ad vicina Urbi : in quà omne mortalium genus vis pestilentiæ depopulabatur, nullà cœli intemperie, quæ occurreret oculis. Sed domus corporibus exanimis, itinera funeribus complebantur : non sexus, non ætas peri-

celle-ci sur tous deux, tous, à l'envi, souhaitant d'expirer les premiers, et imaginant encore de la douceur à laisser après eux des parents qui devaient les suivre de si près. Le sort conserva l'ordre de la nature; les * plus âgés s'éteignirent les premiers, la plus jeune ensuite. On les accusa après leur sépulture, et ils furent condamnés au supplice usité dans l'ancienne république. Mais Néron s'y opposa, leur permettant, disait-il, de choisir le genre de leur mort; les meurtres déjà consommés, on y ajoutait cette dérision.

XII. Publius Gallus, chevalier romain, ami intime de Fénius, n'avait point été sans quelques liaisons avec Antistius; on lui interdit l'eau et le feu. L'affranchi et Démianus, pour prix de leur service, obtinrent une place au théâtre parmi les viateurs ** des tribuns. On avait donné au mois d'avril le nom de Néron; on donna le nom de Claude au mois de mai, et au mois de juin celui de Germanicus. Orphitus, qui avait proposé ce changement, déclara qu'il n'était plus possible de conserver au mois de juin son ancien nom, depuis que deux Junius, condamnés pour leurs crimes, avaient attaché à ce nom les idées les plus sinistres.

XIII. Après tant d'horreurs qui souillaient cette année, les dieux la signalèrent encore par des épidémies et des tempêtes. La Campanie fut dévastée par un ouragan, qui emporta, de tous côtés, les maisons, les arbres, les mois-

* Je lis *seniores*, au lieu de *senior*.
** Ainsi nommés, dit Columelle, du mot *via*, voie, chemin, parce qu'ils étaient toujours par voies et par chemins, pour aller porter aux sénateurs, retirés dans leurs campagnes, l'ordre de se trouver aux assemblées du sénat.

culo vacua : servitia perindè et ingenua plebes raptim exstingui, inter conjugum et liberorum lamenta; qui, dùm adsident, dùm deflent, saepè eodem rogo cremabantur. Equitum senatorumque interitus, quamvis promiscui, minùs flebiles erant, tanquàm communi mortalitate saevitiam Principis praevenirent. Eodem anno delectus per Galliam Narbonensem, Africamque et Asiam, habiti sunt, supplendis Illyrici legionibus, ex quibus aetate aut valetudine fessi, sacramento solvebantur. Cladem Lugdunensem quadragies sestertio solatus est Princeps, ut amissa urbi reponerent : quam pecuniam Lugdunenses antè obtulerant, turbidis casibus.

XIV. C. Suetonio, L. Telesino coss., Antistius Sosianus, factitatis in Neronem carminibus probrosis, exsilio, ut dixi, mulctatus, postquàm id honoris indicibus, tamque promptum ad caedes Principem accepit, inquies animo, et occasionum haud segnis, Pammenem, ejusdem loci exsulem, et Chaldaeorum arte famosum, eòque multorum amicitiis innexum, similitudine fortunae sibi conciliat. Ventitare ad eum nuncios, et consultationes non frustrà ratus, simul annuam pecuniam à P. Anteio minis-

sons. Ce fléau s'étendit jusqu'aux portes de Rome, où, dans le même temps, toutes les classes d'habitants étaient la proie d'une contagion * affreuse, sans qu'on remarquât dans les saisons aucun désordre apparent. Les maisons étaient remplies de morts, les rues de convois; aucun sexe, aucun âge n'échappait au péril. Esclaves et citoyens étaient emportés, en un instant, au milieu des lamentations de leurs femmes et de leurs enfants, qui, pendant qu'ils soignaient ou qu'ils pleuraient leurs époux ou leurs pères, atteints du même mal, étaient portés au même bûcher. Les morts des chevaliers et des sénateurs, quoique aussi communes, causaient moins de larmes, comme si la mortalité générale n'eût fait que prévenir la barbarie du Prince. Cette même année, on fit des levées dans la Gaule narbonnaise, dans l'Afrique et dans l'Asie, pour recruter les légions d'Illyrie, dont les soldats, vieux ou malades, furent réformés. Un incendie avait causé à Lyon des pertes immenses; cette ville reçut du Prince, pour tout secours, quatre millions de sesterces **, somme que les Lyonnais étaient venus, auparavant, nous offrir eux-mêmes dans un moment de détresse.

XIV. Le consulat *** de Caïus Suétonius et de Lucius Télésinus amena de nouvelles calamités. J'ai parlé d'un Antistius Sosianus, exilé pour des vers injurieux contre Néron. Cet homme ayant appris toutes les récompenses qu'on prodiguait aux délateurs, et toute l'ardeur du Prince à verser le sang, il n'en fallut pas davantage pour réveiller son caractère inquiet, prompt à saisir les occasions. Il y avait

---

* Elle emporta, dans le cours de l'automne, trente mille hommes.
** Sept cent soixante-dix-huit mille trois cent quinze livres.
*** An de Rome 819; de J.-C. 66.

trari cognoscit. Neque nescium habebat, Anteium caritate Agrippinae invisum Neroni, opesque ejus praecipuas ad eliciendam cupidinem, eamque caussam multis exitio esse. Igitur, interceptis Anteii litteris, furatus etiam libellos quibus dies genitalis ejus, et eventura, secretis Pammenis occultabantur; simul repertis quae de ortu vitâque Ostorii Scapulae composita erant, scribit ad Principem magna se, et quae incolumitati ejus conducerent, adlaturum, si brevem exsilii veniam impetravisset: quippè Anteium et Ostorium imminere rebus, et sua Caesarisque fata scrutari. Exin missae liburnicae, advehiturque properè Sosianus. Ac, vulgato ejus indicio, inter damnatos magis quàm inter reos, Anteius Ostoriusque habebantur: adeò ut testamentum Anteii nemo obsignaret, nisi Tigellinus auctor exstitisset. Monitus priùs Anteius, ne supremas tabulas moraretur. Atque ille, hausto veneno, tarditatem ejus perosus, intercisis venis, mortem approperavit.

XV. Ostorius longinquis in agris, apud finem Ligurum, id temporis erat: eò missus centurio qui caedem ejus maturaret. Caussa festinandi ex eo oriebatur quòd Ostorius, multâ militari famâ, et civicam

en exil, dans le même lieu, Pammène, fameux astrologue que son art avait mêlé dans beaucoup d'intrigues. La conformité de leur sort les eut bientôt liés. Persuadé que ce n'était point sans objet qu'il venait sans cesse des courriers à Pammène, pour le consulter sur son art, il découvre que Publius Antéius lui fournissait une pension annuelle, et il n'ignorait pas que l'amitié d'Antéius pour Agrippine l'avait rendu odieux à Néron; que ses richesses étaient bien propres à exciter la cupidité; que ce motif seul avait causé la perte de beaucoup d'autres. Il intercepte les lettres d'Antéius; il dérobe encore des papiers que Pammène tenait soigneusement cachés au fond de son cabinet, lesquels contenaient l'horoscope d'Antéius et celui d'Ostorius. Alors, il écrit au Prince que, si l'on voulait suspendre un moment son exil, il irait révéler des secrets importants qui intéressaient la sûreté de l'Empereur; qu'Antéius et Ostorius n'attendaient que l'occasion; qu'ils cherchaient à pénétrer leurs destins et ceux de César. Sur-le-champ on expédie des brigantins qui ramènent en diligence Sosianus. Dès qu'on eut connaissance de la délation, on jugea Ostorius et Antéius condamnés d'avance, et personne n'eût osé signer sur le testament d'Antéius *, si l'on n'eût été autorisé par Tigellinus même. Il avait prévenu Antéius de ne point différer ses dernières dispositions. Celui-ci, après avoir pris du poison, dont la lenteur lui parut insupportable, s'ouvrit les veines pour précipiter sa fin.

XV. Ostorius était alors dans une terre éloignée, sur les confins de la Ligurie **; un centurion alla l'y chercher,

---

* Un testament devait être signé de sept témoins.
** Dans le voisinage du golfe de la Spezzia.

coronam apud Britanniam meritus, ingenti corporis robore, armorumque scientiâ metum Neroni fecerat, ne invaderet pavidum semper, et repertâ nuper conjuratione magis exterritum. Igitur centurio, ubi effugia villæ clausit, jussa Imperatoris Ostorio aperit. Is fortitudinem adversùm hostes sæpè spectatam in se vertit. Et quià venæ, quanquàm interruptæ, parùm sanguinis effundebant, hactenùs manu servi usus, ut immotum pugionem extolleret, adpressit dextram ejus, juguloque occurrit.

XVI. Etiam si bella externa et obitas pro republicâ mortes tantâ casuum similitudine memorarem, meque ipsum satias cepisset, aliorumque tædium exspectarem, quamvis honestos civium exitus, tristes tamen et continuos adspernantium : at nunc patientia servilis, tantùmque sanguinis domi perditum, fatigant animum, et moestitiâ restringunt. Neque aliam defensionem, ab iis quibus ista noscentur, exegerim quàm ne oderim tam segniter pereuntes. Ira illa numinum in res romanas fuit quam non, ut in cladibus exercituum, aut captivitate urbium, semel editam transire licet. Detur hoc inlustrium

pour que la mort ne se fît point attendre. Tant de précipitation venait des craintes qu'Ostorius, personnellement, inspirait à Néron. Comme, indépendamment de sa grande réputation militaire, et de l'éclat d'une couronne civique, méritée en Bretagne, Ostorius avait une force de corps prodigieuse et beaucoup d'habileté dans les armes (7), Néron croyait toujours voir en lui son assassin, de tout temps craintif, et, bien plus encore, depuis la dernière conjuration. Le centurion, sitôt qu'il eut fermé toutes les issues de la maison, vint signifier à Ostorius les ordres de l'Empereur. Réduit à tourner contre lui-même une valeur qu'il avait signalée souvent contre l'ennemi, Ostorius se coupa les veines; mais, comme il perdait peu de sang par ce moyen, il prit un poignard, et, demandant seulement à un esclave de le tenir ferme, il poussa lui-même la main de l'esclave, et se perça la gorge.

XVI. Je sens que, même dans l'histoire d'une guerre étrangère, en ne racontant que des morts utiles à la patrie, cette uniformité d'événements me dégoûterait moi-même et rebuterait mes lecteurs, qui, malgré la gloire de ces dévouements, n'en pardonnerait pas la tristesse et la continuité. Combien donc cette résignation stupide et cette suite de massacres, au milieu de la paix, doivent fatiguer l'ame et l'oppresser de douleur! Qu'on me permette toutefois, et c'est la seule grâce que je demande à ceux qui liront cet ouvrage, de ne point haïr des hommes qui se laissaient si lâchement égorger. Sans doute, il fallait que les dieux fussent courroucés contre la gloire romaine; et les effets de ce courroux ne peuvent pas être, comme dans la défaite d'une armée, ou dans la prise d'une ville, décrits d'un seul trait. Accordons à la postérité des hommes illustres quel-

virorum posteritati ut, quomodò exsequiis à promiscuâ sepulturâ separantur, ità, in traditione supremorum, accipiant habeantque propriam memoriam.

XVII. Paucos quippè intra dies, eodem agmine Annæus Mella, Cerialis Anicius, Rufius Crispinus, ac Petronius cecidêre. Mella et Crispinus, equites romani, dignitate senatoriâ : nam hic, quondàm præfectus prætorii, et consularibus insignibus donatus, ac nuper crimine conjurationis in Sardiniam exactus, accepto jussæ mortis nuncio, semet interfecit. Mella, quibus Gallio et Seneca parentibus natus, petitione honorum abstinuerat, per ambitionem præposteram, ut eques romanus consularibus potentiâ æquaretur : simul acquirendæ pecuniæ brevius iter credebat per procurationes administrandis Principis negotiis. Idem Annæum Lucanum genuerat, grande adjumentum claritudinis : quo interfecto, dùm rem familiarem ejus acriter requirit, accusatorem concivit Fabium Romanum, ex intimis Lucani amicis. Mixta inter patrem filiumque conjurationis scientia fingitur, adsimulatis Lucani litteris : quas inspectas Nero ferri ad eum jussit, opibus ejus inhians. At Mella, quæ tùm promptissima mortis via, exsolvit venas : scriptis codicillis quibus grandem pecuniam in Tigellinum, generumque ejus, Cossutianum Capitonem, erogabat, quò cetera manerent. Additur codicillis, tanquàm de iniquitate exitii querens ità scripsisset ; se quidem mori nullis supplicii caussis,

ques distinctions; et, puisque dans leurs obsèques ils reçoivent une sépulture qui les sépare de la foule, souffrons aussi que, dans l'histoire de leurs derniers moments, ils jouissent d'une mention particulière.

XVII. En peu de jours périrent, coup sur coup, Mella *, Cérialis, Crispinus et Pétrone. Mella et Crispinus étaient des chevaliers qui jouissaient d'autant de considération que des sénateurs. Crispinus, autrefois préfet du prétoire, décoré des ornements consulaires, depuis impliqué dans la conjuration, venait d'être relégué en Sardaigne, où il reçut l'ordre de mourir, et se tua lui-même. Mella, frère de Sénèque et de Gallion, s'était abstenu de briguer les honneurs, par une ambition bizarre, aspirant au pouvoir des consulaires en restant simple chevalier; d'ailleurs, l'administration des biens du Prince lui paraissait un chemin plus court pour s'enrichir. Il était encore le père de Lucain, ce qui ajoutait beaucoup à son illustration. Son ardeur à recouvrer les biens de ce fils, après sa mort, lui suscita un accusateur, Fabius Romanus, intime ami de Lucain. On supposa une lettre où le fils mettait le père dans le secret de la conjuration. Néron, après l'avoir lue, la fit remettre à Mella dont il convoitait les richesses; et Mella se coupa les veines, genre de mort le plus familier alors. Il laissa, par son testament, de grandes sommes à Tigellinus et à Capiton, gendre de Tigellinus, afin de sauver le reste. Au bas du testament, comme si c'eût été Mella, qui, outré de l'injustice de sa condamnation, l'eût ajouté lui-même, on trouva écrit : « Qu'il périssait le plus innocent des hommes, » tandis qu'on laissait vivre Crispinus et Cérialis, ennemis

---

* Annæus Mella, Cérialis Anicius, Rufius Crispinus, Caïus Pétronius.

Rufium tamen Crispinum, et Anicium Cerialem vitâ frui, infensos Principi : quæ composita credebantur, de Crispino, quià interfectus erat, de Ceriale, ut interficeretur : neque enim multò pòst vim sibi attulit, minore quàm ceteri miseratione, quià proditam C. Cæsari conjurationem ab eo meminerant.

XVIII. De C. Petronio pauca suprà repetenda sunt. Nam illi dies per somnum, nox officiis, et oblectamentis vitæ transigebatur : utque alios industria, ità hunc ignavia ad famam protulerat, habebaturque non ganeo, et profligator, ut plerique sua haurientium, sed erudito luxu. Ac dicta factaque ejus quantò solutiora, et quamdam suî negligentiam præferentia, tantò gratiùs, in speciem simplicitatis, accipiebantur. Proconsul tamen Bithyniæ, et mox consul, vigentem se ac parem negotiis ostendit : dein revolutus ad vitia, seu vitiorum imitationem, inter paucos familiarium Neroni adsumptus est, elegantiæ arbiter, dùm nihil amœnum, et molle affluentiâ putat, nisi quod ei Petronius approbavisset. Undè invidia Tigellini, quasi adversùs æmulum, et scientiâ voluptatum potiorem. Ergò crudelitatem Principis, cui ceteræ libidines cedebant, aggreditur, amicitiam Scevini Petronio objectans, corrupto ad indicium servo, ademptàque defensione, et majore parte familiæ in vincla raptâ.

» mortels du Prince. » Ce qui parut supposé, et contre Crispinus, qui était mort, et contre Cérialis, qu'on voulait faire mourir. En effet, peu de jours après, Cérialis se donna la mort ; il fut moins regretté que les autres ; on se rappelait qu'il avait trahi le secret d'une conjuration * contre Caïus.

XVIII. Pétrone mérite qu'on rappelle quelques détails de sa vie. Il donnait le jour au sommeil, la nuit aux devoirs de la société et aux plaisirs. Il se fit une réputation par la paresse, comme d'autres à force de travail. Presque tous les dissipateurs se font une réputation de désordre et de débauche; Pétrone passait pour un habile voluptueux. Il n'y avait pas jusqu'à cette négligence dans ses discours et dans ses actions, qui, annonçant je ne sais quel abandon de lui-même, l'aidait à plaire davantage par un air de franchise. Cependant, lorsqu'il fut proconsul de Bithynie, et ensuite consul, il montra de l'énergie et de la capacité pour les affaires. Puis, se laissant retomber dans le vice, ou par penchant ou par politique, il fut admis dans l'intimité de Néron. Il était l'arbitre du bon goût; rien n'était élégant, délicat ou magnifique, s'il n'avait l'approbation de Pétrone; ce qui excita la jalousie de Tigellinus. Un homme qui le surpassait dans l'art des voluptés lui parut un rival dangereux. Trop instruit que les capricieuses affections de Néron ne tenaient jamais contre ses barbares défiances, il éveilla sa cruauté par les soupçons qu'il jetait sur les liaisons de Pétrone avec Scévinus. Il avait gagné, à prix d'argent, un de ses esclaves pour être son délateur, et il avait précipité dans

---

* Celle dont Sextus Papinius, fils d'un consulaire, fut l'auteur.

XIX. Fortè illis diebus Campaniam petiverat Caesar, et Cumas usque progressus Petronius illìc attinebatur. Nec tulit ultrà timoris aut spei moras: neque tamen praeceps vitam expulit, sed incisas venas, ut libitum, obligatas, aperire rursùm, et alloqui amicos, non per seria, aut quibus constantiae gloriam peteret. Audiebatque referentes, nihil de immortalitate animae, et sapientium placitis, sed levia carmina, et faciles versus: servorum alios largitione, quosdam verberibus adfecit: iniit et vias, somno indulsit, ut, quanquàm coacta, mors fortuitae similis esset. Ne codicillis quidem (quod plerique pereuntium) Neronem aut Tigellinum, aut quem alium potentium adulatus est: sed flagitia Principis, sub nominibus exoletorum, feminarumque, et novitate cujusque stupri, perscripsit, atque obsignata misit Neroni: fregitque annulum, ne mox usui esset ad facienda pericula.

XX. Ambigenti Neroni quonam modo noctium suarum ingenia notescerent, offertur Silia, matrimonio senatoris haud ignota, et ipsi ad omnem libidinem adscita, ac Petronio perquàm familiaris: agitur in exsilium, tanquàm non siluisset quae viderat pertuleratque, proprio odio. At Numicium Thermum, praeturâ functum, Tigellini simultatibus dedidit, quià libertus Thermi quaedam de Tigellino

les prisons presque tous les autres, afin de lui ôter ses moyens de défense.

XIX. Dans ce moment, Néron était allé en Campanie ; Pétrone, qui s'était avancé jusqu'à Cumes, eut défense de passer outre. Il ne voulut pas porter plus loin ce poids de crainte et d'espérance, ni, toutefois, trancher brusquement sa vie. Il se coupa les veines, les referma, les rouvrit à volonté; il entretenait ses amis, non sur l'immortalité de l'ame, non sur les opinions des philosophes, ne voulant rien de sérieux, rien qui annonçât des prétentions de courage; il se faisait réciter des chansons agréables, des poésies légères. Il récompensa quelques esclaves, en fit châtier d'autres; il se promena, il dormit, afin que sa mort, quoique violente, eût l'air d'une mort naturelle; et, dans son testament même, il ne mit point, comme tant d'autres, des adulations pour Néron, pour Tigellinus, ni pour aucune des puissances du temps. Il écrivit l'histoire des débauches du Prince, en détaillant les recherches de chaque prostitution, avec le nom des hommes et des femmes qui en étaient l'instrument. Il l'envoya cachetée à Néron, et brisa le cachet de peur qu'on ne s'en servît ensuite pour perdre des innocents.

XX. Néron, ne sachant comment le secret de ses nuits avait pu être pénétré, laissa tomber ses soupçons sur Silia, qui, par son mariage avec un sénateur, n'était pas sans quelque considération; et, en effet, Néron s'était permis avec cette femme les débauches les plus monstrueuses, et elle avait été l'amie intime de Pétrone. Il l'exila, dans la persuasion que c'était elle qui avait divulgué des excès dont elle avait été le témoin et la victime. Silia fut donc sacrifiée à ses haines personnelles; Numicius Thermus, ancien pré-

criminosè detulerat, quæ cruciatibus tormentorum ipse, patronus ejus nece immeritâ lueret.

XXI. Trucidatis tot insignibus viris, ad postremum Nero virtutem ipsam exscindere concupivit, interfecto Thraseâ Pæto et Bareâ Sorano, olim utrisque infensus, et accedentibus caussis in Thraseam : quòd senatu egressus est, cùm de Agrippinâ referretur, ut memoravi : quòdque Juvenalium ludicro parùm exspectabilem operam præbuerat; eaque offensio altiùs penetrabat, quià idem Thrasea Patavii, undè ortus erat, ludis Cesticis, à trojano Antenore institutis, habitu tragico cecinerat : die quoque quo prætor Antistius, ob probra in Neronem composita, ad mortem damnabatur, mitiora censuit obtinuitque : et cùm deûm honores Poppææ decernerentur, sponte absens, funeri non interfuit. Quæ oblitterari non sinebat Capito Cossutianus, præter animum, ad flagitia præcipitem, inimicus Thraseæ, quòd auctoritate ejus concidisset, juvantis Cilicum legatos, dùm Capitonem repetundarum interrogant.

XXII. Quin et illa objectabat : « Principio anni
» vitare Thraseam solemne jusjurandum : nuncupa-
» tionibus votorum non adesse, quamvis quindecim-

teur, le fut uniquement aux ressentiments de Tigellinus ; un affranchi de Thermus avait énoncé contre Tigellinus quelques charges, que l'affranchi expia par des tortures horribles, et son maître, quoique innocent, par la mort.

XXI. Après ce massacre de tant de personnages distingués, pour mettre le comble à tant d'horreurs, Néron s'acharna à détruire la vertu elle-même dans la personne de Thraséas * et de Soranus. Dès long-temps ulcéré contre tous deux, des ressentiments particuliers l'aigrissaient contre Thraséas; ce sénateur était sorti du sénat, comme je l'ai rapporté, pendant qu'on délibérait sur le meurtre d'Agrippine, et il s'était prêté de mauvaise grâce à faire un rôle dans les Juvénales. Cette offense, surtout, blessait profondément Néron, d'autant plus que Thraséas, se trouvant à Padoue, sa patrie, aux jeux du ceste institués par Anténor, prince troyen, n'avait pas refusé d'y chanter un rôle dans une tragédie. Le jour encore où l'on allait condamner à mort le préteur Sosianus, pour ses satires contre Néron, Thraséas ouvrit un avis plus doux qui prévalut ; et lorsqu'on décerna les honneurs divins à Poppée, il s'absenta volontairement, et ne parut point aux funérailles; c'étaient des griefs dont Capito Cossutianus ne laissait point effacer le souvenir ; et outre que de semblables bassesses n'étaient déjà que trop dans son caractère, il satisfaisait encore sa haine contre Thraséas, qui, par l'autorité de son opinion, avait secondé si puissamment la députation des Ciliciens, lorsqu'elle poursuivait la punition des malversations de Cossutianus.

XXII. Il se permettait encore bien d'autres reproches

---

* Thraséas Pætus, Baréas Soranus.

» virali sacerdotio præditum : nunquàm pro salute
» Principis, aut cœlesti voce immolavisse : assiduum
» olim et indefessum, qui vulgaribus quoque Patrum
» consultis semet fautorem aut adversarium osten-
» deret, triennio non introiisse curiam : nuperrimè-
» que, cùm, ad coercendos Silanum et Veterem,
» certatim concurreretur, privatis potiùs clientium
» negotiis vacavisse : secessionem jam id, et partes,
» et si idem multi audeant, bellum esse. Ut quon-
» dàm C. Cæsarem, inquit, et M. Catonem, ità nunc
» te, Nero, et Thraseam avida discordiarum civitas
» loquitur. Et habet sectatores, vel potiùs satelli-
» tes, qui nondùm contumaciam sententiarum, sed
» habitum vultumque ejus sectantur, rigidi et tris-
» tes, quò tibi lasciviam exprobrent. Huic uni inco-
» lumitas tua sine arte, sine honore. Prosperas Prin-
» cipis res spernit : etiamne luctibus et doloribus
» non satiatur ? Ejusdem animi est Poppæam divam
» non credere, cujus in acta divi Augusti et divi
» Julii non jurare. Spernit religiones, abrogat leges.
» Diurna populi romani, per provincias, per exer-
» citus, curatiùs leguntur, ut noscatur quid Thrasea
» non fecerit. Aut transeamus ad illa instituta, si
» potiora sunt : aut nova cupientibus auferatur dux
» et auctor. Ista secta Tuberones, et Favonios,
» veteri quoque reipublicæ ingrata nomina, genuit.
» Ut imperium evertant, libertatem præferunt : si
» perverterint, libertatem ipsam aggredientur.
» Frustrà Cassium amovisti, si gliscere et vigere

contre lui : « Thraséas, au commencement de l'année,
» éludait le serment solennel ; Thraséas n'assistait point aux
» prières pour l'Empereur, quoique revêtu du sacerdoce
» des quindécemvirs ; il n'avait jamais fait de sacrifices pour
» la conservation du Prince et pour sa voix céleste ; lui,
» qu'on voyait jadis, assidu et infatigable, se mêler aux
» moindres sénatus-consultes, pour les approuver ou les
» combattre, depuis trois ans n'avait pas mis le pied dans
» le sénat ; tout récemment, lorsque le juste châtiment de
» Silanus et d'Antistius attira un concours universel, il
» avait préféré de vaquer aux affaires privées de ses clients ;
» c'était là une scission, un parti formé, et, pour peu qu'il
» eût d'imitateurs, une guerre ouverte. Oui, Prince, ajouta
» Capito, Rome, avide de discordes, parle de Thraséas et
» de toi comme autrefois de César et de Caton. Thraséas a
» des sectateurs ou plutôt des satellites, qui, sans se per-
» mettre encore la hardiesse insolente de ses discours, co-
» pient son air et son extérieur, affectent l'humeur et l'aus-
» térité pour accuser tes plaisirs *. Lui seul est sans inquié-
» tude sur tes jours, sans estime pour tes talents. Insensible
» aux prospérités de son prince, faut-il encore que tes af-
» flictions et tes larmes ne puissent assouvir sa haine ?
» Certes, je ne m'étonne plus qu'il nie la divinité de Pop-
» pée, lorsqu'il ne jure point sur les actes des demi-dieux,
» de Jules et d'Auguste. Il dédaigne nos sacrifices, il abroge
» nos lois. Les provinces, les armées ne recherchent les
» journaux du peuple romain que pour y lire le silence et
» l'inaction de Thraséas. Qu'on adopte donc ses maximes,

* Je lis, avec Juste-Lipse : *Huic uni incolumitas tua sine curâ, artes sine honore.*

» Brutorum æmulos passurus es. Deniquè nihil ipse
» de Thraseâ scripseris, disceptatorem senatum
» nobis relinque. » Extollit irâ promptum Cossutiani animum Nero : adjicitque Marcellum Eprium,
acri eloquentiâ.

XXIII. At Baream Soranum jam sibi Ostorius Sabinus, eques romanus, poposcerat reum, ex proconsulatu Asiæ, in quâ offensiones Principis auxit justitiâ atque industriâ, et quià portui Ephesiorum aperiendo curam insumpserat : vimque civitatis Pergamenæ, prohibentis Acratum, Cæsaris libertum, statuas et picturas avehere, inultam omiserat. Sed crimini dabatur amicitia Plauti, et ambitio conciliandæ provinciæ ad spes novas. Tempus damnationi delectum quo Tiridates, accipiendo Armeniæ regno, adventabat : ut ad externa rumoribus intestinum scelus obscuraretur, an, ut magnitudinem imperatoriam cæde insignium virorum, quasi regio facinore, ostentaret.

XXIV. Igitur, omni civitate ad excipiendum principem, spectandumque regem, effusâ, Thra-

» si on les juge préférables; ou qu'on enlève enfin à des
» novateurs séditieux leur chef et leur modèle. Cette secte
» a produit les Tubérons (8) et les Favonius, noms odieux
» même à l'ancienne république. Ils mettent en avant la li-
» berté, afin d'anéantir le pouvoir impérial; s'ils le dé-
» truisent, ils attaqueront la liberté même. En vain tu as
» banni un Cassius, si tu laisses les émules de Brutus se pro-
» pager et s'accroître. Au reste, n'écris pas un mot contre
» Thraséas; que le sénat juge entre lui et moi. » Néron en-
courage Cossutianus, à qui ses ressentiments ne donnaient
que trop d'audace; il lui associe Marcellus, orateur remarquable par son éloquence véhémente.

XXIII. Cependant, Ostorius Sabinus, chevalier romain, avait déjà retenu l'accusation de Soranus, aussitôt après l'expiration du proconsulat d'Asie, où ce Romain acheva d'indisposer le Prince par son intégrité, par ses talents, parce qu'il s'était appliqué à ouvrir le port d'Éphèse, et parce qu'il avait laissé impunie la violence des citoyens de Pergame, qui empêchèrent Acratus, affranchi de l'Empe-reur, d'enlever leurs statues et leurs tableaux. Mais le grief qu'on énonça, ce fut son amitié pour Plautus, et le dessein formé de gagner la province pour qu'elle secondât ses pro-jets ambitieux. On choisit, pour la condamnation, le temps où Tiridate allait arriver pour recevoir la couronne d'Ar-ménie, soit que Néron espérât cacher, dans l'appareil de cette pompe étrangère, l'horreur de ses cruautés inté-rieures, soit qu'envisageant le meurtre de citoyens si dis-tingués comme un acte royal, il crût, par-là, déployer la grandeur d'un souverain.

XXIV. Toute la ville avait couru en foule pour recevoir son prince et pour voir le monarque étranger; on fit dé-

sea, occursu prohibitus, non demisit animum : sed codicillos ad Neronem composuit, requirens objecta, et expurgaturum asseverans, si notitiam criminum, et copiam diluendi habuisset. Eos codicillos Nero properanter accepit, spe exterritum Thraseam scripsisse per quæ claritudinem Principis extolleret, suamque famam dehonestaret. Quod ubi non evenit, vultumque, et spiritus, et libertatem insontis ultrò extimuit, vocari Patres jubet. Tùm Thrasea inter proximos consultavit, tentaretne defensionem, an sperneret; diversa consilia adferebantur.

XXV. Quibus intrari curiam placebat, securos esse de constantiâ ejus dixerunt : nihil dicturum, nisi quo gloriam augeret. Segnes et pavidos supremis suis secretum circumdare. Adspiceret populus virum, morti obvium, audiret senatus voces, quasi ex aliquo numine, supra humanas : posse ipso miraculo etiam Neronem permoveri : sin crudelitati insisteret, distingui certè apud posteros memoriam honesti exitûs ab ignaviâ per silentium pereuntium.

XXVI. Contrà, qui opperiendum domi censebant, de ipso Thraseâ eadem : sed ludibria et contumelias imminere : subtraheret aures conviciis, et probris. Non solùm Cossutianum, aut Eprium ad scelus promptos; superesse qui forsitan manus ictusque per immanitatem ausuri sint : etiam bonos metu sequi. Detraheret potiùs senatui, quem perorna-

fense à Thraséas de se montrer. Loin de se laisser abattre, il écrivit à Néron pour demander son crime; il garantissait sa justification, s'il obtenait la communication des griefs et la liberté de répondre. Néron ouvrit la lettre avec empressement, dans l'espoir que la crainte aurait dicté des expressions qui, en rehaussant la dignité du Prince, eussent avili Thraséas; mais, voyant le contraire, et redoutant lui-même la présence, la fierté et le courage d'un innocent, il ordonne une assemblée du sénat. Thraséas délibéra avec ses amis s'il tenterait ou s'il dédaignerait de se justifier. Les avis se partagèrent.

XXV. Ceux qui lui conseillaient de se présenter au sénat, dirent qu'ils étaient sûrs de sa fermeté, qu'il ne proférerait pas un mot qui n'augmentât sa gloire; que les faibles seuls et les lâches enveloppaient dans l'obscurité leurs derniers moments; il fallait faire voir au peuple un homme de cœur allant à la mort, faire entendre au sénat cette voix surnaturelle, foudroyante comme celle d'un dieu; le prodige pouvait ébranler Néron lui-même; et, s'il persistait dans sa barbarie, la postérité, du moins, saurait distinguer le brave qui périssait noblement, de tant de lâches qui se laissaient égorger en silence.

XXVI. D'autres, au contraire, s'efforçaient de le retenir, ne doutant pas de son courage, mais prévoyant des insultes, des affronts, voulant le soustraire aux invectives et aux emportements. Ils craignaient la fureur de Capito, de Marcellus, et de vingt autres scélérats effrontés, qui, peut-être (9), se porteraient aux dernières violences. Ils alléguèrent que les bons, même par crainte, se laissaient entraîner; qu'il fallait épargner au sénat, dont il avait fait la

visset, infamiam tanti flagitii; et relinqueret incertum quid, viso Thraseâ reo, decreturi Patres fuerint. Ut Neronem flagitiorum pudor caperet, inritâ spe agitari : multòque magis timendum ne in conjugem, in familiam, in cetera pignora ejus sæviret. Proindè intemeratus, impollutus, quorum vestigiis et studiis vitam duxerit, eorum gloriâ peteret finem. Aderat consilio Rusticus Arulenus, flagrans juvenis, et, cupidine laudis, offerebat se intercessurum senatûs-consulto : nam plebis tribunus erat. Cohibuit spiritus ejus Thrasea, ne vana, et reo non profutura, intercessori exitiosa inciperet. Sibi actam ætatem, et tot per annos continuum vitæ ordinem non deserendum : illi initium magistratuum, et integra quæ supersint. Multùm antè secum expenderet, quod, tali in tempore, capessendæ reipublicæ iter ingrederetur. Ceterùm ipse, an venire in senatum deceret, meditationi suæ reliquit.

XXVII. At, posterâ luce, duæ prætoriæ cohortes armatæ templum genitricis Veneris insedêre. Aditum senatûs globus togatorum obsederat, non occultis gladiis : dispersique, per fora ac basilicas, cunei militares; inter quorum adspectus et minas ingressi curiam senatores. Et oratio Principis per quæstorem ejus audita est : nemine nominatim compellato, Patres arguebat quòd publica munia desererent, eorumque exemplo equites romani ad segni-

gloire, la honte d'une telle bassesse, et laisser incertain ce qu'auraient fait les Pères, si Thraséas eût comparu devant eux; en comptant sur la pudeur et sur les remords de Néron, on se flattait d'un frivole espoir; on devait craindre bien plutôt qu'il ne sévît contre la femme, contre les enfants de Thraséas, et les autres objets de son attachement; il ne restait donc, après avoir guidé sa vie irréprochable et pure sur les traces et les maximes des grands hommes, qu'à chercher, comme eux, une fin glorieuse. Rusticus Arulénus assistait à la délibération. Ce jeune homme bouillant offrait, par amour de la gloire, de s'opposer au sénatus-consulte; car il était tribun du peuple. Thraséas réprima cet excès de zèle, inutile pour lui-même, dangereux pour son défenseur. Il représenta que lui, sur la fin de ses jours, ne pouvait abandonner le système de toute sa vie; mais qu'Arulénus, nouveau magistrat, avait sa carrière tout entière à parcourir; qu'il devait se consulter long-temps sur la route qu'il se tracerait en se livrant, sous un tel prince, aux fonctions publiques. Du reste, pour décider s'il lui convenait de se rendre au sénat, il s'en remit à ses propres réflexions.

XXVII. Le lendemain, à la pointe du jour, deux cohortes prétoriennes, avec toutes leurs armes, investirent le temple de Vénus * génitrix; un gros de citoyens avait assiégé l'entrée du sénat, laissant voir des épées sous leurs robes; on dispersa dans les places et dans les temples des détachements de soldats; ce fut à la vue de tous ces satellites, et à travers leurs menaces, que les sénateurs entrèrent. Le discours du Prince fut lu par son (10) questeur. Sans

---

* Vénus mère.

tiam verterentur. Etenim, quid mirum, è longinquis provinciis haud veniri, cùm plerique, adepti consulatum et sacerdotia, hortorum potiùs amœnitati inservirent ? quod, velut telum, arripuêre accusatores.

XXVIII. Et initium faciente Cossutiano, majore vi Marcellus summam rempublicam agi clamitabat: contumaciâ inferiorum lenitatem imperitantis deminui. Nimiùm mites ad eam diem Patres, qui Thraseam desciscentem, qui generum ejus, Helvidium Priscum, in iisdem furoribus, simul Paconium Agrippinum, paterni in principes odii heredem, et Curtium Montanum, detestanda carmina factitantem, eludere impunè sinerent. Requirere se in senatu consularem, in votis sacerdotem, in jurejurando civem : nisi, contra instituta et cærimonias majorum, proditorem palàm et hostem Thrasea induisset. Deniquè agere senatorem, et Principis obtrectatores protegere solitus, veniret, censeret quid corrigi, aut mutari vellet : faciliùs perlaturos singula increpantem, quàm nunc silentium perferrent omnia damnantis. Pacem illi per orbem terræ, an victorias sine damno exercituum, displicere ? Ne hominem, bonis publicis mœstum, et qui fora, theatra, templa pro solitudine haberet, qui minitaretur exsilium suum, ambitionis pravæ compotem facerent. Non illi consulta hæc, non magistratus,

nommer personne expressément, il accusait les sénateurs d'abandonner les fonctions publiques, et, par leur exemple, d'autoriser l'inaction des chevaliers romains. Fallait-il s'étonner ensuite qu'on ne vînt point des provinces éloignées, lorsque, après avoir obtenu des consulats et des sacerdoces, on faisait son unique occupation d'embellir des jardins? Ce trait fut l'arme dont se saisirent les accusateurs.

XXVIII. Capito commença d'abord; Marcellus, reprenant avec plus de véhémence, criait qu'il s'agissait du plus grand intérêt de la république; que ces révoltes des subalternes faisaient mépriser la bonté de l'Empereur; qu'il y avait eu trop de douceur dans le sénat à laisser un Thraséas, qui faisait schisme dans l'empire; un Helvidius, qui partageait toutes les fureurs de son beau-père; un Agrippinus, infesté d'une haine héréditaire contre les princes; un Montanus, auteur de chansons infâmes, éluder jusqu'à ce jour la sévérité des lois; qu'il sommait Thraséas de se trouver au sénat comme consulaire, aux prières comme pontife, au serment comme citoyen; à moins que, bravant leurs institutions et leurs fêtes antiques, il ne se déclarât hautement pour un traître, pour un ennemi de l'État; qu'il vînt enfin reprendre son ancien rôle de sénateur, de protecteur des ennemis du Prince, de censeur, de réformateur des abus; il valait mieux encore essuyer en détail ses censures, que ce silence d'improbation générale. Était-ce la tranquillité dont jouissait le monde qui le choquait? étaient-ce des victoires qui ne coûtaient pas un soldat aux armées? Qu'on cessât donc de fomenter l'ambition détestable d'un envieux qu'affligeait le bien public, qui s'isolait de leur Forum, de leurs théâtres, de leurs temples, et qui avait toujours à la bouche la menace de son exil. A l'en croire, il n'y

aut romanam urbem videri. Abrumperet vitam ab eâ civitate, cujus caritatem olim, nunc et adspectum exuisset.

XXIX. Cùm per hæc atque talia Marcellus, ut erat torvus et minax, voce, vultu, oculis ardesceret; non illa nota, et celebritate periculorum sueta jam senatûs mœstitia, sed novus et altior pavor, manus et tela militum cernentibus : simul ipsius Thraseæ venerabilis species obversabatur : et erant qui Helvidium quoque miserarentur, innoxiæ affinitatis pœnas daturum. Quid Agrippino objectum, nisi tristem patris fortunam ? quandò et ille, perindè innocens, Tiberii sævitiâ concidisset. Enimverò Montanum probæ juventæ, neque famosi carminis, quià protulerit ingenium, extorrem agi.

XXX. Atque interim Ostorius Sabinus, Sorani accusator, ingreditur, orditurque de amicitiâ Rubellii Plauti, quòdque proconsulatum Asiæ Soranus pro claritate sibi potiùs accommodatum quàm ex utilitate communi egisset, alendo seditiones civitatum. Vetera hæc : sed recens, discrimini patris filiam connectebat, quòd pecuniam Magis dilargita esset. Acciderat sanè pietate Serviliæ (id enim nomen puellæ fuit) quæ, caritate erga parentem, simul imprudentiâ ætatis, non tamen aliud consultaverat quàm de incolumitate domûs, et an placabilis Nero,

avait plus de sénat, plus de magistrats, Rome n'était plus ; qu'il rompît donc toute existence avec une patrie, que de tout temps il avait repoussée de son cœur et maintenant bannie de ses yeux.

XXIX. Pendant ce discours de Marcellus, qui, naturellement farouche et menaçant, avait alors la voix, les yeux, le visage enflammés, il régnait dans le sénat, non cette tristesse ordinaire que l'habitude de l'oppression avait rendue si familière, mais une consternation nouvelle et profonde, à la vue de ces soldats et de ces glaives. En même temps, se présentait à leurs yeux la figure vénérable de Thraséas ; et plusieurs étendaient aussi leur compassion sur Helvidius, qu'allait perdre son alliance avec une famille vertueuse. Que pouvait-on encore reprocher à Agrippinus, sinon les malheurs d'un père, victime également innocente des barbaries de Tibère ? Et ce Montanus, jeune homme plein de vertus, dont les vers n'attaquaient personne, on le menaçait donc de l'exil, pour avoir prouvé du génie !

XXX. Cependant, Sabinus, accusateur de Soranus, entre à son tour; et, d'abord, il s'étend sur les liaisons de ce dernier avec Plautus, sur le proconsulat d'Asie, pendant lequel il accusait Soranus d'avoir, au préjudice de l'État, fomenté les séditions des peuples, pour se donner un renom de popularité. C'étaient là les anciens griefs; il en joignit un nouveau; il impliquait la fille de Soranus, pour avoir prodigué de l'argent à des devins. Et, en effet, cette erreur était échappée à la piété filiale. Servilie (c'était son nom), moitié par tendresse pour son père, moitié par l'imprudence de son âge, les avait consultés, mais uniquement pour savoir le sort de sa famille, si Néron se lais-

an cognitio senatûs nihil atrox adferret. Igitur accita est in senatum, steteruntque diversi : ante tribunal consulum, grandis ævo parens; contra filia, intra vicesimum ætatis annum, nuper marito, Annio Pollione, in exsilium pulso, viduata desolataque: ac ne patrem quidem intuens, cujus onerâsse pericula videbatur.

XXXI. Tùm, interrogante accusatore an cultus dotales, an detractum cervici monile venum dedisset, quò pecuniam faciendis magicis sacris contraheret? primùm strata humi, longoque fletu et silentio, pòst, altaria et aram complexa, « Nullos, inquit,
» impios deos, nullas devotiones, nec aliud infeli-
» cibus precibus invocavi quàm ut hunc optimum
» patrem tu, Cæsar, et vos, Patres, servaretis in-
» columen. Sic gemmas, et vestes, et dignitatis in-
» signia dedi, quomodò si sanguinem et vitam po-
» poscissent. Viderint isti, antehàc mihi ignoti, quo
» nomine sint, quas artes exerceant : nulla mihi
» Principis mentio, nisi inter numina fuit. Nescit
» tamen miserrimus pater : et, si crimen est, sola
» deliqui. »

XXXII. Loquentis adhuc verba excipit Soranus, proclamatque non illam in provinciam secum profectam, non Plauto per ætatem nosci potuisse; non criminibus mariti connexam ; nimiæ tantùm pietatis ream separarent, atque ipse quamcumque sortem subiret. Simul in amplexus occurrentis filiæ ruebat, nisi interjecti lictores utrisque obstitissent.

serait fléchir, si l'instruction du procès n'aurait rien de funeste. Elle comparut donc au sénat; le père et la fille étaient debout devant le tribunal des consuls, aux deux extrémités; le père, avancé en âge, la fille, ayant à peine vingt ans, déjà condamnée au veuvage et à la solitude, par l'exil tout récent de son mari Pollion, et n'osant pas même regarder son père, dont elle semblait avoir agravé les périls.

XXXI. L'accusateur lui demandant si elle n'avait pas vendu son collier et ses présents de noces pour en employer l'argent à des opérations magiques, elle se jeta d'abord par terre, pleura long-temps, et garda le silence; enfin, embrassant les autels, « Non, je n'ai invoqué, dit-elle, aucune » divinité sinistre; je ne me suis permis aucune imprécation; » ces malheureuses prières n'ont eu d'autre objet que d'ob- » tenir de toi, César, et de vous, sénateurs, la conserva- » tion du meilleur des pères. J'ai donné mes pierreries, » mes robes, les décorations de mon rang; j'aurais donné » mon sang et ma vie, s'ils l'eussent demandé; je ne ré- » ponds pas d'eux; je ne les connaissais point auparavant, » j'ignore ce qu'ils sont, quel art ils exercent; pour moi, » je ne parlai jamais du Prince que comme on parle des » dieux. Mais si je suis coupable, au moins je le suis seule, » et mon malheureux père ignorait ma faute. »

XXXII. Soranus ne la laisse point achever; il s'écrie que sa fille ne l'a pas suivi en Asie; qu'elle est trop jeune pour avoir connu Plautus, qu'on ne l'a point impliquée dans l'accusation de son mari, qu'elle n'est coupable que d'un excès de tendresse; qu'on sépare donc leur sort, et le sien, quel qu'il soit, lui semblera doux. En même temps, ils couraient se précipiter dans les bras l'un de l'autre; les licteurs, se

Mox datus testibus locus : et, quantùm misericordiæ sævitia accusationis permoverat, tantùm iræ P. Egnatius testis concivit. Cliens hic Sorani, et tunc emptus ad opprimendum amicum, auctoritatem stoicæ sectæ præferebat, habitu et ore ad exprimendam imaginem honesti exercitus, ceterùm animo perfidiosus, subdolus, avaritiam ac libidinem occultans. Quæ postquàm pecuniâ reclusa sunt, dedit exemplum præcavendi quomodò fraudibus involutos, aut flagitiis commaculatos, sic specie bonarum artium falsos, et amicitiæ fallaces.

XXXIII. Idem tamen dies et honestum exemplum tulit Cassii Asclepiodoti, qui, magnitudine opum, præcipuus inter Bithynos, quo obsequio florentem Soranum celebraverat, labentem non deseruit. Exutusque omnibus fortunis, et in exsilium actus; æquitate deûm erga bona malaque documenta. Thraseæ, Soranoque, et Serviliæ datur mortis arbitrium. Helvidius et Paconius Italiâ depelluntur. Montanus patri concessus est, prædicto ne in republicâ haberetur. Accusatoribus, Eprio, et Cossutiano, quinquagies sestertiûm singulis, Ostorio duodecies, et quæstoria insignia tribuuntur.

jetant entre eux deux, les retinrent. On entendit ensuite les témoins ; et, à tous les mouvements de pitié qu'avait excités la dureté de l'accusation, il se joignit un soulèvement d'horreur contre la déposition d'Egnatius (11). Ce client de Soranus, qui vendit alors le sang de son ami, se parait de la rigidité de la secte stoïque; il s'étudiait à exprimer sur son visage et dans son extérieur l'image de la vertu, et il recélait, dans son cœur, la perfidie, la fourberie, l'avarice et la débauche. Ce misérable, dont l'appât de l'argent dévoila tous les vices, apprit que ce ne sont pas seulement les hommes enveloppés d'artifices et souillés d'opprobre dont il faut se défier, qu'il est aussi, sous le masque de la vertu, des hypocrites, et, sous celui de l'amitié, des traîtres *.

XXXIII. Néanmoins, ce même jour offrit aussi un trait de vertu dans Cassius Asclépiodotus. Distingué entre les Bithyniens par son opulence, il avait cultivé Soranus dans sa gloire; il ne l'abandonna point dans la disgrâce, perdit tous ses biens, et se fit exiler, les dieux compensant ainsi les bons et les mauvais exemples. Thraséas, Soranus et Servilie eurent le choix de leur mort. Helvidius et Paconius furent chassés d'Italie. On accorda au père de Montanus la grâce du fils, toutefois, en excluant celui-ci des honneurs. Les accusateurs, Marcellus et Capito, obtinrent chacun cinq millions de sesterces **, et Sabinus douze cent mille ***, avec les ornements de la questure.

* *Falsos specie bonarum artium, fallaces (specie) amicitiæ.*
** Neuf cent soixante-douze mille huit cent quarante-six livres.
*** Deux cent trente-trois mille quatre cent trente-sept livres.

XXXIV. Tùm ad Thraseam, in hortis agentem, quæstor consulis missus, vesperascente jam die. Inlustrium virorum feminarumque cœtus frequentes egerat, maximè intentus Demetrio, cynicæ institutionis doctori: cum quo, ut conjectare erat intentione vultûs, et auditu, si qua clariùs proloquebantur, de naturâ animæ, et dissociatione spiritûs corporisque inquirebat : donec advenit Domitius Cæcilianus, ex intimis amicis, et ei, quid senatus censuisset, exposuit. Igitur, flentes queritantesque qui aderant, facessere properè Thrasea, neu pericula sua miscere cum sorte damnati, hortatur. Arriamque, tentantem mariti suprema, et exemplum Arriæ matris sequi, monet retinere vitam, filiæque communi subsidium unicum non adimere.

XXXV. Tùm progressus in porticum, illìc à quæstore reperitur, lætitiæ propior, quià Helvidium, generum suum, Italiâ tantùm arceri cognoverat. Accepto dehinc senatûs-consulto, Helvidium et Demetrium in cubiculum inducit : porrectisque utriusque brachii venis, postquàm cruorem effudit, humum super spargens, propiùs vocato quæstore, « Libe-
» mus, inquit, Jovi liberatori. Specta, juvenis : et
» omen quidem dii prohibeant; ceterùm in ea tem-

XXXIV. On envoya le questeur du consul à Thraséas, qui était resté dans ses jardins; le jour tombait. Il avait un cercle nombreux d'hommes et de femmes distingués; il s'entretenait séparément avec Démétrius (12), philosophe cynique; et, autant qu'on put en juger à l'expression de sa figure, et à quelques mots prononcés plus fortement, qui furent entendus, il le questionnait sur la nature de l'ame et sur sa séparation d'avec le corps, quand Domitius Cæcilianus, un des intimes amis de Thraséas, vint lui apprendre le décret du sénat. On se répandit en pleurs, en murmures. Thraséas les fit retirer tous promptement, de peur qu'une pitié imprudente ne les enveloppât dans sa condamnation. Sa femme, Arria, voulait suivre le sort de son époux et l'exemple de sa mère; il la retint à la vie, pour ne point enlever à leur fille le seul appui qui allait lui rester.

XXXV. Il gagne ensuite son portique, où le questeur le trouve avec un air de joie, parce qu'il avait appris que son gendre, Helvidius, n'était qu'exilé d'Italie. Ayant reçu le sénatus-consulte, il fait entrer dans sa chambre Helvidius et Démétrius, présente les veines de ses deux bras, et, sitôt que le sang, en coulant, eut arrosé la terre, priant le questeur d'approcher, « Offrons, dit-il, cette » libation à Jupiter libérateur ; regarde, jeune homme ; » puissent les dieux détourner ce présage ! mais tu es né

» pora natus es quibus firmare animum deceat cons-
» tantibus exemplis. » Pòst, lentitudine exitûs graves cruciatus afferente, obversis in Demetrium *....
Oculis ejusque aspectu et verbis animatus, amicis oscula offerens, diù eluctatum spiritum reddidit : vitâ egregius, mortis contemptor, et adversùm præsentia mala adeò firmus, ut dicere esset solitus : « Malle se hodiè interfici quàm cràs relegari. »

* La fin de ce Livre manque : le Supplément de Brotier commence ici par ces cinq lignes qui complètent le XXXVe. chapitre.

» dans un temps où il est bon de fortifier son ame par
» des exemples de courage. » Puis, son agonie se prolongeant avec d'horribles douleurs, il tourna vers Démétrius ses yeux mourants, et, ranimé par son aspect et par ses paroles, disant le dernier adieu à ses amis, il expira enfin. Personnage aussi distingué par la conduite de toute sa vie que par le courage de sa mort, et affermi contre les maux présents, au point de dire : « J'aime mieux être tué
» aujourd'hui que relégué demain (13). »

NOTES
DU LIVRE SEIZIÈME.

(1) CHAP. II, PAGE 139.

PRUDENTES *diversâ famâ; les gens instruits, parce qu'ils ne croyaient point.* Littéralement, *parce qu'ils parlaient d'une manière tout opposée. Diversâ* ne signifie pas *diverse;* c'est *variâ* qui aurait cette signification. *Fama* vient du mot grec *phémi, parler.*

(2) CHAP. IV, PAGE 143.

Per incuriam publici flagitii. C'est la leçon d'Ernesti. L'abbé Brotier lit *per injuriam publici flagitii*, qu'il est impossible d'expliquer raisonnablement, à moins que d'ajouter, comme Huet, vingt mots qui ne sont pas dans le latin.

(3) CHAP. V, PAGE 143.

Mais ils craignaient encore plus de s'absenter, à cause des délateurs. Philostrate, dans la vie d'Apollonius de Thyane, rapporte une anecdote qui peut servir à faire connaître l'esprit

NOTES DU LIVRE XVI.   189

de ce temps-là. Apollonius, étant venu à Rome, vit arriver, dans l'hôtellerie où il logeait, une espèce de bateleur, en habit de théâtre, tenant en main une mauvaise lyre dont il jouait assez mal, et s'accompagnant d'une voix aigre et fausse. Cet homme faisait métier de courir ainsi tous les quartiers de la ville, en chantant des airs composés par Néron; et il fallait l'écouter, l'applaudir et le bien payer, sous peine de se voir traiter comme un détracteur sacrilége des talents célestes de Néron, et traîné en prison comme criminel de lèse-majesté et d'impiété. Apollonius et ses amis n'ayant pas paru satisfaits de la voix et de l'instrument de cet homme, il n'y eut point d'injures qu'il ne vomît contre eux; il alla jusqu'à leur faire les plus terribles menaces : on ne put l'apaiser qu'avec de l'argent.

Cet homme portait toujours avec lui, dans une cassette, une vieille corde usée, qui avait servi, disait-il, à la lyre de Néron, et qu'il prétendait avoir achetée deux mines (vingt écus). Il assurait qu'il ne la vendrait qu'à d'excellents artistes, qui eussent remporté au moins quelques prix dans les jeux pythiens.

(4) CHAP. V, PAGE 145.

Depuis, il fut encore au moment de périr. En Grèce, où Néron fit un voyage exprès pour aller disputer le prix dans tous les jeux. Vespasien était de la suite du prince. Oubliant la dure leçon que lui avait donnée à Rome l'affranchi Phœbus, il eut encore la mauvaise politique de quitter le théâtre et de s'assoupir quand Néron chantait. On le chassa ignominieusement de la cour, et il fut réduit à aller se cacher dans un petit coin de terre ignoré, où il s'attendait, à chaque instant, à voir arriver un satellite pour lui donner la mort, lorsque la guerre de Judée, et le besoin qu'on avait d'un général qui eût des talents et point de naissance, firent songer à lui.

(5) CHAP. VI, PAGE 145.

Après la fin des jeux, Poppée mourut. Toutes les mules de Poppée étaient ferrées en or, à ce que rapporte l'historien Dion : chaque jour il fallait épuiser le lait de cinq cents ânesses pour lui en faire un bain.

(6) CHAP. VI, PAGE 145.

Après avoir prodigué les parfums pour l'embaumer. Les gens instruits, dit Pline le naturaliste, assuraient que l'Arabie, dans un an, ne produisait pas autant de myrrhe et d'encens que Néron en consomma pour les seules funérailles de Poppée.

(7) CHAP. XV, PAGE 159.

Armorumque scientiâ; beaucoup d'habileté dans les armes. Ceux qui ont traduit *armorumque scientiâ* par *la connaissance de la guerre*, n'ont pas fait réflexion que c'était une répétition de *multâ militari famâ*.

(8) CHAP. XXII, PAGE 171.

Cette secte a produit les Tubérons et les Favonius, noms odieux même à l'ancienne république. Quintus Ælius Tubéro, disciple du stoïcien Panætius, et le plus grand jurisconsulte qui eût encore paru. Malgré tous ses talents, parés des plus rares vertus et de l'éclat d'un nom illustre, quoique petit-fils d'un grand homme, de Paulus Tubéro, quoique neveu de Scipion l'Africain, il ne put jamais obtenir la préture. Obligé de donner, à la populace de Rome, un grand banquet, pour célébrer les obsèques de l'Africain, il n'avait employé, à ce festin, que des vases de terre cuite et des lits du bois le plus commun, couverts, pour tout tapis, de peaux de boucs. Ces peaux de boucs et ces vases de terre furent un crime impardonnable pour un peuple imbécile, qui ne voyait pas qu'en exigeant de ses magistrats une magnificence et des profusions immenses, il autorisait, il nécessitait presque leurs concussions.

Marcus Favonius, homme vertueux, bon citoyen, ami de Brutus, mais qui eut la manie de vouloir imiter Caton, et qui, comme tous les imitateurs, exagéra les défauts de son modèle, et prit trop souvent la singularité et la bizarrerie pour de la vertu.

(9) CHAP. XXVI, PAGE 173.

Superesse qui forsitan manus ictusque per immanitatem Augusti. Texte corrompu, comme on le voit. J'ai adopté la conjecture de l'abbé Brotier, *manus ictusque intentarent*.

(10) CHAP. XXVII, PAGE 175.

Le discours du Prince fut lu par son questeur. Ces questeurs du Prince étaient une innovation d'Auguste. Ils n'avaient point de départements comme les autres questeurs. Leur fonction était de lire au sénat les lettres de l'empereur. On les appelait les candidats du prince; il y a d'anciennes inscriptions où on les trouve aussi nommés *questeurs d'Auguste*. On verra, plus bas, qu'il y avait aussi des questeurs des consuls. L'usage s'en établit, l'an 716 de Rome, sous le consulat d'Appius Claudius et de Caïus Norbanus. Depuis ce temps, chaque consul eut deux questeurs attachés à sa personne.

(11) CHAP. XXXII, PAGE 183.

La déposition d'Egnatius. C'est à ce trait que fait allusion ce passage de Juvénal, sat. III, v. 115 :

Audi facinus majoris abollæ.
Stoicus occidit Baream delator amicum
Discipulumque senex, ripâ nutritus in illâ,
Ad quam Gregonei delapsa est pinna caballi.

(12) CHAP. XXXIV. PAGE 185.

Démétrius. C'est ce même philosophe que Sénèque, ép. 20, appelle, avec une heureuse précision : *Non præceptor veri, sed testis.*

(13) CHAP. XXXV, PAGE 187.

J'aime mieux être tué aujourd'hui que relégué demain. Pline, liv. VIII, ép. 22, cite, de cet homme vertueux, un autre mot qui donne une idée touchante de la douceur de son caractère : *Qui vitia odit,* disait-il souvent, *homines odit.*

SUPPLÉMENT

DU LIVRE XVI DES ANNALES,

D'APRÈS GABRIEL BROTIER.

BREVIARIUM

SUPPLEMENTI

LIBRI SEXTI DECIMI.

36. Thraseæ, Sorani et Serviliæ suprema. Paconii et Helvidii exsilia. 37. Tiridatis in Urbem adventus. Datum ei regnum Armeniæ, magno Principis dedecore. 47. Neglectâ Judæâ, bellum adversùs Æthiopes Albanosque parat Nero. Interim Achaiam petit, cantaturus. 49. Helii, liberti, in Urbe arrogantia et sævitia. 50. Græciæ urbes scenicis artibus Principis fœdatæ. 52. Nova libidinum portenta. Nero uxorem ducit Sporum. 54. Exhaustæ imperii opes populorum ruinâ reparantur. 55. Eadem in Urbe atrocitas. 56. Perfodiendi Isthmi Corinthiaci tentamina. Missi ad id opus à Vespasiano Judæi captivi. 58. Judaici belli initia. 62. Nero turbarum nuntiis in Urbem revocatur, datâ priùs Achaiæ libertate. 64. Triumphans Urbem ingreditur. Fœda triumphi scenici species. 65. Conjuratio retecta et expiata. 66. Atrocia adversùs Principem C. Julii Vindicis consilia : suas in partes Sulpicium Galbam trahit. 72. Nuntiatâ Galliarum defectione, vana belli meditamenta. 77. Conflata undiquè in Neronem odia. Patriæ tamen studio, Julii Vindicis cœpta opprimit Verginius Rufus. 80. Hâc clade consternatus Galba. 81. At consilia Principis, verè falsòve à spadone prodita, ineluctabi-

SOMMAIRE

DU SUPPLÉMENT

DU LIVRE SEIZIÈME.

36. Derniers moments de Soranus et de Servilia. Exil de Paconius et d'Helvidius. 37. Arrivée de Tiridate à Rome. On lui donne le royaume d'Arménie, au grand déshonneur du Prince. 47. Néron indifférent aux troubles de la Judée, se dispose à porter la guerre dans l'Éthiopie et dans l'Albanie. En attendant il se transporte dans l'Achaïe pour y disputer le prix du chant. 49. Hélius chargé du gouvernement de Rome ; arrogance et cruauté de cet affranchi dans l'exercice de ses fonctions. 50. Néron fait des villes grecques le théâtre honteux de ses talents scéniques. 52. Excès de débauches encore plus monstrueux. Néron épouse l'eunuque Sporus. 54. La ruine des peuples supplée à l'épuisement des trésors de l'empire. 55. Rome est témoin des mêmes atrocités. 56. Tentative pour percer l'Isthme de Corinthe. Vespasien envoie les prisonniers juifs pour travailler à cet ouvrage. 58. Commencements de la guerre des Juifs. 62. Néron est rappelé à Rome par les troubles qu'on lui fait craindre, après avoir rendu la liberté à la Grèce. 64. Son entrée triomphante. Appareil honteux de son triomphe scénique. 65. Conjuration découverte et punie. 66. Révolte de C. Julius Vindex : il attire dans son parti Sulpicius Galba. 72. A la nouvelle de la révolte des Gaules, Néron indécis ne sait quelles mesures prendre. 77. Haine générale contre Néron. Verginius Rufus, mû par le seul amour de la patrie, réprime les projets de Julius Vindex. 80. Alarmes que cette défaite cause à Galba. 81. Les projets du Prince, vrais ou faux, trahis

lem creant ruinam. Senatus, imminere sibi periculum ratus, Neronem praevertere occupat. 82. Nero, vitae mortisque incertus, fugit. 85. A senatu hostis, more majorum puniendus, judicatur. 87. Pavens, mortem sibi consciscit: ultima ac pessima Caesarum stirps. 89. Prodigia. Praeceps, sed mutabilis, populi laetitia. Nymphidius Galbae favet, imperii spes in se trahens: mox interficitur. 91. In neronianae crudelitatis instrumenta saevitum. 92. Galba, audito Neronis fine, audacior, Romam proficiscitur. Intempestivâ severitate, principatûs initia corrumpit.

Haec gesta annis tribus.

A. U. C.	J.-C.	
DCCCXIX.	66. coss.	C. Suetonio Paullino. C. Lucido Telesino.
DCCCXX.	67. coss.	L. Fonteio Capitone. C. Julio Rufo.
DCCCXXI.	68. coss.	C. Silio Italico. M. Galerio Trachalo.

par un eunuque, entraînent inévitablement sa perte. Le sénat, persuadé qu'il court le plus grand danger, se détermine à prévenir Néron. 82. Incertain s'il doit vivre ou mourir, le tyran prend la fuite. 85. Le sénat le déclare ennemi public et porte contre lui l'arrêt de mort, suivant l'ancienne coutume. 87. Frappé d'épouvante, il se tue lui-même; le dernier rejeton des Césars et le pire de tous. 89. Joie du peuple, inconstante comme lui. Nymphidius se déclare pour Galba, dans l'espérance de parvenir à l'empire. Bientôt il est mis à mort. 91. Punition des ministres des cruautés du tyran. 92. Galba, enhardi par la nouvelle de la mort de Néron, part pour Rome. La sévérité intempestive des premiers actes de son gouvernement lui aliène les cœurs.

Espace de trois ans.

A. DE R.   DE J.-C.

DCCCXIX.   66. cons.   { C. Suétonius Paulinus.
                           { C. Lucidus Télésinus.

DCCCXX.   67. cons.   { L. Fontéius Capiton.
                           { C. Julius Rufus.

DCCCXXI.   68. cons.   { C. Silius Italicus.
                           { M. Galérius Trachalus.

ANNALIUM

LIBRI XVI SUPPLEMENTUM,

AUCTORE GABRIELE BROTIER.

---

36. Fato, ut virtute, pares, interière Soranus et Servilia. Exsilii pœnam animi excelsitate nobilitavit Paconius. Monitus enim caussam suam agi in senatu, « Benè vertat, inquit; at quinta est hora, » frigidâ lavemus. » Pòst, cùm se damnatum audisset, « Morte, an exsilio ? » interrogat. Nuntiato exsilio, « Quid de bonis ? ait : Servata, responsum. » Ariciam ergò petamus, pransuri, » addit ingens animi, et usurâ vitæ perindè, ac ceteri oppetitâ morte, inlustris. Laudata quoque Demetrii libertas, cui, cùm Princeps mortem intentaret, « Quam mihi » tu, inquit, hanc tibi natura minitatur. » Audacia, an seminudi philosophi ignobilitas, certè non justitia, non recti amor ei salutem attulit. Helvidius autem, interdictâ sibi Italiâ, Apolloniam concessit; soceri posteà ultor et æmulus.

SUPPLÉMENT

DU LIVRE XVI DES ANNALES,

D'APRÈS GABRIEL BROTIER.

---

36. Soranus et Servilia, non moins vertueux, eurent un pareil sort. Paconius, seulement puni de l'exil, le releva par le calme de son ame. Instruit qu'on jugeait sa cause au sénat, « Bonne chance, dit-il ; mais voici la cin- » quième heure, prenons un bain froid. » Ensuite, sur la nouvelle qu'il est condamné, « A la mort ou à l'exil ? » demande-t-il. En apprenant qu'il n'est qu'exilé : « Et mes » biens ? » — Ils sont conservés. — « Allons donc dîner à » Aricie, » ajoute-t-il avec le plus grand sang-froid, aussi illustre par la manière dont il vécut depuis, que les autres par le courage avec lequel ils moururent. On n'applaudit pas moins à la liberté avec laquelle Démétrius répondit à Néron, qui le menaçait de la mort : « La nature te fait la » même menace. » Cette audace, ou l'obscurité d'un philosophe à demi-nu, le sauva ; car ce ne fut, ni à la justice, ni à l'amour du bien qu'il dut so salut. Helvidius, chassé d'Italie, se retira dans la ville d'Apollonie ; il devait être le vengeur et l'émule de son beau-père.

37. Tanta Principis senatûsque dedecora velavit imperio gravis, sed populo læta Tiridatis scena. Nondùm visa tanta hospitum majestas. Longo enim superstitiosoque, sed triumphali pompâ superbo, itinere defuncti, aderant Tiridates ejusque uxor, Vologesique et Pacori ac Monobazi, filii. Primo in congressu Tiridates, constantiam factis meliùs quàm verbis probari ratus, Neronem quidem, posito genu, salutavit, ferrum verò tradere renuit; id servile, et Arsacidarum fastigio indignum dictitans. Nihil hactenùs indecorum. At statim omnia in ludicrum versa.

38. Nero Barbari libertatem mirari magis quàm æmulari gnarus, hospites Neapoli Puteolos duxerat, gladiatoriisque ludis monstrata imperii magnificentia. Hos edidit Patrobius, libertus, tantoque sumtu ut toto die soli Æthiopes, virile ac muliebre secus, amphitheatrum sint ingressi. Tiridates, ut ludos honestaret, simulque dexteritatem ostentaret, è sede suâ ejaculatus, duos tauros, ut fertur, uno ictu transverberavit.

39. Major fuit pompa, at semper theatralis, cùm Romam ventum est, diesque adfuit, propter nubilum aliquandiù dilata, quâ Tiridates, Armeniæ regnum petiturus, populo romano ostenderetur. Pridiè Urbs tota, sertis nitida, luminibus collucere: vis ingens hominum viarum strata complere: alii plurimi domorum tecta occupare: populus, albâ veste, et laureatus, medium obtinere Forum: cetera

37. Tant de bassesse de la part du Prince et du sénat fut voilée par l'éclat d'une scène agréable au peuple, mais dont les suites furent onéreuses pour l'empire. Rome n'avait jamais reçu tant d'hôtes couronnés. Après un voyage long, superstitieux, mais dont la pompe avait l'air d'un triomphe, arriva Tiridate avec sa femme et les fils de Vologèse, de Pacorus et de Monobaze. Persuadé que le caractère se prouvait mieux par des faits que par des paroles, il fléchit le genou devant Néron, mais refusa de remettre son épée, ce qu'il appelait un acte servile et indigne de la majesté des Arsacides. Jusque là, rien qui blessât les convenances; mais bientôt tout dégénéra en vaine représentation.

38. Néron, plus fait pour admirer cette fierté d'un Barbare que pour l'imiter, avait conduit ses hôtes de Naples à Pouzzol; et, pour déployer la magnificence impériale, leur donna le spectacle d'un combat de gladiateurs. Ce fut l'affranchi Patrobius qui dirigea ces jeux cruels, et tellement dispendieux, que, pendant tout le jour, il n'entra, dans l'amphithéâtre, que des combattants éthiopiens des deux sexes. Tiridate, afin d'honorer ce spectacle, ou pour faire montre de son adresse, lança une flèche de sa place, et perça, dit-on, deux taureaux d'un seul coup.

39. La pompe fut encore plus grande, quoique toujours théâtrale, lorsqu'on vint à Rome; et le jour différé pour attendre le retour de la sérénité, où Tiridate devait être montré au peuple romain, comme sollicitant le royaume d'Arménie. La veille, Rome entière fut illuminée, ornée de guirlandes; une foule immense remplissait les rues; le toit des maisons était chargé de spectateurs; le peuple, vêtu de blanc, couronné de lauriers, occupait le Forum; les

tenere milites, comtis signis armisque præfulgentibus conspicui. Primâ luce Nero, triumphantis habitu, Forum iniit, comitantibus senatoribus et prætorianis cohortibus. Postquàm apud rostra tribunal conscendit, curulique in sellâ inter signa militaria atque vexilla resedit, Tiridates, regumque filii, ac longum famulitium, per militum ordines ad tribunal progressi, Principem venerati sunt.

40. Clamor populi, ob rei novitatem veterisque fortunæ imaginem gestientis, statim sequutus, metum Tiridati incussit. Periculi anceps, obriguit: nec, indicto silentio, rediit prior constantia. Fortè etiam Tiridates, adulationem, quæ pericula averteret, regnum adsereret, haud veritus, se Arsacidarum sanguine ortum professus est, Vologesi et Pacori regum fratrem, servum Neronis, quem ut Deum æquè, ac Mithram, venerabatur : sibi nulla, nisi per eum, regni jura : eum sibi fatum, sibi fortunam esse.

41. Quantò demissiùs hæc fuerant dicta, tantò ferociùs respondit Nero : « Hùc quidem meritò ve-
» nisti, ut præsens presente me fruerere. Jura, nec
» patre relicta, nec à fratribus, licèt dedissent, ser-
» vata, à me accepta habeto. Te regem Armeniæ do.
» Tu, vosque omnes, me regna dare et adimere
» intelligite. » Mox Tiridaten, per devexum pulpitum subeuntem, ad genua admisit; allevatumque

soldats, avec leurs armes brillantes et leurs drapeaux soignés, garnissaient les avenues. Dès le point du jour, Néron, en habit triomphal, se rendit au Forum, accompagné des sénateurs et des cohortes prétoriennes; ensuite il monta sur son tribunal, près de la tribune aux harangues, et prit place sur une chaise curule, au milieu de l'appareil guerrier des enseignes et des drapeaux. Alors Tiridate, les fils des rois et leur nombreux cortége défilèrent entre les rangs des soldats, et vinrent rendre hommage à l'Empereur.

40. La nouveauté du spectacle et le souvenir des anciens triomphes firent pousser au peuple un cri de joie qui, d'abord, intimida Tiridate. Se croyant en péril, il resta immobile, et même, après qu'on eut imposé silence, il ne retrouva pas sa première fermeté. Peut-être aussi, ne dédaignant pas la ressource de l'adulation, qui pouvait écarter le danger et lui assurer une couronne, il dit hautement, qu'issu du sang des Arsacides, frère des rois Vologèse et Pacorus, il n'en était pas moins l'esclave de Néron, qu'il révérait à l'égal d'un dieu, comme un autre Mithras; il ne tenait ses droits, que du bon plaisir de l'Empereur; ce prince était, pour lui, le destin même et l'arbitre de sa fortune.

41. Plus ce discours était humble, plus la réponse de Néron fut hautaine : « Tu as bien fait, dit-il, de venir ici,
» pour jouir en personne de ma présence. Reçois, de moi
» seul, les droits que ton père n'a pu te transmettre, et
» que tes frères n'auraient pu te conserver, quand même
» ils te les eussent donnés. Je te mets sur le trône d'Armé-
» nie. Apprends, toi et vous tous ici présents, qu'à moi
» seul appartient d'ôter et de donner des royaumes. »
A ces paroles, Tiridate monta les degrés du tribunal, et

dextrâ exosculatus est. Dein regnum precantem, tiarâ deductâ, diademate evinxit : plaudente multitudine, et verba supplicis, prætorio viro interpretata, ingeminante.

42. Indè ad Pompeii theatrum discessum est. Nunquàm tanta apparuit auri vilitas. Non modò scena, sed interior theatri ambitus auro opertus : illud inumbrabant vela purpurea, quorum mediâ in parte Nero, currûs agitator, acupictus videbatur, aureis stellis circumdatus. Ante consessum, rursùs à Tiridate supplicatum est : deindè, juxta Principem latere dextro collocatus, spectavit ludos, in quibus nihil usurpatum, nisi auro fulgidum. Aurea oculorum delinimenta preciosius convivium excepit. Pòst rediêre ludi, sed dedecore imperatorio fœdi. Principem enim haud puduit citharâ ludicrum in modum canere, currumque, prasinâ veste, aurigarumque habitu, agitare.

43. Inter hæc opprobria, indecoro populi plausu aucta, Tiridates, Corbulonis virtutem reputans, nec indignationis potens, scenico Principi Corbulonem bonum mancipium gratulatus est. Neronis mentem, insanâ lætitiâ vagam, non advertit Barbari audacia. Immò publicâ de infamiâ certantibus Principis et populi studiis, quasi per hæc deridicula confecto bello Armeniaco, Nero Imperator consalutatur; laureâque in Capitolium latâ, Janum clusit :

fléchit le genou devant Néron, qui le releva et l'embrassa. Pendant que, la tiare à la main, il demandait humblement le royaume d'Arménie, le Prince le ceignit du diadème, aux acclamations de la multitude, qui applaudissait avec transport aux paroles suppliantes que lui interprétait un ancien préteur.

42. On se rendit ensuite au théâtre de Pompée. Jamais l'or ne fut prodigué avec cette profusion; et la scène et la circonférence intérieure du théâtre étaient éclatantes d'or. Elles étaient couvertes de voiles de pourpre, au milieu desquels une riche broderie représentait Néron, conduisant un char, entouré d'étoiles d'or. Avant de s'asseoir, Tiridate se prosterna une seconde fois devant le Prince; puis il prit place à sa droite, pour être spectateur des jeux, où l'or * parut sous mille formes diversifiées. Au pompeux éclat qui charmait tous les yeux, succéda un repas encore plus somptueux. De là, on revint aux jeux, où le Prince n'eut pas honte de figurer en chantant et jouant de la lyre comme un acteur de profession, et en conduisant un char dans la carrière, avec tout le costume d'un cocher de la faction verte.

43. Au milieu de ces opprobres rendus encore plus sensibles par les honteux applaudissements du peuple, Tiridate se rappelant les talents guerriers de Corbulon, et n'étant pas maître de son indignation, félicita le prince-histrion d'avoir en lui un bon esclave. Néron, ivre d'une folle joie, ne prit pas garde à cette hardiesse d'un Barbare. C'était en quelque sorte un combat d'infamie entre le Prince et le peuple. Comme si ces scènes ridicules eussent terminé la

---

* Dion, liv. LXIII, remarque que ce jour fut appelé le *jour d'or*.

hâc victoriæ imagine quàm ludicro certamine fœdior.

44. Regni autem certus, Urbis Principisque inclinatione suam ad utilitatem usus est Tiridates. Jam pridem Roma, fortunæ suæ non capax, ad portentosa se converterat : iis abundabat Tiridatis aula, utpotè qui, Orientis more, reconditioribus mathematicæ doctrinæ artibus gloriabatur. Scientiæ fidem faciebat numerosa magorum cohors, regios inter comites præcipua. Quirites de se, de superis inferisque sciendi cupidine statim accensi. Sed apud Neronem præpotuêre arcana, semper malis principibus ob futuri formidinem, prodigis propter opum spem grata. Jam didicisse ardet; discipulo superbus Tiridates, magisterium orditur. Tùm visus imperii romani arbiter Chaldaicis vanitatibus famulari, initiari cœnis magicis, veneficis artibus, quæ in magicis præpollent, imbui : magnâ quidem Urbis infamiâ; majore tamen documento inanem et intestabilem esse artem, quam neque docere posset qui regnum acciperet, neque valeret ediscere qui orbi imperaret.

45. At, licèt elusæ spes, haud imminuta liberalitas, largiore semper principum munificentiâ, cùm

guerre d'Arménie, Néron, proclamé *imperator*, porta, au Capitole, sa couronne de lauriers, et ferma le temple de Janus, encore plus déshonoré par cette victoire imaginaire que par ses représentations théâtrales.

44. Assuré de sa couronne, Tiridate fit tourner à son profit les dispositions favorables de Rome et de Néron. Depuis long-temps, Rome, incapable de supporter le poids de sa grandeur, avait pris le goût du merveilleux. Elle en trouva matière à la cour de Tiridate, qui, comme toutes celles de l'Orient, se vantait d'avoir approfondi tous les secrets de l'astrologie. Ce qui donnait du crédit à ces prétendues connaissances, était le grand nombre de mages qui formaient la partie principale du cortége royal. Aussitôt les Romains brûlent d'interroger l'avenir sur eux-mêmes, sur les mystères du ciel et des enfers. Mais celui, dont la curiosité fut plus animée, c'est Néron lui-même; car ces sortes d'arcanes ont surtout de l'attrait pour les mauvais princes, inquiets de l'avenir, et que rend prodigues l'espoir d'y puiser de nouveaux trésors. Déjà il brûle de prendre des leçons de cet art merveilleux. Fier d'un pareil disciple, Tiridate commence à les lui donner. Alors, on vit l'arbitre de l'empire romain se livrer aveuglément aux illusions des Chaldéens, être initié dans les cérémonies magiques, se perfectionner dans l'art des poisons, branche principale de la magie; honteux apprentissage qui, en couvrant Rome d'infamie, était une preuve encore plus éclatante de la scélératesse et de la vanité d'un art que ne pouvait enseigner le maître qui recevait un royaume, et que ne pouvait apprendre le disciple qui commandait à l'univers.

45. Trompé dans son attente, Néron ne diminua point ses libéralités, entêtement ordinaire aux princes dont les

« Jamais, s'écrie M. Pasquier d'une voix tonnante ; et, bondissant sur son lit, levant les bras au ciel, voilà comment vous êtes, épris du nouveau, croyant toutes les billevesées ! La pharmacie anglaise n'est rien en face de la nôtre, c'est un commerce sans consistance, de duperie, de charlatanisme ; puis s'animant : « Pourquoi ne comparez-vous pas nos médecins aux médecins anglais ? Allons, allons, mon cher ami, revenez à vous, ne vous laissez pas entraîner à cette pharmacie anglaise, où vous êtes perdu, vous vous gratifierez à plaisir de toutes les infirmités ! »

M. Germau, habitué à ces sorties vigoureuses, essaye de défendre sa cause, mais il ne fait que la compromettre. M. Pasquier fulmine contre l'Angleterre, dévoile ses torts, et quand enfin il sent la voix lui manquer, la force lui faire défaut, il conclut en s'écriant d'une manière énergique : « Ce qui me console c'est de ne pas avoir quitté ce monde sans avoir vu faiblir ce fameux prestige de l'Angleterre. » Et, prenant un rire moqueur, il dit à M. Germau : « Les États-Unis ont aussi plusieurs pastilles de leur invention à offrir à l'Angleterre, et celles-là vous les lui verrez avaler sans faire trop de grimace ! » Puis il retombe haletant sur son oreiller et en nous retirant nous voyons encore son regard briller de menace contre l'Angleterre.

Chose étrange, cette passion, il faut l'appeler par son nom, s'exerçait contre la nation, mais n'existait plus vis-à-vis des hommes. J'ai vu cent fois chez M. Pasquier des hommes éminents de l'Angleterre ; il les accueillait avec grand plaisir, recherchait leur société. Il était en correspondance avec plusieurs d'entre eux, il faisait le plus grand cas de leurs jugements, de leurs opinions. Il avait toujours le soin cependant de placer la causerie sur un terrain où la France et l'Angleterre ne devaient pas se rencontrer. Il sentait que sur certaines questions son argumentation aurait pu franchir les bornes de la modération.

Poursuivons la nomenclature de nos lettres :

« 1858.

« J'ai reçu votre lettre, monsieur, et mes remercîments continuent sur l'obligeance de votre correspondance, à laquelle les circonstances et les événements donnent tant d'intérêt.

« Vos remarques sur la nouvelle situation de l'Angleterre vis-à-vis de la France et sur le second rôle que lord Palmerston a l'air d'accepter de fort bonne grâce, sont très-judicieuses. Mais cette conduite du lord ministre n'a rien qui me surprenne. La politique de l'Angleterre n'a jamais manqué de se jeter dans la voie où il y avait des avantages à recueillir, des dangers à éviter... son bonheur veut que pour le

ingentia agitabat consilia, quibus Æthiopes Albanosque imperio romano adderet.

48. Dùm mittuntur exploratores, ceteraque magno apparatu disponuntur, fortè venêre, è græcis civitatibus, musicos agones edere solitis, legati qui omnes citharœdorum coronas ad ipsum perferrent. Mirum ut placuit novum assentationis genus. Legati, statim admissi, familiaribus inserti epulis: adulationis periti, Principem ut super cœnam cantet rogant. Vix audiêre, in laudes effusi, insitam vanitatem ità inflavêre ut solos scire audire Græcos, solos se, solos studiis suis dignos jactitet: se eò profecturum, ut Romam totumque terrarum orbem coronet. Nihil veteris sollicitudinis superest. In theatricam expeditionem præceps, Achaiam petit; ad scenam, ut ad bellum profectus. Tigellino enim duce, comes ibat Augustanorum et scortorum turba, citharis, plectris, personis, libidinum ornamentis, aut incitamentis, gravis. Ut primùm Cassiopen trajectum, statim ad aram Jovis Cassii cantus cœpêre. Sic Græ-

Vespasien, se termina par l'entière extinction de ce peuple odieux, comme je le dirai ailleurs plus au long. Mais ces événements intéressaient peu Néron, qui, à la vérité, était avide de réputation, mais qui n'en voulait devoir qu'à des entreprises extraordinaires. Fermant donc les yeux sur le danger actuel, il méditait le projet insensé de réunir à l'empire romain l'Éthiopie et l'Albanie.

48. Pendant qu'on envoie des explorateurs, et qu'on fait, à grands frais, d'immenses préparatifs, arrivent des villes de la Grèce, où se donnaient des combats de chant, des députés chargés de lui présenter toutes les couronnes de ceux qui avaient disputé le prix. Jamais hommage ne l'avait plus flatté. Les députés furent admis sur-le-champ, en sa présence, même à sa table, et, flatteurs habiles, le prièrent de chanter à l'issue du repas. Dès qu'ils l'eurent entendu, leurs éloges outrés enflèrent à tel point sa vanité naturelle, qu'il s'écria que les Grecs seuls savaient écouter en connaisseurs, que seuls ils étaient dignes d'apprécier ses talents, qu'il allait se rendre en Grèce, pour y faire couronner en sa personne, Rome et l'empire de l'univers. Sa merveilleuse entreprise n'a plus d'attrait pour lui. Tout occupé de son expédition théâtrale, il part pour l'Achaïe, avec autant d'appareil que s'il était question d'une guerre importante. Sous la conduite de Tigellin, marche une troupe d'applaudisseurs à gages, et de courtisanes, chargés de cithares, d'archets, de masques, de tous les raffinements et de tous les attraits de la volupté. Arrivée à Cassiope*, elle courut au temple de Jupiter Cassius, offrir au dieu les prémices de ses talents. Ainsi la Grèce, subjuguée depuis tant d'années

* Aujourd'hui S. Maria di Cassopo, dans l'île de Corfou.

cia, tot ante annos Flaminii, Mummii, Agrippæ et Augusti victoriis ac legibus fracta, vitiorum dulcedine tandem vicit: ipseque Princeps de se triumphum attulit.

49. L. Fonteio Capitone, C. Julio Rufo consulibus, res romana, absente Principe, permissa Helio, liberto, sub priore principatu scelerum ministro, nunc eò nequiori quòd ad veterem usum major accedebat auctoritas. Sueta ignobilibus hominibus vitia, superbia, audacia, avaritia, sævitia confestim erumpere. Injuriis, minis, exsiliis, mortibus adversùs omne genus hominum, ipsumque senatorium ordinem grassatur. Facilitate criminum gliscit temeritas; idque malorum summum civitas experta, ut cùm præsentem horruisset principem, absentem desideraret.

50. At, gloriæ amens, hoc unum satagebat ut diversissimorum temporum, sed in hunc annum coactas omnes Græcorum palmas unus acciperet. Itaquè, per singulas urbes, ludorum famâ nobiles, promisso crine, resectâ barbâ, ire, canere, aurigare, certare, tragœdias agere, et, pro scenarum ratione, nunc furere, nunc parturire, nunc excœcari, modò religari: id tantùm cavere ne ferro violarentur imperatoriæ manus, quasi aureis compedibus minùs sordescerent: totos verò dies in hæc ludicra ità sollicitè impendere ut abesse, tædere, otiosè spectare, discedere nefas foret pœnâ expiandum.

par les victoires et par les lois de Flaminius, de Mummius, d'Agrippa et d'Auguste, dut enfin la victoire à l'attrait des vices, et le Prince n'y vint que pour honorer le triomphe des vaincus.

49. Sous le consulat de L. Fontéius Capiton et de C. Julius Rufus, en l'absence du Prince, le gouvernement de Rome fut remis à l'affranchi Hélius, digne ministre des cruautés du dernier empereur, et d'autant plus à craindre, que sa coupable expérience était armée d'une plus grande autorité. Aussitôt éclatèrent les vices ordinaires aux misérables sortis de l'obscurité, l'orgueil, l'insolence, l'avarice, la cruauté; l'outrage, la menace, l'exil, la proscription des citoyens, et surtout des sénateurs, signalent sa puissance; la facilité des délations enhardit ses fureurs, et, pour comble de maux, Rome, après avoir eu en horreur la présence de son prince, fut réduite à le regretter.

50. Mais, livré à sa manie de vaine gloire, Néron n'avait d'autre soin que de rassembler, dans l'espace de cette année, les palmes qui ne se décernaient qu'à des époques différentes, et de les accumuler sur lui seul. Dans toutes les villes célèbres par ces sortes de représentations, on le voit, les cheveux flottants, la barbe rase, chanter, conduire des chars, disputer des prix, figurer dans des tragédies, et, suivant l'exigence du rôle, furieux, en couches (1), les yeux crevés, les bras chargés de chaînes; seulement, pour que le fer ne flétrît pas ses mains impériales, ces chaînes étaient d'or, sans en être moins ignominieuses. Les journées entières se passent dans ces jeux frivoles, auxquels il attache tant d'importance, que l'absence, l'ennui, l'indifférence, sont des crimes que la mort seule peut expier.

51. Ob id reus Vespasianus, quòdque, canente Principe, discederet sæpiùs, aut præsens obdormisceret, non contubernio tantùm, sed publicâ etiam salutatione fuit prohibitus. Jamque extrema metuens, in devium oppidulum secesserat, intutâ adhuc latebrâ, ni mox, fatis eum ad summa vocantibus, rebus in Judæâ adflictis fugatoque Cestii Galli exercitui suppetias ferre jussus esset. Mirâ sanè fortunæ naturâ, quæ, per res adversas, romanæque majestatis ludibria; imperio ultorem, Principemque, priscæ dignitatis et severitatis vindicem destinabat.

52. Interim Nero, oraculorum vanitate, acriore principum libidine accensus, ludorum infamiæ scelerum portenta addere; novaque excogitare, ne ipsum plebemque, flagitiorum adsuetudine morosam, varietate mobilem, satias caperet. Igitur, jam obsolescente Pythagoræ connubio, alias superaddit nuptias; et Sporum, à Tigellino, cum dote et flammeo deductum, uxorem accipit, plaudentibus Græcis, liberosque precantibus. Data Sporo, in alteram Sabinam mutato, Calvia Crispinilla, cui nihil præter natales inerat nobile, quæ muliebrem ejus ornatum curaret. Principi, tot libidinum formis hominum vitia supergresso, placuit tandem belluina æmulari; et, quod dictu incredibile, superare valuit: immò id etiam adsequi, ut historiam, quæ quidquid in vitiis insolens ad odium commendare gestit, nova stuprorum monstra, quorum ipsum nomen scelus foret, silere coegerit.

51. Ce fut ce qui causa la disgrâce de Vespasien, qui s'absentait souvent ou s'endormait. Néron le bannit de son intimité et ne lui permit pas même de venir lui faire sa cour. Craignant un traitement encore plus rigoureux, Vespasien chercha un asile dans une petite ville écartée, et l'obscurité de sa retraite ne l'eût pas sauvé, si le destin qui l'appelait à la plus haute élévation, n'eût forcé Néron de l'envoyer réparer les échecs reçus et rallier l'armée de Cestius Gallus. Étrange bizarrerie de la fortune, qui, par les revers et la honte des armes romaines, destinait à l'empire un vengeur de ses désastres, et le restaurateur de sa majesté et de l'antique sévérité des mœurs.

52. Cependant Néron, enivré par ces oracles menteurs qui donnent une nouvelle activité aux passions des princes, ajoute à l'infamie de ces jeux l'excès monstrueux des forfaits. Il en imagine de nouveaux pour échapper lui-même au dégoût de la satiété, et prévenir celui du peuple, blasé par l'habitude du crime, si la variété ne le tient en haleine. Las de son union avec Pythagore, il prend pour femme Sporus (2), et le reçoit de Tigellin avec une dot et le voile nuptial, aux applaudissements des Grecs, qui font des vœux pour la fécondité d'un tel hymen. Sporus est métamorphosé en une autre Sabina, et Calvia Crispinilla, femme qui n'avait de noble que la naissance, est chargée du soin de sa toilette. Enfin, après avoir épuisé tous les raffinements de la débauche et passé les bornes de la corruption humaine, il voulut rivaliser avec les brutes, et y réussit assez pour forcer l'histoire, qui donne de la publicité aux vices extraordinaires pour les rendre odieux, de taire des accouplements monstrueux, dont le nom même serait criminel.

53. Non tamen victa tantis flagitiis conscientia, sed immanem animum pudore pariter ac terrore laniabat. Hinc licèt foret destinatum, præcipuas Græciæ urbes eâ turpitudinum inluvie fœdare, Lacedæmone tamen et Athenis abstinuit; Lycurgum veritus, si Urbem, tantâ legum sanctitate, virtutum claritate celebratam intraret. Magis adhuc terruêre Furiarum sacra, Athenis peragi solita: formidata quoque Eleusina, quorum initiatione impii et scelerati voce præconis submovebantur. Fortè quis in hoc vitiorum profundo hanc superstitionis vim mirabitur. At à naturâ, cujus interest scelera infamare, sapienter consultum est ut improbi rarò à superstitione sint intacti.

54. Reliquæ autem urbes, hâc famâ non defensæ, ad opprobria patuêre: ne invitæ quidem, quòd et solitâ principum admiratione, et præmiis, ad obsequium laudesque traherentur. Olympiorum ergò et Pythiorum judicibus in eam servitutem corruptis, omnes certatim in venerationem ruere, victoriarum omnium titulos in unum et immeritum caput congerere, undiquè coronas aureas adferre, et, quem infra homines viderent, deum appellare. Sed improsperæ adulationis, seriùs adhuc expiandæ, brevi eas pœnituit, postquàm exhaustas Principis opes suis civiumque fortunis reparari sensêre, easque per nobilissimorum quorumque cædes peti. Nec luctus, nisi majore adhuc formidine repressus, exsilio damnatorum liberis intentato.

53. Néanmoins sa conscience, que n'avaient pu étouffer tant de turpitudes, faisait sentir à cette ame en démence la double torture de la honte et de la terreur. Aussi, quoiqu'il eût eu le projet de souiller les principales villes de la Grèce du spectacle de ses dissolutions, il n'osa entrer, ni dans Lacédémone, ni dans Athènes; dans la première, il redoutait Lycurgue, la sainteté de ses lois et la célébrité de tant de vertus; dans l'autre, le culte qu'elle rendait aux Furies le frappait d'épouvante (3). Il craignait aussi ces mystères d'Éleusis*, dont la voix du héraut exclut les impies et les scélérats. Peut-être s'étonnera-t-on de trouver tant de superstition au fond de cet abîme de vices; c'est que la nature, intéressée à flétrir le crime, a réglé sagement que les pervers seraient rarement exempts de superstition.

54. Mais les autres villes, que ne défendaient point des titres aussi respectables, furent ouvertes à ces infamies, et même sans répugnance, parce que l'admiration ordinaire pour les princes et l'attrait des récompenses forçaient leur complaisance et leurs applaudissements. Les juges des jeux olympiques et pythiens, corrompus par le même esprit de servitude, courent à l'envi lui rendre ces honteux hommages, accumulent sur une seule tête et qui en était si peu digne, les titres de toutes les victoires, lui apportent de tous côtés des couronnes d'or (4), et donnent le nom de dieu à celui qu'ils voient se ravaler au-dessous de l'homme. Mais bientôt ils eurent à se repentir de cette malheureuse adulation qu'on devait encore expier plus tard, lorsqu'ils virent le Prince réparer l'épuisement de ses trésors à leurs dépens

---

* Aujourd'hui Éleffin.

55. Haud melior Urbis conditio, quamvis Patres ad singulas victorias (nos enim in hæc verborum mendacia cogunt tempora) erecti, continuas supplicationes haberent, iis etiam tam immodicè fastos onerarent, ut ne annus quidem sufficeret. Immò, ut in se impensarum partem traherent, absenti Principi annuum centies HS. decreverant. Helius tamen materiam criminandi adhuc arripuit, quosdam non satis favere, alios invidere causatus. Indè equester ordo damnatus voti, quo obstricti Augustani se Principi statuam mille pondo posituros spoponderant. Quod verò atrocius, Pythici cognomen, à majoribus acceptum, Sulpicio Camerino in perniciem cessit, quasi, hoc retento, in Pythicas Neronis victorias foret impius : tali crimine inretiti pater filiusque cecidêre.

56. Gravior adhuc malorum moles incubuit, cùm furor incessit isthmum Corinthiacum navigabili alveo perfodere. Quod quidem non publicâ utilitate susceptum, sed quià naturam vincere, et à Demetrio rege, dictatore Cæsare, Caïoque principe incassùm tentata exsequi, splendidum haberetur. Tantâ laude jam animo præoccupatâ, Nero, dux operis, ligone aureo fossam adgreditur, ut sibi populoque romano benè res verteret precatus. Undequaque pecunia,

et à ceux de leurs concitoyens, et chercher ces ressources dans le sang des plus distingués. Encore la plainte ne fut-elle étouffée que par une plus grande terreur, et la menace de l'exil pour les enfants des condamnés.

55. Rome n'était pas plus heureuse, quoique le sénat, attentif à chaque victoire (appellation mensongère à laquelle ces temps affreux forcent l'écrivain), quoique le sénat, dis-je, décernât sans cesse des prières publiques, et en chargeât les fastes au point que l'année n'y pouvait suffire. Bien plus, pour prendre sur son compte une partie de la dépense, il vota au Prince une somme annuelle d'environ deux millions. Cependant Hélius y trouva encore matière à ses accusations, sous prétexte que les uns étaient froids, les autres envieux. L'ordre des chevaliers fut tenu d'acquitter le vœu qu'avaient fait les Augustaniens d'élever au Prince une statue d'or de mille livres pesant*; mais, ce qu'il y a de plus atroce, le surnom de Pythicus, qu'ils tenaient de leurs ancêtres, causa la perte des Sulpicius Camérinus, père et fils, comme si le conserver eût été se rendre coupable d'impiété envers les victoires de Néron aux jeux pythiens.

56. Le joug de la tyrannie s'appesantit encore plus, lorsque Néron eut la manie de percer l'isthme de Corinthe par un canal navigable. Ce n'était par aucun but d'utilité publique, mais pour la vaine gloire de mettre à fin une entreprise vainement tentée par le roi Démétrius, par le dictateur César et par Caligula. Jouissant par avance du succès, Néron, à la tête des travailleurs, donna le premier coup à la

---

* Si cette statue était d'or, le prix, sans la main d'œuvre, devait revenir à 945,000 fr.

materiæ, operæ conquisitæ : fodiendis ac comportandis terris destinati exercitus : captivi et rei ad dura et saxosa damnati.

57. Cùm ità ferverent operæ, in auxilium simul et in victoriæ monimentum venêre lectissimorum captivorum sex millia, quos, expugnatâ Taricheâ, mittebat Vespasianus. Rei enim militaris scientiâ et longo usu in Britanniâ probatus, vix Judaicum bellum capessivit, cùm statim correctâ castrorum disciplinâ, romanis armis auctoritatem restituit. Verùm nec sibi, nec patriæ fieri satis ratus, ni gentem, mentis mobilitate et oraculorum ambagibus turbidam, ità contereret, ut nunquàm resurgeret audacia, graviorem belli molem intulit. Itaquè, additis ad copias duabus legionibus, octo alis, cohortibus decem, et majore filio, spectatæ virtutis juvene, inter legatos adsumto, Galileæ locorum naturâ et arte munitissimæ, primùm incubuit. Omissâque clementiâ romanâ, seu quòd Judæos eâ indignos judicaret, seu quòd ipsi, eâ spretâ, in exitium ruerent, seu potiùs, ut pluribus visum, quòd iratum numen gentis excidio execranda scelera ultum iret, omnia ferro flammàque vastata. Certè ab Urbe conditâ nullo in bello tantùm hostilis sanguinis fusum est.

58. Nam ut primùm percrebuit rumor Vespasia-

tranchée avec un hoyau d'or, après avoir fait des vœux pour que la réussite tournât à son avantage et à celui du peuple romain. On rassembla de tous côtés de l'argent, des matériaux, des pionniers; des armées furent destinées à fouiller et à transporter les terres; les prisonniers, les malfaiteurs furent condamnés à la tâche pénible d'attaquer les rocs et la pierre.

57. Au fort de l'ouvrage, arrivèrent pour renforcer les travailleurs, et comme preuve de sa victoire, six mille prisonniers d'élite, qu'envoyait Vespasien après la prise de Tarichée. Ce général expérimenté, dont les guerres de Bretagne avaient développé les talents militaires, n'eut pas plutôt commencé celle de Judée, qu'il rétablit d'abord la discipline militaire, puis l'ascendant des armes romaines. Mais croyant n'en avoir fait assez, ni pour sa gloire ni pour sa patrie, s'il ne réduisait au point de ne pouvoir jamais se relever, une nation remuante et dont ses oracles ambigus entretenaient l'humeur séditieuse, il fit peser sur elle tout le poids de la guerre. Il ajoute à ses troupes deux légions, huit escadrons, dix cohortes, met au nombre de ses lieutenants, son fils, jeune guerrier d'un courage éprouvé, et porte ses premières armes contre Galilée, place que la nature et l'art avaient contribué à fortifier. Contre les principes de la clémence romaine, soit qu'il crût que les Juifs en étaient indignes, soit qu'eux-mêmes courussent à leur perte, ou, suivant l'opinion la plus générale, que le courroux céleste voulût punir les exécrables forfaits de ce peuple par sa ruine entière, tout fut ravagé par le fer et le feu. Depuis la naissance de Rome, il n'est aucune guerre où l'on répandit autant de sang ennemi.

58. Aux premiers bruits de la prochaine arrivée de Ves-

num adventare, Judæi, præsidium romanum Ascaloni impositum, adgredi ausi, geminâ clade, quæ decem et octo millia hominum absumsit, ab Antonio adfecti sunt. Mox Vespasianus, ut contumaciam infringeret, captam Gadaram, ejusque vicos igne delevit, puberibus omnibus trucidatis. Deindè Jotapatam, castellum munitissimum, cinxit obsidione; quæ quoniàm locorum difficultate et obsessorum pertinaciâ in longum traheretur, ne ceteris hostibus crescerent animi, Trajanum, decumæ legionis præfectum, et Cerialem, quintæ tribunum, in diversa misit, ut terrorem latè facerent. Ille, cæsis hominum quindecim millibus, Japhâ oppido potitus est : hic Samaritanorum undecim millia in monte, cui nomen Garizim, præcipuæ apud eos religionis, congregata, ad unum occidit. Interim Jotapatam admotæ machinæ acriùs quatiebant. Romanorumque animis periculorum diuturnitate ac recenti ducis vulnere exasperatis, tandem calendis juliis, præeunte Tito, expugnata est : in eâ quadraginta hominum millia periisse constitit : magnus quoque fuit captivorum numerus, quos inter Josephus, ingenio et scientiâ militari non indecorus, adulatione veriùs quàm augurio, imperium Vespasiano Titoque ominatus, favorem captavit.

59. Tùm legiones, his laboribus fessæ, in hiberna concessêre, quinta et duodecima Scythopolim, decima et quintadecima Cæsaream. Sævitum tamen in proximam Joppen, piraticis latrociniis infamem.

pasien, ils osèrent attaquer Ascalon* défendu par une garnison romaine; mais ils furent repoussés deux fois par Antonius, avec perte de dix-huit mille hommes. Bientôt Vespasien, pour triompher de leur obstination, prit Gadara**, la réduisit en cendres, et passa au fil de l'épée tout ce qui avait atteint l'âge de la puberté; ensuite il assiége Jotapata, château très-fort, et comme la difficulté des lieux et l'opiniâtreté des assiégés faisaient traîner le siége en longueur, dans la crainte que cette résistance n'enhardît le reste des révoltés, il envoie Trajan, commandant de la dixième légion, et Cérialis, tribun de la cinquième, faire diversion chacun de son côté, afin de répandre au loin la terreur. L'un tue quinze mille hommes et prend Japha***; l'autre attaque onze mille Samaritains rassemblés sur le Mont-Garizim, lieu le plus révéré parmi ces peuples, et n'en laisse pas échapper un seul; cependant les machines serrent de près et battent en ruine les murs de Jotapata. Enfin, aux calendes de juillet, les Romains, irrités de la longueur du siége et de la blessure récente de leur général, Titus à leur tête, emportèrent la ville d'assaut. Il y périt quarante mille Juifs et l'on y fit un grand nombre de prisonniers, entre autres Flavius Josèphe. Cet historien, distingué par son génie et par ses talents militaires, prédit l'empire à Vespasien et à Titus, et obtint leur faveur par cette prédiction, où il entrait plus de flatterie que de divination.

59. Alors les légions, fatiguées de ces travaux, allèrent

---

* Aujourd'hui Scalona.
** Id. Kedar.
*** Id. Saphet.

Mox ante hyemem bellum renovatum est. Orabat enim Agrippa, ut Tiberias et Tarichea, urbes regni sui validissimæ, à seditiosis occupatæ, ad fidem retraherentur. Regi amico, opem petenti, præsto fuit Vespasianus. Tiberias, imminenti discrimine territa, deditionem properavit. Taricheam seditiosorum duces ad fiduciam erexerant. Sed adversùs Titi vim invalida, amissis sex millibus hominum, capta est. Qui in lacum profugêre, pariter deleti. Deindè à seditiosis repetitâ pœnâ, Vespasianus edixit mille ac ducentos viros, ætate et auctoritate præcipuos, interfici; ceteros fore captivos. Ex iis sex millia, ut diximus, Neroni missa : triginta millia sub coronâ venumdata : ceteri Agrippæ cessêre.

60. Hæc Tarichæ ruina, et strages Gamalæ edita, in quâ omnes contrucidati, vel è summis mœnibus sponte præcipites enecti, terrorem undequaque circumtulêre. Nondùm tamen seditiosi ad pacis consilia conversi, sed, furentum more, adversis ferociores undequaque concursare, Hierosolyma implere ; templum, maximâ in veneratione quondàm habitum, in arcem vertere, cædibus et summi pontificis cruore fœdare; deniquè, cùm nihil sacri haberent, religionem, ut nefanda quæque audere liceret, obtendere. Multi discordiâ properè utendum : Hierosolyma posse opprimi, et unius Urbis expugnatione bellum peragi censebant. Con-

prendre leurs quartiers d'hiver, la cinquième et la douzième à Scythopolis, la dixième et la quinzième à Césarée*; mais dans le voisinage on punit Joppé**, qui était un réceptacle de brigands. Bientôt, même avant l'hiver, la guerre se renouvela. Agrippa demandait qu'on fît rentrer dans le devoir Tibériade*** et Tarichée, deux des plus fortes places de son royaume, occupées par les rebelles. Vespasien s'empressa de se rendre aux vœux d'un prince allié. Tibériade, effrayée du danger qui la menaçait, se hâta de se rendre; Tarichée résista, dans la confiance que lui avaient inspirée les chefs des séditieux; mais elle ne put tenir contre Titus et fut prise avec perte de six mille hommes. Tout ce qui s'était réfugié sur le lac, périt également. Vespasien punit de mort les principaux séditieux au nombre de douze cents; tout le reste fut réduit en esclavage. Six mille, comme nous l'avons dit, furent envoyés à Néron, trente mille vendus, et le reste abandonné au roi Agrippa.

60. La ruine de Tarichée et la prise de Gabala, dont tous les habitants furent massacrés ou se précipitèrent eux-mêmes du haut des murs, répandirent partout la terreur; cependant elles ne ramenèrent point les séditieux à des sentiments de paix; mais, comme des furieux, ils n'en coururent sus aux Romains, qu'avec plus d'acharnement. Jérusalem se remplit de troupes; le temple, naguère objet de leur vénération, changé en citadelle, est souillé de meurtres et du sang d'un grand-pontife; enfin, comme il n'y a plus rien de sacré, la religion n'est plus qu'un voile à la faveur

---

* Aujourd'hui Kaisarié.
** *Id.* Jafa.
*** *Id.* Tabarié.

trà Vespasianus : festinatione nihil opus esse : discordes animos ultimo rerum discrimine ad concordiam non exstimulandos : Hierosolyma advenarum colluvie, commeatuum penuriâ, mutuis cædibus ipsa ultrò ruere : hostes nunquàm certiùs meliùsque confici, quàm cùm ferro ipsi suo cadunt. Potior habita est ejus sententia. Itaquè per provinciam imposita tantùm præsidia, quæ seditiosos frænarent, urbem vallarent.

61. Hæc quidem consultò provisa et fortiter gesta apud Neronem Vespasiano impunè erant, ob generis nominisque obscuritatem. Suspectæ enim Principi, flagitiorum conscientiâ pavido, virtus, opes, nobilitas. Nec aliis criminibus quæsita mors Corbuloni, Scriboniisque fratribus, Rufo et Proculo. His exitium attulit Pactius Africanus, opibus, concordiâ, gestis honoribus, apud exercitus germanicos auctoritate, Principi formidandos dictitans. Ob id, dignitatis specie, in Achaiam acciti : ut venêre, Principis congressu prohibiti, neglecti, obscuris circumventi sunt criminum rumoribus. Cùm nulla esset defensionis spes, morte opprobrio antehabitâ, vitam, fuso per venas sanguine, finiêre. Corbulonem, gloriâ circumdatum, Nero ipse corripuit, se imperii incertum ratus, dùm viveret; pari fraude usus, sed præ-

duquel on peut tout oser. Plusieurs étaient d'avis qu'il fallait promptement profiter de leurs discordes. Jérusalem pouvait succomber, et la prise d'une seule ville terminait la guerre. Vespasien fut d'un avis tout différent : il n'était point nécessaire de rien précipiter ; l'extrémité du péril pouvait faire cesser les dissensions et réunir les juifs contre l'ennemi commun ; Jérusalem, encombrée d'étrangers, livrée à la disette, théâtre de querelles sanglantes, allait tomber d'elle-même ; jamais la victoire n'était plus facile que lorsque les ennemis étaient victimes de leurs propres fureurs. Cet avis prévalut. On se contenta d'établir dans les provinces des garnisons pour réprimer les révoltés et contenir la ville assiégée.

61. La sagesse de ces mesures, l'éclat de ces exploits furent impunis; l'obscurité du nom et de la naissance mit Vespasien à l'abri; car, pour un prince bourrelé par la conscience de ses crimes, c'étaient le mérite, la fortune, la noblesse, qui excitaient ses soupçons. Ce fut là tout le crime de Corbulon, et des frères Rufus et Proculus Scribonius. L'auteur de leur ruine fut Pactius Africanus, qui répétait sans cesse que leur union fraternelle, leurs richesses, leurs honneurs, leur crédit sur les armées de Germanie, les rendaient redoutables. Attirés en Achaïe sous des prétextes spécieux, exclus de la présence du Prince, objets du mépris des courtisans, assaillis de rapports calomnieux, n'ayant aucun espoir de se défendre, ils prévinrent une mort honteuse en se faisant ouvrir les veines. Corbulon, malgré la gloire dont il était environné, ne put échapper à la cruauté de Néron, qui ne se croyait pas sûr de l'empire tant qu'il vivrait. Il le mande sous le même prétexte; mais à peine Corbulon

sentiam reveritus, Cenchreas adventanti supremam necessitatem nuntiari jubet. Corbulo, se dignum fassus, gladium sua in viscera direxit, ab ignavo principe deceptum se esse, et inermem venisse indignans.

62. Tantis cædibus conflata odia, nedùm facta securitas. Jamque labante Urbis fide, Helius, consilii anceps, Neroni nuntiat, quàm primùm veniat : præsentiâ ejus urbicas res egere. Iis ab insanâ gloriæ cupidine non retractus, rescribit (nec enim omiserim verba, incredibilis stultitiæ testes) : « Quamvis » nunc consilium tuum sit et votum, celeriter reverti » me, tamen suadere et optare potiùs debes, ut » Nerone dignus revertar. » Helius, gliscente per moras periculo, ipse Achaiam properè petit, ut verbis fidem faciat, turbas, conjurationes, admonet. Terrorem incutit monstratum discrimen ; sed magis movet præsens isthmiorum ludicrum : mentem quoque sollicitat ingrati animi pudor, si mansura non reliquerit munificentiæ monimenta. His anxius, stadium advolat; mox in Foro, haud per præconem, sed suâ ipse voce, pro tribunali, universam Achaiam liberam pronuntiat; judicibusque civitate romanâ et grandi pecuniâ donatis, indecoros inter plausus, haud quales olim T. Flaminio auditos, navem conscendit, Italiam repetiturus.

est-il arrivé à Cenchrées*, qu'il reçoit son arrêt de mort. Ce grand homme, en disant : « Je l'ai bien mérité, » se perça de son épée, indigné de se voir trompé par le plus lâche des princes et d'être venu sans escorte.

62. Tant de meurtres augmentaient la haine publique, loin d'inspirer la sécurité. Déjà la fidélité de Rome commençait à s'ébranler; Hélius, inquiet de l'agitation qui se manifeste, presse Néron de revenir au plus tôt, parce que la ville a grand besoin de sa présence. Mais aveuglé sur le danger par un vain désir de gloire, il répond, et je transcris ses propres termes, comme preuve de son incroyable extravagance : « Quoique tes conseils et tes vœux pressent mon » retour, tu dois plutôt me conseiller et désirer que je re- » vienne digne de Néron. » A la vue du danger que ces délais augmentent, Hélius se rend promptement en Achaïe, pour donner du poids à ses avis, et lui peint les troubles, les conjurations près d'éclater. L'évidence du péril l'alarme; mais la présence des jeux isthmiens l'emporte; il veut aussi prévenir tout reproche d'ingratitude, en laissant un monument durable de sa munificence. Occupé de ces pensées, il vole au Stade; puis dans le Forum, du haut de son tribunal, proclame, non par la voix d'un héraut, mais lui-même, la liberté de l'Achaïe; et, après avoir donné aux juges le droit de citoyens romains et une grande somme d'argent, après avoir reçu de honteux applaudissements, bien différents de ceux qui flattèrent jadis l'oreille de Flaminius, il s'embarque pour l'Italie.

* Aujourd'hui Karchi, à l'entrée de l'Isthme de Corinthe.

63. Tùm consules erant C. Silius Italicus et M. Galerius Trachalus; alter poeticâ facultate, alter forensi eloquentiâ notus : uterque favore Principis, Silius delationibus, invisus. Nam in Urbe non spes, non vota ampliùs occulta. Plurimi adversa tempestate turbidoque mari imminere Principi periculum palàm lætabantur, exitium quoque precari ausi. In luctum vertêre gaudia, cùm Princeps, procellâ quidem jactatus, amissis naufragio pretiosissimis rebus, Neapolim incolumis pervenit. Urbem, olim gloriæ incunabula, triumphorum nunc testem, revisere gestiit. Hanc albis equis, disjectâ muri parte, ut mos hieronicarum est, ingressus, Antium Albanumque pari pompâ introiit.

64. Cùm Romam perventum est, adornata major triumphi moles; et, ut novum victoriarum genus, nova quoque excogitata decora. Nec Jovi, imperii præsidi, sed Apollini, citharœdorum numini, supplicatum. Currus tamen Augusti, veteris magnificentiæ triumphatique orbis monimentum, ad hæc ludicra revectus. Ut primùm cetera immenso sumtu fuêre apparata, murorum urbis violatâ majestate, tot abhinc seculis formidolosis hostibus intactâ, per dirutam partem subiit triumphalis pompa; præeuntibus qui coronas, victoriarum dona præferrent:

63. Les deux consuls étaient alors C. Silius Italicus et M. Galérius Trachalus, le premier connu par ses talents poétiques, le second par ses succès au barreau; tous deux odieux par la faveur du Prince, Silius surtout comme délateur *. Rome ne faisait plus mystère de ses vœux ni de ses espérances; on se réjouissait publiquement du danger qui menaçait Néron dans une saison contraire et sur une mer orageuse; on allait jusqu'à faire des vœux pour sa perte. Mais la joie fit place à la consternation, lorsqu'on apprit que le Prince, après une violente tempête et un naufrage qui fit perdre la plupart des effets précieux, était arrivé sain et sauf à Naples. Il s'empressa de revoir cette ville, jadis berceau de sa gloire, aujourd'hui témoin de ses triomphes. Il y entra par une brèche faite exprès, suivant l'usage des vainqueurs dans les jeux sacrés, sur un quadrige attelé de chevaux blancs, et porta la même pompe dans les murs d'Antium et d'Albanum.

64. A son arrivée à Rome, l'appareil de son triomphe fut encore plus magnifique; et comme ses victoires étaient d'un genre tout nouveau, on imagina des décorations nouvelles; au lieu de Jupiter, dieu tutélaire de l'empire, on invoqua Apollon, le dieu des joueurs de lyre. Cependant le char d'Auguste, ce monument de l'ancienne magnificence et de la conquête de l'univers, reparut dans ce simulacre de triomphe. Dès que les préparatifs immenses de la fête eurent été terminés à grands frais, au mépris de la majesté de

---

* *Voyez* Pline, liv. III, ép. 7, et ce qu'il dit du caractère et de la mort de Silius.

mox vecti longo ordine tituli, quibus inscripti quo loco, quo cantionum, quove fabularum argumento partæ victoriæ : deindè, inter citharœdorum turmas, ibat Augusti currus, in quo Princeps stans veste purpureâ, distinctâ stellis aureis chlamyde, capite coronam olympiacam, dextrâ pythiam gerebat, retrò stante in eodem curru Diodoro citharœdo. Ponè sequebatur, ovantium ritu, plausorum agmen, Augustanos se, militesque triumphi clamitantium. Conferta demùm civitas ipsique senatores, contentis vocibus, ingeminabant, « Io victor Olympice! io » victor Pythice, Auguste! io Neroni Herculi! io » Neroni Apollini! io omnium victor, Auguste! Sa- » cra vox, Fortunati, queis cœlestem vocem audire » datum! » Ità incedenti passim cædebantur victimæ, spargebantur odores, aves, lemnisci, bellaria ingerebantur. Per circum maximum, Velabrum Forumque ductâ pompâ, Princeps ad palatium adscendit, et, Apolline salutato, Circenses indixit : acriorque rediit ludorum furor : nec in Urbe stetit, per provincias quoque pervagatus.

65. Remordebat tamen idemtidem memoria turbarum quas Helius nuntiaverat. Quæsita ex superstitione remedia, quibus fidem fecit casus, statim

ces murs auxquels, depuis tant de siècles, les ennemis les plus redoutables n'avaient pu porter atteinte, la pompe triomphale entra par une brèche, précédée de ceux qui portaient les couronnes, prix de tant de victoires; suivait une longue file d'inscriptions qui marquait dans quel lieu, dans quel genre de chant, dans quel drame ces victoires avaient été remportées. Ensuite, au milieu d'une foule de musiciens, s'avançait le char d'Auguste, où se tenait debout le Prince en personne, revêtu d'une robe de pourpre, et par-dessus d'une chlamyde semée d'étoiles d'or, la couronne olympique en tête, la pythienne à la main, ayant derrière lui, sur le même char, le musicien Diodore. Venait après la marche triomphante des applaudisseurs, qui se vantaient d'être les Augustaniens, les soldats du triomphe; enfin, toute la ville et les sénateurs eux-mêmes faisaient retentir les airs de ces acclamations : « Vive le vainqueur des » jeux olympiques, des jeux pythiens! Vive Néron Hercule, » Néron Apollon! Vive Auguste, vainqueur de tous ses ri- » vaux! gloire à cette voix divine! heureux ceux qui ont » eu le bonheur d'entendre cette voix céleste! » Pendant la marche, on ne cessait d'immoler des victimes, de répandre des parfums, de lâcher des oiseaux, de faire pleuvoir les rubans, les pâtisseries de toute espèce. Après avoir traversé le grand Cirque, le Vélabre et le Forum, Néron monta au palais, rendit hommage au dieu de la poésie, et annonça la célébration des jeux du Cirque. Alors se ranima plus que jamais la fureur des jeux, qui, de Rome, se répandit bientôt dans toutes les provinces.

65. Cependant cette ivresse était quelquefois troublée par le souvenir des troubles qu'Hélius lui avait annoncés. Il chercha dans la superstition des préservatifs que le hasard

retectâ conjuratione, cùm summum instaret discrimen. Nox enim unica restabat Neroni. Qui facinus patrare in se receperat, fortè theatrum petiit, et pro foribus vidit vinctum hominem, miserabiliter ejulantem, quòd ad Neronem esset ducendus. Ille, misericordiâ incertum, an jactantiâ, nimiâve silentii mole pressus, misero propinquat, et in aurem insusurrat : « Dura ad crastinam diem ; cràs mihi gra-
» tiam referes. » Hic novitate spei arrectus, verbaque secum reputans, atrocia introspicit, paratque indicium, in quo salutis certa, plurima fortunæ spes. Ut coram Nerone adstitit, audita refert. Reus, confestim in vincla raptus, tormentis subditur. Adversùm verbera et ignes primùm pervicax, factum negat : sed supplicii diuturnitate victus, ægrè prolato, quod leviter prodiderat, se sociosque eamdem in ruinam detrudit. Multo sanguine expiatâ conjuratione, superstitionis, cujus instinctu detecta credebatur, apud Principem crevit honos : addidit haruspicum extispicia, ut major accederet securitas.

66. Incolumitati cùm ità fuisset consultum, intentior fuit libidinum cura. Juvit eas abscondere Neapoli, quòd ibi plus deliciarum, minùs periculi. Vigebant maximè, quandò gravior exorta est procella, quam nec superstitio, nec vis Principis, nec continuata tot annos Cæsarum reverentia averteret. Initium habuit in Galliis. Provinciam pro prætore

mit en crédit ; car la conjuration fut découverte au moment qu'il courait le plus grand danger. Il n'avait plus qu'une nuit à vivre. Celui qui devait lui porter le coup mortel, prit par hasard la route du théâtre, et vit, devant la porte, un homme enchaîné poussant des cris lamentables, parce qu'il devait être conduit devant Néron. Le conjuré, soit compassion, soit jactance, soit indiscrétion, s'approche du malheureux, et lui dit à l'oreille : « Souffre jusqu'à de- » main ; demain tu me rendras grâce. » Un nouvel espoir brille aux yeux du misérable, il réfléchit sur ce qu'il vient d'entendre, entrevoit un grand complot, et fonde, sur sa dénonciation, un salut assuré et peut-être une grande fortune. Dès qu'il paraît devant Néron, il raconte ce qu'on vient de lui dire. Sur-le-champ l'accusé est saisi et mis à la question. Il résiste d'abord à la violence du fouet et du feu, et s'obstine à nier tout ; mais enfin il cède à la prolongation du supplice ; et sa déclaration tardive, amenée par son indiscrète légèreté, cause sa perte et celle de ses complices. La conjuration expiée par des torrents de sang, la superstition à laquelle Néron attribuait tout l'honneur de la découverte, eut sur lui plus d'empire que jamais. Il y joignit les divinations des haruspices, dans l'espoir de trouver encore plus de sécurité dans les entrailles des victimes.

66. Après avoir ainsi pourvu à la sûreté de sa personne, il se livra aux débauches avec plus d'abandon. Mais il lui prit fantaisie de les cacher à Naples, dont le séjour lui offrait plus de délices et moins de dangers. Il s'y plongeait sans réserve, lorsqu'il s'éleva une tempête plus violente, que ne purent conjurer ni la superstition, ni la vigueur du gouvernement, ni le respect porté depuis tant d'années à la maison des Césars. Elle prit naissance dans les Gaules. Cette

obtinebat C. Julius Vindex, Aquitanus, stirpe regiâ oriundus, animi consiliique ingens, tantò acrior, quòd pluribus à vitiis integer. Illi non avaritia, non ambitio, non invidia, sed laudis cupido, libertatis studium, propudiosi principis odium, cujus flagitia pertæsus, publicum dedecus propulsandi impetum cepit.

67. Gallorum quidem certus, sed destitutus legionum auxilio, Sulpicium Galbam, Citerioris Hispaniæ rectorem, nobilitate, opibus, rebus in Germaniâ et Africâ gestis, apud legiones auctoritate, aversâ à Principe voluntate, ad maturanda ausa non inhabilem sollicitat; scriptisque litteris, orat ut humano generi assertorem ducemque se accommodet : ad partes juvandas centum millia Gallorum parata; plures mox adfuturos, tantùm ne aspernetur principatûs spem, non quæsitam, sed oblatam. Simul scriptum aliis exercituum provinciarumve rectoribus, ut cœptis faverent, saltem ne obsisterent. At hi, in præsentem fortunam intenti, tantò sollicitiùs litteras Neroni misêre quantò avidiùs, eo sublato, primas exitii partes et præmia sibi posteà vindicavêre. Galba autem, dissimulans quid tale sibi fuisse scriptum, restitit; sed cautè magis quàm moderatè.

province avait pour préteur, C. Julius Vindex, originaire d'Aquitaine *, issu d'une race royale, homme de cœur et de tête, d'autant plus redoutable qu'il était exempt de la plupart des vices communs à la cour de Néron. Ses motifs n'étaient ni l'avarice, ni l'ambition, ni la jalousie, mais le désir de la gloire, l'amour de la liberté, la haine contre un prince souillé de tous les crimes. Las de tant de désordres, il prit la forte résolution de délivrer l'empire du monstre qui le déshonorait.

67. Certain de l'appui des Gaulois, mais privé du secours des légions, il écrit à Sulpicius Galba pour l'engager à prendre le même parti. Galba était gouverneur de l'Espagne citérieure. Sa naissance, ses richesses, ses exploits en Afrique et en Germanie, lui donnaient un grand crédit sur l'armée; il n'aimait pas Néron, et n'était pas dépourvu des qualités propres à hâter le succès d'une telle entreprise. Vindex le presse d'en prendre la conduite, de devenir le libérateur du genre humain; il lui montre cent mille Gaulois prêts à le seconder, un plus grand nombre qui ne tarderont pas à le suivre; seulement qu'il ne se refuse pas à l'espoir de la dignité suprême qu'il n'a pas cherché, mais qui s'offre à lui. Il écrit en même temps aux autres commandants d'armées ou gouverneurs de provinces, pour les engager à favoriser ses projets, ou du moins à ne pas les traverser. Mais ceux-ci, esclaves de la fortune présente, firent parvenir ses lettres à Néron, avec autant d'empressement qu'ils mirent depuis d'avidité à réclamer la gloire de lui avoir porté les premiers coups et le prix de ces prétendus services. Pour Galba, il n'eut pas l'air d'avoir reçu de pa-

* L'Aquitaine s'étendait des Pyrénées à la Garonne.

68. Ut sensit Vindex Galbam velle impelli, ipse in Gallorum conventu defectionem coeptat, questus: nulla manere imperii jura; omnia sceleri patere; per omne nefas hominibus inludi; provincias latrociniis, domos caedibus vastari. Haec imperare Neronem, qui per Caesareae stirpis excidium ad publicam ruinam se accinxerit; ne matrem quidem reveritus. Atrox facinus! ni morte fuisset digna quae talem pestem edidisset. Illum tantò inclementiùs nunc ferocire, quòd unus è Caesarum domo superstes, nec aemulum, nec ultorem timeat. Sed neminem diù vixisse omnibus infensum. Jam Orientem turbari; Britannos lacertos movisse; legiones affectum exuere: majestatem ipsam, maximum principum munimentum, Neroni odiosam esse. Se, semet vidisse portentum illud, flagitiis commaculatum, in stuprorum et theatrorum propudia resolutum, citharoedi gloriâ insanum simul et indignum. Cur ergò Caesaris, Principis, Augusti titulis, quos divus Augustus virtutibus, divus Claudius beneficiis sunt consecuti, infamem Ahenobarbum condecorarent! Vocarent illum Thyesten, OEdipum, Alcmaeonem, Oresten, quoniam parricidialibus et incestis nominibus gloriaretur. Ecquid in hujus veneratione perseverarent qui, nullâ imperii, solâ libidinum vi subnixus, generi humano bellum indiceret! Majores eorum praedae cupidine olim Romam expugnâsse. Id quidem in hâc

reilles lettres; mais il entrait dans son inaction, plus de prudence que de modération.

68. Vindex sentit bien que Galba n'attendait qu'une impulsion étrangère. En conséquence, dans une assemblée générale de la Gaule, il lève l'étendard de la révolte, peint des plus vives couleurs l'anéantissement de tous les droits, partout l'accès ouvert au crime, tous les forfaits dont on se fait un jeu, la misère des provinces en proie aux brigandages, le deuil des plus illustres maisons, et tout cela, par les ordres de Néron qui s'était préparé, par l'extinction de la race des Césars, à la destruction de l'empire, ne respectant pas même sa mère, forfait exécrable, si elle n'eût pas bien mérité la mort pour avoir donné le jour à un pareil monstre. Pour lui, maintenant il lâchait la bride à ses fureurs, parce que, seul reste de la famille des Césars, il ne craignait ni rival, ni vengeurs. Mais un tyran, ennemi de tous, ne pouvait vivre long-temps. Déjà l'Orient était agité; les Bretons commençaient à remuer; les légions perdaient de leur attachement pour un prince qui, en avilissant la majesté impériale, s'était privé du plus ferme appui des trônes. Il avait vu, oui, il avait vu lui-même cette peste publique, souillée des vices les plus honteux, plongée dans la fange des théâtres et de la prostitution, ivre à la fois et indigne de la gloire d'un chanteur. Pourquoi donc décorer des titres de César, de Prince, d'Auguste, de ces titres qu'avaient mérités le divin Auguste par ses vertus, le divin Claude par ses bienfaits, un infâme Ahénobarbus? C'étaient Thyeste, OEdipe, Alcméon, Oreste, qu'il fallait l'appeler, puisqu'il faisait gloire de porter des noms d'incestueux et de parricide. Devait-on continuer à respecter celui qui, ne pouvant plus compter sur l'appui de l'empire, n'avait plus

temporum barbarie fuisse egregium. At nunc, ubi vigent humanitatis honorisque studia, penes ipsos esse melioris et immortalis nominis gloriam. Orbi succurrerent : se Romamque in libertatem vindicarent. Eò ventum esse quò ceteræ gentes, malis victæ, istud decus certatim forent affectaturæ. Incœpti laudem sibi præripi ne sinerent.

69. Magno fremitu et plausu excepta oratio. Mox suas in civitates quisque alacres discessère, strenuam promtamque operam polliciti. Vindex autem novas ad Galbam litteras misit quibus, nuntiatâ Gallorum voluntate, ejus animos spesque inflaret. Hæsitabat adhuc Galba; terrebantque amicorum ejus plurimi, quòd quomodò res Vindicis verterent, quæ esset Urbis inclinatio, opperiendum censerent. At fiduciam addidit T. Vinius, horum præcipuus, et rerum novarum, prædæ spe magis, quàm in Galbam studio, cupidus. Dixit supervacuam consultationem : furiosorum esse utrùm in Neronis fide perstarent quærere. Tùm ad Galbam conversus, videret ipse, cùm publicus hostis sit Nero, malletne Vindicem fortunæ adjutorem habere, an Vindici bellum indicere; qui eum potiùs optaret principem quàm Neronem tyrannum.

d'autre force que ses débauches, pour faire la guerre au genre humain? Jadis leurs ancêtres, guidés par l'appât du butin, avaient emporté Rome d'assaut. C'était, dans un temps de barbarie, un fait d'armes glorieux. Mais dans un siècle qui connaissait les lois de l'honneur et de l'humanité, il dépendait d'eux d'acquérir une gloire plus solide, en immortalisant leur nom. L'univers réclamait leur secours, Rome attendait d'eux sa liberté à laquelle la leur propre était attachée. On était arrivé au point où les autres nations, lasses de tant de maux, se disputeraient l'honneur de leur affranchissement. Se laisseraient-ils enlever la gloire d'une si belle entreprise?

69. Ce discours fut reçu avec de grandes acclamations et de vifs applaudissements. Bientôt les chefs des Gaulois se retirèrent, chacun dans sa ville, promettant d'agir promptement et avec vigueur. Vindex récrivit à Galba, pour lui annoncer la résolution des Gaulois et pour animer son courage et ses espérances. Galba hésitait encore, intimidé par le plus grand nombre de ses amis, qui trouvaient plus sage d'attendre comment tournerait la levée de boucliers de Vindex, et quelles étaient, à Rome, les dispositions des esprits. T. Vinius, le plus considéré de ses amis, fit cesser ses irrésolutions, plutôt par ambition et par cupidité que par attachement pour sa personne. Il n'était plus temps de délibérer, disait-il; il y avait de la démence à examiner si l'on devait rester fidèle à Néron. Ensuite, se tournant vers Galba, « C'est à toi, lui dit-il, à voir, puisque Néron est l'ennemi » public, si tu n'aimes pas mieux trouver un appui dans » Vindex, que de déclarer la guerre à un homme qui » aime mieux t'avoir pour empereur que Néron pour » tyran. »

70. His victus videri gestiit Galba, senili ambitione et veteribus auguriis, quorum grata durat memoria, à summâ spe non alienus. Illi etiam cura dudùm inerat popularibus studiis animos captare : nec per octo annos (tot enim Hispaniam regebat) procuratorum violentiæ se unquàm accommodaverat : solitus quoque iis qui eorum injuriis erant obnoxii publicè condolere : probrosa verò adversùs Principem carmina passim circumferri recitarive impunè ferebat. Talibus imminutâ Principis auctoritate, suam intenderat. Itaquè animos suas in partes inclinari posse ratus, Carthagine novâ provinciæ conventum edixit, quo manumissioni vacaret. Hæc obtentui. Intereà amici, ut cresceret celebritas, favor sensim glisceret, agi de summâ imperii secretis rumoribus spargere. Dicto die, ut primùm Galba tribunal conscendit, immenso clamore Imperator salutatur.

71. At ille, ubi silentium fecit, Neronem, qui scelera sceleribus contexeret, nec nisi per flagitia et funera dominaretur insectatus, subitò ad nobilissimorum quorumque hoc principatu trucidatorum imagines, longo ordine dispositas vertit, et, geminato animi ac vocis ardore, « Non meis, inquit, » verbis, sed vestris oculis Neronem cognoscite. » Contemplamini pallentes tot Cæsarum vultus, » Neronis patrem, matrem, uxorem, fratrem, so- » rorem, amitam, propinquos, adfines, veneno, » ferro, omnibus mortis generibus sublatos ob ra-

70. Galba voulut paraître céder à ces raisons puissantes ; l'espoir du rang suprême, entretenu par d'anciennes prédictions, dont on aime à conserver le souvenir, flattait son ambitieuse vieillesse. Depuis long-temps il s'était fait une étude de la popularité. Pendant les huit ans qu'il gouvernait l'Espagne, il ne s'était jamais prêté aux violences des intendants; il plaignait hautement les victimes de leurs injustices, et laissait circuler librement et débiter les vers satiriques, dont le Prince était l'objet. Cette conduite, en diminuant la considération du Prince, avait augmenté la sienne. Croyant donc les esprits favorablement disposés, il convoque, à Carthage-la-Neuve, une assemblée, dont le but apparent était de donner la liberté à quelques esclaves. En même temps, ses amis, pour hâter le succès et augmenter l'intérêt en sa faveur, répandent le bruit qu'on y décidera du sort de l'empire. Au jour nommé, dès que Galba parut sur son tribunal, mille cris le proclamèrent empereur.

71. Dès que le silence est rétabli, Galba leur peint, à grands traits, le règne de Néron, qui n'est qu'un tissu de crimes, et cet odieux pouvoir qui ne s'exerce que par des infamies et des assassinats. Puis, tout-à-coup, se tournant vers les images des plus nobles victimes égorgées par les ordres du tyran, et redoublant de véhémence, renforçant sa voix, « Connaissez Néron, leur dit-il, et jugez-le, non » d'après mes discours, mais sur le rapport de vos yeux. » Contemplez les visages pâles de tant de Césars, le père de » Néron, sa mère, sa femme, son frère, sa sœur, sa tante, » ses parents, ses alliés, immolés à la soif de régner, et » périssant par tous les genres de supplice. Voyez autour

» bidam regnandi cupidinem. Circumspicite Bur-
» rhum, Lateranum, Vestinum, C. Cassium, Lucium
» Veterem, et tot Urbis primores ad servitutis sub-
» sidium crudeli fato peremtos. Vestra, vestra videte
» ingenia, Annæum Senecam, sapientiæ præcepto-
» rem et exemplum, Annæum Lucanum, animosum
» juvenem, reipublicæ spiritu plenum, et clarissimi
» filii patrem optimum, Annæum Melam, per invi-
» diam extinctos. Has virtutis imagines aspicite,
» Thraseam Petum, Baream Soranum morte mulc-
» tatos, quasi cum ipsis virtus esset commoritura:
» inlustres feminas, Sextiam, Pollutiam, Serviliam
» cernite, nullo pudore, reluctante naturâ, ad sup-
» plicia vocatas. Inspicite ipsam infantiam, culpæ ru-
» dem, pœnis subditam; Rufinum Crispinum ob pue-
» ritiæ lusus mari demersum. Hunc, hunc despicite
» tenellum et nobilem puerum (infantem monstrabat
» in Baleares insulas à Nerone ejectum, quem indè
» ipse retraxerat, ut major exoriretur miseratio')
» sortis suæ æquè ac criminis nescium, nunquàm
» civem, jam exsulem. Hæc Neronis facinora! hæc
» monimenta! Apud illum nobilitas, opes, inge-
» nium, virtus, sexus, ætas, vita ipsa, crimina
» sunt. Per hæc adversùs genus humanum grassatur.
» Ruinam omnibus imminentem jam à Gallis pro-
» pulsare cœpit Vindex. Alii ab aliis, ego à vobis
» avertam. Cæsaris, imperatoris nominibus parcite.
» Me senatûs populique romani legatum esse me-
» mini: hoc mei muneris nomine, imperii majesta-

» de vous Burrhus, Latéranus, Vestinus, C. Cassius, Lu-
» cius Vétus, tant de personnages du plus haut rang, dont
» le sang a servi à cimenter la tyrannie. Voyez les génies qui
» font votre gloire, Sénèque, qui donnait à la fois le précepte
» et l'exemple de la sagesse; Lucain *, ce jeune homme
» plein d'ardeur, brûlant d'un saint amour pour la répu-
» blique, et son excellent père, Annéus Méla, tous sacrifiés
» à une basse jalousie. Jetez les yeux sur ces modèles de
» vertu, Thraséas, Soranus, condamnés à périr, afin qu'en
» quelque sorte la vertu pérît avec eux; sur ces femmes
» illustres, Sextia, Pollutia, Servilia, frappées des mêmes
» coups, sans pudeur, sans pitié; l'enfance, elle-même,
» livrée au supplice malgré son innocence; Rufinus Cris-
» pinus noyé pour des jeux de son âge. Arrêtez vos regards
» sur ce noble enfant (il leur montrait en même temps
» un enfant de l'âge le plus tendre, relégué par Néron,
» aux îles Baléares, et qu'il en avait retiré afin d'augmen-
» ter la compassion); il ignore à la fois son sort et son crime;
» déjà exilé, il ne sera jamais citoyen. Voilà les hauts faits
» de Néron; voilà les monuments de son règne. A ses yeux,
» la noblesse, la fortune, les talents de l'esprit, la vertu,
» le sexe, l'âge, la vie même, sont autant de titres de
» proscription. Sa fureur en veut à tout le genre humain.
» Vindex a commencé à détourner des Gaules la ruine qui
» les menaçait; c'est aux gouverneurs des autres provinces
» à les en défendre. Pour vous, c'est à moi de vous en
» préserver. Laissez là les noms de César et d'empereur.
» Je n'oublie point que je ne suis que le lieutenant du sénat
» et du peuple. Ce titre me suffit pour soutenir la majesté

---

* Lucain était natif de Cordoue.

» tem, communem omnium salutem tueri juvat.
» Novi me à Nerone morti destinatum. Sed vitam
» laboribus exercitam, periculis finire egregium.
» Vos tantùm pro patriâ, pro vestrâ incolumitate
» certanti favete. » In legati admirationem laudesque
secutæ voces innumeræ. Nero odiosis dicteriis cumulatur. Omnia ad libertatis et securitatis munimentum apparantur.

72. Nondùm ità fervescebant Hispaniæ, cùm Italiam pervagatus est Galliarum defectionis rumor. Neapolim pervenit die ipso quo Nero matrem occiderat. Tanquàm lætum faustumque aliquid fuisset nuntiatum, statim in gymnasium progredi, certantesque athletas effusiore gaudio spectare, quòd insperata opulentissimas provincias prædandi caussa occurreret. Verùm tumultuosiores litteræ, super cœnam allatæ, iram incussêre, quam, ut iratis adsolet, secuta est inertia. Primùm quidem infremere, dira, iis qui descîssent, minari : sed, per octo continuos dies, nihil rescribere, nihil præcipere ; rem atroci silentio premere. Querelas tandem elicuêre missa Vindicis edicta : quibus tantò magis irritabatur Nero, quòd in iis citharœdi mali et Ahenobarbi nomina ad contumeliam sæpiùs repetita. Talibus efferatus, excusato languore faucium, propter quem non adesset, ad senatum scribit ut Vindicis impietatem accuset : purget objectam artis inscitiam : gentile nomen approbet. Patres in ultionem suî reique pu-

» de l'empire et pour assurer le salut de tous. Je n'ignore
» pas que Néron me destinait la mort; mais il est glorieux
» de terminer, au milieu des périls, une vie consacrée à
» de longs travaux. De votre côté, secondez de votre faveur
» celui qui ne prend les armes que pour la patrie et pour
» le salut de chacun de vous. » Ce discours excite la plus
vive admiration; les acclamations sont unanimes. Néron est
accablé de sarcasmes et d'imprécations; et l'on prend toutes
les mesures que réclament la défense de la liberté et la sûreté
générale.

72. La fermentation de l'Espagne n'avait point éclaté, lorsque la nouvelle de la révolte des Gaules se répandit en Italie. Elle parvint à Naples, le jour même où Néron avait tué sa mère. Il la reçut comme un heureux événement, se rendit sur-le-champ au Gymnase, et vit combattre des athlètes, s'applaudissant d'une défection où il ne voyait qu'un prétexte inespéré de dépouiller de si riches provinces. Mais des lettres plus inquiétantes, qu'il reçut à table, lui causèrent un emportement auquel succéda l'apathie qui suit ordinairement ces violents transports. D'abord sa rage s'exhale en menaces, en imprécations; puis, huit jours entiers se passent sans donner aucun ordre, sans prendre aucune mesure; il garde, pendant tout ce temps, un morne silence. Enfin, les premières plaintes lui sont arrachées par les proclamations de Vindex, dont il s'irritait d'autant plus, que les noms de mauvais chanteur et d'Ahénobarbus y étaient plus répétés. Outré de ces railleries, et prétextant une esquinancie qui l'empêche de se rendre à Rome, il écrit au sénat pour lui dénoncer l'impiété de Vindex, pour repousser le reproche d'inhabileté dans son art, et pour défendre le nom de ses aïeux. Il exhorte les sénateurs à venger le

blicæ hortatus, jubet per præconem nuntiari centies sestertium iis qui Vindicem interfecissent. Imbelle remedium, ex quo etiam Vindex gloriam quæsivit; Neronis caput adferenti suum pollicitus.

73. Interim alii super alios, acerbioresque nuntii malè tutum Principem ex voluptatum latebrâ excivêre. Romam trepidus petiit : at nec periculi magnitudine, nec locorum diversitate mutatum ingenium. Eadem superstitio, par levitas. Erupêre ipsa inter viarum diverticula; visoque fortè monumento quo insculptus erat Gallus, ab equite romano oppressus, crinibusque tractus, exilit gaudio, cœlum adorat, certissimum victoriæ indicium auguratus. Itaquè Romam redux, non senatum cogere, non populum appellare, sed quibusdam è primoribus viris domum evocatis, pòst desultoriam consultationem, reliquum diei per organa hydraulica, novi et ignoti generis, circumducere : monstrator ipse operis, fabricæ partes artemque disserens : omnia, ut adfirmabat in theatrum, si per Vindicem liceat, prolaturus.

74. Nam, vel invitus, in Galliarum defectionis cogitationes revolvebatur ; eam opprimendi non incuriosus, dùm artes suæ scenicæ pariter valescerent. Inter utrasque distractus, copias quas ad claustra Caspiarum adversùs Albanos præmiserat, reverti jubet : novas in urbe legit, tribubus urbanis ad sacramentum citatis. Cùm nullus idoneus responderet,

sénat et la république, et fait proclamer, par le crieur public, un prix d'un million de sesterces*, à celui qui tuerait Vindex; ressource impuissante que Vindex sut tourner à sa gloire, en promettant sa tête à celui qui lui apporterait la tête de Néron.

73. Cependant les courriers se succèdent, et des nouvelles de plus en plus alarmantes tirent enfin le tyran de l'asile qui cache ses débauches. Tremblant, il s'enfuit à Rome; mais, ni la grandeur du péril, ni le changement de lieux ne peut changer son caractère; même superstition, même légèreté. Elles éclatèrent à chaque station de sa route ; à la vue d'un monument sur lequel se trouvait un soldat gaulois terrassé par un cavalier romain qui le traînait par les cheveux, il saute de joie, rend hommage au ciel et trouve dans cette rencontre le présage assuré de la victoire. En conséquence, de retour à Rome, on ne le voit, ni convoquer le sénat, ni en appeler au peuple. Il mande à son palais quelques-uns des premiers de l'empire, et après quelques moments de délibération, il perd le reste du jour à leur faire voir des orgues hydrauliques, invention nouvelle alors et peu connue, à leur en expliquer l'usage et le mécanisme, ajoutant qu'il comptait bien les montrer sur le théâtre, si toutefois Vindex le lui permettait.

74. Car il en revenait malgré lui à la pensée de la révolte des Gaules, et aurait bien voulu la réprimer, sans laisser dans l'inaction ses talents scéniques. Quelque temps irrésolu, il se décide à rappeler les troupes qu'il avait envoyées, vers les Portes Caspiennes, attaquer l'Albanie; et

---

* Un million, 945,502.

certum dominis servorum numerum indixit, nec nisi probatissimos recepit. Quasi verò fatale esset non posse Gallias debellari nisi à consule, ipse, consulibus ante tempus magistratu abdicatis, solus magistratum iniit. Hæc militiæ, cetera luxui data. Maxima cura fuit portandis scenicis organis vehicula deligere, concubinas, quas secum educeret, ad virilem modum tondere, et securibus peltisque Amazonicis instruere. Plus in his quàm in militibus fiduciæ. Ausus etiam jactitare simul ac primùm provinciam attigisset, inermem se in conspectum exercituum proditurum, nec quidquam aliud quàm fleturum : revocatisque ad pœnitentiam defectoribus, sequenti die lætum inter lætos cantaturum epinicia, quæ nunc jam sibi componi oporteret.

75. Tam facilis victoriæ opinione haud comminuta pecuniarum aviditas. Immò in belli impensas omnes ordines partem censûs conferre ; privatarum ædium atque insularum inquilini pensionem annuam fisco repræsentare jussi. Addita fastidia, quod potentiorum injuriæ ultimum, nec unquàm impunè. Mandatum enim exactoribus nihil nummi recipere, nisi asperum, nihil argenti, nisi pusulatum, nihil auri, nisi ad obrussam. Gravis indè exorta invidia, plerisque collationem recusantibus, et à delatoribus re-

pour faire de nouvelles levées dans la ville, appelle aux drapeaux. Comme il ne se présentait personne en état de porter les armes, il exige des maîtres un certain nombre d'esclaves, et n'en admet que l'élite. Comme si les destins eussent voulu que les Gaules ne pussent être réduites que par un consul, il force les deux consuls d'abdiquer, et se met seul en leur place. Telles furent les seules mesures militaires qu'il prit; les préparatifs de luxe l'occupèrent bien davantage. Son premier soin fut de choisir des chariots propres à transporter des instruments de musique, de faire couper les cheveux, comme à des guerriers, aux concubines qu'il voulait amener avec lui, et de les armer de haches et de boucliers d'Amazones, comptant plus sur elles que sur des soldats. On l'entendit même se vanter que, dès qu'il aurait mis le pied dans les Gaules, il paraîtrait sans armes à la vue des armées, et se contenterait de verser des larmes; que ce spectacle touchant ferait rentrer les rebelles dans le devoir, et que, le lendemain, associant sa joie à la joie publique, il célébrerait sa victoire par un chant de triomphe, de la composition duquel il devait déjà s'occuper.

75. Cependant l'espoir d'un succès facile ne diminua en rien sa cupidité. Toutes les classes de citoyens furent mises à contribution, et les locataires des maisons particulières furent forcés de porter au trésor le loyer d'une année d'avance; on y joignit ces vexations minutieuses, dernier abus du pouvoir et qui n'est jamais impuni. Les receveurs eurent ordre de ne recevoir que des pièces nouvellement frappées [*], de l'argent pur et de l'or au titre le plus fin. Outrés de ces odieuses exactions, la plupart refusèrent de payer, en s'é-

---

[*] C'est ce qu'en style monétaire on appelle des pièces à *fleur de coin*.

vocanda potiùs præmia clamitantibus : accrevit ex annonæ caritate ; ac tandem subsecuta indignatio, cùm in publicâ fame Alexandrina navis nuntiaretur frumenti loco pulverem è Nilo luctatoribus aulicis advexisse. Plebs, nunquàm arrogantior quàm cùm jejuna, in convicia erumpere : alii verbis, scriptis alii Principem lacessere : multi, nocte jurgia cum servis simulantes, crebrò *Vindicem* poscere.

76. Sed fœditatum usu in Nerone obcalluerat verecundia ; et pro gloriâ habebatur conviciorum patientia. Pudore, extremo principum præsidio, destitutum, et ad injurias patentem, attonuit tamen tunc nuntiata Galbæ et Galliarum defectio. Eâ auditâ, corruit exanimis, diùque sine voce, ac propè intermortuus jacuit. Ut resipuit, veste descissâ, converberato capite, actum de se queritur; spretisque solatiis nutriculæ, similia aliis principibus accidisse memorantis, se præter ceteros inaudita et incognita pati lamentatur, qui suum imperium vivus amittat. Sed, ut vanis ingeniis cuncta quoque sunt vana, terror dolorque cessêre ; revaluêre luxus et desidia : acriora etiam, quod prosperi quiddam è provinciis nuntiatum, quòdque senatus Galbam hostem judicaverat. Victoria statim cantibus et ludis antè occupata est ; parsque insanæ lætitiæ fuit templi Sabinæ Poppææ dedicatio. Galbæ bona, sub hastâ venumdata, in has vanitates abiêre. Gallorum

criant qu'il fallait plutôt faire rendre aux délateurs le prix de leurs dénonciations. La cherté augmenta le mécontentement, et le soulèvement devint général lorsqu'on apprit, au milieu de la disette, qu'un vaisseau d'Alexandrie n'avait apporté, au lieu de blé, que du sable du Nil à l'usage des lutteurs de la cour. La populace, qui n'est jamais plus insolente que quand elle a faim, exhale sa fureur en injures ; mots outrageants, libelles satiriques circulent de tous côtés ; plusieurs feignant la nuit de quereller leurs esclaves, répètent avec affectation le nom de *Vindex* (5).

76. Mais à force de turpitudes, Néron s'était fait un front d'airain, et tirait vanité de sa patience à souffrir les injures ; cependant, quoiqu'il eût perdu toute pudeur, ce dernier rempart du pouvoir, au milieu de cette insensibilité, la nouvelle de la double révolte de Galba et des Gaules vint le frapper comme un coup de tonnerre. En la recevant, il tomba sans connaissance, et resta long-temps privé de voix et de sentiment. Dès qu'il est revenu à lui, il déchire ses vêtements, se frappe la tête, s'écrie qu'il est perdu ; et repoussant les consolations de sa nourrice qui lui rappelait que d'autres princes avaient éprouvé les mêmes revers, il s'écrie que les siens sont inouïs, sans exemple, puisqu'il perd l'empire avant de perdre la vie. Mais comme toutes les impressions des esprits futiles sont fugitives, bientôt la douleur et la crainte firent place au luxe et à l'apathie, auxquels il se livra d'autant plus qu'il reçut la nouvelle de quelques légers succès obtenus dans les Gaules, et que le sénat avait déclaré Galba ennemi de l'État. La victoire fut célébrée d'avance par des chants et des jeux, et une partie de cette folle joie fut la dédicace du temple de Sabina Poppée. Les biens

verò opes, quòd nondùm erant domiti, ad prædam reservatæ.

77. Hæc Neronis, alia fortunæ destinatio. Nil jam in Urbe reliquum, nisi Principis nomen. Vis imperii in Hispaniam transierat. Super veterem exercitum penes Galbam aderant novæ legiones, forma quædam senatûs, et equestris ordinis excubiæ. Auctoritatem intendebant Hispanæ Neronis possessiones, auctionibus subditæ. Majus adhuc potentiæ instrumentum accessit Otho, provinciæ Lusitaniæ præfectus, in partes Galbæ tantò pronior quantò ob veteris injuriæ memoriam Neroni infensior: argentum aurumque privatum militi in stipendium ultrò obtulit. Legatorum plerique, exemplum secuti, favori occurrere, aut proditarum Vindicis litterarum, ut suprà retuli, memoriam obliterare nitebantur. Pauci diversis de caussis suspensi et incerti. Claudius Macer, rapinis et cædibus in Africâ adsuetus, imperium neque occupare neque amittere volebat. In Syriâ Vespasianus Judaici belli curâ lentus videri satagebat, ne fortunam festinatione corrumperet. Legiones inferioris Germaniæ Fonteium Capitonem ad defectionem sollicitabant, sed avaritiâ retinebatur. In superiore Germaniâ, invicta, patriæ, non Neronis studio, Verginii Rufi constantia; nec à legionibus, vi suâ et famâ ducis ferocibus, unquàm impelli potuit ut summam rerum acciperet: impe-

de Galba, vendus à l'encan, firent les frais de ces futilités ; mais les richesses des Gaulois furent réservées comme la proie du vainqueur, parce qu'il fallait auparavant les soumettre.

77. Mais la fortune en avait décidé autrement. Il ne restait déjà plus, à Rome, que le vain nom d'empereur ; toute la force de l'empire était passée en Espagne. A l'ancienne armée de Galba s'étaient jointes de nouvelles légions, une sorte de sénat, une garde de l'ordre équestre. Sa puissance s'accroissait du prix des possessions espagnoles de Néron qu'il venait de vendre ; bientôt elle reçut encore un nouvel accroissement par sa réunion avec Othon, préfet de la Lusitanie, d'autant plus favorablement disposé pour Galba, que d'anciens ressentiments l'animaient contre Néron. Il offrit les trésors d'or et d'argent qui lui appartenaient, pour la paie du soldat. La plupart des gouverneurs suivirent cet exemple, soit pour aller au-devant de la faveur, soit pour faire oublier qu'ils avaient transmis à Néron les lettres de Vindex. Un petit nombre, par divers motifs, resta incertain. Claudius Macer, en Afrique, accoutumé aux rapines et aux meurtres, ne voulait ni s'emparer de l'empire, ni y renoncer. En Syrie, Vespasien couvrait ses délais du prétexte de la guerre d'Égypte, de peur de perdre sa fortune par trop de précipitation. Les légions de la Germanie inférieure engageaient Fontéius Capiton à se révolter ; mais l'avarice ne lui permettait pas de prendre un parti. Dans la Germanie supérieure, Verginius restait fidèle, non à Néron, mais à la patrie ; et jamais les légions, fières de leur force et de la renommée de leur chef, ne purent le décider à recevoir un titre qui ne pouvait, disait-il, être donné que par le sénat, et non par

rium à senatu, non à legionibus dari dictitans. Ideòque Vindici iratus, qui id audaciæ præsumeret, exercitum in Gallias duxit, ne à Gallo homine tantum imperii dedecus oriretur.

78. Tùm Galliæ erant sibi discordes. Pars nobilissima simulque validissima, Sequani, Ædui, et Arverni, Vindicem sequebantur. Alii, quorum præcipui Lingones, Remi, et qui Rhenum adcolunt populi, partim provinciali æmulatione, partim veteris sacramenti usu, in Neronis fide perstabant. Viennenses verò Vindicis partibus se immiscuére, ut municipalia adversùs Lugdunenses odia licentiùs persequerentur. Ea erat Galliarum inclinatio, cùm Verginius, germanicarum legionum viribus, et Belgarum auxiliis, Batavorumque alis potens, Gallias intravit. Vesontionem rectà petiit; ingressuque prohibitus, obsidionem paravit. Ad urbis præsidium statim adstitit Vindex. In conspectu stabant acies : duces, amotis stipatoribus, in colloquium consensére, in quo, ut fuit suspicio, adversùs Neronem fœdus initum. Cùm discessissent, gallicus exercitus urbi propinquavit. Legiones, ratæ Gallos ad pugnam incedere, primo impetu arma expediunt, præliumque ineunt. Tunc visum atrox spectaculum. Nulla ducum imperia : regit militum furor : utrimque miscentur funera : cædibus crescit ira : certa internecio, ni Galli, inopinato prælio turbidi, amissis viginti hominum millibus, victi tandem cessissent. Vindex, furens quòd tanta libertatis spes casu va-

les soldats. En conséquence, irrité de la démarche audacieuse de Vindex, il marcha vers les Gaules, pour sauver à l'empire la honte d'obéir à un Gaulois.

78. Les Gaules étaient divisées. Les peuples les plus illustres et les plus puissants, tels que les Séquanois *, les Éduens, les Arverniens ** suivaient le parti de Vindex. D'autres, dont les principaux étaient les Lingones ***, les Rémois **** et les riverains du Rhin, soit rivalité de provinces, soit respect pour leurs anciens serments, restaient fidèles à Néron. Quant aux Viennois, ils n'entrèrent dans les intérêts de Vindex, que pour se livrer plus librement à leur haine municipale contre Lyon. Telle était, dans les Gaules, la disposition des esprits, lorsque Verginius y entra à la tête des légions de Germanie, des auxiliaires belges et de la cavalerie batave. Il marcha droit vers Vésuntio*****, et, en trouvant les portes fermées, il en forma le siége. Aussitôt Vindex accourut au secours de la ville. Les deux armées se trouvaient en présence; leurs chefs, écartant leur garde, eurent une entrevue, dans laquelle on croit qu'ils se réunirent contre Néron. Après cette conférence, l'armée gauloise s'approcha de la ville; les légions, persuadées qu'elle veut en venir aux mains, et n'écoutant qu'un premier mouvement, engagent le combat. Alors, on vit un spectacle atroce; sans aucun ordre des chefs, le soldat ne prend con-

---

* Aujourd'hui la Haute-Alsace, le canton de Bâle, la Franche-Comté, le Bugey, la Bresse.
** Les diocèses de Clermont et de St.-Flour.
*** Id. de Langres et de Dijon.
**** Id. de Reims et de Laon.
***** Aujourd'hui Besançon.

nesceret, violentas manus sibi attulit. Reperti tamen qui, turpiter ingestis cadaveri vulneribus, interfectorum gloriam quæsierint.

79. Legiones verò, confecto unicâ pugnâ bello superbæ, Verginium Imperatorem salutant, orantque ut ipse Princeps fatiscenti reipublicæ subveniat. Simul imagines Neronis divellunt: Verginii Cæsaris, Augusti, nomina ingeminant; eaque unus militum, loco imaginum, signo inscribit. Verginius, Vindicis morte tristis, et quò res reciderent dubius, extritis litteris, hæc seditionis monumenta præceps abolere, firmus sententiæ senatûs esse imperium dare. Perculsi milites stupent, Neronisque fidem repetere cogitant. Idem fermè sensus locis omnibus quibus didita Gallorum cladis et Verginii constantiæ fama.

80. At ubi nuntius Hispaniam pervenit, Galbam, recenti unius alæ seditione, et servilibus insidiis inquietem, terror occupavit. Mortem primùm, deindè secessum meditatur; scriptisque ad Verginium litteris, quibus eum ad imperii societatem invitat, Cluniam se cum amicis recipit, veteris otii desiderio languidus, nec quæ temporis forent curans, aut in-

seil que de sa fureur; on se bat avec acharnement; le carnage augmente la colère. Ils se seraient tous entre-tués, si les Gaulois, étourdis de cette attaque imprévue, n'eussent cédé la victoire et ne se fussent retirés avec perte de vingt mille hommes. Vindex, furieux que le hasard eût fait perdre à la liberté de si hautes espérances, s'ôta la vie de désespoir. Il y eut cependant des hommes assez lâches pour porter plusieurs coups à son cadavre, afin de s'attribuer l'honneur de sa mort.

79. Fières d'avoir terminé la guerre par un seul combat, les légions proclament Verginius empereur, et le conjurent de prendre, avec le titre de prince, les moyens de sauver l'empire près de s'écrouler. En même temps, ils arrachent les images de Néron; ils joignent au nom de Verginius, ceux de César et d'Auguste, et un soldat les place, au lieu d'images, sur son drapeau. Verginius, affligé de la mort de Vindex et incertain du résultat des événements, se hâte d'effacer ces caractères, d'anéantir ces monuments de sédition, inébranlable dans la pensée que c'est au sénat seul à donner l'empire. Sa fermeté en impose aux soldats qui songent à rentrer dans le devoir. Les mêmes sentiments se raniment partout où se répand le bruit de la défaite des Gaulois et de la constance de Verginius.

80. Mais à cette nouvelle, Galba, déjà alarmé de la révolte d'un escadron et d'un complot domestique, est frappé de terreur. D'abord il songe à se donner la mort, puis à se ménager une retraite; il écrit à Verginius pour l'engager à partager l'empire; il s'enferme avec ses amis dans la ville de Clunie *, livré à une inaction qu'augmentent les regrets

* Sur l'emplacement de cette ville est aujourd'hui l'église de Notre-Dame de Castro, entre Coruna del Conde et Penalba.

telligens. Sed ejus inertiam juvit fortuna : hominum ludibriis læta, simul Cæsarum domum vertebat, et quem destinabat imperio, terroribus exagitabat. Neronem verò ut perditum iret, luxu et deliciis, quæ unica supererant dominationis adminicula, usa est.

81. Fortè, unus è turpi spadonum grege, inter Principis libidines intimus, se injuriam indignè accepisse credidit. Per pudenda, uti solet id hominum genus, ultionem parat. Secretioribusque consiliis, queis destinatum Neroni senatum universum necare, Urbem iterùm incendere, feras in populum immittere, aufugere Alexandriam, verè falsòve proditis, inevitabile exitium attulit. Nulla antè Principis reverentia; nullus amor, ni fortè apud plebem ludis insanam, sed mobilem, et potentiorum infortuniis semper lætam : corrupta aut inconstans exercituum fides : ne certa quidem prætoriarum cohortium studia. Ipse Petronius Turpilianus, ad opprimendum Galbam missus, defecerat. Nudus ergò et inermis patebat Nero, cùm senatus, opprobriis, patientiâ, periculo atrox, paratam sibi ruinam in ejus auctorem convertere, totâque legum vi sævire properavit.

82. Nero, ineluctabili, proviso tamen fato circumventus, sumtum à Locustâ venenum in auream pyxidem condidit, et in hortos servilianos secessit,

de son ancien loisir, sans prendre, sans même connaître les mesures que commandent les circonstances. Mais la fortune vint au secours de son apathie. Par un caprice digne de celle qui se fait un jeu de nos destinées, en même temps qu'elle renversait la maison des Césars, elle assiégeait de terreurs celui qu'elle destinait à l'empire; et pour perdre Néron, elle employait le luxe et les délices, seuls appuis du pouvoir qui lui restassent.

81. Dans le même temps, un des eunuques qui formaient l'infâme cour du Prince, et que la débauche avait fait entrer dans son intimité, reçut un outrage qu'il croyait n'avoir point mérité. Pour s'en venger, il a recours aux moyens honteux familiers à ces misérables. Il répand, dans le public, le projet, faux ou vrai, qu'avait médité Néron, de massacrer le sénat entier, de brûler Rome une seconde fois, de lâcher sur le peuple les bêtes féroces, et de s'enfuir à Alexandrie. Cette révélation perdit Néron sans ressource. Déjà le Prince n'inspirait ni respect, ni amour, si ce n'est au petit peuple avide de plaisirs, mais mobile dans ses affections, et que réjouit toujours l'infortune des grands. La foi des armées était perdue ou chancelante; on ne pouvait pas même compter sur l'attachement des gardes prétoriennes. Pétronius Turpilianus, envoyé pour combattre Galba, était passé de son côté. Néron restait seul, sans troupes, sans défense, lorsque le sénat, rassasié d'opprobre, las de sa longue patience, outré du danger qu'il courait, se hâta de prévenir sa ruine par celle de son ennemi, et d'armer contre lui toute la rigueur des lois.

82. Néron, accablé sous le poids d'un destin inévitable, mais non imprévu, met dans une boîte d'or le poison préparé par Locuste, et se retire dans les jardins de Servilius

comitante imbelli libidinum catervâ. Tùm varia animo agitare. Placet fuga dudùm meditata; præmissisque libertorum fidissimis Ostiam ad classem præparandam, tribunos centurionesque prætorianos de fugæ societate tentat. Sed partim tergiversantibus, partim apertè detrectantibus, uno etiam proclamante, *usquè adeòne mori miserum est!* aliò flexit consilia; dubius Parthosne, an Galbam, supplex peteret, an atratus prodiret in publicum, proque rostris, quantâ maximâ posset miseratione, veniam præteritorum precaretur; ac, ni flexisset animos, Ægypti præfecturam dari sibi oraret. Certè inventus posteà in ejus scrinio hâc de infamiâ sermo formatus. Recitatione deterritum putant, ne, priusquàm ad Forum perveniret, discerperetur.

83. Itaquè, consilii incertus, cogitationem in posterum diem distulit. Sed, cùm somnos non paterentur curæ, ad mediam ferè noctem excitatus, ut comperit stationem militum recessisse, prosilit è lecto, et mittit circùm amicos. Nihil quoquam renuntiante, ipse cum paucis hospitia singulorum adit. At, clausis omnium foribus, respondente nullo, seu somnus, seu pavor eos occupaverat, cubiculum prætrepidus repetit. Custodes jam diffugerant, direptis etiam stragulis, amotâ et pyxide veneni. Vastitate, suspicionibus turbidus, Spicillum mirmillonem, vel quemlibet alium percussorem, cujus manu pereat, requirit. Ne ad id quidem ministerii adesse

avec ses infâmes compagnons de débauches. Là, diverses pensées agitent son esprit. D'abord, il adopte le projet de fuite qu'il a médité depuis long-temps. Il envoie à Ostie les plus fidèles de ses affranchis, pour faire préparer la flotte, et essaie d'entraîner, dans sa fuite, les tribuns et les centurions. Les uns hésitent, les autres refusent ouvertement. Un d'eux même répond :

La mort est-elle donc le plus grand des malheurs ?

Alors il penche vers d'autres résolutions. Ira-t-il implorer le secours des Parthes, la pitié de Galba ? Prendra-t-il des habits de deuil pour se montrer en public; et du haut de la tribune aux harangues, implorer, avec les plus basses supplications, le pardon de ses crimes ; et, s'il trouvait les Romains inflexibles, demander au moins le gouvernement de l'Égypte ? On trouva, dans sa cassette, un discours préparé pour cette bassesse. On croit qu'il fut retenu par la crainte d'être mis en pièces avant de parvenir au Forum.

83. Toujours irrésolu, il remet sa décision au lendemain; mais les soucis écartent le sommeil. Il se réveille vers le milieu de la nuit, et apprenant que ses gardes l'ont abandonné, il s'élance de son lit et envoie chez tous ses amis. Ne recevant aucune réponse, il sort peu accompagné, et va de maison en maison; mais il trouve toutes les portes fermées; personne ne répond, soit sommeil, soit terreur. Alors il retourne précipitamment dans sa chambre. Les gardes avaient pris la fuite après avoir pillé jusqu'à ses couvertures, et même emporté la boîte de poison. Troublé de cette solitude, en proie aux soupçons, il envoie chercher le gladiateur Spicillus, ou tout autre qui veuille lui ôter la vie. Mais personne ne se présentant pour remplir même ce ministère, il s'écrie, comme parvenu au comble du mal-

quemquam miratus, in summæ miseriæ vocem sibi neque amicum esse, neque inimicum, erumpit, procurritque quasi præcipitaturus se in Tiberim.

84. At vitam exosum, mortis pavidum, sistit inveterata mollities; et aliquid secretioris latebræ ad colligendum animum suadet. Phaon, libertus, suum obtulit suburbanum inter Salariam et Nomentanam viam circà quartum milliarium. Tantulum manet Principi suffugium ! Ac, quasi fatale esset sordidè etiam perire, nudo, ut erat, pede, tunicatus tantùm, superindutâ obsoleti coloris pænulâ, adoperto capite, et antè faciem obtento sudario, equum inscendit; quatuor è tantâ modò turbâ comitantibus, quos inter Sporus, ultimum, ut diximus, propudium. Turpis fuga, subito tremore terræ et fulgure adverso damnata, ad novas patet injurias. Proxima itineri castra circumsonant clamoribus militum, Neroni adversa, Galbæ prospera, ominantium. Ex obviis etiam viatoribus, alter, hi Neronem persequuntur, monstrat : alter rogitat, ecquid in Urbe novi de Nerone ? Ipsa reverentia in formidinis caussam vertit : nam missicius quidam prætorianus Principem, detectâ ob subitam equi consternationem facie, agnoscit, et salutationis officio ad desperationem adigit.

85. Nec spes tantùm fugæ vanescebat, sed primum ejus consilium cum prætorianis, ut suprà memoravi, communicatum, jam in exitium cesserat. Quippè, mutato sacramento, Galbam illicò fecerant

heur : « Je n'ai donc ni ami ni ennemi », et court comme pour se précipiter dans le Tibre.

84. Mais partagé entre la haine de la vie et la crainte de la mort, il cède à l'empire de sa pusillanimité qui lui conseille de chercher une retraite plus obscure. L'affranchi Phaon lui offre sa maison de campagne, à quatre milles de Rome*, entre les voies Salaria et Nomentana. Voilà l'humble refuge du maître du monde! Et, comme s'il était dans sa destinée de périr ignominieusement, il monte à cheval, nu pieds, couvert d'une tunique et par-dessus d'un manteau de couleur sombre, la tête et la face voilées, suivi seulement de quatre affranchis, entre autres Sporus, dernier objet de ses infâmes amours. Cette fuite honteuse, que semblent condamner un soudain tremblement de terre et l'éclair qui vient lui frapper la vue, l'expose à de nouveaux outrages. Le camp, voisin de sa route, retentit d'imprécations contre lui, et de vœux pour Galba. Ceux qu'il rencontre disent, en montrant sa petite troupe, l'un : « Ceux-ci cherchent Néron; l'autre : Rome a-t-elle des nouvelles de Néron? » Le respect même devint pour lui un motif de terreur; car son voile s'étant écarté, par le mouvement du cheval qui vint à se cabrer, un soldat prétorien, qui avait reçu son congé, reconnut le Prince, et, en le saluant, augmenta ses terreurs.

85. Non-seulement tout espoir de s'échapper était perdu pour lui; mais la résolution dont j'ai parlé plus haut, com-

---

* Aujourd'hui la Serpentara.

Principem, ducibus Nymphidio et Tigellino. Atque etiam, ne vetus Caesarum fides recurreret, Nymphidius, per quodque nefas fortunae se inserendi cupidus, sub nomine Galbae praetoriarum et urbanarum cohortium militibus singula tricena nummûm millia promiserat, legionariis quina millia. Enorme donativum, in Galbae aequè ac Neronis ruinam paratum, ut primam in spem veniret Nymphidius, formidoloso quoque exemplo, in caedes urbisque excidium abituro, venale esse imperium, et juxta militum libidinem dari. Ubi per Urbem percrebuit favor militaris, traxit animos ad odium pridem incitatos. Ne in senatu quidem quidquam moderati, aut verecundi. Publicis studiis, sentientium numero, auctoritatis insolentiâ, ad atrociora quaeque impellitur. Nec de tollendo Principe, sed quâ tolli queat turpiore contumeliâ, certatur. Hos inter clamores, Nero hostis judicatur, more majorum puniendus. Galba verò in imperium adscitus, non quòd melior, sed quià Neroni iratior. Tùm missi equites qui fugitivum Neronem ad supplicia vivum attraherent.

86. At is per diverticula, fruticeta inter ac vepres, occulto effossae cavernae introitu, in Phaontis suburbanum aegrè inrepserat. Nihil ibi pristinae dignitatis manet: sola inhaerent vitia, quae, ut vitam, sic mortem infamavére. Corpus, deliciarum usu

muniquée aux prétoriens, lui était devenue funeste; un autre avait leur serment. Dirigés par Nymphidius et Tigellin, ils avaient reconnu Galba pour empereur; et même, afin de prévenir tout retour d'attachement vers la famille des Césars, Nymphidius, voulant à tout prix s'ouvrir une route à la fortune, avait promis, au nom de Galba, trente mille pièces à chacun des soldats prétoriens * et de la cohorte urbaine, et cinq mille ** aux légionnaires. Énorme gratification qui devait entraîner la perte et de Néron et de Galba, afin de frayer le chemin du trône à Nymphidius, et en même temps exemple funeste qui, montrant que l'empire était à prix et que le caprice de la soldatesque pouvait en disposer, devait faire de Rome un théâtre de carnage et causer sa ruine! La faveur des soldats décida l'assentiment déjà préparé par la haine. Le sénat même ne montra ni modération ni pudeur. L'entraînement des esprits, le nombre des partisans de la révolution, l'enivrement d'un nouveau pouvoir, portèrent à toutes les atrocités. Il n'est plus question seulement de la mort du Prince, c'est à qui entourera son supplice de plus d'ignominie. Au milieu de ces clameurs, Néron est déclaré ennemi public, pour être puni suivant la coutume des anciens Romains; et Galba, appelé à l'empire, non qu'il valût mieux, mais parce qu'il avait contre le prince plus de ressentiment. Ensuite, des cavaliers furent chargés d'aller arrêter Néron dans sa fuite, et de le ramener vivant pour subir sa peine.

86. Celui-ci suivant des routes de traverse, au milieu

---

* 5835 fr.

** 972 fr. Pour payer cette double gratification, Galba aurait eu besoin de 285,162,300, sans compter la part des chefs.

fractum, levamenta quæ offert loci nuditas, aut refugit, aut miserabiliter tolerat. Animo nihil fixum, nihil firmum; impetus tantùm, et scenica levitas. Comitibus, ut quàm primùm se impendenti contumeliæ eripiat instantibus, annuit : sed scrobem fieri imperat : frusta marmoris, aquam, ligna, ceteraque funerum parat, flens ad singula; atque idemtidem dictitans : « Qualis artifex pereo. »

87. Has inter moras perlatos à Phaontis cursore codicillos avidus præripit; lectoque se hostem à senatu judicatum, et quæri, ut more majorum puniatur, interrogat quale id genus sit poenæ. Comperto nudi hominis cervicem inseri furcæ, corpus virgis ad necem cædi, conterritus duos pugiones, quos secum tulerat, arripit; utriusque acie prætentatâ, rursùs condit, causatus nondùm adesse fatalem horam. Subindè modò Sporum hortari ut lamentari ac plangere inciperet : modò orare ut se aliquis ad mortem capessendam exemplo juvaret : interdùm segnitiem suam increpare. Inanibus verbis robur indidit adventantium equitum sonitus. Tunc, ignominiam exhorrescens, Homerico versu trepidanter recitato, ferrum, juvante Epaphrodito, jugulo adigit; priùs comites precatus, ne potestas cuiquam capitis sui fieret, sed ut quoquomodò totus crema-

des ronces et des épines, s'était glissé avec peine dans la maison de Phaon, par l'ouverture récente d'une caverne. Son ancienne dignité a disparu ; il ne lui reste que ses vices pour mourir, comme il avait vécu, avec ignominie. Amolli par l'usage des délices, il refuse les aliments grossiers qu'offre un lieu si dépourvu, ou ne les prend qu'avec répugnance. Son ame, sans résolution, sans fermeté, n'a que les saillies passagères d'un héros de théâtre. Ceux qui l'accompagnent le pressent de se dérober aux outrages qui le menacent. Il y consent ; mais auparavant il fait creuser sa fosse, rassemble des fragments de marbre, de l'eau, du bois, et à chacun de ces apprêts funèbres, répète en pleurant : « Quel artiste » perd en moi l'univers ! »

87. Au milieu de ces lâches hésitations, arrive un courrier de Phaon, avec des lettres que Néron saisit avidement ; il y lit que le sénat l'a déclaré ennemi de l'Etat, et qu'on le cherche pour lui faire subir la peine usitée. Il demande quel est ce genre de supplice ; et lorsqu'il apprend que le patient, tout nu, ayant le cou serré entre les branches d'une fourche, est battu de verges jusqu'à la mort, dans son effroi, il saisit deux poignards qu'il avait apportés, en essaie la pointe et les remet de côté, sous prétexte que l'heure fatale n'est pas encore arrivée. Tantôt il exhorte Sporus à commencer les lamentations d'usage ; tantôt il veut qu'on lui donne l'exemple de se tuer ; quelquefois il se reproche sa lâcheté (6). A ces vaines doléances, le bruit des cavaliers qui approchent, fait succéder un moment de courage. Alors, redoutant les outrages, récitant un vers d'Homère (7), aidé par Épaphrodite, il s'enfonce le poignard dans la gorge, après avoir prié ses compagnons de ne laisser sa tête au pouvoir de personne, et de brûler au plus tôt son corps tout

retur. Centurioni, qui mox adstitit, et pænulâ ad vulnus apposita, in auxilium se venisse simulabat, semianimis respondit, « Serò. Hæc est fides. » In hâc voce defecit, extantibus torvèque rigentibus oculis, primo et trigesimo ætatis anno, imperii decimo quarto, optimis initiis, fine pessimo, execrabili memoriâ.

88. Cadaver cremari permisit Icelus, Galbæ libertus, primo tumultu conjectus in vincula, tunc exsolutus : singulari fato in præsens Neroni supremæ sortis arbiter, posteà Galbæ fortunam corrupturus, et per tam diversa facinora suum in exitium præceps. Modicum fuit funus, et intra privati modum. Reliquiæ à nutricibus et Acte concubinâ in gentili Domitiorum monumento conditæ. Sic exscisa Cæsarum domus, suo et libertatis damno per centum et quindecim annos dominata : magnâ virtutum claritate, si C. Julii sublimem, magnificam Augusti, profundam Tiberii mentem virtutibus annumeraveris : immensâ verò scelerum famâ, publico quoque odio ob Tiberii truculentiam, Caii furorem, stoliditatem Claudii, et Neronis improbitatem. Fuso sanguine romano, auctoritatem orsa, per nobilissimorum quorumque cædes invaluit, donec, furore in suos verso, ad ultimum se ipsa confecit, nunquàm melior quàm cùm cœpit, nunquàm pejor quàm cùm desiit.

entier. Bientôt un centurion parut; et, bandant sa plaie avec son manteau, feignit d'être venu à son secours. « Il » est trop tard, dit Néron d'une voix mourante, est-ce là » la foi que vous m'avez jurée? » Il expira en prononçant ces mots, les yeux fixes et ouverts, dans la trente et unième année de son âge, dans la quatorzième année d'un règne, dont la fin avait été aussi tyrannique que les commencements en avaient été dignes d'éloges, laissant une mémoire à jamais exécrable.

88. Icélus, affranchi de Galba, permit de brûler le corps. Cet homme, jeté en prison dans le premier tumulte, puis mis en liberté, était, par un destin bizarre, en ce moment, l'arbitre des derniers moments de Néron, et devait ensuite influer sur la fortune de son maître, et par des crimes divers, courir lui-même à sa perte. Les funérailles modestes n'excédèrent point l'état d'un simple particulier *. Ses nourrices ** et sa concubine Acté recueillirent ses restes, et les déposèrent dans le tombeau des Domitius ***. Ainsi s'éteignit, en sa personne, la famille des Césars, dont la domination, aussi funeste à ses membres qu'à la liberté, subsista cent cinquante ans, digne de sa haute renommée, si l'on considère comme des vertus la magnanimité de Jules César, la magnificence d'Auguste et la profondeur de génie de Tibère; mais laissant un nom à jamais odieux, si l'on met dans la balance la cruauté de Tibère, les fureurs de Caïus, l'imbécillité de Claude et la scélératesse de Néron. Parvenue au pouvoir par l'effusion

---

* La dépense ne monta qu'à 36,906 fr.
** Éclogé et Alexandra.
*** Il se voit encore sur la hauteur appelée *Trinita dé Monti*.

89. Ejus ruinam portendere visa prodigia plurima; retroacti amnes, prata in contrarias sedes transgressa, prolapsa cupressus urbi æquæva, lauri à Liviâ satæ, illicò aridæ, aliaque id genus: leve libertatis incitamentum, ob servitutis adsuetudinem, posteriorum Cæsarum vitiis validiùs quàm priorum artibus, coalitam. Pileata tamen discucurrit plebs, in lætitiæ signa præceps semper et inconstans. Mox omnium studia in novi principatûs spem ac fortunam conspiravêre. Præcipua Nymphidii Sabini, prætorianorum præfecti, cura in se cuncta trahere, ut, ante Galbæ adventum firmatâ auctoritate, aut secundus in imperio ageret, aut, si senex, tres et septuaginta annos natus, itineris defatigatione occumberet, ipse capesseret imperium: reputans prætorias cohortes dudùm favorabiles, nunc donativi promisso obligatas: penes se esse totam liberalitatis gratiam, apud Galbam necessitatem. Proindè, ne tantas spes præcideret Tigellini societas, ei gladio interdicit: simul consulares, ceterosque, qui exercitus provinciasve olim rexerant, conviviis aliisque

du sang romain, elle le cimenta dans celui des plus nobles victimes, jusqu'à ce que, tournant ses fureurs contre son propre sein, elle finit par se détruire elle-même, aussi méprisable dans sa fin, qu'estimable dans ses commencements.

89. De nombreux prodiges semblèrent annoncer cette révolution. On vit entre autres des fleuves remonter vers leur source, des arbres, des prairies changer de places, un cyprès, aussi ancien que Rome, renversé; des lauriers, plantés par Livie, sécher tout-à-coup. Cet événement causa quelques symptômes de liberté; mais les vices des derniers Césars avaient rendu l'habitude de l'esclavage plus forte que n'avait pu le faire toute la politique des premiers. Cependant le peuple courut, le bonnet de la liberté sur la tête, aussi prompt à se livrer à la joie, que léger dans ses impressions. Bientôt toutes les espérances se tournèrent vers le nouveau gouvernement. Le premier soin de Nymphidius, préfet du prétoire, fut de s'emparer du gouvernement, soit pour consolider son pouvoir avant l'arrivée de Galba, et jouer le second rôle dans l'empire, soit pour s'assurer sa succession, dans le cas où ce vieillard septuagénaire viendrait, en route, à succomber à la fatigue. Il comptait d'ailleurs sur les gardes prétoriennes qui, depuis long-temps, lui étaient dévouées, et qu'il venait de s'attacher par la promesse d'une gratification dont il se donnait tout le mérite, ne laissant à Galba que l'obligation de l'acquitter. Ensuite, pour que l'association de Tigellin ne fît pas avorter de si hautes espérances, il lui ôta son commandement. En même temps, il se concilia, par des festins et des fêtes, les consulaires et ceux qui avaient commandé des armées, ou gouverné des provinces. La même politique agit pour lui

id genus lautitiis occupat. Iisdem artibus per castra gliscit ambitio : plurimi jactitant mittendos ad Galbam legatos, qui Nymphidium perpetuum, et sine collegâ, prætorianorum præfectum efflagitent.

90. Par in senatu adulatio. Patres ejus foribus adsidere : beneficentiam laudare : omnibus senatûs-consultis auctorem habere. Indè, uti fert hominum natura, orta Nymphidio arrogantia, senatui invidia, dein metus. Citò erupêre hæc discordiarum semina. Patres, cùm senatûs - consultum ad Galbam per tabellarios suos misissent, dedêre simul diplomata, sigillo suo obsignata, queis oppida cursum celerarent. Succensuit Nymphidius, questus Patres nec suo signo nec prætorianis usos : poenas etiam, ut fama fuit, repetiturus, ni supplices, excusatâque imprudentiâ, veniam exorâssent.

91. Tùm, nihil non audendum ratus, odiis vulgi per prioris principatûs ignominiam gratificatur. Raptatæ Neronis imagines. Spicillus, gladiator, cum iis tractus, in Foro trucidatur. Acta per corpus Aponii, delationibus infamis, plaustra, lapidibus gravida. In hâc vulgi licentiâ, sontium et insontium multitudo adeò promiscuè perit, ut Mauricus, futuri providus, Urbi promptum Neronis desiderium prænuntiaverit. Interim à Nymphidio, se Caii Cæsaris filium ementito, consulebatur ut grata semper populo romano Germanici memoria revivisceret.

dans le camp; ses émissaires répètent qu'il faut envoyer une députation, demander à Galba, pour Nymphidius, la place de préfet du prétoire, sans collègue et pour toute sa vie.

90. Les sénateurs portaient aussi loin l'adulation. On les vit assiéger la porte de Nymphidius, louer sa munificence, lui faire hommage de tous les sénatus-consultes. De là, comme il n'est que trop naturel, l'arrogance de Nymphidius, la jalousie des sénateurs, leurs alarmes, et des dissensions qui ne tardèrent pas à éclater. Le sénat, en envoyant son décret à Galba, par ses courriers ordinaires, leur remit un diplôme, scellé de son sceau, pour enjoindre aux villes de hâter la rapidité de leur marche. Nymphidius, irrité, se plaignit de ce que les Pères ne s'étaient servis, ni de son cachet, ni de celui d'aucun prétorien, et même il eût exigé qu'on sévît contre les coupables, s'ils ne fussent venus demander grâce, comme d'une légère inadvertance.

91. Alors, croyant devoir tout oser, il ouvre un libre cours à la haine du vulgaire, en livrant à l'ignominie la mémoire du dernier empereur. Ses images sont traînées dans les rues, avec le gladiateur Spicillus qu'on égorge dans le Forum. Aponius, fameux par ses délations, est écrasé sous des tombereaux chargés de pierres. Au milieu de cette effervescence de la populace, il périt indistinctement tant de coupables et d'innocents, que Mauricus, lisant dans l'avenir, prédit que bientôt Néron serait regretté des Romains. En attendant, Nymphidius, qui se prétendait fils de Caïus César, cherche à faire revivre la mémoire de Germanicus, toujours chère au peuple romain. Ces me-

Hæc quidem in fortunæ spem parata, in exitii caussas vertêre.

92. Galba enim, perlatis mirâ celeritate nuntiis se à senatu Imperatorem fuisse consalutatum, auditoque Neronis fine, Romam erat profectus: atrox ob diù ancipitem imperii spem, necdùm satis firmam; quòd, cùm iter faceret, nuntiarentur timerenturque turbæ, in repentinis casibus solitæ. Ob id, neglectâ togâ, paludatus, et dependente à cervicibus pugione ante pectus, quasi per hostile solum iter ingressus est. Pronus in severitatem, Hispaniarum Galliarumque civitates, quibus cunctatior fuerat fides, gravioribus tributis, finium quoque damno attrivit: auctoresque cunctationis, Obultronius Sabinus et Cornelius Marcellus in Hispaniâ, Betuus Chilo in Galliâ, occisi. Simul, Principis jussu, Trebonius Garucianus, procurator, Clodium Macrum in Africâ turbantem interficit. Fonteius Capito, ambiguis studiis suspectus, in Germaniâ periit, à Cornelio Aquino et Fabio Valente oppressus.

93. Formidolosiorem Nymphidium præpropera cupido perditum iit. Cùm secundas in imperio obtinere vanis artibus tentâsset, Vinio, Lacone, Icelo præpollentibus, et Othone per Vinii favorem ad fortunam sensim inrepente, imperium invadere occupat, Mithridatis pontici opibus subnixus. Illi in prætoriano milite spes; et, ne imparatus ad id dignitatis accederet, orationem à Cingonio Varrone,

sures, prises pour assurer sa fortune, finirent par causer sa perte.

92. En effet, Galba, à qui la nouvelle du choix que le sénat avait fait de lui pour empereur et de la mort de Néron était parvenue avec une prodigieuse célérité, s'était mis en route pour Rome. Ses espérances, long-temps douteuses, et qui n'étaient pas encore bien assurées, avaient rempli son cœur de ressentiment et de défiance, parce qu'on lui annonçait et qu'il redoutait lui-même les troubles inséparables de ces sortes de révolutions. Il prit donc la cotte d'armes, au lieu de la toge, porta sur la poitrine un poignard suspendu à son cou, et marcha comme en pays ennemi. Enclin à la sévérité, il se vengea des villes d'Espagne et des Gaules qui ne s'étaient pas d'abord prononcées en sa faveur, en les écrasant d'impositions et les privant même de leur territoire. Obultronius Sabinus et Cornélius Marcellus, en Espagne, Bétuus Chilo, dans les Gaules, coupables des mêmes hésitations, périrent par ses ordres, ainsi que Clodius Macer, que l'intendant, Trébonius Garucianus, fit mettre à mort au moment qu'il tentait de soulever l'Afrique. Fontéius Capito, dont le dévouement paraissait suspect, eut le même sort en Germanie, par le ministère de Corn. Aquinus et de Fabius Valens.

93. Nymphidius était plus défiant ; mais son ambition précipita sa ruine. Son projet de tenir le second rang dans l'empire, ayant été déconcerté par le crédit de Vinius, de Lacon et d'Icélus, supérieur au sien, et par la politique adroite d'Othon qui marchait à la fortune, aidé de la faveur de Vinius, il brusque le projet de s'emparer du pouvoir, avec le secours de Mithridate, roi du Pont ; et pour ne pas paraître au-dessous de la dignité impériale, il avait appris une

venali ingenio, in tantum fastigium scriptam, edidicerat. Nox propinqua talibus ausis destinabatur. Restitit Antonii Honorati, tribuni, fides. Præmonitis enim prætorianis, tot vices dedecere : præcipitem fuisse à Nerone, licèt scelerum reo, defectionem : à Galbâ, novo et laudato Principe, probrosam fore : turpe insuper, si Liviæ adfinem Nymphidiæ filio postponerent. Cùm Nymphidius castra adîsset, seu ut suâ in fide firmaret animos, seu ut ortos fortè motus sedaret, ipso in ingressu confossus occubuit.

94. Galba, hâc cæde nuntiatâ, quasi imperii pacisque certus, togam sumsit : sed, mutato habitu, haud mutata mens. Inerant semper ira, diffidentia, injuriarum memoria, ceteraque pavidi animi, in privato homine inhonesta, funesta Principi, cujus initia, verâ fictâve lætitiâ gratiâque debent clarescere. Immò plus invidiæ movit cædes Petronii Turpiliani, consularis et triumphalis viri, imperata quòd Neronis dux fuisset, et à Tigellino patrata Atrox quoque visum, præter Mithridaten et Cingonium, consulem designatum, Principis edicto amicos sociosve Nymphidii inauditos et indefensos morte mulctari. Molliisset tamen intempestivam severitatem tutandi imperii voluntas, aut necessitas, ni fuisset idem, adversùs omnes atque immeritos, rigor. Sed cùm legati, à senatu missi, Narbonem Martium adventâssent ut Principi gratularentur,

Galba.

harangue appropriée à ce haut rang, qu'avait composée, pour lui, la plume vénale de Cingonius Varron. L'exécution de ce projet insensé devait avoir lieu la nuit suivante. La fidélité d'un tribun, Antonius Honoratus, fit tout échouer. Il représente aux prétoriens, que tant de changements compromettent leur honneur. S'ils avaient mis un peu de précipitation à quitter Néron, tout chargé de crimes qu'il était, il y aurait de la honte à trahir le nouveau prince qui jouissait de l'estime publique; il y en aurait encore plus à préférer le fils d'une Nymphidia à l'allié de Livie. Au moment donc que Nymphidius entrait dans le camp, soit pour s'assurer la fidélité des soldats, soit pour apaiser des mouvements qui venaient de se manifester, il tomba percé de coups.

94. A la nouvelle de sa mort, Galba, se regardant désormais comme sûr de l'empire, reprit l'habit de paix; mais en changeant de vêtements, il ne changea point de caractère. Il conservait la colère, la défiance, le souvenir des injures, et les autres vices d'une ame pusillanime, honteux dans un homme privé, funestes pour un souverain, qui doit signaler son avènement par des témoignages publics de gratitude et d'une joie vraie ou simulée. Ce qui le rendit surtout odieux, fut le meurtre de Pétronius Turpilianus, personnage consulaire, qui avait eu les honneurs du triomphe, dont le crime était d'avoir servi Néron, et qui périt de la main de Tigellin. On ne vit pas avec moins d'horreur, outre la mort de Mithridate et de Cingonius, consul désigné, un édit du Prince qui enveloppait dans la même proscription, les amis ou les compagnons de Nymphidius, sans entendre leur justification. Cependant le désir ou la nécessité d'affermir un pouvoir naissant aurait fait excuser cette rigueur intempestive, s'il n'en eût usé de même avec ceux

et, quàm primùm Romam veniret, orarent, parca fuit civilitas, nihil comitatis. Pari illiberalitate exceptus Verginius, debellato imperii hoste, spreto Principatu, summum honoris promeritus. At felix, qui ob nimiam virtutem parùm gratus suspicaci Principi, id in his temporum adversis est adsecutus ut malorum reipublicæ spectator tantùm, non actor, gloriæ suæ superstes, ad ea usquè duraverit tempora, quibus revixit romana felicitas.

95. Cruento autem Principis itinere fœdior adhuc adventus. Urbsque horruit classiarios, qui obviàm occurrerant, sibique militiam à Nerone datam servari orabant, non modò rejici, sed, qui aquilam signaque pertinaciùs flagitaverant, immisso confestim equite, equorum vi obteri, aut trucidari : superstites, in Urbis oculis decumari, custodiâve attineri, licèt in fidem acceptos. Amoti etiam prætorianorum plerique, ob Nymphidii molimina suspecti. Germanorum cohors, quæ multis fidei experimentis se prioribus Cæsaribus in corporis custodiâ approbaverat, tùm dissoluta, ac sine ullo commodo in patriam remissa; quasi Dolabellæ, juxta cujus hortos tendebat, pronior.

96. Talibus non facta securitas, conflata tantùm odia, quæ in dies crescebant, dùm apud senem, in pœnas promptum, tardum ad præmia, nullus

qui la méritaient le moins. Mais la députation du sénat, arrivée à Narbonne, pour féliciter le Prince et le prier de hâter son retour à Rome, fut accueillie froidement et sans trop d'égards. Verginius fut reçu avec la même hauteur, quoique la défaite de l'ennemi de l'empire et le refus du pouvoir suprême l'eussent rendu digne des plus grands honneurs. Mais ayant trop de mérite pour être agréable à un prince soupçonneux, il eut, dans ces temps de calamités, spectateur des maux publics, sans jamais en être l'auteur, le bonheur de survivre à sa gloire, et de prolonger sa carrière jusqu'aux temps heureux où Rome vit revivre son ancienne félicité.

95. Si le sang avait marqué la route du nouvel empereur, son arrivée ne le discrédita pas moins. Les soldats de la flotte étaient venus à sa rencontre, et demandaient le maintien du rang de soldats que Néron leur avait accordé. Non-seulement il rejeta leur demande, mais fit charger par la cavalerie et fouler aux pieds des chevaux, ou massacrer ceux d'entre eux qui s'obstinaient à solliciter leur aigle et leurs drapeaux; et ceux qui échappèrent à ce massacre furent décimés sous les yeux de Rome, ou jetés dans les fers, quoiqu'ayant fait leur soumission. La plupart des prétoriens furent cassés comme suspects de complicité avec Nymphidius. La cohorte des Germains, qui avaient dû aux preuves multipliées de leur fidélité, l'honneur de composer la garde des premiers Césars, se vit licenciée et renvoyée dans son pays, sans aucun dédommagement, comme plus favorable à Dolabella, près des jardins duquel elle était campée.

96. Tous ces actes, loin d'inspirer la confiance, excitaient une haine qui croissait de jour en jour sous un vieillard, prompt à punir, lent à récompenser, dont on ne

esset gratiæ locus, concessaque à prioribus principibus beneficia eriperentur. Inritati adhuc animi, quòd, super Principis vitia, majora ex hominibus, quibus se abutendum permiserat, orirentur pericula. Titus Vinius, quem suprà memoravi, ut favore præcipuus, sic cupiditate immensâ grassabatur. Cornelio Laconi, ex adsessore, præfecto prætorii, arrogantia socordiaque intolerabilis. Icelus, libertus, annulis donatus, equestrique nomine, potentissimorum olim libertorum opes æmulabatur. Hos inter, lucri spe, et ob senium Principis in ruinam præceps, concordia : nec cura, nisi undè citior majorque fortuna pararetur.

97. Galba, his obnoxius, non suopte ingenio, sed pro eorum cupidine, regebatur. Per eos ergò licuit ut Helium, Polycletum, Petinum, Patrobium, Neronis libidinum ministros, plecteret. Tigellinum verò, nequiorem et invisum magis, at magnâ pecuniarum vi favorem T. Vinii emercatum, morti subduxit; populumque romanum, qui eum ad pœnas assiduè repetebat, edicto increpuit quòd hominem tabe fermè enectum persequerentur : flagitabat ne principatum suum cruentarent, odiosumque facerent. Tigellinus, quasi deûm munere servatus, pro salute suâ litare; magnoque sumtu paratâ cenâ, Vinii filiæ, alia jam elargitus, decies sestertiûm propinare. Pronum credere quàm id fuerit populo ingratum, quæ indè adversùs Galbam invidia. Acce-

pouvait attendre nulle faveur, et qui reprenait les bienfaits accordés par ses prédécesseurs. Ce qui ajoutait encore à l'irritation générale, c'est qu'outre les défauts du Prince, on avait de plus grands dangers à craindre des hommes auxquels il permettait d'abuser de sa confiance. Titus Vinius, dont j'ai déjà parlé, le plus puissant de ses favoris, était d'une insatiable cupidité. La nonchalance de Cornélius Lacon, d'assesseur, devenu préfet du prétoire, égalait son arrogance. Icélus, élevé au rang des chevaliers, dont il portait l'anneau, voulait rivaliser d'opulence avec les anciens affranchis. Unis seulement par l'espoir du gain, ils mettaient à profit les dernières années d'un prince qui n'avait pas long-temps à l'être, et ne s'occupaient que des moyens les plus prompts d'acquérir une immense fortune.

97. Galba, gouverné par ces trois hommes, n'agissait qu'au gré de leurs caprices. Il leur abandonna le châtiment d'Hélius, de Polyclète, de Pétinus, de Patrobius, ministres des débauches de Néron. Pour Tigellin, encore plus coupable et plus odieux, mais qui avait acheté à prix d'argent la faveur de Vinius, il lui fit grâce; et par un édit reprocha au peuple romain, qui ne cessait de demander son supplice, son acharnement à poursuivre un vieillard à demi-mort de phthisie. Il les priait, ajoutait-il, de ne pas ensanglanter son règne et de ne pas le rendre odieux. Tigellinus, comme s'il eût été sauvé par une faveur spéciale des dieux, immole des victimes en reconnaissance de son salut; et, dans un repas somptueux, porte, à la fille de Vinius, une santé de dix millions de sesterces *, outre les

---

* 194,531 francs.

debant tetrica senectus, tristis avaritia, præposterè tentata imperii leges moresque emendandi consilia, et vana libertatis restitutæ ostentatio. Prætereà gliscebant per exercitus querelæ, quòd donativum sibi promissum frustrà reposcerent. Efferavit quoque animos, magnifica, sed non talis imperatoris, nec hujus temporis, vox, « legi à se militem, non emi. » Sic coalescebant discordiarum caussæ, quæ sequentem annum funestavêre, amplum historiæ argumentum.

ANNALIUM FINIS.

présents qu'il lui avait déjà faits (8). On peut juger combien cette impunité déplut au peuple, et combien elle rendit Galba odieux. Joignez à ces griefs une vieillesse chagrine, une triste avarice, sa tentative intempestive de réformer les lois et les mœurs de l'empire, et la vaine montre du rétablissement de la liberté. En outre, l'armée murmurait de ce que, malgré ses instances, on ne lui donnait point la gratification promise. Mais ce qui acheva de les révolter, fut ce mot très-noble, mais déplacé dans la bouche d'un tel prince et dans un tel temps : « Qu'il choisissait ses soldats » et ne les achetait point. » Ainsi fermentaient les semences des discordes qui ensanglantèrent l'année suivante, et fournirent un si vaste tableau aux crayons sublimes de l'historien.

FIN DES ANNALES.

NOTES

DU SUPPLÉMENT

DU LIVRE SEIZIÈME.

---

(1) CHAP. L, PAGE 213.

En couches. Un jour qu'il jouait le rôle de Canace, on demandait ce que faisait l'empereur; un plaisant répondit : *Il est en couches.*

(2) CHAP. LII, PAGE 215.

Il prit pour femme Sporus. C'est à l'occasion de cette infamie que quelqu'un observa que le genre humain eût été bien heureux, si le père de Néron n'eût pas fait d'autre mariage.

(3) CHAP. LIII, PAGE 217.

Le culte des Furies le frappait d'épouvante. Il avoua plus d'une fois, dit Suétone, chap. XXXIV, *in Neron.*, que sa mère, avec les attributs des Furies, venait souvent se présenter à lui.

(4) CHAP. LIV, PAGE 217.

Lui apportent de tous côtés des couronnes d'or. Suivant le même historien, Néron porta la jalousie jusqu'à faire renverser, traîner dans les rues et jeter dans les latrines, les statues et les images de tous ceux qui avaient vaincu avant lui dans les jeux olympiques.

(5) CHAP. LXXV, PAGE 253.

Répètent avec affectation le nom de Vindex. Ces jeux de mots roulaient sur l'équivoque des mots *Gallus* et *Vindex*, dont le premier signifie *coq* et gaulois, et le second *un vengeur*, et le nom du général.

(6) CHAP. LXXXVII, PAGE 269.

Quelquefois il se reproche sa lâcheté. Suétone, chap. XLIX, lui met dans la bouche ces paroles dont la tradition s'était vraisemblablement conservée : « Je mène une vie honteuse et
» infâme; non, cela n'est pas digne de Néron. Allons, il faut
» savoir prendre un parti courageux; allons, Néron, réveille-
» toi ! »

NOTES DU LIVRE XVI.

(7) CHAP. LXXXVII, PAGE 269.

Récitant un vers d'Homère, le 535ᵉ. du liv. X de l'Iliade :
Un grand bruit de chevaux vient frapper mes oreilles.

(8) CHAP. XCVII, PAGE 285.

Outre les présents qu'il lui avait déjà faits. Entre autres un collier que Tigellin avait ôté à la première de ses concubines, évalué 116,531 francs.

HISTOIRES

DE C. CORN. TACITE.

BREVIARIUM LIBRI PRIMI.

I. Historiarum præfatio, rerumque summa. IV. Status Urbis; mens exercituum. VI. Galbæ et ejus aulæ vitia. VIII. Hispaniæ, Galliæ, utriusque Germaniæ, Orientis, Ægypti, exterarumque provinciarum habitus. XII. Legionum Germaniæ superioris defectio. Galba de adoptando Cæsare cogitat. XIII. Hâc de re discordes T. Vinius et C. Laco. Othonis spes. XIV. Piso adoptatur. XV. Galbæ oratio. XVII. Moderatio Pisonis. XVIII. Intempestiva Galbæ severitas. XIX. Legati ad defectores mittuntur. XX. Neronis prodigæ donationes rescissæ. XXI. Otho res novas molitur; animosus militum corruptor. XXIV. Laconis, præfecti prætorianorum, socordia. XXV. Suscipiunt duo manipulares, Proculus et Veturius, imperium populi romani transferendum, et transferunt. XXVII. Otho, consalutatus Imperator, castris infertur. XXIX. Interim senex Galba, sacris intentus, alieni imperii fatigat deos. Piso, cohortem, quæ in palatio stationem agebat, hortatur ad fidem. XXXI. Illa parat signa : reliquæ copiæ desciscunt. XXXII. Plebis adulatio et levitas. Cunctatur Galba, incertus manendum, an occurrendum discrimini. XXXIV. Vanus rumor occisum in castris Othonem. XXXV. Indè in Galbam populi, equitum, senatorum, immodica studia. XXXVI. At castra tenet Otho, flagrantesque militum animos oratione accendit. XXXVIII. Arma militi dividit. XXXIX. Piso, crebrescentis seditionis fremitu exterritus, egressum Galbam et Foro appropinquantem adsequitur. Tre-

SOMMAIRE DU LIVRE PREMIER.

I. Préface et sommaire des Histoires. IV. Etat de Rome; dispositions des armées. VI. Défauts de Galba et vices de sa cour. VIII. Tableau de l'Espagne, de la Gaule, des deux Germanies, de l'Orient, de l'Égypte et des autres provinces. XII. Révolte des légions de la Germanie supérieure. Galba songe à se donner un collègue. XIII. Dissentiment de T. Vinius et de Corn. Lacon à ce sujet; espérances d'Othon. XIV. Adoption de Pison. XV. Discours de Galba. XVII. Modération de Pison. XVIII. Rigueur intempestive de Galba. XIX. Envoi de députés aux révoltés. XX. Prodigalités de Néron ôtées à ceux qui les avaient reçues. XXI. Othon médite une révolution; son habileté à corrompre le soldat. XXIV. Nonchalance de Lacon, préfet des gardes prétoriennes. XXV. Deux simples soldats, Proculus et Véturius, entreprennent de faire passer l'empire d'une tête à une autre et y réussissent. XXVII. Othon, proclamé empereur, est porté dans le camp. XXIX. Galba, occupé de sacrifices, fatigue les dieux d'un empire qui ne lui appartient plus. Pison exhorte à rester fidèle la cohorte qui montait la garde devant le palais. XXXI. Elle prend ses drapeaux : défection des autres troupes. XXXII. Adulation et inconstance du peuple. Hésitation de Galba, incertain s'il doit attendre le péril ou l'affronter. XXXIV. Faux bruit de la mort d'Othon qu'on dit tué dans le camp. XXXV. Démonstrations outrées de zèle de la part du peuple, des chevaliers et du sénat à cette occasion. XXXVI. Othon, maître du camp, échauffe par un discours l'ardeur des soldats. XXXVIII. Il leur distribue des armes. XXXIX. Pison, épouvanté des clameurs séditieuses, sort avec Galba et le suit jusqu'au Forum. Agitation du peuple, dont le zèle se refroidit. Fuite de ceux qui l'accompagnent. XL. Les soldats d'Othon dispersent le peuple, foulent aux pieds le sénat et se précipitent dans le Forum.

pidæ plebis languent studia : proximorum diffugia. **XL.** Othoniani milites, disjectâ plebe, proculcato senatu, Forum inrumpunt. **XLI.** Galba juxta Curtium lacum occiditur. **XLII.** Vinii cædes. **XLIII.** Sempronii Densi fides egregia. Piso trucidatur. **XLV.** Alius statim senatus, alius populus. Ruunt cuncti in Othonis venerationem. **XLVI.** Omnia militum arbitrio aguntur. Variæ cædes. **XLVII.** Corpora Pisonis, Vinii, Galbæ, sepulturæ concessa. Eorum ingenia et mores. **L.** Otho et Vitellius vitiis invisi : ambigua de Vespasiano fama. **LI.** Initia causaque motûs Vitelliani. A germanicis exercitibus Vitellius Imperator consalutatur. Ejus iter in Italiam inerti luxu et prodigis epulis fœdum. Belli duces Alienus Cœcina et Fabius Valens. **LXIII.** Galli, partim formidine, partim gaudio, Vitellii sacramentum accipiunt. **LXVII.** Helvetiorum strages. **LXXI.** Otho imperii munia, quædam ex dignitate reipublicæ, pleraque contra decus, obit. **LXXII.** Tigellini exitium. **LXXIII.** Crispinilla, magistra libidinum Neronis, periculo exempta. **LXXIV.** Mutuis epistolis Otho ac Vitellius concordiam tentant; sed, distractis inter utrumque exercitibus ac provinciis, bello opus. **LXXVII.** Largitionibus voluptatibusque animos Otho adgreditur. **LXXIX.** Inter civilis belli motus, Rhoxolani, sarmatica gens, Mœsiam inrumpunt : primùm victores, mox victi. **LXXX.** Ortam in Urbe seditionem Otho ægrè componit. **LXXXIII.** Ejus oratio. **LXXXVI.** Prodigia imminentium cladium prænuntia. **LXXXVII.** Belli consilia; Othonisque duces. **LXXXVIII.** Cornelius Dolabella in coloniam Aquinatem Otho proficiscitur, quiete sepositus. **LXXXIX.** Urbis curisque imperii Salvio Titiano fratri permissis.

Hæc gesta paucis mensibus.

A. U. C.	J.-C.	
DCCCXXII.	69 coss.	Ser. Sulpicio Galbâ Aug. II. T. Vinio Rufino.

XLI. Galba est tué près du lac de Curtius. XLII. Meurtre de Vinius. XLIII. Bel exemple de fidélité de Sempronius Densus. Pison est massacré. XLV. On voit tout-à-coup un autre sénat, un autre peuple. Tous courent se prosterner devant Othon. XLVI. Le caprice des soldats dispose de tout. Différents meurtres. XLVII. On permet de rendre les devoirs à Pison, à Vinius et à Galba. Leur caractère. L. Vices d'Othon et de Vitellius qui les rendent odieux. Réputation équivoque de Vespasien. LI. Principes et cause de la révolte de Vitellius. Les armées de Germanie le proclament empereur. Il marche vers l'Italie, et ne signale sa route que par les excès du luxe et de la mollesse et par des festins ruineux. Ses deux principaux lieutenants sont Aliénus Cécina et Fabius Valens. LXIII. Les Gaulois, soit par crainte, soit par zèle, prêtent serment à Vitellius. LXVII. Massacre des Helvétiens. LXXI. Actes d'Othon, quelquefois conformes, le plus souvent contraires à la dignité d'un empereur. LXXII. Mort de Tigellin. LXXIII. Crispinilla, intendante des plaisirs de Néron, échappe au péril. LXXIV. Correspondance d'Othon et de Vitellius pour amener un accord; mais le partage des armées et des provinces entre ces deux rivaux rend la guerre inévitable. LXXVII. Othon emploie les largesses et les voluptés pour s'attacher les esprits. LXXIX. Au milieu des troubles de la guerre civile, les Rhoxolans, nation sarmate, envahissent la Mœsie : d'abord vainqueurs, ils sont vaincus ensuite. LXXX. Sédition à Rome; Othon l'apaise, mais avec peine. LXXXIII. Son discours à cette occasion. LXXXVI. Prodiges qui annoncent les désastres prochains. LXXXVII. Plans de campagne; généraux d'Othon. LXXXVIII. Corn. Dolabella écarté et confiné dans la colonie d'Aquino. LXXXIX. Othon quitte Rome, après avoir confié à Salvius Titianus, son frère, le gouvernement de la ville et les soins de l'administration.

Espace de peu de mois.

A. DE R.   DE J.-C.

DCCCXXII.   69. cons.   { Ser. Sulpicius Galba Aug. p. 2e. f.
                           { T. Vinius Rufinus.

C. CORNELII TACITI

HISTORIARUM

LIBER PRIMUS.

I. Initium mihi operis, Ser. Galba iterùm, T. Vinius consules erunt. Nam, post conditam Urbem, octingentos et viginti prioris ævi annos multi auctores retulerunt : dùm res populi romani memorabantur pari eloquentiâ ac libertate; postquàm bellatum apud Actium, atque omnem potestatem ad unum conferri pacis interfuit, magna illa ingenia cessêre. Simul veritas pluribus modis infracta; primùm inscitiâ reipublicæ ut alienæ, mox libidine assentandi, aut rursùs odio adversùs dominantes : ità neutris cura posteritatis, inter infensos, vel obnoxios. Sed ambitionem scriptoris facilè averseris; obtrectatio et livor pronis auribus accipiuntur : quippè adulationi fœdum crimen servitutis, malignitati falsa

HISTOIRES*

DE C. CORN. TACITE.

LIVRE PREMIER.

I. Je (1) commence mon ouvrage au second consulat de Galba avec Vinius **; les huit cent vingt années précédentes, depuis la fondation de Rome, ont trouvé assez d'historiens. Quand le pouvoir appartenait au peuple romain, son histoire s'écrivait avec non moins d'éloquence que de liberté. Depuis la bataille d'Actium, depuis que le bien de la paix a exigé que l'autorité fût remise à un seul, les grands talents ont disparu, et l'on a porté mille atteintes à la vérité, d'abord par l'ignorance d'une administration devenue presque étrangère, ensuite par la fureur de flatter ou de déchirer ses maîtres. Ainsi, de ces écrivains livrés à la haine ou à l'adulation, nul n'a pensé à la

---

* *Historiæ*. Mot que les Romains avaient emprunté du grec. Il signifiait proprement le récit des faits dont on avait pu être témoin soi-même.

** An de Rome 821; de J.-C. 68.

species libertatis inest. Mihi Galba, Otho, Vitellius, nec beneficio, nec injuriâ cogniti. Dignitatem nostram à Vespasiano inchoatam, à Tito auctam, à Domitiano longiùs provectam, non abnuerim: sed incorruptam fidem professis, nec amore quisquam, et sine odio dicendus est. Quòd si vita suppeditet, principatum divi Nervæ, et imperium Trajani, uberiorem securioremque materiam senectuti seposui: rarâ temporum felicitate, ubi sentire quæ velis, et quæ sentias dicere licet.

II. Opus aggredior opimum casibus, atrox præliis, discors seditionibus, ipsâ etiam pace sævum. Quatuor principes ferro interempti. Tria bella civilia, plura externa, ac plerumquè permixta. Prosperæ in Oriente, adversæ in Occidente res. Turbatum Illyricum; Galliæ nutantes; perdomita Britannia, et statim missa: coortæ in nos Sarmatarum ac Suevorum gentes: nobilitatus cladibus mutuis Dacus: mota etiam propè Parthorum arma, falsi Neronis ludibrio. Jam verò Italia novis cladibus, vel, post longam seculorum seriem repetitis, adflicta. Haustæ aut obrutæ urbes fecundissimâ Campaniæ orâ: et Urbs incendiis vastata, consumptis antiquissimis delubris, ipso Capitolio civium manibus incenso: pollutæ cærimoniæ; magna adulteria; plenum exsiliis mare; infecti cædibus scopuli; atrociùs

postérité. Mais on se tient aisément en garde contre la flatterie d'un auteur, tandis que les détractions et la calomnie sont avidement reçues; parce que l'adulation porte le caractère honteux de la servitude, et que la malignité a un faux air de liberté. Pour moi, je ne connais Galba, Othon, Vitellius, ni par des bienfaits, ni par des outrages (2). Vespasien, je l'avouerai, commença ma fortune, Titus l'augmenta, Domitien y mit le comble; mais l'écrivain qui fait vœu d'une fidélité incorruptible, ne doit écouter ni l'amour, ni la haine. Que si le ciel m'accorde de longs jours, j'ai réservé, pour ma vieillesse, les règnes de Nerva et de Trajan, sujet plus riche et moins dangereux pour l'historien, grâces à ces temps d'une rare félicité, où l'on peut penser comme on veut, parler comme on pense.

II. J'entreprends l'histoire d'une époque féconde en événements, signalée par des combats, troublée par des séditions, cruelle même pendant la paix; quatre princes égorgés, trois guerres civiles, des guerres étrangères, et, souvent, les unes et les autres tout à la fois; des succès dans l'Orient, dans l'Occident des revers; l'Illyrie soulevée, les Gaules chancelantes, les restes de la (3) Bretagne conquis, et aussitôt dédaignés; toutes les nations des Sarmates et des Suèves se liguant contre nous; le Dace ennobli par nos défaites et par les siennes; les Parthes même tout prêts à prendre les armes, abusés par un faux Néron; puis l'Italie désolée par des désastres nouveaux, ou qui, depuis une longue suite de siècles, ne s'étaient point renouvelés; des villes englouties ou renversées dans la plus riche contrée de la Campanie; Rome dévastée par des incendies, nos plus anciens temples consumés, le Capitole même embrasé par la main des citoyens; nos plus saints mystères

in Urbe saevitum. Nobilitas, opes, omissi gestique honores pro crimine, et, ob virtutes, certissimum exitium. Nec minùs praemia delatorum invisa quàm scelera : cùm alii sacerdotia et consulatus, ut spolia, adepti, procurationes alii et interiorem potentiam agerent, ferrent cuncta. Odio et terrore corrupti in dominos servi, in patronos liberti : et quibus deerat inimicus per amicos oppressi.

III. Non tamen adeò virtutum sterile seculum ut non et bona exempla prodiderit. Comitatae profugos liberos matres ; secutae maritos in exsilia conjuges ; propinqui audentes ; constantes generi ; contumax, etiam adversùs tormenta, servorum fides ; supremae clarorum virorum necessitates ; ipsa necessitas fortiter tolerata; et laudatis antiquorum mortibus pares exitus. Praeter multiplices rerum humanarum casus, coelo terràque prodigia, et fulminum monitus, et futurorum praesagia, laeta, tristia, ambigua, manifesta. Nec enim unquàm atrocioribus populi romani cladibus, magisve justis indiciis approbatum est non esse curae deis securitatem nostram, esse ultionem.

IV. Ceterùm, antequàm destinata componam,

profanés, des adultères fameux, les mers se couvrant d'exilés, les rochers inondés de sang; des barbaries plus révoltantes dans la capitale : la naissance, les richesses, l'acceptation ou le refus des honneurs, devenus des crimes, et la mort, l'infaillible partage des vertus; les délateurs, non moins odieux par leurs récompenses que par leurs crimes, se partageant, comme des dépouilles, les uns, les sacerdoces et les consulats, d'autres, les commandements au-dehors, la puissance au-dedans; menant, bouleversant tout, armant la haine ou la faiblesse des esclaves contre les maîtres, des affranchis contre les patrons, et, au défaut d'ennemis, les amis mêmes.

III. Ce siècle, toutefois, ne fut pas si stérile en vertus, qu'il n'offre aussi des actions louables. Des mères accompagnèrent (4) leurs enfants dans leur fuite; des femmes partagèrent l'exil de leurs époux; des proscrits trouvèrent du courage dans leurs proches, de la fermeté dans leurs gendres. On vit des esclaves conserver, au milieu même des tortures, une fidélité inébranlable; de grands hommes, condamnés à mourir, subirent avec intrépidité leur arrêt, et s'illustrèrent par une mort (5) comparable aux plus belles de l'antiquité. Indépendamment de cette foule d'événements naturels, il y eut des prodiges sur la terre et dans le ciel : les destins s'annoncèrent par la voix du tonnerre et par mille présages heureux, terribles, équivoques, manifestes; car les dieux, qui, après avoir laissé gémir le peuple romain sous la plus cruelle des oppressions, le vengèrent (6) d'une manière si éclatante, n'ont jamais mieux prouvé que, s'ils (7) ne préviennent point le crime, du moins ils le punissent.

IV. Mais, avant d'exécuter mon projet, il est à propos

repetendum videtur qualis status Urbis, quæ mens exercituum, quis habitus provinciarum, quid in toto terrarum orbe validum, quid ægrum fuerit: ut non modò casus eventusque rerum, qui plerumquè fortuiti sunt, sed ratio etiam caussæque noscantur. Finis Neronis ut lætus, primo gaudentium impetu, fuerat, ità varios motus animorum, non modò in Urbe, apud Patres, aut populum, aut urbanum militem, sed omnes legiones ducesque conciverat, evulgato imperii arcano, posse principem alibi quàm Romæ fieri. Sed Patres læti, usurpatâ statim libertate, licentiùs, ut erga principem novum et absentem: primores equitum proximi gaudio Patrum: pars populi integra, et magnis domibus annexa, clientes libertique damnatorum et exsulum, in spem erecti: plebs sordida, et circo ac theatris sueta, simul deterrimi servorum, aut qui, adesis bonis, per dedecus Neronis alebantur, moesti et rumorum avidi.

V. Miles urbanus, longo Cæsarum sacramento imbutus, et ad destituendum Neronem arte magis et impulsu quàm suo ingenio traductus, postquàm neque dari donativum, sub nomine Galbæ promissum, neque magnis meritis ac præmiis eumdem in pace, quem in bello, locum, præventamque gratiam intelligit apud Principem à legionibus factum, pro-

de rappeler quelle était la situation de Rome, la disposition des armées, des provinces, du monde entier; ce qu'il y avait, dans ce vaste corps, de parties saines, de parties malades. C'est peu de connaître, dans l'histoire, cette portion de faits et d'événements le plus souvent subordonnés au hasard, il faut en embrasser encore l'enchaînement et les causes. La mort de Néron, après les premiers transports de joie, avait excité différents mouvements dans les esprits, non-seulement à Rome, parmi le sénat, le peuple et les troupes de la capitale, mais encore dans les provinces, parmi les légions et les généraux, pour qui se dévoilait le secret de l'empire, la possibilité de faire un prince ailleurs qu'à Rome. Le sénat triomphait; il s'était ressaisi sur-le-champ de sa liberté, plus entreprenant sous un prince nouveau et absent; les principaux de l'ordre équestre n'étaient guère moins satisfaits. La partie du peuple qui avait des mœurs et des liaisons avec les grandes familles, les affranchis et les clients des proscrits et des exilés, se livraient à l'espérance. La vile populace, qui ne connaît que le cirque et les théâtres, tous les esclaves pervers, et ceux qui, ayant dissipé leur fortune, ne subsistaient que de l'opprobre de Néron, étaient tristes, et recueillaient avidement tous les bruits.

V. Les soldats de Rome, nourris dans un long respect pour les Césars, avaient abandonné Néron contre leur penchant, séduits (8) par des artifices, entraînés par une impulsion étrangère. Depuis, ne recevant point les gratifications (9) promises au nom de Galba, jugeant bien que la paix n'offrirait point matière à de grands services et à de grandes récompenses, comme la guerre, et, se voyant prévenus dans la faveur du Prince par les légions dont il

nus ad novas res, scelere insuper Nymphidii Sabini præfecti, imperium sibi molientis agitatur. Et Nymphidius quidem in ipso conatu oppressus : sed quamvis capite defectionis ablato, manebat plerisque militum conscientia : nec deerant sermones senium atque avaritiam Galbæ increpantium. Laudata olim, et militari famâ celebrata severitas ejus, angebat adspernantes veterem disciplinam, atque ità quatuordecim annis à Nerone adsuefactos ut haud minùs vitia principum amarent quàm olim virtutes verebantur. Accessit Galbæ vox, pro republicâ honesta, ipsi anceps : legi à se militem, non emi. Nec enim ad hanc formam cetera erant.

VI. Invalidum senem T. Vinius, et Cornelius Laco, alter deterrimus mortalium, alter ignavissimus, odio flagitiorum oneratum, contemptu inertiæ destruebant. Tardum Galbæ iter, et cruentum, interfectis Cingonio Varrone, consule designato, et Petronio Turpiliano, consulari : ille ut Nymphidii socius, hic ut dux Neronis, inauditi atque indefensi, tanquàm innocentes perierant. Introitus in Urbem, trucidatis tot millibus inermium militum, infaustus omine, atque ipsis etiam qui occiderant formidolosus. Inductâ legione hispanâ, remanente eâ quam è classe Nero conscripserat, plena Urbs exercitu insolito : multi ad hoc numeri è Germaniâ, ac Britan-

était l'ouvrage, ils n'aspiraient qu'à un changement, lorsque l'attentat de leur préfet, Nymphidius (10), qui ambitionna l'empire, vint encore échauffer leurs esprits. Nymphidius, il est vrai, succomba dans son projet; mais, quoique la révolte eût perdu son chef, beaucoup de soldats se souvenaient d'en avoir été complices, et ils ne manquaient pas de murmurer contre l'âge et l'avarice de Galba. Sa sévérité même, autrefois l'objet de leurs éloges et le fondement de sa renommée militaire, gênait des hommes dégoûtés de l'ancienne discipline, et accoutumés, sous Néron, pendant quatorze ans, à une telle corruption, qu'ils aimaient les vices de leurs chefs non moins qu'autrefois ils en respectaient les vertus. Ils n'oubliaient pas non plus un mot de Galba, honorable pour la république, dangereux pour lui-même : qu'il choisissait les soldats et ne les achetait pas; mais il s'en fallait que le reste de sa conduite répondît à cette fermeté.

VI. Le débile vieillard était à la merci de Vinius et de Lacon, l'un, le plus méchant, l'autre, le plus vil des hommes, qui accumulaient sur lui toute la haine qu'excitent les forfaits, tout le mépris qu'inspire la lâcheté. La marche de Galba avait été lente et ensanglantée; il avait fait tuer Varron (11), consul désigné, et Turpilianus (12), consulaire, l'un, comme le complice de Nymphidius, l'autre, comme le chef des troupes de Néron; et, tous deux, condamnés sans avoir été entendus, sans avoir pu se défendre, semblaient être morts innocents. Son entrée dans Rome, marquée par le meurtre (13) de tant de milliers de soldats désarmés, était d'un présage sinistre, et avait alarmé jusqu'aux meurtriers eux-mêmes. Rome n'avait jamais vu autant de soldats dans ses murs; Galba avait amené une légion

niâ, et Illyrico, quos idem Nero electos præmissosque ad claustra Caspiarum, et bellum quod in Albanos parabat opprimendis Vindicis cœptis revocaverat : ingens novis rebus materia, ut non in unum aliquem prono favore, ità audenti parata.

VII. Fortè congruerat ut Clodii Macri et Fonteii Capitonis cædes nunciarentur. Macrum, in Africâ haud dubiè turbantem, Trebonius Garucianus, procurator, jussu Galbæ; Capitonem in Germaniâ, cùm similia cœptaret, Cornelius Aquinus, et Fabius Valens, legati legionum, interfecerant, antequàm juberentur. Fuêre qui crederent Capitonem, ut avaritiâ et libidine fœdum ac maculosum, ità cogitatione rerum novarum abstinuisse ; sed à legatis bellum suadentibus, postquàm impellere nequiveřint, crimen ac dolum compositum ultrò : et Galbam, mobilitate ingenii, an, ne altiùs scrutaretur, quoquo modo acta, quià mutari non poterant, comprobâsse. Ceterùm utraque cædes sinistrè accepta : et, inviso semel Principe, seu benè, seu malè facta premunt. Jam afferebant venalia cuncta præpotentes liberti : servorum manus subitis avidæ, et tanquàm apud senem festinantes : eademque novæ aulæ mala, æquè gravia, non æquè excusata. Ipsa ætas Galbæ et inrisui ac fastidio erat, adsuetis juventæ Neronis,

d'Espagne; celle que Néron avait formée des troupes de la marine y était restée, avec des corps nombreux choisis par lui dans les légions de Germanie, de Bretagne, d'Illyrie, qu'il avait d'abord envoyés aux portes caspiennes, pour la guerre projetée contre l'Albanie, et rappelés ensuite pour étouffer la révolte de Vindex; c'étaient de grands moyens pour une révolution, qui, sans avoir un but fixe, devait favoriser le premier ambitieux.

VII. Le hasard avait fait que, dans le même moment, on avait appris le meurtre de Macer et celui de Capito. Macer, dont le soulèvement en Afrique n'était point équivoque, avait été tué par le procurateur Garucianus, sur un ordre de Galba; Capito (14), qui méditait, en Germanie, un soulèvement pareil, l'avait été par Aquinus et par Valens, lieutenants de légions, sans qu'ils eussent reçu aucun ordre. Quelques-uns, en convenant de l'avarice et des débauches infâmes qui flétrissent la mémoire de Capito, le justifient sur ses projets de révolte, et prétendent que ce furent les lieutenants qui, lui ayant conseillé la guerre, et n'ayant pu l'y résoudre, lui supposèrent eux-mêmes ce dessein pour le perdre, et que Galba crut tout, soit par légèreté, soit qu'il ne voulût rien approfondir, dans l'impossibilité de remédier au mal, quel qu'il fût. Cependant, ces deux meurtres laissèrent une impression sinistre; car, le Prince une fois odieux, ce qu'il fait bien, ce qu'il fait mal, tourne également contre lui. Les affranchis, tout-puissants, mettaient tout en vente; des troupes d'esclaves pillaient avec toute l'avidité des nouveaux parvenus, et, voyant leur maître vieux, ils se hâtaient (15); enfin tous les abus de l'ancienne cour subsistaient, non moins criants, bien

et imperatores formâ ac decore corporis (ut est mos vulgi) comparantibus.

VIII. Et hic quidem Romae, tanquàm in tantâ multitudine, habitus animorum fuit. E provinciis, Hispaniae praeerat Cluvius Rufus, vir facundus, et pacis artibus, bellis inexpertus. Galliae, super memoriam Vindicis, obligatae recenti dono romanae civitatis, et in posterum tributi levamento. Proximae tamen germanicis exercitibus Galliarum civitates, non eodem honore habitae, quaedam etiam finibus ademptis, pari dolore commoda aliena, ac suas injurias metiebantur. Germanici exercitus, quod periculosissimum in tantis viribus, solliciti et irati, superbiâ recentis victoriae, et metu, tanquàm alias partes fovissent. Tardè à Nerone desciverant : nec statim pro Galbâ Verginius : an imperare voluisset dubium, delatum ei à milite imperium conveniebat. Fonteium Capitonem occisum, etiam qui queri non poterant, tamen indignabantur. Dux deerat, abducto Verginio per simulationem amicitiae : quem non remitti, atque etiam reum esse, tanquàm suum crimen accipiebant.

IX. Superior exercitus legatum Hordeonium Flac-

moins excusés. Il n'y avait pas jusqu'à l'âge de Galba qui ne fût un sujet de raillerie et de dédain pour des hommes accoutumés à la jeunesse de Néron, et qui, comme tout ce qui est peuple, s'arrêtaient à la figure et aux grâces extérieures pour juger des souverains.

VIII. Telle était à Rome, dans une multitude aussi immense, la disposition des esprits. Quant aux provinces, l'Espagne était gouvernée par Cluvius Rufus, homme éloquent, habile dans les arts de la paix, mais sans expérience de la guerre. Les Gaules, sans compter leur attachement pour la mémoire de Vindex, étaient dévouées à Galba, qui venait d'accorder aux Gaulois le titre de citoyens romains, et l'exemption, à l'avenir, de tout tribut. Il faut pourtant en excepter les cités les plus voisines des armées de Germanie, et qui, moins bien traitées, quelques-unes même dépouillées de leur territoire, envisageaient avec une égale douleur les distinctions d'autrui et leurs propres injures. Les légions de Germanie, ce qui, avec leurs forces, était très-dangereux, avaient de l'inquiétude et de la colère; elles étaient enorgueillies de leur victoire récente, et alarmées d'avoir paru favoriser un autre parti. Elles avaient tardé à se détacher de Néron, et Verginius à reconnaître Galba; il était douteux s'il n'avait pas désiré l'empire; du moins le soldat le lui avait-il offert. Le meurtre de Capito, dont elles ne pouvaient même se plaindre, les indignait encore. Elles étaient sans chef depuis le départ de Verginius, qu'on avait attiré à la cour par des apparences d'amitié; elles jugeaient que, ne pas le rendre à ses légions, ou le regarder comme coupable, c'était les accuser elles-mêmes.

IX. L'armée du Haut-Rhin n'avait que du mépris pour

cum spernebat, senectâ ac debilitate pedum invalidum, sine constantiâ, sine auctoritate : ne quieto quidem milite, regimen; adeò furentes, infirmitate retinentis ultrò accendebantur. Inferioris Germaniæ legiones diutiùs sine consulari fuére; donec, missu Galbæ, A. Vitellius aderat, censoris Vitellii, ac ter consulis filius : id satis videbatur. In Britannico exercitu nihil irarum. Non sanè aliæ legiones, per omnes civilium bellorum motus, innocentiùs egerunt : seu quià procul, et Oceano divisæ; seu crebris expeditionibus doctæ hostem potiùs odisse. Quies et Illyrico : quanquàm excitæ à Nerone legiones, dùm in Italiâ cunctantur, Verginium legationibus adîssent. Sed longis spatiis discreti exercitus, quod saluberrimum est ad continendam militarem fidem, nec vitiis, nec viribus miscebantur.

X. Oriens adhuc immotus. Syriam, et quatuor legiones obtinebat Licinius Mucianus, vir secundis adversisque juxtà famosus. Insignes amicitias juvenis ambitiosè coluerat : mox, attritis opibus, lubrico statu, suspectâ etiam Claudii iracundiâ, in secretum Asiæ repositus, tam propè ab exsule fuit quàm posteà à Principe. Luxuriâ, industriâ, comitate, arrogantiâ, malis bonisque artibus mixtus : nimiæ voluptates, cùm vacaret : quotiens expedierat, magnæ virtutes : palàm laudares, secreta malè audiebant.

son lieutenant Hordéonius, à qui l'âge et la goutte ôtaient l'usage de ses jambes, général sans fermeté, sans réputation, incapable de contenir des soldats même tranquilles, et encore moins dans leurs emportements, qu'irritait sa faible résistance. Les légions du Bas-Rhin restèrent assez long-temps sans consulaire *; enfin Galba leur avait envoyé Aulus Vitellius, dont le père avait été censeur et trois fois consul; ce qu'on jugeait un titre suffisant pour le fils. Dans l'armée de Bretagne nuls mouvements. Ce furent sans contredit les légions qui, pendant toute cette fermentation des guerres civiles, se conservèrent le plus irréprochables, soit à cause de leur éloignement et de l'Océan qui les séparait, soit à cause des fréquentes expéditions qui leur apprenaient à ne haïr que l'ennemi. L'Illyrie était paisible aussi, quoique pourtant les légions qu'en avait tirées Néron eussent, pendant leur séjour en Italie, envoyé une députation à Verginius. Mais ces troupes, se trouvant isolées et à de grandes distances, politique ** très-sage pour maintenir la fidélité du soldat, ne pouvaient réunir ni leurs vices ni leurs forces.

X. L'Orient ne remuait point encore. Mucien commandait la Syrie et quatre légions, homme également fameux par ses disgrâces et par sa faveur. Jeune, il avait cultivé ambitieusement les grandes liaisons; depuis, il dissipa toute sa fortune, sa situation devint critique, la colère de Claude le menaçait même, et il resta oublié dans un coin de l'Asie, tout aussi près de l'exil que, depuis, il le fut de l'empire;

---

* Depuis le rappel de Verginius, qui les commandait.

** Domitien défendit qu'il y eût plus d'une légion campée ensemble. *Geminari legionum castra prohibuit,* dit Suétone.

Sed, apud subjectos, apud proximos, apud collegas, variis inlecebris potens; et cui expeditius fuerit tradere imperium quàm obtinere. Bellum Judaicum Flavius Vespasianus (ducem eum Nero delegerat) tribus legionibus administrabat. Nec Vespasiano adversùs Galbam votum, aut animus. Quippè Titum filium ad venerationem cultumque ejus miserat, ut suo loco memorabimus. Occultâ lege fati, et ostentis, ac responsis, destinatum Vespasiano liberisque ejus imperium, post fortunam, credidimus.

XI. Ægyptum, copiasque quibus coerceretur, jam indè à divo Augusto, equites romani obtinent, loco regum. Ità visum expedire, provinciam aditu difficilem, annonæ secundam, superstitione ac lascivià discordem et mobilem, insciam legum, ignaram magistratuum domi, retinere. Regebat tùm Tiberius Alexander, ejusdem nationis. Africa, ac legiones in eà, interfecto Clodio Macro, contentæ qualicumque principe, post experimentum domini minoris. Duæ Mauritaniæ, Rætia, Noricum, Thracia, et quæ aliæ procuratoribus cohibentur, ut cuique exercitui vicinæ, ità in favorem, aut odium, contactu valentiorum, agebantur. Inermes provinciæ, atque ipsa in primis Italia, cuicumque servitio exposita, in pretium belli cessuræ erant. Hic fuit rerum romanarum

associant les qualités bonnes et mauvaises, l'extrême mollesse et l'activité, la politesse la plus aimable et l'arrogance, de grands excès dans son loisir, au besoin de grandes vertus; décent dans sa vie publique, sa vie secrète était décriée ; du reste, tout-puissant par une foule d'agréments sur ses inférieurs, ses amis, ses collègues, et qui aima mieux faire un empereur que de l'être. Vespasien (c'était Néron qui l'avait nommé) faisait la guerre aux Juifs avec trois légions; et il ne formait ni projet, ni vœux contre Galba ; car il avait envoyé son fils Titus pour lui offrir ses hommages et se ménager ses bonnes grâces, comme nous le dirons par la suite. C'est à ce Vespasien, ainsi qu'à ses enfants, que les arrêts secrets du destin, que les prodiges, que les oracles destinaient l'empire; ou, du moins, c'est ce que nous avons cru depuis son élévation.

XI. L'Égypte, avec les troupes qui la contiennent, est, depuis long-temps, par un réglement d'Auguste, confiée à de simples chevaliers romains, qui tiennent la place de ses rois. On a cru sage de prendre dans cette classe le chef d'une province dont l'accès est difficile, dont le maître (16) affamerait aisément l'empire, une province chez qui la superstition et la licence entretiennent un esprit d'inconstance et de discorde, et qui, dans sa propre (17) constitution, n'a ni lois, ni magistrats. Elle était alors gouvernée par Tibère Alexandre, de la même nation. L'Afrique et les troupes qui la gardent, depuis la mort de Macer, après cette épreuve d'un maître subalterne, s'en tenaient au maître de l'empire, quel qu'il fût. Les deux Mauritanies, la Rhétie, le Norique, la Thrace, enfin toutes les provinces régies par des procurateurs, avaient, selon l'armée dont elles étaient voisines, de l'affection ou de la haine, d'après une impulsion

status, cùm Ser. Galba iterùm, Titus Vinius consules, inchoavêre annum sibi ultimum, reipublicæ propè supremum.

XII. Paucis post kalendas januarias diebus, Pompeii Propinqui, procuratoris, è Belgicâ litteræ afferuntur superioris Germaniæ legiones, ruptâ sacramenti reverentiâ, imperatorem alium flagitare, et senatui ac populo romano arbitrium eligendi permittere, quò seditio molliùs acciperetur. Maturavit ea res consilium Galbæ, jam pridem de adoptione secum et cum proximis agitantis. Non sanè crebrior totâ civitate sermo per illos menses fuerat : primùm licentiâ, ac libidine talia loquendi, dein fessâ jam ætate Galbæ. Paucis judicium, aut reipublicæ amor : multi occultâ spe, prout quis amicus vel cliens, hunc vel illum ambitiosis rumoribus destinabant, etiam in T. Vinii odium, qui, in dies, quantò potentior, eodem actu invisior erat. Quippè hiantes, in magnâ fortunâ, amicorum cupiditates, ipsa Galbæ facilitas intendebat; cùm, apud infirmum et credulum, minore metu et majore præmio peccaretur.

plus puissante qui les déterminait. Les autres provinces, et l'Italie la première qu'on laissait sans défense, destinées au premier occupant, n'étaient qu'une proie pour le vainqueur. Telle était la situation des affaires, lorsque Galba, consul pour la seconde fois, ouvrit avec Vinius cette année *, la dernière de leur vie, et peu s'en fallut de la république.

XII. Peu de jours après les calendes de janvier, une lettre de Propinquus, procurateur de la Belgique **, apprit que les légions du Haut-Rhin, au mépris d'un serment sacré, demandaient hautement un autre empereur; seulement elles en laissaient le choix au sénat et au peuple, afin de donner à la sédition une couleur plus favorable. Cet événement précipita les résolutions de Galba, qui, depuis long-temps, songeait à adopter un fils, et en conférait avec ses amis. C'était même, depuis quelques mois, l'entretien le plus ordinaire de toute la ville. Outre la fermentation des esprits, outre qu'on aime à donner aux princes des successeurs, l'affaissement de Galba autorisait ces discours. Peu avaient des vues saines ou l'amour de l'État; la plupart, menés par des espérances secrètes, dans leurs conjectures ambitieuses, nommaient ou leur patron ou leur ami; ils consultaient (18) aussi leur haine contre Vinius, plus odieux chaque jour, parce que chaque jour son pouvoir devenait plus énorme. L'insatiable cupidité, trop ordinaire aux favoris des souverains, se trouvait encore excitée dans Vinius par la facilité même de Galba, prince crédule et

---

* An de Rome 822 ; de J.-C. 69.
** La Gaule-Belgique s'étendait depuis l'Escaut jusqu'à la Seine.

XIII. Potentia principatûs divisa in T. Vinium consulem, et Cornelium Laconem, prætorii præfectum. Nec minor gratia Icelo, Galbæ liberto, quem annulis donatum, equestri nomine Martianum, vocitabant. Hi, discordes, et rebus minoribus sibi quisque tendentes, circa consilium eligendi successoris in duas factiones scindebantur. Vinius pro M. Othone : Laco atque Icelus consensu non tam unum aliquem fovebant quàm alium. Neque erat Galbæ ignota Othonis ac T. Vinii amicitia, ex rumoribus nihil silentio transmittentium : quià Vinio vidua filia, cælebs Otho, gener ac socer destinabantur. Credo et reipublicæ curam subîsse, frustrà à Nerone translatæ, si apud Othonem relinqueretur. Namque Otho pueritiam incuriosè, adolescentiam petulanter egerat; gratus Neroni, æmulatione luxûs : eòque jam Poppæam Sabinam, principale scortum, ut apud conscium libidinum deposuerat, donec Octaviam uxorem amoliretur : mox suspectum in eâdem Poppæâ, in provinciam Lusitaniam, specie legationis, seposuit. Otho, comiter administratâ provinciâ, primus in partes transgressus, nec segnis, et, donec bellum fuit, inter præsentes splendidissimus, spem adoptionis statim conceptam acriùs in dies rapiebat : faventibus plerisque militum ; pronâ in eum aulâ Neronis, ut similem.

faible, avec qui l'on pouvait se permettre plus de malversations et plus impunément.

XIII. Le pouvoir était partagé entre le consul Vinius, Lacon, préfet du prétoire, et même Icélus, affranchi de Galba, qui, décoré de l'anneau des chevaliers, ne se faisait plus appeler que Martianus, d'un nom conforme à sa nouvelle dignité. Ces trois hommes désunis, et, jusque dans les moindres choses, se traversant par des intérêts opposés, étaient, pour le choix d'un successeur, divisés en deux factions. Vinius favorisait Othon ; Lacon et Icélus, sans être d'accord pour un autre choix, l'étaient pour s'opposer à son élection. Galba d'ailleurs n'ignorait pas l'amitié de Vinius et d'Othon, averti par les rumeurs des courtisans, qui ne taisent rien, et qui, voyant la fille de Vinius veuve, et Othon libre, annonçaient leur alliance. Je crois qu'il entra aussi quelque idée du bien de l'État, qui n'eût pas beaucoup gagné à passer des mains de Néron dans celles d'Othon; car Othon avait eu une enfance négligée, une jeunesse licencieuse ; cher à Néron, parce qu'il partageait tous ses déréglements, et confident de ses plaisirs, c'était chez lui que ce prince avait déposé Poppée, cette courtisane impériale, en attendant qu'il pût renvoyer sa femme Octavie. Depuis, jaloux de ce même dépositaire, il l'avait relégué au fond de la Lusitanie, où les honneurs du commandement couvrirent une disgrâce. Othon se fit aimer dans sa province ; le premier déclaré pour Galba, ne manquant point d'activité, et, pendant toute la guerre, s'étant distingué par la plus grande dépense, il avait, dès le premier instant, conçu le projet de s'en faire adopter; et ce projet, il le poussait avec plus d'ardeur de jour en jour, ayant pour

XIV. Sed Galba, post nuncios germanicæ seditionis, quanquàm nihil adhuc de Vitellio certum, anxius quònam exercituum vis erumperet, ne urbano quidem militi confisus, quod remedium unicum rebatur, comitia imperii transigit. Adhibitoque, super Vinium ac Laconem, Mario Celso, consule designato, ac Ducennio Gemino, præfecto Urbis, pauca præfatus de suâ senectute, Pisonem Licinianum arcessi jubet: seu propriâ electione, sive, ut quidam crediderunt, Lacone instante, cui, apud Rubellium Plautum, exercita cum Pisone amicitia: sed callidè ut ignotum fovebat, et prospera de Pisone fama consilio ejus fidem addiderat. Piso, M. Crasso et Scriboniâ genitus, nobilis utrinquè, vultu habituque moris antiqui, et æstimatione rectâ severus, deteriùs interpretantibus tristior habebatur: ea pars morum ejus, quò suspectior sollicitis, adoptanti placebat.

XV. Igitur Galba, apprehensâ Pisonis manu, in hunc modum locutus fertur: « Si te privatus, lege
» curiatâ, apud pontifices, ut moris est, adop-
» tarem; et mihi egregium erat Pompeii et M.
» Crassi subolem in penates meos adsciscere, et tibi
» insigne Sulpiciæ ac Lutatiæ decora, nobilitati tuæ
» adjecisse. Nunc me, deorum hominumque consensu
» ad imperium vocatum, præclara indoles tua, et

lui presque tous les soldats, et, par sa conformité avec Néron, toute sa cour.

XIV. Cependant Galba, depuis la nouvelle de la sédition de Germanie, quoiqu'il n'y eût rien encore de certain sur Vitellius, ne sachant où se porterait la licence des légions, et même se fiant peu aux soldats de Rome, n'imagina pas d'autre remède que de terminer les comices de l'empire. Vinius et Lacon, Celsus [*], consul désigné, et Géminus, préfet de Rome, sont mandés. Après quelques mots sur son grand âge, Galba envoya chercher Pison, soit de son propre mouvement, soit, comme l'ont cru quelques-uns, sur les instances de Lacon, qui, chez Rubellius Plautus, avait formé avec Pison une liaison étroite; mais il eut l'adresse de n'en parler que comme d'un inconnu, et la réputation avantageuse de ce Romain avait accrédité le conseil de Lacon. Pison, fils de Marcus Crassus et de Scribonie, avait des deux côtés une naissance illustre; il retraçait dans son air et dans son extérieur les mœurs antiques. A le bien apprécier, son humeur n'était qu'austère; les malveillants la jugeaient un peu farouche; mais cette partie de son caractère, qui leur donnait de l'inquiétude, en plaisait davantage au prince qui l'adoptait.

XV. Galba, ayant pris la main de Pison, lui parla ainsi, à ce qu'on rapporte: « Si c'était dans une condition (19) » privée, et avec les formalités ordinaires pour de simples » citoyens, que Pison fût adopté par Galba, ce serait en- » core et un honneur pour Galba, d'introduire dans sa » famille le descendant de Crassus et de Pompée, et une » distinction pour Pison, de joindre les décorations des

---

[*] Marius Celsus, Ducennius Geminus.

» amor patriæ impulit, ut principatum, de quo ma-
» jores nostri armis certabant, bello adeptus, quies-
» centi offeram, exemplo divi Augusti, qui sororis
» filium Marcellum, dein generum Agrippam, mox
» nepotes suos, postremò Tiberium Neronem pri-
» vignum, in proximo sibi fastigio collocavit. Sed
» Augustus in domo successorem quæsivit : ego, in
» republicâ : non quià propinquos, aut socios belli
» non habeam ; sed neque ipse imperium ambitione
» accepi, et judicii mei documentum sint, non meæ
» tantùm necessitudines, quas tibi postposui, sed
» et tuæ. Est tibi frater, pari nobilitate, natu ma-
» jor, dignus hâc fortunâ, nisi tu potior esses. Ea
» ætas tua, quæ cupiditates adolescentiæ jam effu-
» gerit : ea vita, in quâ nihil præteritum excusan-
» dum habeas. Fortunam adhuc tantùm adversam
» tulisti. Secundæ res acrioribus stimulis animos
» explorant, quià miseriæ tolerantur, felicitate cor-
» rumpimur ; fidem, libertatem, amicitiam, præ-
» cipua humani animi bona, tu quidem eâdem cons-
» tantiâ retinebis ; sed alii per obsequium immi-
» nuent. Inrumpet adulatio, blanditiæ ; pessimum
» veri affectûs venenum, sua cuique utilitas. Etiam
» ego, ac tu simplicissimè inter nos hodiè loquimur;
» ceteri libentiùs cum fortunâ nostrâ quàm nobiscum.
» Nam suadere principi quod oporteat, multi labo-
» ris : assentatio erga principem quemcunque sine
» affectu peragitur.

» Sulpicius et des Catulus à l'illustration de ses aïeux. Au-
» jourd'hui c'est ton empereur même, proclamé solennel-
» lement par les hommes et les dieux, qui, entraîné par
» tes vertus et par l'amour de la patrie, t'appelle, du sein
» du repos, à un empire que nos ancêtres se disputaient
» par les armes, que lui-même ne doit qu'à la guerre, et
» qui vient te l'offrir, à l'exemple d'Auguste, qui adopta
» son neveu Marcellus, puis son gendre Agrippa, ses pe-
» tits-fils ensuite, enfin Tibère, son beau-fils, et les fit,
» après lui, les premiers de la terre. Mais Auguste cher-
» cha un successeur dans sa famille; moi, dans la répu-
» blique : non que je méconnaisse ni mes proches, ni les
» compagnons de mes dangers; mais, moi-même, je n'ai
» point accepté l'empire par ambition. Je n'envisage que le
» bien de Rome, et tu le vois par la préférence que tu ob-
» tiens, non-seulement sur ma famille, mais encore sur
» la tienne, sur ton frère enfin, qui, d'un sang aussi
» noble, d'un âge plus mûr, serait digne de l'empire, si tu
» ne l'étais davantage. A ton âge, on a déjà échappé aux
» passions de la jeunesse; dans ta vie, nul moment n'a
» besoin d'indulgence; mais tu n'as connu encore que l'ad-
» versité; la prospérité est, pour le cœur humain, une
» épreuve bien plus rigoureuse. On supporte le malheur,
» le bonheur nous corrompt. La bonne foi, la sincérité
» courageuse, l'amitié, trésors les plus précieux de l'homme,
» se maintiendront sans doute dans ton cœur avec la même
» constance; mais, dans celui (20) des autres, le désir de
» te complaire les altérera. L'adulation, les soins insidieux,
» l'intérêt personnel, ce poison destructeur de toute affec-
» tion véritable, t'assailliront de toutes parts. Toi et moi,
» nous nous parlons aujourd'hui avec la plus grande fran-

XVI. » Si immensum imperii corpus stare ac li-
» brari sine rectore posset, dignus eram à quo res-
» publica inciperet. Nunc eò necessitatis jam pridem
» ventum est ut nec mea senectus conferre plus po-
» pulo romano possit quàm bonum successorem, nec
» tua plus juventa quàm bonum principem. Sub Ti-
» berio, et Caio, et Claudio, unius familiæ quasi
» hereditas fuimus : loco libertatis erit quòd eligi
» coepimus. Et, finitâ Juliorum Claudiorumque
» domo, optimum quemque adoptio inveniet. Nam
» generari et nasci à principibus fortuitum, nec
» ultrà æstimatur : adoptandi judicium integrum :
» et, si velis eligere, consensu monstratur. Sit ante
» oculos Nero, quem longâ Cæsarum serie tumen-
» tem, non Vindex cum inermi provinciâ, aut ego
» cum unâ legione, sed sua immanitas, sua luxuria
» cervicibus publicis depulére : neque erat adhuc
» damnati Principis exemplum. Nos bello, et ab
» æstimantibus adsciti, cum invidiâ, quamvis egre-
» gii, erimus. Ne tamen territus fueris, si duæ
» legiones, in hoc concussi orbis motu, nondùm
» quiescunt. Ne ipse quidem ad securas res accessi :
» et, auditâ adoptione, desinam videri senex, quod
» nunc mihi unum objicitur. Nero à pessimo quoque
» semper desiderabitur : mihi ac tibi providendum

» chise; les autres parleront à notre dignité bien plus qu'à
» nous-mêmes. Ce qui coûte, c'est de conseiller aux princes
» leur devoir ; car, les approuver dans tout ce qu'ils font,
» ce n'est pas les aimer.

XVI. » Si le colosse immense de l'État pouvait se sou-
» tenir sans un chef qui en balance toutes les parties, j'étais
» digne sans doute que la république me dût sa renaissance.
» Mais depuis long-temps nos destins en ordonnent autre-
» ment, et tout ce que nous pouvons faire pour le peuple
» romain, c'est d'employer, moi, ce reste de vie à faire
» un bon choix, et toi, toute la tienne à le justifier. Sous
» Tibère, sous Caïus et sous Claude, Rome était, pour
» ainsi dire, l'héritage d'une seule famille ; sa liberté sera
» d'avoir commencé par nous à élire ses maîtres ; et,
» maintenant que les Jules et les Claudes sont éteints, l'a-
» doption ira chercher les plus vertueux citoyens. Car,
» dans cette succession de princes qui s'engendrent, on
» dépend du hasard de la naissance; dans l'adoption, l'on
» examine tout, et la voix publique vous désigne votre
» choix. Ayons toujours Néron devant les yeux. Malgré
» cette longue suite de Césars qui l'enorgueillissaient, ce
» n'est ni Vindex, avec une province désarmée, ni moi,
» avec une seule légion, ce sont ses barbaries, ce sont ses
» débordements qui l'ont précipité de l'empire, et toutefois
» il n'y avait point encore d'exemple d'un prince con-
» damné. Pour nous, qui n'avons de titre que la guerre
» et l'estime de ceux qui nous ont appelés, avec des vertus,
» même extraordinaires, nous n'échapperons point à l'envie.
» Cependant ne t'alarme point, si, dans cet ébranlement
» de l'univers, deux légions conservent encore un reste
» d'agitation. Moi-même je n'arrivai point à l'empire sans

» est, ne etiam à bonis desideretur. Monere diutiùs,
» neque temporis hujus; et impletum est omne con-
» silium, si te benè elegi. Utilissimus quidem, ac
» brevissimus bonarum malarumque rerum delectus
» est, cogitare quid, aut volueris sub alio principe,
» aut nolueris. Neque enim hìc, ut in ceteris genti-
» bus, quæ regnantur, certa dominorum domus,
» et ceteri servi : sed imperaturus es hominibus, qui
» nec totam servitutem pati possunt, nec totam li-
» bertatem. » Et Galba quidem, hæc ac talia, tanquàm principem faceret; ceteri tanquàm cum facto
loquebantur.

XVII. Pisonem ferunt statim intuentibus, et mox
conjectis in eum omnium oculis, nullum turbati aut
exsultantis animi motum prodidisse. Sermo erga
patrem imperatoremque reverens, de se modera-
tus : nihil in vultu habituque mutatum : quasi imperare posset magis quàm vellet. Consultatum indè,
pro rostris, an in senatu, an in castris adoptio nun-
cuparetur. Iri in castra placuit : honorificum id militibus fore quorum favorem, ut largitione et ambitu
malè adquiri, ità per bonas artes haud spernendum.
Circumsteterat interim palatium publica exspectatio, magni secreti impatiens, et malè coercitam famam supprimentes augebant.

» péril, et ma vieillesse, le seul reproche qu'on me fasse,
» va disparaître par ton adoption. Néron sera toujours re-
» gretté des méchants; tâchons qu'il ne le soit pas aussi
» des bons. De plus longs avis seraient déplacés et même
» inutiles, si j'ai fait un bon choix. Ta règle de conduite,
» la plus sûre à la fois et la plus simple, c'est de te rappeler
» ce que tu aimais, ce que tu blâmais dans un autre prince.
» Car ce n'est point ici comme dans les contrées asservies à
» des rois, où une famille de maîtres commande à une na-
» tion d'esclaves. Tu vas gouverner des hommes qui ne
» peuvent souffrir ni une entière liberté, ni une entière
» servitude. » Galba parla ainsi ou à peu près, et les autres
après lui; mais on voyait, dans le discours de Galba, que
Pison allait être son ouvrage; dans celui des autres, qu'il
était déjà leur souverain.

XVII. On rapporte que Pison soutint les premiers regards du conseil, et ensuite ceux de la multitude qui se
portèrent avidement sur lui, sans donner le moindre signe
de trouble ou de joie. Dans sa réponse, il parla de son père
et de son empereur avec respect, de lui-même avec modestie; rien de changé dans son air et dans son extérieur;
il semblait mériter l'empire plus que le désirer. On agita
ensuite si ce serait devant le peuple, ou au sénat, ou dans
le camp qu'on déclarerait l'adoption. On préféra d'aller au
camp; cette distinction flatterait les soldats, dont il ne
fallait point sans doute acheter la faveur par l'argent ou
par la brigue, mais avec lesquels, pourtant, il ne fallait
point négliger les voies honorables. Pendant ce temps, le
palais avait été investi de la curiosité publique, impatiente
de ce grand secret; et les bruits s'échappaient de toutes
parts, par le soin même qu'on mettait à les comprimer.

XVIII. Quartum idus januarias, fœdum imbribus diem, tonitrua, et fulgura, et cœlestes minæ ultra solitum turbaverant. Observatum id antiquitùs comitiis dirimendis, non terruit Galbam, quominùs in castra pergeret, contemptorem talium, ut fortuitorum; seu quæ fato manent, quamvis significata, non vitantur. Apud frequentem militum concionem, imperatoriâ brevitate, adoptari à se Pisonem, more divi Augusti, et exemplo militari, quo vir virum legeret, pronunciat : ac, ne dissimulata seditio in majus crederetur, ultrò adseverat, quartam et duodevicesimam legiones, paucis seditionis auctoribus, non ultra verba ac voces errâsse, et brevì in officio fore. Nec ullum orationi aut lenocinium addit, aut pretium. Tribuni tamen, centurionesque, et proximi militum, grata auditu respondent : per ceteros mœstitia ac silentium, tanquàm usurpatam etiam in pace donativi necessitatem bello perdidissent. Constat potuisse conciliari animos quantulâcumque parci senis liberalitate : nocuit antiquus rigor et nimia severitas; cui jam pares non sumus.

XIX. Indè apud senatum non comptior Galbæ, non longior quàm apud militem sermo. Pisonis comis oratio : et Patrum favor aderat : multi voluntate ; effusiùs, qui noluerant; mediè, at plurimi, obvio obsequio privatas spes agitantes, sine publicâ curâ.

XVIII. Le dix de janvier fut singulièrement marqué par des pluies, des éclairs et un tonnerre affreux. Ces menaces du ciel, qui autrefois ne manquaient jamais de rompre les comices, n'alarmèrent point Galba; il se rendit également au camp, soit qu'il ne vît dans tout cela que du hasard, soit que les décrets du destin, pour être prévus, ne lui parussent pas moins inévitables. L'assemblée des soldats était nombreuse. Galba, affectant le laconisme d'un commandant, leur annonce qu'il adoptait Pison, à l'exemple d'Auguste, et comme, à la guerre, un brave homme s'en associait un autre. Et, de peur qu'en cachant la révolte on ne la jugeât plus sérieuse, il leur déclare, le premier, que la quatrième et la dix-huitième légions s'étaient soulevées; mais que les auteurs de la sédition n'étaient qu'en petit nombre; qu'on s'était borné à des murmures et à des menaces, et que tout serait bientôt pacifié. Il n'accompagna son discours d'aucune caresse, d'aucune libéralité. Les tribuns, cependant, les centurions et les soldats les plus proches répondent par des félicitations; le reste garde un silence morne; ils envisageaient le donativum (21) comme un droit qui leur était dû même dans la paix, et c'était dans la guerre qu'ils s'en voyaient dépouillés! Il est constant que la moindre largesse du vieux et avare empereur eût pu concilier les esprits; il se perdit par cette sévérité antique, et par cet excès de rigueur que l'autorité n'a plus la force de soutenir.

XIX. De là, passant au sénat, il harangua les Pères aussi sèchement, aussi brièvement que les soldats. Pison mit de la grâce dans son discours, et les sénateurs, de l'affection dans leurs réponses; elle était sincère dans plusieurs, plus expressive dans les mécontents; jusqu'aux indifférents (22),

Nec aliud sequenti quatriduo (quod medium inter adoptionem et cædem fuit) dictum à Pisone in publico, factumve. Crebrioribus in dies germanicæ defectionis nunciis, et facili civitate ad accipienda credendaque omnia nova, cùm tristia sunt, censuerant Patres, mittendos ad germanicum exercitum legatos : agitatum secretò, nùm et Piso proficisceretur ; majore prætextu : illi auctoritatem senatûs, hic dignationem Cæsaris laturus. Placebat et Laconem, prætorii præfectum, simul mitti. Is consilio intercessit. Legati quoque (nam senatus electionem Galbæ permiserat) fœdâ inconstantiâ nominati, excusati, substituti, ambitu remanendi aut eundi ut quemque metus vel spes impulerat.

XX. Proxima pecuniæ cura : et cuncta scrutantibus justissimum visum est indè repeti ubi inopiæ caussa erat. Bis et vicies millies sestertiûm donationibus Nero effuderat. Appellari singulos jussit, decumâ parte liberalitatis apud quemque eorum relictâ. At illis vix decumæ super portiones erant : iisdem erga aliena sumptibus, quibus sua prodegerant : cùm rapacissimo cuique ac perditissimo, non agri, aut fœnus, sed sola instrumenta vitiorum manerent. Exactioni triginta equites romani præpositi ; novum officii genus, et ambitu ac numero onerosum : ubiquè hasta, et sector : et inquieta urbs auctionibus. Attamen grande gaudium, quòd

qui étaient le plus grand nombre, marquèrent de l'empressement pour l'intérêt de leur ambition, nullement pour celui de l'État. Depuis, pendant les quatre jours qui s'écoulèrent entre son adoption et sa mort, Pison ne dit ou ne fit plus rien en public. Les nouvelles de la révolte de Germanie se confirmant de jour en jour, et la capitale, qui se plaît à accueillir tous les bruits sinistres, les adoptant avec avidité, les Pères avaient proposé d'envoyer des députés à l'armée de Germanie. On agita, dans un conseil secret, si Pison ne les accompagnerait pas, pour en imposer davantage par la réunion de l'autorité du sénat et de la majesté d'un César. On voulait aussi envoyer avec eux Lacon, préfet du prétoire; celui-ci empêcha l'exécution de ce projet. Les députés même, dont le sénat avait remis le choix à Galba, se firent, par une lâche inconstance, nommer, dégager, remplacer, suivant qu'ils étaient frappés de crainte ou d'espérance.

XX. Les finances occupèrent ensuite; et, tout bien considéré, on trouva plus juste de chercher les ressources dans la cause de l'épuisement. Néron avait dissipé, en dons, vingt-deux milliards * de sesterces. Galba les fit réclamer tous, à l'exception du dixième qu'on laissait à chacun; mais ce dixième leur restait à peine; ils avaient été prodigues du bien d'autrui comme du leur; et les plus débauchés, qui avaient été les plus avides, n'avaient plus ni terres, ni revenus; ils conservaient, pour tout bien, les instruments de leurs vices. On préposa, à cette exaction, trente chevaliers romains; nouvelle espèce de juridiction fort onéreuse (23), parce qu'il fallait et faire sa cour, et la

---

* Un peu plus de quatre cent vingt-huit millions de notre monnaie.

tam pauperes forent quibus donâsset Nero quàm quibus abstulisset. Exauctorati per eos dies tribuni, è prætorio Antonius Taurus, et Antonius Naso : ex urbanis cohortibus Æmilius Pacensis : è vigiliis Julius Fronto. Nec remedium in ceteros fuit, sed metûs initium ; tanquàm per artem et formidinem singuli pellerentur, omnibus suspectis.

XXI. Intereà Othonem, cui compositis rebus nulla spes, omne in turbido consilium, multa simul exstimulabant : luxuria etiam principi onerosa, inopia vix privato toleranda, in Galbam ira, in Pisonem invidia. Fingebat et metum, quò magis concupisceret. Prægravem se Neroni fuisse : nec Lusitaniam rursùs et alterius exsilii honorem exspectandum : suspectum semper invisumque dominantibus qui proximus destinaretur. Nocuisse id sibi apud senem principem : magis nociturum apud juvenem, ingenio trucem, et longo exsilio efferatum. Occidi Othonem posse : proindè agendum audendumque, dùm Galbæ auctoritas fluxa, Pisonis nondùm coaluisset. Opportunos magnis conatibus transitus rerum : nec cunctatione opus, ubi perniciosior sit quies quàm temeritas. Mortem omnibus ex naturâ æqualem, oblivione apud posteros, vel gloriâ distingui. Ac, si nocentem innocentemque idem exitus maneat, acrioris viri esse meritò perire.

faire à trente. Ce n'étaient que ventes, saisies, confiscations; toute la ville était en alarmes; et, toutefois, on était ravi de voir ceux que Néron avait enrichis, aussi pauvres que ceux qu'il avait dépouillés. Dans ce même temps, on cassa plusieurs tribuns; parmi les prétoriens, Antonius Taurus et Antonius Naso, Æmilius Pacensis dans les cohortes de la ville, Julius Fronto dans les compagnies du guet; ce qui servit moins à corriger le reste, qu'à éveiller leurs craintes; ils comprirent que, par politique et par timidité, on ne les renvoyait que l'un après l'autre, mais qu'on les haïssait tous.

XXI. Othon, cependant, à qui la paix ne laissait aucune ressource, qui avait mis, dans le trouble seul, toutes ses espérances, était aiguillonné, à la fois, par une foule de motifs; son faste, onéreux même pour un empereur, sa pauvreté, à peine supportable pour un particulier, sa colère contre Galba, sa jalousie contre Pison. Il se forgeait aussi des craintes, afin d'enflammer son ambition. Néron n'avait pu le supporter; irait-il (24) encore dans sa Lusitanie avec les honneurs d'un second exil? Les souverains soupçonnaient et haïssaient toujours le successeur qu'on leur nommait; cette idée lui avait nui auprès d'un vieux prince, elle lui nuirait encore plus auprès d'un jeune homme naturellement cruel, et, de plus, aigri par un long exil. Il était possible qu'on en voulût à la vie même d'Othon; il fallait donc agir et entreprendre, tandis que l'autorité de Galba chancelait, avant que celle de Pison fût affermie. Les moments de déplacement étaient favorables pour frapper les grands coups; et il n'y avait plus lieu de balancer, quand l'inaction était plus funeste que la témérité; les hommes, destinés tous également à la mort, n'é-

XXII. Non erat Othonis mollis, et corpori similis animus. Et intimi libertorum servorumque corruptiùs, quàm in privatâ domo, habiti, aulam Neronis, et luxus, adulteria, matrimonia, ceterasque regnorum libidines, avido talium, si auderet, ut sua ostentantes; quiescenti, ut aliena exprobrabant: urgentibus etiam mathematicis, dùm novos motus, et clarum Othoni annum, observatione siderum, adfirmant: genus hominum potentibus infidum, sperantibus fallax, quod in civitate nostrâ et vetabitur semper, et retinebitur. Multos secreta Poppææ mathematicos, pessimum principalis matrimonii instrumentum, habuerant: è quibus Ptolemæus, Othoni in Hispaniâ comes, cùm superfuturum eum Neroni promisisset, postquàm ex eventu fides, conjecturâ jam et rumore, senium Galbæ, et juventam Othonis computantium, persuaserat fore ut in imperium adscisceretur. Sed Otho, tanquàm peritiâ, et monitu fatorum prædicta accipiebat, cupidine ingenii humani, libentiùs obscura credendi. Nec deerat Ptolemæus, jam et sceleris instinctor, ad quod facillimè ab ejusmodi voto transitur.

taient distingués que par l'oubli ou la durée de leur nom dans la postérité ; et, puisque, innocent ou coupable, il lui fallait toujours périr, il y aurait plus de courage à provoquer sa perte.

XXII. Othon n'avait point l'ame efféminée comme le corps. D'ailleurs, ses affranchis et ses esclaves de confiance, accoutumés à plus de dissolutions que n'en permettent les conditions privées, lui parlaient sans cesse de la cour de Néron, de la magnificence, du choix des maîtresses et des femmes, enfin de toutes ces jouissances de la souveraineté, qui avaient tant d'appas pour Othon ; et, ce qu'ils lui faisaient envisager (25) comme un droit de sa place, s'il se faisait empereur, ils le lui reprochaient comme un travers, s'il restait simple citoyen. Il était poussé aussi par les astrologues, qui garantissaient, d'après l'observation des astres, une révolution nouvelle et une année glorieuse pour Othon ; espèce d'hommes funeste aux princes qu'ils trahissent, aux ambitieux qu'ils trompent, et qui, toujours proscrite, se maintiendra toujours dans Rome. Les intrigues secrètes de Poppée avaient été secondées par beaucoup d'astrologues, fatal instrument de son mariage avec un empereur. L'un d'eux, nommé Ptolémée, qui suivit Othon en Espagne, lui avait prédit d'abord qu'il survivrait à Néron ; se prévalant de l'accomplissement de la prédiction, il lui avait persuadé ensuite qu'il serait appelé à l'empire. Il se fondait sur les bruits qui couraient dès lors, et sur les conjectures des politiques, qui supputaient la vieillesse de Galba et la jeunesse d'Othon ; mais celui-ci faisait honneur de la prédiction à l'habileté de l'astrologue, et la prenait pour un avertissement du ciel, par cette manie de l'esprit humain qui croit plus volontiers ce qu'il comprend le moins. Pto-

XXIII. Sed sceleris cogitatio, incertum an repens : studia militum jam pridem, spe successionis, aut paratu facinoris, affectaverat : in itinere, in agmine, in stationibus, vetustissimum quemque militum nomine vocans, ac memoriâ neroniani comitatûs, contubernales appellando : alios agnoscere, quosdam requirere, et pecuniâ aut gratiâ juvare : inserendo saepiùs querelas, et ambiguos de Galbâ sermones, quaeque alia turbamenta vulgi. Labores itinerum, inopia commeatuum, duritia imperii, atrociùs accipiebantur, cùm Campaniae lacus, et Achaiae urbes, classibus adire soliti, Pyrenaeum et Alpes, et immensa viarum spatia, aegrè sub armis eniterentur.

XXIV. Flagrantibus jam militum animis, velut faces addiderat Maevius Pudens, è proximis Tigellini : is mobilissimum quemque ingenio, aut pecuniae indigum, et in novas cupiditates praecipitem alliciendo, eò paulatim progressus est ut, per speciem convivii, quotiens Galba apud Othonem epularetur, cohorti, excubias agenti, viritim centenos nummos divideret : quam velut publicam largitionem Otho, secretioribus apud singulos praemiis, intendebat : adeò animosus corruptor, ut Cocceio

lémée ne manquait pas aussi de l'exciter au crime, qui, avec cette ambition, ne coûte plus guère.

XXIII. On ne sait point si l'idée de ce crime lui vint dans ce moment. Il avait, depuis long-temps, dans l'espoir de l'adoption, ou bien pour préparer ce qu'il exécuta, brigué l'affection des soldats, sur la route, au milieu des marches, dans les campements; il nommait tous les vieux soldats par leur nom, et les appelait ses camarades, en mémoire de ce qu'ils avaient escorté ensemble Néron. Il reconnaissait les uns, il s'informait des autres, il les aidait de son argent ou de son crédit, entremêlant assez souvent des plaintes et des mots équivoques sur Galba, enfin tout ce qui peut soulever la multitude. Les fatigues des marches, la disette des vivres, la dureté du commandement, n'excitaient déjà que trop de murmures. Auparavant, leurs voyages se bornaient aux lacs de la Campanie et aux villes de la Grèce, où on les transportait sur la flotte; et, alors, on leur faisait gravir les Pyrénées, les Alpes, et achever des trajets immenses, où ils marchaient accablés de tout le poids de leurs armes.

XXIV. Les esprits déjà en fermentation, Mævius Pudens, ami de Tigellinus, y avait, pour ainsi dire, porté l'embrasement. Cet homme gagna les soldats, inconstants par caractère, et ceux que le besoin d'argent précipite dans les nouvelles entreprises; insensiblement il en vint au point que, toutes les fois que Galba soupait chez Othon, il faisait distribuer à la cohorte qui était de garde cent sesterces * par tête, pour leur servir, disait-il, de ration; et ces largesses,

---

* Dix-neuf livres de notre monnaie. Ainsi chacun de ces repas coûtait à Othon environ dix-neuf mille francs.

Proculo, speculatori, de parte finium cum vicino ambigenti, universum vicini agrum, suâ pecuniâ emptum, dono dederit : per socordiam præfecti, quem nota pariter et occulta fallebant.

XXV. Sed tùm è libertis Onomastum futuro sceleri præfecit, à quo Barbium Proculum, tesserarium speculatorum, et Veturium, optionem eorumdem, perductos, postquàm vario sermone callidos, audacesque cognovit, pretio et promissis onerat, datâ pecuniâ ad pertentandos plurium animos. Suscepêre duo manipulares imperium populi romani transferendum, et transtulerunt. In conscientiam facinoris pauci adsciti, suspensos ceterorum animos diversis artibus stimulant : primores militum, per beneficia Nymphidii ut suspectos ; vulgus et ceteros, irâ et desperatione dilati totiens donativi : erant quos memoria Neronis, ac desiderium prioris licentiæ accenderet : in commune omnes metu mutandæ militiæ terrebantur.

en quelque sorte publiques, Othon les soutenait par d'autres plus secrètes, qu'il faisait à chaque soldat en particulier ; corrupteur si infatigable, qu'ayant, un jour, appris qu'un *speculator**, appelé Coccéius Proculus, avait des contestations avec son voisin pour les limites d'un champ, Othon acheta de son argent le champ tout entier, et le donna au soldat ; tout cela à l'insu d'un préfet stupide, à qui les choses publiques échappaient non moins que les plus secrètes.

XXV. Mais alors ce fut un de ses affranchis, nommé Onomaste, qu'Othon mit à la tête du crime qui s'exécuta. Celui-ci lui amène Barbius Proculus et Véturius, l'un (26), tesséraire, l'autre (27), option des gardes. Othon, qui, dans différents entretiens, eut lieu de reconnaître leur adresse et leur audace, les accable de présents et de promesses, et leur donne de l'argent pour en gagner d'autres. Deux soldats entreprirent de donner l'empire romain, et le donnèrent. Ils ne s'ouvrirent qu'à un petit nombre sur le forfait projeté ; tenant le reste en suspens, ils les excitent par différents moyens ; les principaux soldats, en les alarmant sur les bienfaits de Nymphidius, qui les rendaient suspects ; les autres, par le dépit et le désespoir de ne point obtenir les gratifications tant de fois promises. La mémoire de Néron et le regret de leur ancienne licence étaient, pour quelques-uns, un puissant aiguillon ; tous, en général,

---

* Espèces de soldats chargés plus particulièrement de la garde des empereurs ; d'où est venu leur nom : *qui erant veluti in speculâ ejus salutis.* Ils avaient une arme distinctive, une espèce de hallebarde comme nos Suisses.

XXVI. Infecit ea tabes legionum quoque, et auxiliorum motas jam mentes, postquàm vulgatum erat labare germanici exercitûs fidem. Adeòque parata apud malos seditio, etiam apud integros dissimulatio fuit, ut postero iduum die, redeuntem à coenâ Othonem rapturi fuerint, ni incerta noctis, et totâ urbe sparsa militum castra, nec facilem inter temulentos consensum timuissent : non reipublicæ curâ, quàm foedare principis sui sanguine sobrii parabant, sed ne, per tenebras, ut quisque pannonici vel germanici exercitûs militibus oblatus esset, ignorantibus plerisque, pro Othone destinaretur. Multa erumpentis seditionis indicia per conscios oppressa : quædam apud Galbæ aures præfectus Laco elusit, ignarus militarium animorum, consiliique, quamvis egregii, quod non ipse afferret, inimicus, et adversùs peritos pervicax.

XXVII. Octavo decimo kalendas februarii, sacrificanti pro æde Apollinis Galbæ, haruspex Umbricius tristia exta, et instantes insidias, ac domesticum hostem prædicit : audiente Othone (nam proximus adstiterat) idque ut lætum è contrario, et suis cogitationibus prosperum, interpretante. Nec multò pòst, libertus Onomastus nunciat exspectari eum ab architecto, et redemptoribus :

tremblaient dans la crainte d'être dégradés du service des prétoriens (28).

XXVI. La contagion gagna aussi les légions et les auxiliaires, déjà ébranlés par la nouvelle de la défection de l'armée de Germanie. Enfin il y avait un tel esprit de révolte parmi les pervers, et de connivence parmi les bons même, que, la veille des ides *, Othon, en revenant de souper, eût été proclamé, sans la crainte des méprises nocturnes, et de toutes ces troupes dispersées par toute la ville, jointe à celle de se mal concerter pendant l'ivresse, et de voir proclamer dans les ténèbres, au lieu d'Othon, que la plupart ne connaissaient point, le premier homme de l'armée de Pannonie ou de Germanie qui se serait offert aux soldats; car l'amour de la république n'y eut point de part, puisqu'ils se disposaient à la souiller, de sang-froid, par le meurtre de son chef. La conjuration transpira; mais les conjurés eurent l'adresse d'intercepter presque tous les avis qu'on recevait, et le peu qui parvint aux oreilles de Galba fut décrié par Lacon, qui, méconnaissant l'esprit du soldat, et ennemi des meilleurs conseils quand il ne les donnait point, opposait à l'expérience d'autrui une obstination invincible.

XXVII. Le dix-huit des calendes ** de février, Galba sacrifiant devant le temple d'Apollon, l'aruspice Umbricius déclare que les entrailles étaient sinistres, qu'il y avait un danger prochain, un ennemi domestique, et Othon l'entendait, qui était tout près, et qui, au contraire, trouvait le pronostic heureux, et en présageait le succès (29) de ses desseins. L'instant d'après, l'affranchi Onomaste vint

---

* 12 janvier.—** 15 *idem.*

quæ significatio coeuntium jam militum, et paratæ conjurationis convenerat. Otho, caussam digressûs requirentibus, cùm, emi sibi prædia, vetustate suspecta, eòque priùs exploranda finxisset, innixus liberto, per Tiberianam domum, in Velabrum, indè ad Milliarium aureum, sub ædem Saturni pergit. Ibì tres et viginti speculatores consalutatum imperatorem, ac paucitate salutantium trepidum, et sellæ festinanter impositum, strictis mucronibus rapiunt. Totidem fermè milites in itinere aggregantur, alii conscientiâ, plerique miraculo; pars clamore et gladiis, pars silentio, animum ex eventu sumpturi.

XXVIII. Stationem in castris agebat Julius Martialis tribunus. Is, magnitudine subiti sceleris, an corrupta latiùs castra, ac, si contrà tenderet, exitium metuens, præbuit plerisque suspicionem conscientiæ. Anteposuêre ceteri quoque tribuni, centurionesque, præsentia dubiis, et honestis. Isque habitus animorum fuit, ut pessimum facinus auderent pauci, plures vellent, omnes paterentur.

lui annoncer que l'architecte l'attendait avec les entrepreneurs ; c'était le signal convenu, lorsque les soldats seraient rassemblés et la conjuration prête. Othon, à qui on demanda la cause de son départ, prétexta l'achat d'une vieille maison, qu'il voulait auparavant faire examiner ; et, donnant le bras à son affranchi, il se rend, par le palais de Tibère, au Vélabre *, et, de là, au Mille ** d'or, vis-à-vis le temple de Saturne. Là, vingt-trois soldats seulement le proclament empereur ; et, ce petit nombre l'alarmant déjà, on le met précipitamment dans une litière, et l'on marche l'épée à la main. Chemin faisant, il se rassemble encore presqu'autant de soldats, quelques-uns complices, la plupart étourdis par ce mouvement ; les uns, criant et *** transportés ; les autres, en silence, attendant, pour s'enhardir, l'événement.

XXVIII. Le tribun Martialis était de garde dans le camp. Soit que l'énormité d'un crime si imprévu l'eût interdit,

---

* Quartier de Rome situé entre le Forum et les monts Palatin et Aventin. Jadis c'était un vaste étang, où des barques allaient à la voile. C'est de là que lui est venu le nom de Vélabre (*à velo.*)

Quà Velabra suo stagnabant flumine, quàque
Nauta per urbanas velificabat aquas.
PROPERT. , IV, Élég. x, 5.

** Dans le Forum. C'est de ce Mille d'or que l'on commençait à compter les distances de toutes les routes qui aboutissaient à toutes les extrémités de l'empire romain. Les pierres milliaires, sur les grandes routes, furent établies par le tribun Caïus Gracchus, et le Mille d'or, au milieu de Rome, par Auguste.

*** Je lis *clamore et gaudiis,* comme le proposent Faerne, Muret, Pichena et Acidalius.

XXIX. Ignarus interim Galba, et sacris intentus, fatigabat alieni jam imperii deos : cùm affertur rumor, rapi in castra, incertum quem senatorem; mox, Othonem esse qui raperetur : simul ex totâ urbe, ut quisque obvius fuerat, alii formidinem augentes, quidam minora vero, ne tùm quidem obliti adulationis. Igitur consultantibus placuit, pertentari animum cohortis, quæ in palatio stationem agebat ; nec per ipsum Galbam, cujus integra auctoritas majoribus remediis servabatur. Piso pro gradibus domûs vocatos, in hunc modum adlocutus est : « Sextus dies agitur, commilitones, ex quo, igna- » rus futuri, et sive optandum hoc nomen, sive » timendum erat, Cæsar adscitus sum : quo domûs » nostræ, aut reipublicæ fato, in vestrâ manu posi- » tum est : non quià, meo nomine, tristiorem ca- » sum paveam, ut qui adversas res expertus, cùm » maximè discam ne secundas quidem minùs discri- » minis habere : patris, et senatûs, et ipsius impe- » rii vicem doleo, si nobis aut perire hodiè necesse » est, aut, quod æquè apud bonos miserum est, oc-

soit qu'il crût la corruption générale, et craignît de se perdre s'il résistait, il ne s'opposa à rien; ce qui a laissé, à la plupart, le soupçon qu'il était complice. Le reste des tribuns et des centurions sacrifièrent aussi leur devoir à l'impulsion du moment et à leur sûreté. Telle fut, enfin, la disposition des esprits, que le plus horrible des forfaits ne trouva point d'obstacles. Peu le conçurent, la plupart le voulaient, tous le souffrirent.

XXIX. Cependant Galba, qui ne soupçonnait rien, tout occupé de ses sacrifices, fatiguait de prières les dieux d'un empire qui avait déjà passé à un autre. Tout-à-coup le bruit se répand qu'on entraînait au camp un sénateur; on ne savait lequel; puis on apprend que c'est Othon. En même temps, accourent de tous les quartiers de la ville tous ceux qui l'avaient rencontré, les uns grossissant le péril, les autres le faisant moindre qu'il n'était, et, dans un moment pareil, ne renonçant point encore à flatter. Là-dessus on tint conseil. Une des cohortes montait la garde dans le palais. On résolut de faire sonder ses dispositions, et par un autre que Galba, dont on réservait l'autorité pour de plus grands besoins. Pison, les ayant assemblés devant les degrés du palais, leur parla ainsi : « Soldats, voici le sixième jour
» que Pison, ignorant l'avenir, et s'il devait souhaiter ou
» redouter ce titre, s'est vu nommer César; il dépend de
» vous de fixer pour sa famille et pour l'État le sort de
» cette élection. Ce n'est pas qu'un surcroît de disgrâces
» m'alarme personnellement, moi qui, éprouvé par le
» malheur, apprends dans ce moment que le bonheur n'a
» pas de moindres dangers. C'est mon père, c'est le sénat,
» c'est l'empire même que je plains, s'il nous faut, ou
» périr aujourd'hui, ou, ce qui n'est pas moins affligeant

» cidere. Solatium proximi motûs habebamus, in-
» cruentam Urbem, et res sine discordiâ translatas.
» Provisum adoptione videbatur, ut ne post Gal-
» bam quidem bello locus esset.

XXX. » Nihil arrogabo mihi nobilitatis, aut mo-
» destiæ : neque enim relatu virtutum, in compara-
» tione Othonis, opus est. Vitia, quibus solis gloria-
» tur, evertêre imperium, etiam cùm amicum im-
» peratoris ageret. Habitune et incessu, an illo
» muliebri ornatu mereretur imperium ? Falluntur
» quibus luxuria specie liberalitatis imponit. Per-
» dere iste sciet, donare nesciet. Stupra nunc, et
» comessationes, et feminarum cœtus volvit animo :
» hæc principatûs præmia putat ; quorum libido ac
» voluptas penes ipsum sit, rubor ac dedecus penes
» omnes. Nemo enim unquàm imperium, flagitio
» quæsitum, bonis artibus exercuit. Galbam consen-
» sus generis humani, me Galba, consentientibus
» vobis, Cæsarem dixit. Si respublica et senatus,
» et populus vana nomina sunt : vestrâ, commili-
» tones, interest ne imperatorem pessimi faciant.
» Legionum seditio adversùm duces suos audita est
» aliquandò : vestra fides famaque, inlæsa ad hunc
» diem, mansit : et Nero quoque vos destituit, non
» vos Neronem. Minùs triginta transfugæ, et deser-
» tores quos centurionem, aut tribunum, sibi eli-
» gentes nemo ferret, imperium assignabunt ? Ad-
» mittitis exemplum ? et quiescendo commune crimen

» pour des cœurs vertueux, égorger nos concitoyens. La
» dernière révolution avait du moins cet avantage de n'a-
» voir point coûté de sang à Rome, de s'être consommée
» sans trouble; et Galba, par mon adoption, semblait avoir
» levé tous les prétextes de guerre après sa mort.

XXX. » Je ne ferai valoir ni ma naissance, ni mes
» mœurs. Il n'est pas question de vertu dans un parallèle
» avec Othon. Ses vices, dont il se glorifie uniquement, ont
» ruiné l'empire, lors même qu'il n'était que l'ami d'un em-
» pereur. Serait-ce son extérieur, sa démarche et sa parure
» efféminée qui lui mériteraient ce titre? Ils se trompent ceux
» qui prennent son faste pour de la libéralité. Lui! il ne saura
» que dissiper; jamais il ne saura donner. Des dissolutions
» infâmes, des prodigalités ruineuses, des intrigues ga-
» lantes, voilà ce qu'il roule dans sa pensée; voilà ce qu'il
» croit les priviléges du rang suprême, ces honteux excès
» dont le plaisir est pour un seul, dont l'opprobre est pour
» tous. Car ne croyez pas qu'un empire indignement ac-
» quis puisse être glorieusement occupé. Galba le doit aux
» suffrages du genre humain, je le dois à ceux de Galba et
» aux vôtres. Que si la république, le sénat et le peuple ne
» sont plus que de vains noms, du moins, soldats, il vous
» importe que ce ne soient pas des scélérats qui nomment
» vos empereurs. On a vu quelquefois les légions se révolter
» contre leurs chefs; mais vous, votre réputation et votre
» fidélité sont restées jusqu'à ce jour irréprochables, et vous
» n'avez pas même abandonné Néron, c'est Néron qui vous
» abandonna. Eh quoi! une trentaine au plus de transfu-
» ges et de déserteurs, lesquels, s'ils se choisissaient eux-
» mêmes leur centurion ou leur tribun, nous indigneraient
» tous, disposeront de l'empire? Vous autoriserez cet

» facitis? Transcendet hæc licentia in provincias:
» et ad nos scelerum exitus, bellorum ad vos perti-
» nebunt. Nec est plus quod pro cæde principis,
» quàm quod innocentibus datur : sed perindè à
» nobis onativum ob fidem, quàm ab aliis pro faci-
» nore accipietis. »

XXXI. Dilapsis speculatoribus, cetera cohors non adspernata concionantem, ut turbidis rebus evenit, fortè magis, et nonnullo adhuc consilio, parat signa, quod posteà creditum est, insidiis et simulatione. Missus est Celsus Marius ad electos Illyrici exercitûs, Vipsaniâ in porticu tendentes. Præceptum Amulio Sereno, et Domitio Sabino, primipilaribus, ut germanicos milites è Libertatis atrio arcesserent. Legioni classicæ diffidebatur, infestæ ob cædem commilitonum, quos primo statim introitu trucidaverat Galba. Pergunt etiam in castra prætorianorum tribuni Cetrius Severus, Subrius Dexter, Pompeius Longinus, si incipiens adhuc, et necdùm adulta seditio, melioribus consiliis flecteretur. Tribunorum Subrium et Cetrium milites adorti minis, Longinum manibus coercent, exarmantque; quia, non ordine militiæ, sed è Galbæ amicis, fidus principi suo, et desciscentibus suspectior erat. Legio classica, nihil cunctata, prætorianis adjungitur. Illyrici exercitûs electi Celsum ingestis pilis proturbant. Germanica vexilla diù nutavêre,

» exemple, et, en le souffrant, vous partagerez leur at-
» tentat? Eh bien! cette licence va gagner les provinces,
» et si nous sommes les victimes de vos forfaits, vous le
» serez, vous, de vos guerres. Au reste, on ne vous paie
» pas plus le meurtre d'un prince qu'on ne récompensera
» votre innocence, et nous garantissons à votre fidélité des
» largesses égales à celles qu'on vous assignerait pour le
» crime. »

XXXI. A l'exception des spéculators qui se sauvèrent, le reste de la cohorte ne refusa point de l'entendre, comme il n'est que trop ordinaire dans les séditions ; et, par un mouvement machinal, sans avoir encore aucun dessein, plutôt que par feinte ou par trahison, comme on l'a cru depuis, elle prend ses drapeaux. Marius Celsus se rendit au portique * de Vipsanius, où campait un corps d'élite de l'armée d'Illyrie. Les primipilaires Amulius Serenus et Domitius Sabinus eurent ordre d'amener, du temple ** de la Liberté, les soldats de Germanie. On se défiait des soldats de la légion de la marine, outrée de ce massacre de leurs camarades qui avait signalé l'entrée de Galba dans Rome. On envoya même au camp des prétoriens trois tribuns, Cétrius Severus, Subrius Dexter et Pompéius Longinus, pour voir si, la sédition ne faisant que commencer, avant qu'elle prît des forces, on ne pourrait point l'adoucir par de sages représentations. Les soldats, se bornant aux menaces contre Cétrius et Dexter, arrêtent et désarment Longinus, parce que l'amitié de Galba l'avait élevé, avant

---

* Dans le Champ-de-Mars, non loin de l'endroit où est maintenant le palais de l'académie ecclésiastique.

** Sur l'Aventin. On voit encore ses ruines près de l'église de Sainte-Prisque.

invalidis adhuc corporibus, et placatis animis, quòd eos à Nerone Alexandriam praemissos, atque indè rursùs longâ navigatione aegros impensiore curâ Galba refovebat.

XXXII. Universa jam plebs palatium implebat, mixtis servitiis, et dissono clamore, caedem Othonis et conjuratorum exitium poscentium, ut si in circo, ac theatro, ludicrum aliquod postularent : neque illis judicium, aut veritas : quippè eodem die diversa pari certamine postulaturis : sed tradito more, quemcumque principem adulandi, licentiâ acclamationum, et studiis inanibus. Interim Galbam duae sententiae distinebant : Titius Vinius manendum intra domum, opponenda servitia, firmandos aditus, non eundum ad iratos censebat : daret malorum poenitentiae, daret bonorum consensui spatium : scelera impetu, bona consilia morâ valescere. Denique eundi ultrò, si ratio sit, eamdem mox facultatem : regressus, si poeniteat, in alienâ potestate.

XXXIII. Festinandum ceteris videbatur, antequàm cresceret invalida adhuc conjuratio paucorum. Trepidaturum etiam Othonem, qui, furtim digres-

son rang, au grade de tribun, et que son attachement pour le Prince le rendait suspect aux rebelles. La légion de la marine court, sans hésiter, se joindre aux prétoriens. Le détachement d'Illyrie repoussa Celsus à coups de javelots. Il n'y eut que les troupes de Germanie qui balancèrent long-temps. Envoyées par Néron à Alexandrie, de là rappelées brusquement, leurs corps se ressentaient des fatigues d'une longue navigation, et les soins particuliers que Galba prenait de leur rétablissement, avaient calmé leurs esprits.

XXXII. Déjà tout le peuple remplissait le palais. Les esclaves grossissaient la foule, et, tous ensemble, avec des cris confus, demandaient la mort d'Othon et le supplice des conjurés, comme s'ils eussent demandé quelque divertissement au cirque ou au théâtre; et ce n'était en eux ni estime, ni affection, puisqu'on les vit ce jour-là même demander le contraire avec une égale fureur; mais c'était l'usage de flatter le prince, quel qu'il fût, par de vains transports et par des acclamations insensées. Galba cependant flottait entre deux partis. L'avis de Vinius était de rester dans le palais, d'en fortifier l'entrée, d'armer les esclaves, de ne point s'offrir à un premier emportement, de laisser le temps aux méchants de se repentir, aux bons de se concerter. Il disait qu'il n'y avait, pour le crime, que le premier moment; que le parti de la vertu, avec le temps, prévalait; que, s'il le fallait enfin, on serait toujours le maître d'aller; qu'on ne le serait plus de revenir.

XXXIII. D'autres voulaient qu'on se hâtât, qu'on ne laissât point se fortifier une conspiration encore naissante de quelques misérables. « C'était le vrai moyen de décon-

sus, ad ignaros illatus, cunctatione nunc, et segnitiâ terentium tempus, imitari principem discat. Non exspectandum ut, compositis castris, Forum invadat, et, prospectante Galbâ, Capitolium adeat : dùm egregius imperator, cum fortibus amicis, januâ, ac limine tenùs domum cludit, obsidionem nimirùm toleraturus. Et præclarum in servis auxilium ! si consensus tantæ multitudinis, et, quæ plurimùm valet, prima indignatio elanguescat. Proindè intuta quæ indecora : vel, si cadere necesse sit, occurrendum discrimini. Id Othoni invidiosius, et ipsis honestum. Repugnantem huic sententiæ Vinium, Laco minaciter invasit, stimulante Icelo, privati odii pertinaciâ, in publicum exitium.

XXXIV. Nec diutiùs Galba cunctatus, speciosiora suadentibus accessit. Præmissus tamen in castra Piso, ut juvenis magno nomine, recenti favore, et infensus T. Vinio; seu quià erat, seu quià irati ità volebant : et faciliùs de odio creditur. Vix dùm egresso Pisone, occisum in castris Othonem, vagus primùm, et incertus rumor, mox, ut in magnis mendaciis, interfuisse se quidam, et vidisse adfirmabant, credulâ famâ, inter gaudentes et incuriosos. Multi arbitrabantur, compositum auctumque rumo-

certer Othon, qui venait de s'échapper furtivement, qui s'était glissé dans un camp où personne ne le connaissait, et qui, enfin, grâce à tous ces délais et à cette lâche circonspection, aurait le temps d'apprendre son rôle d'empereur. Fallait-il attendre que, maître paisible de ce camp, il vînt s'emparer du Forum, et monter au Capitole sous les yeux même de Galba; tandis qu'on réduirait ce grand capitaine à se renfermer, avec ses braves amis, derrière les portes de son palais, qu'on jugeait apparemment capable de soutenir un siége? Ne tirerait-on pas un grand secours des esclaves, si on laissait refroidir l'ardeur de la multitude, et cette première indignation toujours si puissante? Le parti le moins honorable était aussi le moins sûr; après tout, si leur perte était inévitable, il fallait du moins affronter le péril; il en rejaillirait plus de haine contre Othon, plus de gloire sur eux. » Vinius se révolta contre cet avis; Lacon menaça Vinius, et Icélus aiguillonnait Lacon, livrés tous trois à un acharnement de haines personnelles qui tendaient à la ruine publique.

XXXIV. Enfin Galba, n'hésitant plus, suivit le conseil le plus honorable. Toutefois il envoya Pison d'avance au camp; il comptait sur le grand nom du jeune homme, sur sa faveur récente, et aussi sur ce qu'il passait pour l'ennemi de Vinius, soit qu'il le fût, soit parce que (30) les mécontents le désiraient, et qu'on suppose assez facilement la haine. Pison à peine sorti, l'on débite qu'Othon vient d'être tué. D'abord, c'est un bruit vague et incertain; bientôt, comme dans toutes les fausses nouvelles, il se trouva des gens qui affirmaient avoir été présents, avoir vu; et on les croyait, par cette disposition natu-

rem, mixtis jam Othonianis qui, ad evocandum Galbam, læta falsò vulgaverint.

XXXV. Tùm verò non populus tantùm, et imperita plebs in plausus, et immodica studia, sed equitum plerique ac senatorum, posito metu incauti, refractis palatii foribus, ruere intùs, ac se Galbæ ostentare, præreptam sibi ultionem querentes. Ignavissimus quisque, et, ut res docuit, in periculo non ausurus, nimii verbis, linguæ feroces : nemo scire, et omnes adfirmare; donec inopiâ veri, et consensu errantium victus, sumpto thorace Galba, inruenti turbæ, neque ætate, neque corpore sistens, sellâ levaretur. Obvius in palatio Julius Atticus, speculator, cruentum gladium ostentans, occisum à se Othonem exclamavit : et Galba, « Commilito, in- » quit, quis jussit? » insigni animo ad coercendam militarem licentiam, minantibus intrepidus, adversùs blandientes incorruptus.

XXXVI. Haud dubiæ jam in castris omnium mentes; tantusque ardor ut non contenti agmine et corporibus, in suggestu, in quo paulò antè aurea Galbæ statua fuerat, medium inter signa Othonem

relle à la joie, qui adopte tout sans examen. Plusieurs ont pensé que la nouvelle avait été semée et accréditée par les Othoniens, déjà mêlés dans la foule, et qui, pour attirer Galba hors du palais, lui avaient donné cette fausse joie.

XXXV. Pour lors vous eussiez vu, non-seulement les citoyens et cette populace imbécile se confondre en applaudissements et en transports immodérés, mais encore la plupart des chevaliers et des sénateurs, quittant les précautions avec la crainte, forcer les portes du palais, se précipiter dans les appartements, et, à l'envi, se montrer à Galba, en se plaignant qu'on leur eût dérobé leur vengeance. Les plus lâches, ceux que le péril, comme la suite le prouva, allait le plus consterner, étaient ceux qui mettaient dans leurs discours le plus d'assurance, le plus d'intrépidité; personne ne savait, tous affirmaient; enfin, entraîné par l'erreur générale, et la vérité lui manquant de toutes parts, Galba sortit, après avoir pris sa cuirasse; mais, comme il ne pouvait résister, à cause de son âge et de ses infirmités, à la foule qui le pressait, il monta en litière. Il rencontra, dans le palais, Julius Atticus, un des gardes, tenant une épée sanglante qu'il faisait voir, et criant qu'il avait tué Othon de sa main. Galba lui dit: « Soldat, qui t'en a donné » l'ordre? » mettant un courage extraordinaire à réprimer la licence des troupes, inébranlable aux menaces, inaccessible aux flatteries.

XXXVI. Personne ne balançait plus dans le camp; et telle était leur ardeur, que, non contents de couvrir Othon de leurs rangs et de leurs corps, ils l'élevèrent sur une estrade, où, peu auparavant, était placée la statue d'or de Galba, et là ils l'entourèrent d'enseignes et de drapeaux.

vexillis circumdarent. Nec tribunis aut centurionibus adeundi locus : gregarius miles caveri insuper præpositos jubebat. Strepere cuncta clamoribus, et tumultu, et exhortatione mutuâ, non tanquàm in populo ac plebe, variis segni adulatione vocibus, sed ut quemque adfluentium militum adspexerant, prensare manibus, complecti armis, collocare juxtà, præire sacramentum, modò imperatorem militibus, modò imperatori milites commendare. Nec deerat Otho, protendens manus, adorare vulgum, jacere oscula et omnia serviliter pro dominatione. Postquàm universa classicorum legio sacramentum ejus accepit, fidens viribus, et quos adhuc singulos exstimulaverat, accendendos in commune ratus, pro vallo castrorum ità cœpit :

XXXVII. « Quis ad vos processerim, commili-
» tones, dicere non possum : quià nec privatum me
» vocare sustineo, Princeps à vobis nominatus; nec
» principem, alio imperante. Vestrum quoque nomen
» in incerto erit, donec dubitabitur imperatorem
» populi romani, in castris, an hostem habeatis.
» Auditisne, ut pœna mea et supplicium vestrum
» simul postulentur ? adeò manifestum est neque
» perire nos, neque salvos esse, nisi unà, posse.
» Et, cujus lenitatis est Galba, jam fortassè pro-
» misit : ut qui, nullo exposcente, tot millia inno-
» centissimorum militum trucidaverit. Horror ani-
» mum subit, quotiens recordor feralem introitum,

Ni tribuns, ni centurions ne pouvaient approcher; le soldat commandait même qu'on se défiât de tous les chefs. Tout retentissait de cris tumultueux, d'exhortations mutuelles; et ils ne se bornaient pas, comme cette vile populace, au bruit confus d'une adulation oisive. A mesure qu'ils voyaient des soldats accourir à eux, ils les saisissaient par la main, ils les embrassaient avec leurs armes, ils les plaçaient auprès d'Othon, leur dictaient le serment, tantôt recommandaient l'empereur aux soldats, tantôt les soldats à l'empereur. Lui, de son côté, leur tendait les mains, leur envoyait des baisers, se prosternait devant cette multitude; enfin, pour s'élever à l'empire, il descendait jusqu'à l'esclavage (31). Aussitôt que la légion entière de la marine lui eut prêté serment, plein de confiance en ses forces, et non content de les avoir excités chacun en particulier, mais voulant les enflammer encore par une exhortation générale, il les harangue ainsi à la tête du camp :

XXXVII. « Soldats, je ne sais sous quel titre je parais
» devant vous, ne pouvant plus me croire ni un simple
» citoyen, depuis que vous m'avez nommé prince, ni
» prince, tant qu'un autre règnera. Et votre dénomination
» à vous-mêmes restera tout aussi incertaine, tant qu'il sera
» douteux si c'est le chef de l'empire, ou bien son ennemi,
» que vous recélez dans votre camp. Les entendez-vous,
» comme ils demandent à la fois et mon supplice et le vôtre;
» tant il est vrai que notre perte et notre salut sont désor-
» mais inséparables! Et peut-être ce Galba si clément a
» déjà promis votre supplice, lui qui, de son propre mou-
» vement, égorgea tant de milliers de soldats irrépro-
» chables. Mes sens frissonnent d'horreur au seul souvenir
» de cet avènement funeste, et de cette exécrable victoire,

» et hanc solam Galbæ victoriam, cùm in oculis
» Urbis decumari deditos juberet quos deprecantes
» in fidem acceperat. His auspiciis Urbem ingressus,
» quam gloriam ad principatum attulit, nisi occisi
» Obultronii Sabini, et Cornelii Marcelli in Hispa-
» niâ, Betui Chilonis in Galliâ, Fonteii Capitonis in
» Germaniâ, Clodii Macri in Africâ, Cingonii in viâ,
» Turpiliani in Urbe, Nymphidii in castris? Quæ
» usquàm provincia, quæ castra sunt, nisi cruenta
» et maculata ? aut, ut ipse prædicat, emendata
» et correcta ? Nam quæ alii scelera, hic remedia
» vocat : dùm falsis nominibus, severitatem pro
» sævitiâ, parcimoniam pro avaritiâ, supplicia et
» contumelias vestras disciplinam appellat. Septem
» à Neronis fine menses sunt, et jam plus rapuit
» Icelus quàm quod Polycleti, et Vatinii, et Elii
» paraverunt. Minore avaritiâ ac licentiâ grassatus
» esset T. Vinius, si ipse imperâsset : nunc et sub-
» jectos nos habuit, tanquàm suos ; et viles, ut
» alienos. Una illa domus sufficit donativo, quod
» vobis nunquàm datur, et quotidiè exprobratur.

XXXVIII. » Ac ne qua saltem in successore
» Galbæ spes esset, arcessit ab exsilio, quem tristi-
» tiâ et avaritiâ suî simillimum judicabat. Vidistis,
» commilitones, notabili tempestate, etiam deos
» infaustam adoptionem adversantes. Idem senatûs,
» idem populi romani animus est. Vestra virtus

» la seule de Galba, lorsque, sous les yeux de Rome, il
» décima des suppliants qui imploraient sa clémence, et se
» fièrent à sa parole. Voilà sous quels auspices il est entré
» dans Rome. Eh! quels exploits l'ont conduit à l'empire,
» si ce n'est le meurtre de Sabinus * et de Marcellus en
» Espagne, de Bétuus dans la Gaule, de Fontéius en Ger-
» manie, de Macer en Afrique, de Cingonius dans sa
» route, de Turpilianus dans Rome, de Nymphidius dans
» ce camp? Y a-t-il une seule province, un seul camp qu'il
» n'ait souillé, qu'il n'ait ensanglanté? C'est ce qu'il appelle
» épurer, réformer; car ce qui, pour les autres, serait un
» crime, est, à ses yeux, un remède nécessaire; renver-
» sant tous les noms, il appelle la barbarie, sévérité; l'a-
» varice, économie; et vous accabler de châtiments et d'ou-
» trages, c'est vous rappeler à la discipline. Sept mois sont
» écoulés depuis la mort de Néron, et déjà Icélus a plus en-
» vahi de trésors que les Polyclètes **, les Vatinius et les
» Hélius n'en amassèrent jamais. Nous eussions moins gémi
» de l'avarice et des brigandages de Vinius, s'il eût régné
» lui-même; au lieu qu'il nous a opprimés comme si nous
» étions ses sujets, et sans ménagement, comme étant ceux
» d'un autre. Sa fortune seule suffirait à ces gratifications
» qu'on ne vous donne jamais, et qu'on vous reproche
» toujours.

XXXVIII. » Et, de peur qu'il ne vous restât du moins
» quelque espoir dans son successeur, voilà que Galba ap-

---

* Sabinus, Marcellus, Bétuus, trois procurateurs qui s'étaient opposés aux premières entreprises de Galba contre Néron.

** Polyclète, Hélius, Halotus, tous affranchis de Néron. *Voyez*, sur
Vatinius, ce que Tacite en a dit, liv. XV des Annales, page 57.

» exspectatur, apud quos omne honestis consiliis
» robur, et sine quibus, quamvis egregia, invalida
» sunt. Non ad bellum vos, nec ad periculum voco :
» omnium militum arma nobiscum sunt. Nec una
» cohors togata defendit nunc Galbam, sed detinet.
» Cùm vos adspexerit, cùm signum meum accepe-
» rit, hoc solum erit certamen, quis mihi plurimùm
» imputet. Nullus cunctationi locus est in eo consilio
» quod non potest laudari, nisi peractum. » Aperire
deindè armamentarium jussit. Rapta statim arma,
sine more et ordine militiæ, ut prætorianus, aut
legionarius insignibus suis distingueretur : miscentur auxiliaribus, galeis scutisque. Nullo tribunorum
centurionumve adhortante, sibi quisque dux et ins-
tigator : et præcipuum pessimorum incitamentum,
quòd boni mœrebant.

XXXIX. Jam exterritus Piso fremitu crebrescentis seditionis, et vocibus in Urbem usquè reso-
nantibus, egressum interim Galbam, et Foro appropinquantem adsecutus erat : jam Marius Celsus
haud læta retulerat ; cùm alii in palatium redire,

» pelle du fond de l'exil l'homme dont la dureté et l'ava-
» rice se rapprochaient le plus de la sienne. Vous l'avez
» vu, soldats, cet orage remarquable, par où s'annonçait
» l'horreur des dieux même pour une adoption sinistre.
» Le sénat, le peuple partagent votre indignation. Ils
» comptent tous sur vous, braves amis; vous qui, seuls,
» pouvez donner aux desseins glorieux tout leur effet, et
» sans l'appui desquels ce qu'il y a de plus grand n'a plus
» de force. Ce n'est ni au combat, ni au péril que je vous
» mène. Tout ce qu'il y a de soldats armés est ici avec
» nous; car je ne parle point d'une seule cohorte en toge *,
» qui retient Galba plus qu'elle ne le défend. Sitôt qu'elle
» vous apercevra, sitôt qu'elle recevra mes ordres, vous
» la verrez ne combattre que de zèle pour me servir. Al-
» lons, soldats, marchons; il n'y a pas d'instant à perdre
» dans une entreprise qui n'est louable qu'achevée. » Il
fait ensuite ouvrir l'arsenal. On se jette aussitôt sur les
armes, sans observer aucun ordre, sans que prétorien ou
légionaire s'assujettissent à prendre l'armure qui les dis-
tingue. Ils se confondent avec des auxiliaires par le casque
et le bouclier; ni les tribuns, ni les centurions ne diri-
geaient rien; chaque soldat se conduisait, s'excitait lui-
même; et il y avait, pour tous ces pervers, un aiguillon
bien puissant, l'idée qu'ils désolaient les gens de bien.

XXXIX. Déjà Pison, épouvanté des clameurs séditieuses
qui, se renforçant de moments en moments, retentissaient
jusque dans Rome, était venu rejoindre Galba, sorti dans

---

* A Rome, pour ne point effaroucher par un appareil militaire, les soldats même, au lieu du sagum, qui était l'habit de guerre, portaient la toge, qui était l'habit des citoyens.

alii Capitolium petere, plerique Rostra occupanda censerent, plures tantùm sententiis aliorum contradicerent, utque evenit in consiliis infelicibus, optima viderentur quorum tempus effugerat. Agitâsse Laco, ignaro Galbâ, de occidendo T. Vinio dicitur, sive ut pœna ejus animos militum mulceret, seu conscium Othonis credebat, ad postremum, vel odio. Hæsitationem attulit tempus ac locus, quià, initio cædis orto, difficilis modus : et turbavêre consilium trepidi nuncii, ac proximorum diffugia, languentibus omnium studiis qui primò alacres fidem atque animum ostentaverant.

XL. Agebatur hùc illùc Galba, vario turbæ fluctuantis impulsu; completis undiquè basilicis ac templis, lugubri prospectu : neque populi aut plebis ulla vox ; sed attoniti vultus, et conversæ ad omnia aures : non tumultus, non quies : quale magni metûs et magnæ iræ silentium est. Othoni tamen armari plebem nunciabatur. Ire præcipites, et occupare pericula jubet. Igitur milites romani, quasi Vologesen, aut Pacorum, avito Arsacidarum solio depulsuri, ac non imperatorem suum, inermem et senem, trucidare pergerent, disjectâ plebe, proculcato senatu, truces armis, rapidis equis, Forum inrumpunt : nec illos Capitolii adspectus, et immi-

l'intervalle, et s'approchant du Forum; les nouvelles apportées par Celsus n'étaient rien moins que satisfaisantes; les uns parlaient de retourner au palais, d'autres de gagner le Capitole, la plupart d'occuper les Rostres; plusieurs se bornaient à contredire l'avis des autres; et, comme il arrive dans les entreprises malheureuses, on regrettait tous les partis qu'il n'était plus temps de prendre. On prétend que Lacon, à l'insu de Galba, forma le projet de tuer Vinius, soit qu'il crût cette mort propre à calmer les soldats, ou Vinius complice d'Othon, soit enfin pour satisfaire sa haine. Le temps et le lieu le retinrent ; car, le carnage une fois commencé, il eût été difficile de l'arrêter ; puis toutes les mesures furent troublées par les nouvelles alarmantes; les plus proches s'étaient dispersés; on ne voyait plus que froideur dans tous ceux qui, d'abord pleins de zèle, avaient vanté si hautement leur courage et leur fidélité.

XL. Galba était poussé çà et là par les flots de la multitude qui le pressait ; la foule avait rempli les basiliques * et les temples ; on n'apercevait que des objets lugubres ; les visages étaient interdits, les oreilles attentives et inquiètes, le peuple ne proférant pas un seul mot, dans un état ni tumultueux, ni calme, tel qu'est ce silence des grandes colères et des grandes terreurs. Pourtant on disait à Othon que la populace prenait les armes. Il ordonne de hâter la marche, et de prévenir le danger. Avec la même joie que

* Lieux où l'on s'assemblait pour différentes sortes d'affaires, à peu près comme dans notre palais. Cette sorte d'édifice servit depuis de modèle aux chrétiens pour leurs églises, auxquelles ils ne voulurent pas donner la forme des temples consacrés aux idoles.

nentium templorum religio, et priores et futuri principes terruêre, quominùs facerent scelus, cujus ultor est quisquis successit.

XLI. Viso cominùs armatorum agmine, vexillarius comitantis Galbam cohortis (Atilium Vergilionem fuisse tradunt) dereptam Galbæ imaginem solo adflixit. Eo signo manifesta in Othonem omnium militum studia, desertum fugâ populi Forum, destricta adversùs dubitantes tela. Juxta Curtii lacum, trepidatione ferentium Galba projectus è sellâ, ac provolutus est. Extremam ejus vocem, ut cuique odium, aut admiratio fuit, variè prodidêre. Alii, suppliciter interrogâsse, quid mali meruisset ? paucos dies exsolvendo donativo deprecatum : plures, obtulisse ultrò percussoribus jugulum, agerent ac ferirent, si ità è republicâ videretur. Non interfuit occidentium quid diceret. De percussore non satis constat : quidam Terentium evocatum, alii Lecanium : cre-

s'ils eussent marché contre Vologèse ou Pacorus, pour les renverser du trône des Arsacides, des soldats romains vont égorger un vieillard sans armes, leur propre empereur. Écartant le peuple, foulant aux pieds le sénat, menaçant de leurs armes, précipitant leurs chevaux, ils s'élancent dans le Forum; et, ni l'aspect du Capitole, ni tous ces monuments religieux suspendus sur leurs têtes, ni le souvenir de leurs anciens empereurs, ni la crainte des nouveaux, ne purent les effrayer un instant sur l'exécution d'un forfait toujours vengé par le successeur, quel qu'il soit.

XLI. A peine eut-on vu de près la marche de cette troupe armée, le porte-étendard de la cohorte qui accompagnait l'Empereur (c'est, dit-on, Atilius Vergilio), arracha l'image de Galba, et la jeta contre terre. A ce signal, tous les soldats se déclarèrent hautement pour Othon; le peuple laissa, par sa fuite, le Forum désert; on lança quelques javelots sur ceux qui hésitaient. Ce fut auprès du lac de Curtius * que les porteurs de Galba, dans leur précipitation, le renversèrent de sa litière, d'où il roula par terre. On l'a fait parler bien diversement à sa mort, selon les sentiments de haine ou d'admiration dont chacun était animé. Quelques-uns prétendent qu'il demanda humblement quel était son crime, et quelques jours pour payer le donativum; le plus grand nombre, qu'il fut le premier à présenter sa tête aux meurtriers, en les excitant à frapper, s'ils croyaient que ce fût pour le bien de l'État. Peu importait aux meurtriers ce qu'il pouvait dire. On n'est pas bien d'accord sur celui qui le tua. Les uns nomment Térentius,

---

* Dans le Forum, devant les Rostres.

brior fama tradidit Camurium, quintæ decimæ legionis militem, impresso gladio, jugulum ejus hausisse. Ceteri crura brachiaque (nam pectus tegebatur) fœdè laniavêre : pleraque vulnera, feritate et sævitiâ, trunco jam corpori adjecta.

XLII. Titum indè Vinium invasêre : de quo et ipso ambigitur, consumpseritne vocem ejus instans metus, an proclamaverit, non esse ab Othone mandatum, ut occideretur. Quod seu finxit formidine, seu conscientiâ conjurationis confessus est : hùc potiùs ejus vita famaque inclinat, ut conscius sceleris fuerit, cujus caussa erat. Ante ædem divi Julii jacuit, primo ictu in poplitem, mox ab Julio Caro, legionario milite, in utrumque latus transverberatus.

XLIII. Insignem illâ die virum Sempronium Densum ætas nostra vidit. Centurio is prætoriæ cohortis, à Galbâ custodiæ Pisonis additus, stricto pugione occurrens armatis, et scelus exprobrans, ac, modò manu, modò voce, vertendo in se percussores, quanquàm vulnerato Pisoni effugium dedit. Piso in ædem Vestæ pervasit, exceptusque misericordiâ publici servi, et contubernio ejus abditus, non religione, nec cærimoniis, sed latebrâ imminens exitium differebat : cùm advenêre, missu Othonis, nominatim in cædem ejus ardentis, Sulpicius Florus, è britannicis cohortibus, nuper à

évocat, d'autres Lécanius. Le bruit le plus général est que ce fut Camurius, soldat de la quinzième légion, qui lui plongea son épée dans la gorge. Les autres, se jetant sur ses jambes et sur ses bras (car le reste du buste était défendu par la cuirasse), les mirent indignement en pièces. La plupart des coups furent portés, par férocité et par barbarie, lorsque la tête était déjà séparée du corps.

XLII. Ils coururent ensuite à Vinius, sur le compte duquel on varie également. On a dit que la frayeur lui avait étouffé la voix; d'autres, qu'il cria qu'Othon, sûrement, n'avait pas donné l'ordre de le tuer, soit que ce fût un mensonge dicté par la peur, ou bien un aveu qu'il était dans le secret de la conjuration. Toute sa vie et son caractère connu portent plutôt à croire qu'il était en effet complice d'un crime dont il fut la cause. Il expira devant le temple de Jules-César, blessé au jarret d'un premier coup, puis achevé par Julius Carus, légionaire, qui le perça de part en part.

XLIII. Notre siècle vit, ce jour-là, un bel exemple de vertu dans Sempronius Densus, centurion d'une cohorte prétorienne, que Galba avait donnée à Pison pour l'escorter. Ce brave homme, se présentant aux meurtriers avec un simple poignard, leur reprocha leur crime; et, tantôt par les coups qu'il portait, tantôt par ses cris, détournant sur lui toute leur rage, donna à Pison, quoique blessé, le temps de s'enfuir. Pison se sauva dans le temple de Vesta, où il trouva de la pitié dans un esclave public, qui le cacha dans sa chambre. L'obscurité de cette retraite, plutôt que la sainteté de l'asile, recula sa perte; mais bientôt arrivent de la part d'Othon, altéré surtout du sang de cette victime (32), deux assassins, Sulpicius Florus, soldat des co-

Galbâ civitate donatus, et Statius Murcus, speculator : à quibus protractus Piso, in foribus templi trucidatur.

XLIV. Nullam cædem Otho majore lætitiâ excepisse, nullum caput tam insatiabilibus oculis perlustrâsse dicitur : seu tùm primùm levata omni sollicitudine mens, vacare gaudio cœperat : seu recordatio majestatis in Galbâ, amicitiæ in **T. Vinio**, quamvis immitem animum imagine tristi confuderat : Pisonis, ut inimici et æmuli, cæde lætari jus fasque credebat. Præfixa contis capita gestabantur, inter signa cohortium, juxta aquilam legionis ; certatim ostentantibus cruentas manus qui occiderant, qui interfuerant, qui verè, qui falsò, ut pulchrum et memorabile facinus jactabant. Plures quàm centum et viginti libellos præmia exposcentium, ob aliquam notabilem illâ die operam, Vitellius posteà invenit : omnesque conquiri et interfici jussit ; non honore Galbæ, sed tradito principibus more, munimentum ad præsens, in posterum ultionem.

XLV. Alium crederes senatum, alium populum : ruere cuncti in castra, anteire proximos, certare cum præcurrentibus, increpare Galbam, laudare militum judicium, exosculari Othonis manum : quantòque magis falsa erant quæ fiebant, tantò plura facere. Nec adspernabatur singulos Otho,

Othon

hortes britanniques, nouvellement fait citoyen par Galba, et Statius Murcus, spéculateur. Ceux-ci, ayant arraché Pison du temple, le massacrèrent à la porte.

XLIV. Cette mort fut celle qu'Othon apprit avec le plus de plaisir; nulle autre tête ne fixa, dit-on, plus longtemps ses insatiables regards; soit que ce fût alors le premier moment où son ame, libre de toute inquiétude, pût se livrer à la joie, ou soit que les idées de majesté, dans Galba, d'amitié, dans Vinius, eussent troublé d'un sentiment douloureux (33) son cœur, tout impitoyable qu'il était. Ne voyant, au contraire, dans Pison, qu'un rival et un ennemi, il croyait pouvoir légitimement se réjouir de sa mort. Les têtes, attachées à des piques, étaient portées en triomphe au milieu des enseignes des cohortes, tout près de l'aigle de la légion; on ne voyait que soldats montrer à l'envi leurs mains sanglantes, tant ceux qui avaient tué que ceux qui avaient assisté au meurtre, qui tous, à droit ou à tort, s'en glorifiaient comme d'un grand et mémorable exploit. Vitellius trouva, par la suite, plus de cent vingt placets de gens qui demandaient une récompense, pour quelque service remarquable rendu ce jour-là. Il fit chercher et punir tous ces malheureux; non par honneur pour Galba, mais par cette politique, commune aux princes, de poursuivre les anciens crimes pour se garantir des nouveaux.

XLV. On eût cru voir un autre sénat, un autre peuple; tous couraient au camp; on voulait laisser derrière les plus proches, atteindre les plus avancés; on s'emportait contre Galba; on exaltait le choix de l'armée; on couvrait de baisers la main d'Othon, et, moins le zèle était sincère, plus il avait d'exagération. Othon, de son côté, ne rebutait per-

avidum et minacem militum animum, voce vultuque temperans. Marium Celsum, consulem designatum, et Galbæ usquè in extremas res amicum fidumque, ad supplicium expostulabant, industriæ ejus innocentiæque, quasi malis artibus, infensi. Cædis et prædarum initium, et optimo cuique perniciem quæri apparebat : sed Othoni nondùm auctoritas inerat ad prohibendum scelus; jubere jam poterat. Ità, simulatione iræ, vinciri jussum, et majores pœnas daturum adfirmans, præsenti exitio subtraxit. Omnia deindè arbitrio militum acta.

XLVI. Prætorii præfectos sibi ipsi legère : Plotium Firmum, è manipularibus quondàm, tùm vigilibus præpositum, et incolumi adhuc Galbâ partes Othonis secutum : adjungitur Licinius Proculus, intimâ familiaritate Othonis, suspectus consilia ejus fovisse. Urbi Flavium Sabinum præfecêre, judicium Neronis secuti, sub quo eamdem curam obtinuerat : plerisque Vespasianum fratrem in eo respicientibus. Flagitatum, ut vacationes, præstari centurionibus solitæ, remitterentur. Namque gregarius miles, ut tributum annuum, pendebat. Quarta pars manipuli, sparsa per commeatus, aut in ipsis castris vaga, dùm mercedem centurioni exsolveret ; neque modum oneris quisquam, neque genus quæstûs pensi habebat : per latrocinia et raptus, aut servilibus ministeriis, militare otium redimebant. Tùm locupletissimus quisque miles, labore ac sævitiâ

sonne, retenant de la voix et des yeux le soldat avide et menaçant. Ils demandaient avec fureur le supplice de Celsus, ce consul désigné qui, jusqu'au dernier moment, resta le fidèle ami de Galba ; ils détestaient ses talents et ses vertus, comme s'ils eussent été des crimes. Il était visible qu'ils ne cherchaient qu'une occasion de commencer le massacre et le pillage, et qu'ils en voulaient à tous les bons citoyens. Othon n'avait pas encore assez d'autorité pour empêcher le mal ; il pouvait seulement l'ordonner. Il feignit de la colère, et fit enchaîner Celsus, en assurant qu'il lui réservait un châtiment plus rigoureux ; par-là, il le déroba à la mort qui le menaçait. Tout se fit ensuite au gré des soldats.

XLVI. Ils choisirent eux-mêmes leurs préfets du prétoire. Leur choix tomba sur Plotius Firmus et sur Licinius Proculus. Plotius, autrefois simple soldat, depuis commandant du guet, s'était déclaré pour Othon avant que Galba fût encore abandonné. Proculus, ami intime d'Othon, était soupçonné d'avoir fomenté ses projets. Ils donnèrent la préfecture de Rome à Flavius Sabinus, se conformant au choix de Néron, sous qui Sabinus avait occupé la même place ; plusieurs aussi considéraient, dans Sabinus, le frère de Vespasien. On demanda avec instance la suppression des droits qu'on était dans l'usage de payer aux centurions pour les congés ; c'était une sorte de tribut annuel auquel ils assujettissaient le soldat. Le quart d'une compagnie pouvait s'absenter, ou errer librement dans le camp même, pourvu qu'on payât la taxe au centurion ; et personne ne songeait à réprimer ces vexations criantes, et ce genre de commerce. Les vols, les brigandages, les travaux mercenaires dédommageaient ensuite le soldat du

fatigari, donec vacationem emeret : ubi sumptibus exhaustus, socordiâ insuper elanguerat, inops pro locuplete, et iners pro strenuo, in manipulum redibat : ac rursùs alius atque alius, eâdem egestate ac licentiâ corrupti, ad seditiones et discordias, et ad extremum bella civilia ruebant. Sed Otho, ne, vulgi largitione, centurionum animos averteret, fiscum suum vacationes annuas exsoluturum promisit : rem haud dubiè utilem, et à bonis posteà principibus perpetuitate disciplinæ firmatam. Laco præfectus, tanquàm in insulam seponeretur, ab evocato, quem ad cædem ejus Otho præmiserat, confossus. In Martianum Icelum, ut in libertum, palàm animadversum.

XLVII. Exacto per scelera die, novissimum malorum fuit lætitia. Vocat senatum prætor urbanus : certant adulationibus ceteri magistratus. Accurrunt Patres : decernitur Othoni tribunitia potestas, et nomen Augusti, et omnes principum honores, annitentibus cunctis abolere convicia ac probra, quæ, promiscuè jacta, hæsisse animo ejus nemo sensit : omisisset offensas, an distulisset, brevitate imperii in incerto fuit. Otho, cruento adhuc Foro, per stragem jacentium, in Capitolium, atque indè in palatium vectus, concedi corpora sepulturæ, cremarique permisit. Pisonem Verania uxor, ac frater Scribonianus, T. Vinium Crispina filia composuêre,

prix que lui coûtait cette exemption de service. De plus, quand les centurions voyaient un soldat opulent, ils l'accablaient de travaux et de châtiments, pour qu'il achetât son congé. Lorsque, épuisé par cet achat, il s'était ensuite amolli par le repos, il rentrait dans la compagnie, pauvre et fainéant, de riche et de laborieux qu'il avait été. Tous les soldats, ainsi corrompus successivement par la licence et par la pauvreté, ne respiraient plus que trouble et faction, et finissaient par se jeter dans la guerre civile. Othon, ne voulant pas déplaire aux centurions en gratifiant les soldats, promit que le fisc paierait tous les ans le prix de ces congés. Ce réglement, véritablement utile, a été maintenu depuis par les bons princes et par une pratique constante. Le préfet Lacon, qui, en apparence, n'était que relégué dans une île, fut tué par un évocat qu'Othon avait envoyé d'avance sur le chemin. Martianus Icélus n'étant qu'un affranchi, on l'exécuta publiquement.

XLVII. Après une journée entière de crimes, il restait, pour dernier malheur, de finir par des réjouissances. Le préteur * de la ville convoque le sénat; les autres magistrats se signalent, à l'envi, par des adulations; les sénateurs accourent; on décerne à Othon la puissance tribunitienne, le nom d'Auguste, et les autres honneurs du principat; ils s'efforçaient tous de faire oublier leurs invectives et leurs insultes; mais, comme tous ces traits avaient été jetés confusément, personne ne s'aperçut qu'ils fussent restés dans le cœur d'Othon, soit qu'il eût dédaigné ou différé seulement de se venger, ce que la brièveté de son règne a

---

* C'était lui que regardait cette fonction quand il n'y avait point de consuls : or, les deux consuls, Galba et Vinius, venaient d'être tués.

quæsitis redemptisque capitibus, quæ venalia interfectores servaverant.

XLVIII. Piso unum et tricesimum ætatis annum explebat, famâ meliore quàm fortunâ. Fratres ejus Magnum Claudius, Crassum Nero interfecerant. Ipse, diù exsul, quatriduò Cæsar, properatâ adoptione ad hoc tantùm majori fratri prælatus est, ut prior occideretur. T. Vinius quinquaginta septem annos variis moribus egit. Pater illi è prætoriâ familiâ, maternus avus è proscriptis. Primâ militiâ infamis, legatum Calvisium Sabinum habuerat: cujus uxor, malâ cupidine visendi situm castrorum, per noctem militari habitu ingressa, cùm vigilias et cetera militiæ munia eâdem lasciviâ temerâsset, in ipsis principiis stuprum ausa, et criminis hujus reus T. Vinius arguebatur. Igitur jussu C. Cæsaris oneratus catenis, mox mutatione temporum dimissus, cursu honorum inoffenso, legioni post præturam præpositus, probatusque: servili deinceps probro respersus est, tanquàm scyphum aureum in convivio Claudii furatus: et Claudius, posterâ die, soli omnium Vinio fictilibus ministrari jussit. Sed Vinius proconsulatu Galliam Narbonensem severè

laissé incertain. Après qu'Othon, pour se rendre au Capitole, et de là au palais, eut fait passer son char au milieu du Forum encore sanglant, à travers tous les morts qui y restaient étendus, il permit de leur rendre les derniers devoirs. Pison fut enseveli par sa femme Vérania et par son frère Scribonianus, Vinius par Crispina, sa fille; ils firent chercher et racheter les têtes (34) que les meurtriers avaient gardées pour les vendre.

XLVIII. Pison achevait la trente-unième année d'une vie plus honorable que fortunée. Ses frères, Magnus et Crassus, avaient péri victimes, le premier, de Claude, l'autre, de Néron. Lui, exilé long-temps, et quatre jours César, n'obtint, dans cette adoption précipitée, la préférence sur son aîné que pour être égorgé avant lui. Vinius vécut cinquante-sept ans; il y eut, dans ses mœurs, de grandes variations. Son père était d'une famille prétorienne, son aïeul maternel du nombre des proscrits. Sa première campagne le décria;.il servait sous les ordres de Calvisius Sabinus. La femme de ce lieutenant, poussée d'un désir insensé de voir l'intérieur du camp, s'y était glissée la nuit, déguisée en soldat. Après avoir vu monter la garde, et assisté, avec la même effronterie, aux autres exercices militaires, elle couronna cette indécence par une prostitution dans l'enceinte même des aigles, et c'était Vinius qu'on accusait d'avoir été son complice. Chargé de fers par ordre de Caïus, puis élargi à la faveur de la révolution qui survint, il parcourut paisiblement la carrière des honneurs, commanda une légion après sa préture, et avec distinction; ensuite il se vit entaché d'une infamie digne d'un vil esclave, et soupçonné d'avoir volé une coupe d'or à la table de Claude, qui, le lendemain, fit servir, devant Vinius, seul,

integrèque rexit : mox Galbæ amicitiâ in abruptum tractus, audax, callidus, promptus, et prout animum intendisset, pravus aut industrius eâdem vi. Testamentum T. Vinii, magnitudine opum, inritum. Pisonis supremam voluntatem paupertas firmavit.

XLIX. Galbæ corpus diù neglectum, et licentiâ tenebrarum plurimis ludibriis vexatum, dispensator Argius, è prioribus servis, humili sepulturâ in privatis ejus hortis contexit. Caput, per lixas calonesque suffixum laceratumque, ante Patrobii tumulum (libertus is Neronis punitus à Galbâ fuerat) posterâ demùm die repertum, et cremato jam corpori admixtum est. Hunc exitum habuit Ser. Galba, tribus et septuaginta annis, quinque principes prosperâ fortunâ emensus, et alieno imperio felicior quàm suo. Vetus in familiâ nobilitas, magnæ opes : ipsi medium ingenium, magis extra vitia quàm cum virtutibus. Famæ nec incuriosus, nec venditator. Pecuniæ alienæ non appetens, suæ parcus, publicæ avarus. Amicorum libertorumque, ubi in bonos incidisset, sine reprehensione patiens ; si mali forent, usque ad culpam ignarus. Sed claritas natalium, et metus temporum obtentui, ut quod segnitia erat, sapientia vocaretur. Dùm vigebat ætas, militari laude apud Germanias floruit. Proconsul Africam moderatè, jam senior, citeriorem Hispaniam pari justitiâ continuit : major privato visus, dùm privatus

de la vaisselle de terre. Toutefois, dans son proconsulat, il gouverna la Gaule narbonnaise avec fermeté et désintéressement, puis il fut jeté, par la faveur de Galba, au milieu des écueils, audacieux, rusé, actif, et toujours, suivant la trempe de son caractère, bon ou méchant avec la même énergie. Les grandes richesses de Vinius firent casser son testament ; Pison était pauvre, on respecta ses dernières volontés.

XLIX. Le corps de Galba, long-temps abandonné, après avoir été en proie à mille outrages dans le désordre de la nuit, fut recueilli par Argius, intendant de ce prince, un de ses anciens esclaves, qui lui donna une humble sépulture dans un jardin que possédait Galba avant d'être empereur. Sa tête, percée de coups, et attachée à une pique par des goujats et des vivandiers, fut retrouvée enfin le lendemain devant le tombeau de Patrobe, affranchi de Néron, que Galba avait fait exécuter. On en rejoignit les cendres à celles du corps, qui était déjà brûlé. Ainsi finit Servius Sulpicius Galba, à l'âge de soixante-treize ans, ayant passé au travers de cinq règnes avec une fortune brillante, et bien plus heureux sujet qu'empereur. Il y avait dans sa famille une illustration ancienne, de grandes richesses ; lui, n'était qu'un esprit médiocre, plutôt sans vices que vertueux, ni indifférent pour la gloire, ni très-passionné pour elle, ne désirant pas le bien d'autrui, économe du sien, avare de celui de l'État. Si ses amis et ses affranchis se rencontraient gens de bien, il le supportait sans peine ; s'ils étaient méchants, il était, sur leur conduite, de l'ignorance la plus coupable. Mais l'éclat de sa naissance et le malheur des temps firent donner, à ce qui n'était qu'indolence, un renom de sagesse. Dans la vigueur de l'âge, il

fuit, et omnium consensu capax imperii, nisi imperâsset.

L. Trepidam Urbem, ac simul atrocitatem recentis sceleris, simul veteres Othonis mores paventem, novus insuper de Vitellio nuncius exterruit, ante caedem Galbae suppressus, ut tantùm superioris Germaniae exercitum descivisse crederetur. Tùm duos, omnium mortalium impudicitiâ, ignaviâ, luxuriâ deterrimos, velut ad perdendum imperium fataliter electos, non senatus modò et eques, quîs aliqua pars et cura reipublicae, sed vulgus quoque palàm moerere. Nec jam recentia saevae pacis exempla, sed repetitâ bellorum civilium memoriâ, captam totiens suis exercitibus Urbem, vastitatem Italiae, direptiones provinciarum, Pharsaliam, Philippos, et Perusiam ac Mutinam, nota publicarum cladium nomina, loquebantur. Propè eversum orbem, etiam cùm de principatu inter bonos certaretur : sed mansisse C. Julio, mansisse Caesare Augusto victore imperium : mansuram fuisse sub Pompeio Brutoque rempublicam. Nunc, pro Othone, an pro Vitellio, in templa ituros? Utrasque impias preces, utraque detestanda vota, inter duos, quorum bello solum id scires deteriorem fore qui vicisset. Erant qui Vespasianum, et arma Orientis

se distingua en Germanie par des talents militaires. Proconsul, il gouverna l'Afrique avec modération; et, dans sa vieillesse, l'Espagne citérieure avec non moins d'équité, paraissant supérieur à la condition privée, tant qu'il y resta; et, au jugement de tous, digne de l'empire, s'il n'eût été empereur.

L. Au milieu des alarmes de Rome, qu'épouvantaient à la fois et l'atrocité de ce forfait récent et les anciens dérèglements d'Othon, la nouvelle qu'on reçut, touchant Vitellius, acheva de consterner les esprits. On l'avait cachée avant le meurtre de Galba, pour laisser croire qu'il n'y avait de révoltée que l'armée du Haut-Rhin. Mais quand on vit ces deux hommes, les plus prodigues, les plus efféminés, les plus dissolus des mortels, élus en même temps à l'empire, comme si l'on eût conspiré sa ruine, alors, non-seulement le sénat et les chevaliers qui, ayant quelque part aux affaires, y portaient quelque intérêt, mais le peuple même, laissèrent éclater publiquement leur douleur. On ne parlait plus des barbaries qui avaient ensanglanté la paix des derniers règnes. Les guerres civiles, Rome tant de fois prise par ses propres soldats, les dévastations de l'Italie, le saccagement des provinces, revinrent à tous dans la mémoire. On ne s'entretenait que de Pharsale et de Philippes, de Pérouse et de Modène, noms fameux par les calamités publiques. Tous ces débats, même entre de grands hommes, avaient failli déjà bouleverser la terre, quoique pourtant l'empire pût se flatter de subsister après la victoire de Jules et d'Auguste, ainsi que la république après celle de Pompée et de Brutus. Mais qu'attendre de Vitellius et d'Othon? Irait-on dans les temples, par des prières sinistres, par des vœux impies, solliciter des triomphes pour

augurarentur : et, ut potior utroque Vespasianus, ità bellum aliud, atque alias clades horrebant. Et ambigua de Vespasiano fama : solusque omnium ante se principum in melius mutatus est.

LI. Nunc initia caussasque motûs Vitelliani expediam. Cæso cum omnibus copiis Julio Vindice, ferox prædâ gloriâque exercitus, ut cui, sine labore ac periculo, ditissimi belli victoria evenisset, expeditionem et aciem, præmia quàm stipendia malebat : diùque infructuosam et asperam militiam toleraverat, ingenio loci cœlique, et severitate disciplinæ; quam in pace inexorabilem, discordiæ civium resolvunt, paratis utrinquè corruptoribus, et perfidiâ impunitâ. Viri, arma, equi, ad usum et ad decus supererant. Sed, ante bellum, centurias tantùm suas turmasque noverant : exercitus finibus provinciarum discernebantur : tùm adversùs Vindicem contractæ legiones, seque et Gallias expertæ, quærere rursùs arma, novasque discordias ; nec socios, ut olim, sed hostes et victos vocabant. Nec deerat pars Galliarum, quæ Rhenum accolit, easdem partes secuta, ac tùm acerrima instigatrix adversùs Galbianos : hoc enim nomen, fastidito Vindice, indiderant. Igitur Sequanis Æduisque, ac deindè, prout opulentia civitatibus erat, infensi,

l'un ou l'autre de ces pervers, dont celui que la guerre aurait nommé vainqueur, serait toujours le pire? Quelques-uns présageaient les mouvements de l'Orient et l'élévation de Vespasien ; mais, en le préférant aux deux autres, ils redoutaient un surcroît de guerre et de désastres. D'ailleurs, Vespasien avait une réputation équivoque, et, de tous les princes qui l'ont précédé, c'est le seul que l'empire ait rendu meilleur.

LI. Je vais maintenant développer l'origine et les causes du soulèvement de Vitellius. Julius Vindex avait péri avec toutes ses troupes. Cette victoire avait livré une contrée opulente au vainqueur, sans lui avoir coûté ni sang ni fatigues; l'armée, enorgueillie de sa gloire et de ses richesses, préférait les combats à l'inaction *, le butin à une solde. Elle avait supporté long-temps un service infructueux et pénible, par la nature des lieux et du climat, et par la sévérité de la discipline, qui, inexorable dans la paix, se relâche pendant les guerres civiles, où, dans les deux partis, les corrupteurs sont tout prêts, et les perfides impunis. Elle était pourvue d'hommes, d'armes, de chevaux, et pour le besoin et pour le faste. Avant la guerre, le soldat ne connaissait que sa compagnie; chaque armée restait dans les limites de sa province; mais, depuis qu'ils s'étaient vus réunis en corps contre Vindex, et qu'ils s'étaient essayés avec les peuples des Gaules, ils cherchaient de nouvelles querelles et une autre guerre; les Gaulois n'étaient plus à leurs yeux, comme autrefois, des alliés; c'étaient des ennemis, c'étaient des vaincus. D'ailleurs, une partie même des Gaulois, ceux qui bordent le Rhin, avaient embrassé

---

* Je lis, avec Juste-Lipse, *expeditionem quàm otium*.

expugnationes urbium, populationes agrorum, raptus penatium hauserunt animo : super avaritiam et arrogantiam, præcipua validiorum vitia, contumaciâ Gallorum irritati, qui remissam sibi à Galbâ quartam tributorum partem, et publicè donatos, in ignominiam exercitûs jactabant. Accessit callidè vulgatum, temerè creditum, decumari legiones, et promptissimum quemque centurionum dimitti · undiquè atroces nuncii, sinistra ex urbe fama, infensa Lugdunensis colonia, et, pertinaci pro Nerone fide, fecunda rumoribus. Sed plurima ad fingendum credendumque materies in ipsis castris, odio, metu, et, ubi vires suas respexerant, securitate.

LII. Sub ipsas superioris anni kalendas decembres, Aulus Vitellius, inferiorem Germaniam ingressus, hiberna legionum cum curâ adierat : redditi plerisque ordines, remissa ignominia, allevatæ notæ : plura ambitione, quædam judicio : in quibus sordem et avaritiam Fonteii Capitonis, adimendis assignandisve militiæ ordinibus, integrè mutaverat. Nec consularis legati mensurâ, sed in majus omnia

la cause des légions; et c'étaient alors les plus ardents instigateurs contre les Galbiens; car c'est ainsi qu'ils appelaient les autres Gaulois, méprisant trop Vindex pour avoir donné son nom à un parti. Ennemis donc des Séquanes, des Éduens, et enfin de toutes les cités opulentes, nos soldats dévoraient en espoir leurs villes, leurs terres, leurs maisons, emportés sans doute par l'avarice et l'arrogance, vices ordinaires du plus fort, mais aussi par l'insolence même des Gaulois, qui, fiers de l'accroissement de leur territoire, et de la remise que Galba leur avait faite du quart de leur tribut, étalaient ces récompenses aux yeux des légions pour les insulter. De plus, il courut un bruit, adroitement répandu, légèrement adopté, qu'on allait décimer les légions et casser les centurions les plus déterminés. De toutes parts, des nouvelles menaçantes; rien que de sinistre de la capitale; l'ardente inimitié des Lyonnais, obstinés dans leur attachement à Néron, enfantait toutes ces calomnies. Mais c'était surtout au camp que le mensonge et la crédulité trouvaient le plus d'aliments dans les haines et dans les craintes, qui se changeaient bientôt en sécurité, lorsque les soldats considéraient leurs propres forces.

LII. L'année précédente, dès le commencement de décembre, Vitellius, à peine entré dans la Basse-Germanie, avait été visiter avec soin les quartiers d'hiver des légions. Il avait rendu à la plupart des centurions leurs compagnies, remis les peines infamantes, adouci les notes injurieuses, le plus souvent pour se faire des créatures, quelquefois pour être juste. Par exemple, Capito n'ayant fait et défait les centurions que par des vues de cupidité et d'avarice, sur ce point les changements de Vitellius étaient sages. Toutes

accipiebantur. Et Vitellius apud severos humilis. Ità comitatem bonitatemque faventes vocabant, quòd, sine modo, sine judicio, donaret sua, largiretur aliena : simul aviditate imperandi, ipsa vitia pro virtutibus interpretabantur. Multi in utroque exercitu sicut modesti quietique, ità mali et strenui : sed profusâ cupidine, et insigni temeritate, legati legionum, Alienus Cæcina, et Fabius Valens; è quibus Valens, infensus Galbæ, tanquàm detectam à se Verginii cunctationem, oppressa Capitonis consilia ingratè tulisset, instigare Vitellium, ardorem militum ostentans. Ipsum celebri ubiquè famâ : nullam in Flacco Hordeonio moram : affore, Britanniam : secutura Germanorum auxilia : malè fidas provincias : precarium seni imperium, et brevi transiturum : panderet modò sinum, et venienti fortunæ occurreret. Meritò dubitâsse Verginium, equestri familiâ, ignoto patre ; imparem, si recepisset imperium ; tutum, si recusâsset. Vitellio tres patris consulatus, censuram, collegium Cæsaris, et imponere jampridem imperatoris dignationem, et auferre privati securitatem. Quatiebatur his segne ingenium, ut concupisceret magis quàm ut speraret.

LIII. At, in superiore Germaniâ, Cæcina decorâ

ces opérations n'étaient que celles d'un simple lieutenant consulaire : on leur donnait une tout autre importance; aux yeux des gens austères Vitellius était bas et rampant; ses partisans n'y voyaient que de la bonté, de la complaisance. Ils le disaient libéral, parce qu'il prodiguait, sans mesure et sans discernement, son bien et celui d'autrui. Dans l'ardent désir de le voir empereur, ils métamorphosaient ses vices même en vertus. Il y avait, dans les deux armées, des esprits modérés et pacifiques, tout autant de factieux et d'entreprenants; les deux lieutenants, surtout Fabius Valens et Aliénus Cæcina, étaient d'une cupidité effrénée et d'une audace incroyable. Valens était outré contre Galba; il l'avait averti des irrésolutions de Verginius; il avait étouffé les complots de Capito, et se prétendait mal récompensé. Il animait Vitellius; il lui représentait l'ardeur des soldats, son nom qui était dans toutes les bouches, Hordéonius trop faible pour s'opposer à rien; la Bretagne et les auxiliaires de Germanie prêts à le suivre, les provinces mécontentes. Que craindre d'un vieillard dont le pouvoir précaire allait passer dans un instant? La fortune s'offrait à Vitellius; il n'avait qu'à lui ouvrir son sein et la recevoir. Verginius, d'une simple famille équestre, fils d'un père inconnu, avait balancé avec raison, sûr de succomber s'il acceptait l'empire, et pouvant se flatter de vivre après l'avoir refusé. Il n'en était pas ainsi de Vitellius; les trois consulats du père, sa censure, l'honneur d'avoir eu pour collègues les Césars, donnaient depuis long-temps au fils l'éclat d'un empereur, et lui ôtaient la sécurité d'un particulier. Ces raisons ébranlaient son cœur pusillanime, de manière toutefois qu'il désirait plus qu'il n'espérait.

LIII. Dans la Haute-Germanie, Cæcina, qui possédait les

juventâ, corpore ingens, animi immodicus, scito sermone, erecto incessu, studia militum inlexerat. Hunc juvenem Galba, quæstorem in Bæticâ, impigrè in partes suas transgressum, legioni præposuit: mox compertum publicam pecuniam avertisse, ut peculatorem flagitari jussit. Cæcina, ægrè passus, miscere cuncta, et privata vulnera reipublicæ malis operire statuit. Nec deerant in exercitu semina discordiæ, quòd et bello adversùs Vindicem universus adfuerat, nec nisi occiso Nerone translatus in Galbam, atque in eo ipso sacramento vexillis inferioris Germaniæ præventus erat. Et Treveri ac Lingones, quasque alias civitates atrocibus edictis, aut damno finium Galba perculerat, hibernis legionum propiùs miscentur. Undè seditiosa colloquia, et inter paganos corruptior miles, et in Verginium favor, cuicumque alii profuturus.

LIV. Miserat civitas Lingonum, vetere instituto, dona legionibus, dextras, hospitii insigne. Legati eorum, in squalorem moestitiamque compositi, per principia, per contubernia, modò suas injurias, modò civitatum vicinarum præmia, et, ubi pronis militum auribus accipiebantur, ipsius exercitûs pericula et contumelias conquerentes, accendebant animos. Nec procul seditione aberant, cùm Hor-

grâces de la jeunesse, une taille majestueuse, une valeur bouillante, plein de charmes dans sa conversation, de noblesse dans sa démarche, avait gagné tous les cœurs des soldats. Il était questeur dans la Bétique*, lorsque, pour récompenser le zèle avec lequel il s'était déclaré, Galba lui donna, malgré sa jeunesse, le commandement d'une légion ; mais, depuis, ayant eu la preuve qu'il avait détourné les deniers publics, il donna ordre qu'il fût recherché rigoureusement sur ce péculat. Cæcina, furieux, résolut de tout bouleverser, et de couvrir les débris de sa fortune des ruines de l'État. Les germes de discorde ne manquaient point déjà dans cette armée ; elle avait marché tout entière contre Vindex, et n'avait reconnu Galba qu'après la mort de Néron, en quoi même elle s'était laissé prévenir par les troupes du Bas-Rhin. D'ailleurs, les Trévires, les Langrois, et tous ces peuples que Galba avait châtiés par des édits rigoureux ou par la perte de leur territoire, ne cessaient, à la faveur du voisinage, de fréquenter le camp de ces légions. De là mille entretiens séditieux, et la corruption du soldat, par ce mélange avec des habitants de ville ; de là cet enthousiasme pour Verginius, et qui pouvait tourner au profit de tout autre.

LIV. Les Langrois avaient, suivant un ancien usage, envoyé en présent aux légions deux mains entrelacées, symbole de l'hospitalité. Leurs députés, affectant un air d'abattement et de douleur, allaient dans la place d'armes, dans toutes les tentes, et là ils se répandaient en plaintes, tantôt sur leurs propres injures, tantôt sur les récompenses

---

* Aujourd'hui les royaumes de Grenade, de Séville, de Cordoue, presque tout le royaume de Jaën, et une partie de l'Estramadure.

deonius Flaccus abire legatos, utque occultior digressus esset, nocte castris excedere jubet. Indè atrox rumor, adfirmantibus plerisque interfectos, ac, nisi ipsi consulerent, fore ut acerrimi militum, et præsentia conquesti, per tenebras, et inscitiam ceterorum occiderentur. Obstringuntur inter se tacito fœdere legiones. Adsciscitur auxiliorum miles, primò suspectus, tanquàm circumdatis cohortibus alisque, impetus in legiones pararetur, mox eadem acriùs volvens; faciliore inter malos consensu ad bellum quàm in pace ad concordiam.

LV. Inferioris tamen Germaniæ legiones solemni kalendarum januariarum sacramento pro Galbâ adactæ, multâ cunctatione et raris primorum ordinum vocibus : ceteri silentio proximi cujusque audaciam exspectantes; insitâ mortalibus naturâ, prosperè sequi quæ piget inchoare. Sed ipsis legionibus inerat diversitas animorum. Primani quintanique turbidi adeò ut quidam saxa in Galbæ imagines jecerint : quintadecima ac sextadecima legiones, nihil ultra fremitum et minas ausæ, initium erum-

des cités voisines ; puis, quand ils voyaient le soldat qui les écoutait favorablement, ils se récriaient sur les périls, sur les humiliations de l'armée même, et ils enflammaient tous les esprits. On n'était pas loin d'une sédition, lorsque Hordéonius ordonna aux députés de quitter le camp ; et, pour cacher mieux leur départ, il les fit partir la nuit. Il en courut mille bruits affreux ; la plupart affirmaient qu'on avait massacré les députés, et qu'on verrait bientôt, s'ils n'y prenaient garde, les plus braves soldats, ceux qui s'étaient permis des murmures, périr ainsi dans les ténèbres et à l'insu de leurs camarades. Les légions se lient entre elles par un traité secret. Pour les contenir, on fait venir les auxiliaires. Ceux-ci d'abord alarmèrent les légions ; toutes ces cohortes (35) et toute cette cavalerie dont on les avait entourées, semblaient les menacer d'une attaque ; bientôt ce sont les plus ardents à entrer dans leurs complots ; les méchants s'accordent plus facilement pour la guerre, que pour l'union dans la paix.

LV. Toutefois les légions du Bas-Rhin (36) prêtèrent, aux calendes de janvier, le serment solennel pour Galba. Ce fut, il est vrai, en hésitant beaucoup ; à peine quelques voix se firent entendre dans les premières centuries ; le reste garda le silence, s'attendant les uns les autres, par cet instinct naturel à tous les hommes de n'oser donner un exemple qu'on se hâte de suivre. Il y avait, dans ces légions même, des dispositions différentes. La première et la cinquième étaient si emportées, qu'il y eut des pierres lancées contre les images * de Galba ; la quinzième et la seizième

---

* Il y avait, sur les enseignes, des médaillons qui renfermaient le portrait des empereurs.

pendi circumspectabant. At, in superiori exercitu, quarta ac duodevicesima legiones, iisdem hibernis tendentes, ipso kalendarum januariarum die, dirumpunt imagines Galbæ : quarta legio promptiùs, duodevicesima cunctanter, mox consensu. Ac, ne reverentiam imperii exuere viderentur, senatûs populique romani oblitterata jam nomina sacramento advocabant : nullo legatorum tribunorumve pro Galbâ nitente, quibusdam, ut in tumultu, notabiliùs turbantibus. Non tamen quisquam in modum concionis, aut suggestu locutus : neque enim erat adhuc cui imputaretur.

LVI. Spectator flagitii Hordeonius Flaccus, consularis legatus, aderat, non compescere ruentes, non retinere dubios, non cohortari bonos ausus; sed segnis, pavidus, et socordiâ innocens. Quatuor centuriones duodevicesimæ legionis, Nonius Receptus, Donatius Valens, Romilius Marcellus, Calpurnius Repentinus, cùm protegerent Galbæ imagines, impetu militum abrepti, vinctique. Nec cuiquam ultrà fides, aut memoria prioris sacramenti : sed, quod in seditionibus accidit, undè plures erant, omnes fuêre. Nocte quæ kalendas januarias secuta est, in coloniam Agrippinensem, aquilifer quartæ legionis epulanti Vitellio nunciat quartam et duodevicesimam legiones, projectis Galbæ ima-

se bornaient à des murmures et à des menaces; ils cherchaient autour d'eux un premier signal pour éclater. Mais, dans la Haute-Germanie, ce même jour des calendes de janvier, la quatrième et la dix-huitième légion *, qui campaient ensemble, mettent en pièces les images de Galba, la quatrième avec plus de résolution, la dix-huitième en hésitant, puis toutes deux enfin de concert. Et, pour ne point paraître dépouiller tout respect pour l'autorité, elles rappelèrent, dans leur serment, les noms presque oubliés du sénat et du peuple romain. Pas un seul des lieutenants ou des tribuns ne fit, en faveur de Galba, le moindre mouvement. Quelques mutins, comme il arrive dans toutes les séditions, se firent remarquer davantage. Personne toutefois ne prit la parole, ou ne monta sur une estrade pour haranguer. Il n'y avait point encore de chef auprès de qui on pût s'en faire un mérite.

LVI. Hordéonius, lieutenant consulaire, restait spectateur tranquille de tous ces attentats; il n'entreprit ni de réprimer les furieux, ni de retenir les faibles, ni d'exhorter les bons; mais il était sans énergie, sans courage, et sa lâcheté fait sa justification (37). Quatre centurions de la dix-huitième légion, Nonius Réceptus, Donatius Valens, Romilius Marcellus, Calpurnius Repentinus, voulant défendre les images de Galba, furent saisis avec violence par les soldats, et mis aux fers. Personne, dès lors, ne se piqua plus de fidélité et ne songea à ses premiers serments; il arriva, comme dans les séditions, ce que faisaient le plus grand nombre, tous le firent. La nuit qui suivit les calendes

* Je lis, comme dans l'édition *variorum* et celle d'Ernesti, *duodevicesima* (dix-huitième). Brotier lit *duo et vicesima* (vingt-deuxième).

ginibus, in senatûs et populi romani verba jurâsse. Id sacramentum inane visum : occupari nutantem fortunam, et offerri principem placuit. Missi à Vitellio ad legiones legatosque, qui descivisse à Galbâ superiorem exercitum nunciarent : proindè aut bellandum adversùs desciscentes, aut, si concordia et pax placeat, faciendum imperatorem : et minore discrimine sumi principem quàm quæri.

LVII. Proxima legionis primæ hiberna erant, et promptissimus è legatis Fabius Valens. Is die postero, coloniam Agrippinensem cum equitibus legionis, auxiliorumque ingressus, imperatorem Vitellium consalutavit. Secutæ ingenti certamine ejusdem provinciæ legiones : et superior exercitus, speciosis senatûs populique romani nominibus relictis, tertio nonas januarias Vitellio accessit : scires illum priore biduo non penes rempublicam fuisse. Ardorem exercituum Agrippinenses, Treveri, Lingones æquabant, auxilia, equos, arma, pecunias offerentes, ut quisque corpore, opibus, ingenio validus. Nec principes modò coloniarum aut castrorum, quibus præsentia ex adfluenti, et partâ victoriâ magnæ spes ; sed manipuli quoque, et grega-

de janvier, pendant que Vitellius soupait, l'aquilifère de la quatrième légion vient à Cologne lui annoncer que la quatrième et la dix-huitième légion, après avoir brisé les images de Galba, avaient prêté serment au sénat et au peuple romain; ce serment fut compté pour rien. On résolut de saisir la fortune dans ce moment de crise, et d'offrir un prince aux légions. Vitellius envoya dire aux soldats et aux lieutenants de son armée, que celle du Haut-Rhin avait abandonné Galba; qu'il fallait donc ou la combattre, ou, s'ils préféraient la paix et la concorde, faire un empereur, et que le risque était moindre de se hâter que d'attendre.

LVII. La première légion campait tout près de là *; Valens, qui la commandait, était le plus déterminé des lieutenants. Dès le lendemain, il entre dans Cologne avec la cavalerie de la légion et celle des auxiliaires; il proclame Vitellius empereur; les autres légions de la province suivirent l'exemple avec une émulation incroyable, et l'armée du Haut-Rhin, laissant là ces noms spécieux de sénat et de peuple romain, dès le troisième jour des ** nones de janvier, reconnut Vitellius. On peut juger si, deux jours auparavant, elle était l'armée de la république. Cologne, Langres, Trèves, montrèrent autant d'ardeur que les troupes; elles offrirent des hommes, des chevaux, des armes, de l'argent. Chaque habitant voulait contribuer de sa personne, de sa fortune, de ses talents; et ce n'étaient pas seulement les chefs des colonies ou de l'armée, ceux qui avaient déjà de grands biens, et fondaient sur la victoire de grandes es-

---

* A Bonn.
** Le 3 janvier.

rius miles, viatica sua, et balteos, phalerasque, insignia armorum argento decora, loco pecuniæ tradebant, instinctu, et impetu, et avaritiâ.

LVIII. Igitur, laudatâ militum alacritate, Vitellius, ministeria principatûs, per libertos agi solita, in equites romanos disponit. Vacationes centurionibus ex fisco numerat. Sævitiam militum, plerosque ad poenam exposcentium, sæpiùs approbat, partim simulatione vinculorum frustratur. Pompeius Propinquus, procurator Belgicæ, statim interfectus. Julium Burdonem, germanicæ classis præfectum, astu subtraxit. Exarserat in eum iracundia exercitûs, tanquàm crimen, ac mox insidias, Fonteio Capitoni struxisset. Grata erat memoria Capitonis : et, apud sævientes, occidere palàm, ignoscere non nisi fallendo licebat. Ità in custodiâ habitus : et, post victoriam demùm, stratis jam militum odiis, dimissus est. Interim, ut piaculum, objicitur centurio Crispinus, qui se sanguine Capitonis cruentaverat : eòque et postulantibus manifestior, et punienti vilior fuit.

LIX. Julius deindè Civilis periculo exemptus, præpotens inter Batavos, ne supplicio ejus ferox gens alienaretur. Et erant in civitate Lingonum octo Batavorum cohortes, quartædecimæ legionis auxilia,

pérances. Jusqu'aux moindres soldats, sacrifiant leurs provisions pour leur route, leurs baudriers, leurs phalères *, leurs armes, si elles avaient quelques ornements de prix, venaient, au défaut d'argent, les livrer par imitation, par inclination, par cupidité.

LVIII. Vitellius, après avoir loué les troupes de leur zèle, répartit entre des chevaliers romains le service de la maison du Prince, qui s'était fait, de tout temps, par des affranchis; il paya les congés aux centurions, de l'argent du fisc; trop souvent il autorisa la cruauté des soldats; il l'éluda quelquefois en faisant emprisonner ceux dont ils pressaient le supplice. Il laissa massacrer, sur-le-champ, Pompéius Propinquus, procurateur de la Belgique; il eut l'adresse de soustraire Julius Burdo, commandant de la flotte de Germanie. L'armée, persuadée que Burdo avait conseillé la révolte à Capiton, pour tramer ensuite sa perte, était enflammée de colère contre lui. La mémoire de Capiton leur était chère, et, avec ces furieux, on pouvait tuer ouvertement; il fallait tromper pour faire grâce. Burdo fut donc tenu en prison; et, après la victoire, lorsque la haine des soldats fut enfin assoupie, on le relâcha. En attendant, Vitellius leur abandonna, pour victime, le centurion Crispinus, qui avait trempé ses mains dans le sang de Capiton; ce qui le fit poursuivre par les soldats avec plus d'acharnement, et sacrifier par le général avec moins de répugnance.

LIX. On fit échapper Julius Civilis, de peur que le sup-

---

* *Phaleræ, phalères*, signifiait tous les ornements dont on parait le cheval; il signifiait aussi certaine marque d'honneur qu'on donnait aux gens de guerre pour leurs belles actions.

tùm discordiâ temporum à legione digressæ : prout inclinâssent, grande momentum sociæ aut adversæ. Nonium, Donatium, Romilium, Calpurnium, centuriones, de quibus suprà retulimus, occidi jussit, damnatos fidei crimine, gravissimo inter desciscentes. Accessêre partibus Valerius Asiaticus, belgicæ provinciæ legatus, quem mox Vitellius generum adscivit : et Junius Blæsus, Lugdunensis Galliæ rector, cum italicâ legione, et alâ taurinâ, Lugduni tendentibus. Nec in Rhæticis copiis mora, quominùs statim adjungerentur. Ne in Britanniâ quidem dubitatum.

LX. Præerat Trebellius Maximus, per avaritiam ac sordes contemptus exercitui invisusque. Accendebat odium ejus Roscius Cœlius, legatus vicesimæ legionis, olim discors, sed occasione civilium armorum atrociùs proruperat. Trebellius seditionem, et confusum ordinem disciplinæ Cœlio; spoliatas et inopes legiones Cœlius Trebellio objectabat : cùm interim, fœdis legatorum certaminibus modestia exercitûs corrupta, eòque discordiæ ventum ut auxiliarium quoque militum conviciis proturbatus, et aggregantibus se Cœlio cohortibus alisque, desertus Trebellius ad Vitellium perfugerit : quies provinciæ, quanquàm remoto consulari, mansit :

plice de ce guerrier, tout-puissant parmi les Bataves, n'aliénât cette nation belliqueuse. Il y avait, sur le territoire de Langres, huit cohortes de Bataves, qui formaient les auxiliaires de la quatorzième légion, séparées de la légion par cet esprit de discorde qui régnait alors. Ces huit cohortes pouvaient, en se déclarant pour ou contre, mettre un grand poids dans la balance. Vitellius fit tuer les centurions dont j'ai parlé plus haut, Nonius, Donatius, Romilius, Calpurnius, coupables de fidélité, le plus grand des crimes pour des rebelles. Asiaticus, lieutenant de la Belgique, depuis gendre de Vitellius, grossit encore leurs forces. Blæsus, gouverneur de la Gaule lyonnaise, leur donna la légion d'Italie et la division de cavalerie de Turin qui campaient à Lyon; les troupes de Rhétie entrèrent, sur-le-champ, dans le parti. En Bretagne même, on n'hésita point.

LX. Cette province avait pour commandant Trébellius Maximus, homme que son avarice et sa cupidité faisaient haïr et mépriser des troupes. Ces haines étaient entretenues par Cælius, lieutenant de la vingtième légion, de tout temps ennemi du commandant, mais qui, à l'occasion de la guerre civile, s'était déchaîné avec encore plus de violence. Trébellius reprochait à Cœlius son esprit séditieux, destructeur de toute discipline; Cœlius reprochait à Trébellius la misère des soldats victimes de son brigandage. Au milieu de ces querelles honteuses des chefs, la subordination du soldat se perdait; enfin le désordre vint au point que Trébellius, assailli d'injures par les auxiliaires même, et se voyant abandonné par les cohortes et par la cavalerie qui avaient pris parti pour Cœlius, n'eut d'autre ressource

rexêre legati legionum, pares jure, Cœlius audendo potentior.

LXI. Adjuncto britannico exercitu, ingens viribus opibusque Vitellius, duos duces, duo itinera bello destinavit. Fabius Valens allicere, vel, si abnuerent, vastare Gallias, et Cottianis Alpibus Italiam inrumpere: Cæcina propriore transitu, Penninis jugis degredi jussus. Valenti inferioris exercitûs electi cum aquilâ quintæ legionis, et cohortibus alisque, ad quadraginta millia armatorum data: triginta millia Cæcina è superiore Germaniâ ducebat, quorum robur legio una et vicesima fuit: addita utrique Germanorum auxilia, è quibus Vitellius suas quoque copias supplevit, totâ mole belli secuturus.

LXII. Mira inter exercitum imperatoremque diversitas. Instare miles, arma poscere, dùm Galliæ trepident, dùm Hispaniæ cunctentur: non obstare hiemem, neque ignavæ pacis moras: invadendam Italiam, occupandam Urbem: nihil in discordiis civilibus festinatione tutius, ubi facto magis quàm consulto opus esset. Torpebat Vitellius, et fortunam principatûs inerti luxu ac prodigis epulis præsumebat, medio diei temulentus, et saginâ gravis;

que de se réfugier auprès de Vitellius. La province, restée sans consulaire, n'en fut pas moins paisible : elle fut gouvernée par les lieutenants des légions, ou plutôt par Cœlius, leur égal par le grade, leur chef par l'audace.

LXI. La jonction de l'armée de Bretagne avait donné à Vitellius des forces et une puissance formidables. Il forma deux armées, ayant chacune son général, leur assigna deux routes différentes. Valens eut ordre de passer par la Gaule, de l'attirer dans le parti, ou, sur son refus, de la saccager, et ensuite d'entrer en Italie par les Alpes Cottiennes*. Cæcina, prenant un chemin plus court, devait descendre par les Alpes Pennines **. On donna à Valens l'élite de l'armée du Bas-Rhin, avec l'aigle de la cinquième légion, et un corps de troupes légères et de cavalerie ; ce qui formait environ quarante mille hommes. Cæcina en conduisait trente mille de l'armée du Haut-Rhin : une seule légion, la vingt et unième, rendait cette armée imposante. Les deux généraux emmenèrent de plus des auxiliaires germains, avec lesquels Vitellius compléta aussi une troisième armée, qu'il devait conduire en personne, voulant combattre avec la masse entière de ses forces.

LXII. Il y avait un contraste bien étonnant entre le chef et les soldats. Ceux-ci demandaient leurs armes, voulaient marcher malgré l'hiver, et, sans s'arrêter à de lâches négociations, profiter de la terreur des Gaules, des irrésolutions de l'Espagne, envahir l'Italie, prendre Rome, se hâter enfin, parce que rien n'est plus important dans les guerres civiles, et qu'il y faut agir bien plus que délibérer. Vitellius

---

* Le passage de Briançon à Suze.
** Le passage du grand Saint-Bernard.

cùm tamen ardor et vis militum ultrò ducis munia implebat, ut si adesset imperator, et strenuis vel ignavis spem metumque adderet. Instructi intentique signum profectionis exposcunt : nomine Germanici Vitellio statim addito : Caesarem se appellari etiam victor prohibuit. Laetum augurium Fabio Valenti, exercituique, quem in bellum agebat, ipso profectionis die, aquila leni meatu, prout agmen incederet, velut dux viae praevolavit : longumque per spatium, is gaudentium militum clamor, ea quies interritae alitis fuit ut haud dubium magnae et prosperae rei omen acciperetur.

LXIII. Et Treveros quidem ut socios securi adiêre : Divoduri (Mediomatricorum id oppidum est) quanquàm omni comitate exceptos, subitus pavor exterruit, raptis repentè armis ad caedem innoxiae civitatis; non ob praedam, aut spoliandi cupidine, sed furore et rabie, et caussis incertis, eòque difficilioribus remediis : donec precibus ducis mitigati, ab excidio civitatis temperavêre : caesa tamen ad quatuor millia hominum. Isque terror Gallias invasit ut venienti mox agmini universae civitates, cum magistratibus et precibus, occurrerent, stratis per vias feminis puerisque; quaeque alia placamenta hostilis irae, non quidem in bello, sed pro pace tendebantur.

s'endormait, n'usait de sa nouvelle fortune que pour consumer d'avance les revenus de l'empire en lâches dissolutions et en festins ruineux. Dès midi, il était ivre et appesanti de nourriture. Cependant tout marchait par la seule ardeur et par le seul courage des troupes, comme si le chef eût été présent pour animer les braves et châtier les lâches. Rassemblés et tout prêts, ils demandent le signal du départ. Le nom de Germanicus fut donné à Vitellius sur-le-champ ; pour celui de César, il n'en voulut pas même après la victoire. Il y eut, le jour même du départ, un augure qui enchanta Valens et l'armée qu'il conduisait. Un aigle, proportionnant son vol à la marche des troupes, se montra en avant, comme pour les guider dans leur route ; et tels furent, pendant un long espace, les cris de joie des soldats, le calme et l'intrépidité de cet oiseau, qu'on ne douta point que ce ne fût un présage infaillible de gloire et de prospérité.

LXIII. Ils traversèrent, sans précautions, le pays des Trévires, leurs alliés. Mais, à Divodurum*, ville des Médiomatriques, malgré l'accueil favorable qu'ils avaient reçu, saisis d'une terreur panique, ils prirent subitement les armes pour égorger un peuple innocent. Et ce n'était point la soif du pillage et du butin, ce fut un accès de fureur et de rage, dont la cause était incertaine, et, par-là même, le remède plus difficile. Enfin, adoucis par les prières de leur général, ils s'abstinrent de saccager la ville. Il y périt cependant près de quatre mille hommes : ce qui répandit dans les Gaules un tel effroi que, lorsque l'armée approcha ensuite, il n'y eut point de ville qui ne vînt tout entière au-devant avec ses

---

* Aujourd'hui Metz. Le pays des Médiomatriques comprenait ce qui fait maintenant le diocèse de Metz et celui de Verdun.

LXIV. Nuncium de caede Galbae, et imperio Othonis, Fabius Valens in civitate Leucorum accepit. Nec militum animus in gaudium, aut formidinem permotus : bellum volvebat. Gallis cunctatio exempta, et in Othonem ac Vitellium odium par, ex Vitellio et metus. Proxima Lingonum civitas erat, fida partibus : benignè excepti, modestiâ certavêre : sed brevis laetitia fuit, cohortium intemperie, quas à legione quartadecimâ, ut suprà memoravimus, digressas, exercitui suo Fabius Valens adjunxerat. Jurgia primùm : mox rixa inter Batavos et legionarios, dùm his aut illis studia militum adgregantur, propè in praelium exarsêre; ni Valens, animadversione paucorum, oblitos jam Batavos imperii admonuisset. Frustrà adversùs Aeduos quaesita belli caussa : jussi pecuniam atque arma deferre, gratuitos insuper commeatus praebuêre : quod Aedui formidine, Lugdunenses gaudio fecêre. Sed legio italica et ala taurina abductae. Cohortem duodevicesimam Lugduni, solitis sibi hibernis, relinqui placuit. Manlius Valens, legatus italicae legionis, quanquàm benè de partibus meritus, nullo apud Vitellium honore fuit : secretis eum criminationibus infamaverat Fabius, ignarum, et, quò incautior deciperetur, palàm laudatum.

magistrats, avec les plus humbles supplications, les femmes et les enfants se prosternant dans les chemins : enfin, tous les moyens qui peuvent désarmer un ennemi furieux, ils les épuisaient pour obtenir la paix, n'étant point en guerre.

LXIV. La nouvelle du meurtre de Galba et de l'élection d'Othon parvint à Fabius, dans le pays des Leuques *. Elle ne donna aux soldats ni joie, ni crainte : leur cœur ne respirait que la guerre. Elle fixa l'irrésolution des Gaulois, qui, haïssant également Vitellius et Othon, craignaient de plus Vitellius. On marcha ensuite vers Langres, alliée fidèle des légions : généreusement accueillies, elles disputèrent de générosité. Mais la joie fut courte, par l'insolence de ces cohortes qui s'étaient séparées, comme je l'ai dit, de la quatorzième légion, et que Fabius avait jointes à son armée. Quelques injures produisirent une querelle entre les Bataves et les légionnaires. Chaque soldat venant ensuite à prendre parti pour les uns ou pour les autres, la querelle allait devenir un combat sanglant, si Fabius, par le châtiment de quelques mutins, n'eût rappelé les Bataves à la subordination qu'ils avaient déjà oubliée. On chercha en vain un prétexte de guerre contre les Éduens. Outre l'argent et les armes qu'on les somma de livrer, ils fournirent d'eux-mêmes et gratuitement des vivres. Ce qu'Autun fit par crainte, Lyon le fit par zèle. On emmena la légion d'Italie avec la division de cavalerie de Turin, et l'on se contenta d'y laisser la dix-huitième cohorte, accoutumée à ce cantonnement. Manlius Valens, lieutenant de la légion d'Italie, quoique ayant bien mérité du parti, ne reçut de Vitellius aucunes

* Le diocèse de Toul.

LXV. Veterem inter Lugdunenses Viennensesque discordiam proximum bellum accenderat : multæ invicem clades crebriùs infestiùsque quàm ut tantùm propter Neronem Galbamque pugnaretur. Et Galba, reditus Lugdunensium, occasione iræ, in fiscum verterat : multus contrà in Viennenses honor : undè æmulatio, et invidia, et uno amne discretis connexum odium. Igitur Lugdunenses exstimulare singulos militum, et in eversionem Viennensium impellere, obsessam ab illis coloniam suam, adjutos Vindicis conatus, conscriptas nuper legiones in præsidium Galbæ referendo : et, ubi caussas odiorum prætenderant, magnitudinem prædæ ostendebant. Nec jam secreta exhortatio, sed publicæ preces : Irent ultores, exscinderent sedem gallici belli : cuncta illìc externa, et hostilia : se coloniam romanam, et partem exercitûs, et prosperarum adversarumque rerum socios : si fortuna contrà daret, iratis ne relinquerentur.

LXVI. His et pluribus in eumdem modum perpulerant ut ne legati quidem ac duces partium restingui posse iracundiam exercitûs arbitrarentur : cùm, haud ignari discriminis sui, Viennenses, velamenta et infulas præferentes, ubi agmen incesserat, arma,

distinctions. Fabius * l'avait décrié, sans qu'il le sût, par des inculpations secrètes; et, pour le tromper mieux, il le louait en public.

LXV. Il régnait entre Vienne et Lyon une ancienne inimitié, que la dernière guerre avait encore aigrie. Ils s'étaient désolés mutuellement par des combats, trop renouvelés et trop acharnés pour n'avoir de motifs que l'intérêt de Galba et de Néron. Galba avait profité de ses ressentiments contre Lyon, pour en confisquer les revenus. Vienne, au contraire, fut comblée d'honneurs; et, de là, des rivalités, des jalousies et des haines, qui n'avaient qu'une rivière à franchir pour s'entre-choquer. Les Lyonnais donc ne cessent d'aiguillonner chaque soldat en particulier, et de les pousser à la destruction de Vienne; ils représentaient qu'elle avait assiégé leur colonie, secouru Vindex, levé, depuis peu, des légions pour le service de Galba. Puis, quand ils avaient fourni des prétextes de haine, ils étalaient la richesse du butin. Bientôt ils ne se bornent plus à des insinuations secrètes : ce sont des exhortations publiques : que n'allaient-ils se venger? que n'allaient-ils anéantir ce foyer de la guerre des Gaules ? tout y était étranger et ennemi. Pour eux, ils étaient une colonie de Rome, une partie de l'armée, les compagnons inséparables de leur bonne et de leur mauvaise fortune. Voudraient-ils, en cas de malheur, les laisser à la merci d'un voisin furieux ?

LXVI. Ces discours, et mille autres semblables, avaient tellement échauffé le soldat, que les lieutenants et les chefs de parti ne croyaient plus possible de calmer sa colère. Les Viennois, qui ne se dissimulaient pas leur danger, vinrent

---

* C'est le même que je nomme ailleurs Valens.

genua, vestigia prensando, flexère militum animos. Addidit Valens trecenos singulis militibus sestertios : tùm vetustas dignitasque coloniæ valuit, et verba Fabii, salutem incolumitatemque Viennensium commendantis, æquis auribus accepta : publicè tamen armis mulctati, privatis et promiscuis copiis juvère militem. Sed fama constans fuit ipsum Valentem magnâ pecuniâ emptum. Is, diù sordidus, repentè dives, mutationem fortunæ malè tegebat, accensis egestate longâ cupidinibus immoderatus, et inopi juventâ, senex prodigus. Lento deindè agmine, per fines Allobrogum et Vocontiorum ductus exercitus : ipsa itinerum spatia, et stativorum mutationes venditante duce, fœdis pactionibus adversùs possessores agrorum, et magistratus civitatum ; adeò minaciter ut Luco (municipium id Vocontiorum est) faces admoverit, donec pecuniâ mitigaretur : quotiens pecuniæ materia deesset, stupris et adulteriis exorabatur. Sic ad Alpes perventum.

sur le chemin de l'armée, avec tout l'appareil religieux des suppliants; et là, se jetant aux genoux des soldats, s'attachant à leurs armes, à tous leurs pas, ils commencèrent à les adoucir. Fabius ajouta trois * cents sesterces pour chaque soldat. Alors, on sentit toute l'importance d'une colonie aussi ancienne; alors, les représentations du général pour qu'on ne détruisît pas la ville, pour qu'on n'égorgeât pas les habitants, furent écoutées favorablement. Toutefois, on leur infligea une peine publique, on les dépouilla de leurs armes; et, en particulier, chaque habitant fournit des provisions de toute espèce au soldat. Il a passé pour constant que Fabius aussi fut gagné par une grosse somme d'argent. Cet homme, long-temps dans la détresse, et tout-à-coup riche, ne savait point cacher ce changement de fortune; immodéré dans ses désirs, qu'avait irrités une longue indigence, les privations de son premier âge causèrent les prodigalités de sa vieillesse. Il conduisit l'armée ensuite, à petites journées, à travers le pays des Allobroges ** et celui des Voconces ***; il réglait la marche et le séjour des troupes sur les sommes qu'il n'avait pas honte de se faire donner; et il les exigeait, des magistrats des villes et des possesseurs des terres, avec la plus grande violence, au point que, dans une ville des Voconces, nommée Luc ****, il avait déjà disposé les torches pour l'incendier, lorsqu'on l'apaisa avec de l'argent; au défaut d'argent, des adultères et des prostitutions le fléchissaient. C'est ainsi qu'on gagna les Alpes.

* Cinquante-huit livres.
** Partie du Dauphiné et de la Savoie.
*** Diocèse de Vaison et de Die.
**** Son nom lui est resté.

LXVII. Plus prædæ ac sanguinis Cæcina hausit. Irritaverant turbidum ingenium Helvetii, gallica gens, olim armis virisque, mox memoriâ nominis clara, de cæde Galbæ ignari, et Vitellii imperium abnuentes. Initium bello fuit avaritia ac festinatio unaetvicesimæ legionis : rapuerant pecuniam missam in stipendium castelli quod olim Helvetii suis militibus ac stipendiis tuebantur. Ægrè id passi Helvetii, interceptis epistolis quæ, nomine germanici exercitûs, ad pannonicas legiones ferebantur, centurionem et quosdam militum in custodiâ retinebant. Cæcina, belli avidus, proximam quamque culpam, antequàm pœniteret, ultum ibat. Mota properè castra : vastati agri : direptus longâ pace in modum municipii exstructus locus, amœno salubrium aquarum usu frequens : missi ad rhætica auxilia nuncii, ut versos in legionem Helvetios à tergo adgrederentur.

LXVIII. Illi, ante discrimen feroces, in periculo pavidi, quanquàm primo tumultu Claudium Severum ducem legerant, non arma noscere, non ordines sequi, non in unum consulere : exitiosum adversùs veteranos prælium, intuta obsidio, dilapsis vetustate mœnibus : hinc Cæcina, cum valido exercitu, indè rhæticæ alæ, cohortesque, et ipsorum Rhætorum juventus, sueta armis, et more militiæ exercita : undiquè populatio et cædes : ipsi in medio vagi, abjectis armis, magna pars saucii, aut palantes, in montem Vocetium perfugère. Ac sta-

LXVII. Cæcina fut plus avide encore de sang et de butin. Les Helvétiens avaient irrité ce caractère bouillant. Cette nation des Gaules, célèbre jadis par la valeur et le nombre de ses guerriers, et alors seulement par son ancienne gloire, ignorant la mort de Galba, refusait de reconnaître Vitellius. La cupidité et la précipitation de la vingt et unième légion donnèrent lieu à la guerre. Elle avait enlevé l'argent destiné pour la solde d'une garnison helvétienne, que ce peuple entretenait de tout temps à ses frais. Les Helvétiens, furieux, interceptent les lettres que l'armée de Germanie adressait aux légions de Pannonie, et retiennent en prison un centurion et quelques soldats. Cæcina, qui ne respirait que la guerre, dès la première faute, avant qu'on se repentît, se hâtait de punir. Il marche en diligence ; il dévaste le pays ; il pille un lieu * fréquenté par l'agrément et la salubrité de ses eaux, et où, à la faveur d'une longue paix, il s'était formé une sorte de ville ; il fait dire aux auxiliaires de Rhétie de venir par derrière attaquer les Helvétiens, tandis que les légions les combattraient en face.

LXVIII. Ceux-ci, intrépides avant le péril, avaient nommé, pour leur général, Cassius Sévérus ; mais toute cette bravoure les abandonna au moment du danger. Ils ne savaient ni manier les armes, ni garder les rangs, ni manœuvrer de concert. Se battre contre des vétérans, c'eût été se perdre ; se renfermer dans des murs tombant de vétusté, n'était pas plus sûr ; d'un côté, Cæcina les pressait avec une puissante armée ; de l'autre, ils étaient harcelés par la cavalerie et par les cohortes de Rhétie, par la milice même

---

* Nommé *Aquæ* du temps des Romains ; aujourd'hui Baden, dans le comté de Baden, en Suisse.

tim, immissâ cohorte Thracum, depulsi, et consectantibus Germanis Rhætisque, per silvas atque in ipsis latebris trucidati : multa hominum millia cæsa, multa sub coronâ venundata. Cùmque, dirutis omnibus, Aventicum, gentis caput, justo agmine peteretur, missi qui dederent civitatem : et deditio accepta. In Julium Alpinum, è principibus, ut concitorem belli, Cæcina animadvertit : ceteros veniæ vel sævitiæ Vitellii reliquit.

LXIX. Haud facilè dictu est legati Helvetiorum minùs placabilem imperatorem, an militem invenerint : civitatis excidium poscunt, tela ac manus in ora legatorum intentant. Ne Vitellius quidem minis ac verbis temperabat : cùm Claudius Cossus, unus ex legatis, notæ facundiæ, sed dicendi artem aptâ trepidatione occultans, atque eò validior, militis animum mitigavit : ut est mos vulgo; mutabile subitis, et tam pronum in misericordiam, quàm immodicum sævitiâ fuerat : effusis lacrymis, et meliora constantiùs postulando, impunitatem salutemque civitati impetravêre.

des Rhètes, qui sont aguerris et exercés comme des soldats. De toutes parts on dévastait, on massacrait; quelques pelotons d'Helvétiens erraient au milieu de tant d'ennemis, enfin, jetant leurs armes, la plupart blessés ou dispersés, ils se sauvent sur le mont Vocétius *. On envoya aussitôt une cohorte de Thraces qui les en chassa; et les Germains, ainsi que les Rhètes, se mettant à les poursuivre sans relâche, les massacrèrent dans les bois, et jusque dans les retraites où ils s'étaient cachés. Il y en eut plusieurs milliers de tués, autant de vendus à l'encan **; on avait rasé toutes les autres places, et l'on marchait en bon ordre vers Aventicum ***, capitale du pays, lorsqu'ils vinrent offrir de se rendre à discrétion; ce qu'on accepta. Julius Alpinus, un des chefs, fut le seul que Cæcina fit exécuter, comme auteur de la guerre; il abandonna les autres à la clémence ou à la cruauté de Vitellius.

LXIX. On ne saurait dire qui, de l'empereur ou du soldat, se montra le plus implacable envers les députés helvétiens : les soldats demandent la destruction de la nation entière; ils portent au visage des députés leurs mains et la pointe de leurs armes; Vitellius même n'épargnait pas les menaces et les emportements, lorsque Claudius Cossus, un

---

* Aujourd'hui la montagne de Boetz-Berg, qui fait partie du mont Jura.

** *Sub coroná venundata.* Cette locution latine vient de ce qu'autrefois les prisonniers faits à la guerre, alors qu'on les mettait en vente, avaient toujours une couronne sur la tête; et cet usage avait été probablement, dans l'origine, une de ces dérisions barbares par lesquelles le vainqueur insultait aux vaincus. (AULU-GELLE, liv. VII, ch. 2.)

*** Nommé aujourd'hui, par les Allemands, Wiflispurg; Avenches, par les Français.

LXX. Caecina, paucos in Helvetiis moratus dies, dùm sententiae Vitellii certior fieret, simul transitum Alpium parans, laetum ex Italiâ nuncium accepit, alam syllanam circa Padum agentem, sacramento Vitellii accessisse. Proconsulem Vitellium Syllani in Africâ habuerant: mox à Nerone, ut in Ægyptum praemitterentur, exciti, et ob bellum Vindicis revocati, ac tùm in Italiâ manentes, instinctu decurionum, qui, Othonis ignari, Vitellio obstricti, robur adventantium legionum, et famam germanici exercitûs attollebant, transiêre in partes: et ut donum aliquod novo principi, firmissima transpadanae regionis municipia, Mediolanum, ac Novariam, et Eporediam, ac Vercellas, adjunxêre: id Caecinae per ipsos compertum. Et quià praesidio alae unius latissima pars Italiae defendi nequibat, praemissis Gallorum, Lusitanorum, Britannorumque cohortibus, et Germanorum vexillis, cum alâ petrinâ, ipse paululùm cunctatus, nùm Rhaeticis jugis in Noricum flecteret, adversùs Petronium, Urbis procuratorem, qui, concitis auxiliis, et interruptis fluminum

des députés, fameux par son éloquence, mais la cachant alors sous un effroi concerté, ce qui la rendait plus puissante, parvint à adoucir l'esprit du soldat. Telle est la multitude, changeant tout-à-coup, et aussi prompte à la compassion qu'immodérée dans ses vengeances. Les soldats, fondant en larmes, et mettant encore plus de fermeté à des demandes qui étaient plus justes, obtinrent grâce pour cette nation.

LXX. Cæcina était resté quelques jours chez les Helvétiens pour attendre la décision de Vitellius, et pour se mettre en état de passer les Alpes; il y reçut des nouvelles favorables de l'Italie. La division de cavalerie de Sylla, qui campait aux environs du Pô, venait de reconnaître Vitellius. Ce corps avait servi sous ses ordres en Afrique, pendant son proconsulat; depuis, détaché par Néron, pour aller l'attendre en Égypte, rappelé ensuite à cause de la guerre de Vindex, il était alors cantonné en Italie. Les décurions, qui ne connaissaient point Othon, et qui étaient attachés à Vitellius, annonçant à leur troupe l'arrivée prochaine des légions de Germanie, dont ils exaltaient la force et la réputation, l'entraînèrent dans le parti de Vitellius, et, pour leur présent à l'avènement du nouveau prince, ils lui livrèrent Milan, Novarre, Éporédie * et Verceil, les plus fortes places de la contrée. C'est ce que Cæcina apprit d'eux-mêmes. Comme une seule division de cavalerie ne pouvait suffire à garder la partie de l'Italie qui a le plus de largeur, il détacha en avant les cohortes des Gaulois, des Lusitaniens, des Bretons, et les vexillaires des Germains, avec la division de cavalerie de Pétrinus. Pour

* Aujourd'hui Ivrée.

pontibus, fidus Othoni putabatur. Sed metu, ne amitteret praemissas jam cohortes alasque, simul reputans plus gloriae retentâ Italiâ, et ubicunquè certatum foret, Noricos in ceterae victoriae praemia cessuros, Pennino subsignanum militem itinere, et grave legionum agmen, hibernis adhuc Alpibus traduxit.

LXXI. Otho interim, contra spem omnium, non deliciis, neque desidiâ torpescere : dilatae voluptates, dissimulata luxuria, et cuncta ad decorum imperii composita : eòque plus formidinis afferebant falsae virtutes, et vitia reditura. Marium Celsum, consulem designatum, per speciem vinculorum, saevitiae militum subtractum, acciri in Capitolium jubet : clementiae titulus, è viro claro, et partibus inviso petebatur. Celsus, constanter servatae erga Galbam fidei crimen confessus, exemplum ultrò imputavit. Nec Otho, quasi ignosceret, sed, ne hostis metum reconciliationis adhiberet, statim inter intimos amicos habuit, et mox bello inter duces delegit : mansitque Celso, velut fataliter, etiam pro Othone fides integra, et infelix. Laeta primoribus civitatis, celebrata in vulgus Celsi salus, ne militibus quidem ingrata fuit, eamdem virtutem admirantibus cui irascebantur.

lui, il songea un moment à se détourner vers le Norique, par les montagnes de Rhétie*, pour marcher contre le procurateur Pétronius, qui, par zèle pour Othon, à ce qu'on croyait, avait levé un corps de troupes, et faisait rompre les ponts sur toutes les rivières. Mais, craignant d'exposer le corps qu'il avait envoyé en avant, songeant d'ailleurs qu'il y aurait plus de gloire à conserver l'Italie, et qu'en quelque lieu que l'on combattît, le Norique serait toujours un des fruits de la victoire, il prit la route des Alpes Pennines; et, malgré les neiges qui les couvraient encore **, il les traversa avec toute son armée.

LXXI. Othon cependant, contre l'attente générale, ne s'endormait pas dans les délices et dans l'oisiveté. Il suspendit les plaisirs; il dissimula ses penchants; il mit dans toutes ses actions la dignité d'un empereur. Cette hypocrisie de vertus, et les vices dont on prévoyait le retour, n'en inspirèrent que plus d'effroi. Othon avait emprisonné Marius Celsus, consul désigné, pour le soustraire à la fureur des soldats. Il le mande au Capitole, dans le dessein de se faire une réputation de clémence, en sauvant un grand homme, odieux au parti. Celsus ne se défendit pas d'avoir eu pour Galba un attachement inviolable; il ajouta qu'il ne tenait qu'à Othon d'éprouver Celsus à son tour; et Othon, n'ayant (38) pas même l'air de lui pardonner, voulant ôter jusqu'à ces craintes que laisse la réconciliation d'un ennemi, l'admit sur-le-champ dans sa familiarité intime, et, bientôt après, il le choisit pour un de ses généraux. Cel-

---

* Les montagnes des Grisons.
** *Subsignanum militem*, soldat auxiliaire, *qui militat sub signis*, par opposition aux légionaires, *qui militant sub aquilis*.

LXXII. Par indè exsultatio, disparibus caussis consecuta, impetrato Tigellini exitio. Sophonius Tigellinus, obscuris parentibus, fœdà pueritiâ, impudicâ senectâ, præfecturam vigilum et prætorii, et alia præmia virtutum, quià velociùs erat vitiis adeptus, crudelitatem mox, deindè avaritiam, et virilia scelera exercuit, corrupto ad omne facinus Nerone, quædam ignaro ausus, ac postremò ejusdem desertor ac proditor. Undè non alium pertinaciùs ad pœnam flagitavêre, diverso affectu, quibus odium Neronis inerat, et quibus desiderium. Apud Galbam, T. Vinii potentiâ defensus, prætexentis servatam ab eo filiam : et haud dubiè servaverat, non clementiâ (quippè tot interfectis) sed effugio in futurum : quià pessimus quisque, diffidentiâ præsentium mutationem pavens, adversùs publicum odium privatam gratiam præparat : undè nulla innocentiæ cura, sed vices impunitatis. Eò infensior populus, additâ ad vetus Tigellini odium recenti T. Vinii invidiâ, concurrere è totâ Urbe in palatium ac fora, et, ubi

sus resta jusqu'au bout l'ami d'Othon, toujours fidèle, et, par une sorte de fatalité, toujours malheureux. Ce pardon, qui flatta les grands de Rome et enchanta le peuple, ne déplut pas même aux soldats, contraints d'admirer cette même vertu qui les irritait.

LXXII. De pareils transports éclatèrent pour une cause bien différente, la condamnation de Tigellinus. Sophonius Tigellinus, d'une naissance obscure, prostitué dès l'enfance, impudique jusque dans la vieillesse, obtint par ses vices, ce qui était la voie la plus prompte, la préfecture des gardes de la ville, celle du prétoire, et toutes les récompenses de la vertu. Depuis, s'étant signalé par d'autres crimes plus virils, des barbaries et des brigandages, il entraîna Néron à tous les forfaits, il s'en permit à son insu, il finit par l'abandonner et le trahir. Aussi n'y eut-il jamais supplice demandé avec plus d'acharnement que le sien; les partis opposés se réunirent, et ceux qui haïssaient Néron, et ceux qui le regrettaient. Sous Galba, Vinius l'avait soutenu de son pouvoir, sous prétexte qu'il lui devait les jours de sa fille; et en effet, Tigellinus l'avait sauvée, non par clémence, en ayant tué tant d'autres, mais pour avoir une ressource dans l'avenir; car les scélérats, malgré le présent qui leur rit, craignant une révolution, se ménagent toujours, contre l'indignation publique, un appui particulier qui, sans qu'ils se * contraignent dans le crime, leur assure l'impunité à leur tour. Le peuple n'en était que plus implacable; à l'ancien déchaînement contre Tigellinus se joignait la haine récente contre son protecteur. De tous les

---

* La variété des leçons prouve l'altération du texte : je lis, *undè nullâ innocentiæ curâ, vices impunitatis.*

plurima vulgi licentia, in circum ac theatra effusi, seditiosis vocibus obstrepere : donec Tigellinus, accepto apud Sinuessanas aquas supremæ necessitatis nuncio, inter stupra concubinarum, et oscula, et deformes moras, sectis novaculâ faucibus, infamem vitam fœdavit etiam exitu sero et inhonesto.

LXXIII. Per idem tempus, expostulata ad supplicium Calvia Crispinilla, variis frustrationibus, et adversâ dissimulantis Principis famâ, periculo exempta est : magistra libidinum Neronis, transgressa in Africam ad instigandum in arma Clodium Macrum, famem populo romano haud obscurè molita, totius posteà civitatis gratiam obtinuit, consulari matrimonio subnixa, et apud Galbam, Othonem, Vitellium inlæsa : mox potens pecuniâ, et orbitate, quæ bonis malisque temporibus juxtà valent.

LXXIV. Crebræ interim, et muliebribus blandimentis infectæ, ab Othone ad Vitellium epistolæ, offerebant pecuniam et gratiam, et quemcunque quietis locum prodigæ vitæ legisset. Paria Vitellius ostentabat, primò molliùs, stultâ utrinquè et indecorâ simulatione : mox, quasi rixantes, stupra et flagitia invicem objectavêre, neuter falsò. Otho, revocatis quos Galba miserat legatis, rursùs alios ad utrumque germanicum exercitum, et ad legionem

quartiers de Rome, il se rassemble au palais et dans toutes les places ; de là, se répandant au Cirque et au théâtre, où sa licence est plus effrénée, il éclate en cris séditieux. Enfin Tigellinus reçut aux eaux de Sinuesse l'ordre de mourir. Entouré de concubines, au milieu de leurs caresses, au sein de la débauche, après mille délais pusillanimes, il se coupa la gorge avec un rasoir, et acheva de souiller sa vie infâme par les lenteurs et les infamies de sa mort.

LXXIII. On pressait aussi le supplice de Calvia Crispinilla. Après beaucoup de tergiversations qui décelaient la connivence du Prince, et qui excitèrent quelques murmures, elle fut tirée de péril. Cette femme avait été intendante des débauches de Néron ; elle avait passé en Afrique pour exciter Clodius Macer à la révolte ; elle avait tenté, visiblement, d'affamer le peuple romain, et, toutefois, elle obtint depuis une considération universelle ; elle épousa un consulaire, ne fut point inquiétée sous Galba, sous Othon, sous Vitellius ; et finit par être toute-puissante, parce qu'elle était riche et sans enfants ; ce que l'on prise encore dans les meilleurs temps, comme dans les plus fâcheux.

LXXIV. Othon écrivit à Vitellius lettres sur lettres, toutes dégoûtantes de cajoleries basses et puériles. Il lui assurait de l'argent, du crédit, et telle retraite qu'il voudrait choisir lui-même pour y vivre dans les plaisirs. Vitellius lui rendit les mêmes offres, et d'abord avec ce même étalage de sentiments affectueux, dissimulation non moins ridicule que vile de part et d'autre ; ils en vinrent ensuite jusqu'à se quereller, pour ainsi dire ; ils se reprochèrent mutuellement leurs dissolutions, leur infamie ; et tous deux se rendaient justice. Othon, ayant rappelé les députés du

italicam, easque quæ Lugduni agebant copias, specie senatûs misit. Legati apud Vitellium remansêre, promptiùs quàm ut retenti viderentur. Prætoriani, quos per simulationem officii legatis Otho adjunxerat, remissi, antequàm legionibus miscerentur. Addidit epistolas Fabius Valens, nomine germanici exercitûs, ad prætorias et urbanas cohortes, de viribus partium magnificas, et concordiam offerentes. Increpabat ultrò, quòd tantò ante traditum Vitellio imperium ad Othonem vertissent. Ità promissis simul ac minis tentabantur; ut bello impares, in pace nihil amissuri : neque ideò prætorianorum fides mutata.

LXXV. Sed insidiatores ab Othone in Germaniam, à Vitellio in Urbem missi : utrisque frustrà fuit; Vitellianus impunè, per tantam hominum multitudinem mutuâ ignorantiâ fallentibus : Othoniani, novitate vultûs, omnibus invicem ignaris, prodebantur. Vitellius litteras ad Titianum, fratrem Othonis, composuit, exitium ipsi filioque ejus minitans, ni incolumes sibi mater ac liberi servarentur. Et stetit domus utraque : sub Othone, incertum an metu; Vitellius victor clementiæ gloriam tulit.

LXXVI. Primus Othoni fiduciam addidit ex Illyrico nuncius, juràsse in eùm Dalmatiæ, ac Panno-

Galba, en nomma d'autres qu'il envoya, comme de la part du sénat, aux deux armées de Germanie, à la légion italique et aux troupes cantonnées dans Lyon. Les députés restèrent auprès de Vitellius avec trop de facilité pour qu'on pût croire à la violence. Les prétoriens dont Othon les avait fait escorter, comme par honneur, furent renvoyés avant qu'ils communiquassent avec les légions. Valens adressa, au nom de l'armée de Germanie, une lettre pour les soldats de Rome, où il relevait fastueusement les forces de son parti et leur offrait de se réunir. Il allait jusqu'à des réprimandes sévères, sur ce qu'ils avaient disposé, en faveur d'Othon, d'un empire donné si long-temps auparavant à Vitellius. Il cherchait à les ébranler à la fois par les menaces et les promesses, par l'idée qu'ils ne pourraient soutenir la guerre; qu'ils ne perdraient rien par la paix; les prétoriens n'en restèrent pas moins fermes dans leur attachement.

LXXV. Othon envoya des assassins en Germanie; Vitellius en envoya à Rome; et tous deux inutilement. Ceux de Vitellius se sauvèrent sans peine au milieu de cette multitude immense, où réciproquement on s'ignore; ceux d'Othon, paraissant pour la première fois dans un camp, où tous se connaissent, étaient décelés sur-le-champ. Vitellius fit signifier à Titianus, frère d'Othon, que sa vie et celle de son fils lui répondraient de celle de sa mère et de ses enfants. Les deux familles furent épargnées; ce qui, dans Othon, pouvait être politique, dans Vitellius, vainqueur, fut certainement clémence.

LXXVI. Le premier événement qui rehaussa les espérances d'Othon, fut la nouvelle, arrivée par l'Illyrie, que les légions de Dalmatie, de Mésie et de Pannonie lui avaient

niæ, et Mœsiæ legiones. Idem ex Hispaniâ allatum :
laudatusque per edictum Cluvius Rufus ; et statim
cognitum est conversam ad Vitellium Hispaniam.
Ne Aquitania quidem, quanquàm à Julio Cordo in
verba Othonis obstricta, diù mansit : nusquàm fides,
aut amor : metu ac necessitate hùc illùc mutabantur.
Eadem formido provinciam Narbonensem ad Vitellium vertit, facili transitu ad proximos et validiores.
Longinquæ provinciæ, et quidquid armorum mari
dirimitur, penes Othonem manebant; non partium
studio, sed erat grande momentum in nomine Urbis, ac prætextu senatûs : et occupaverat animos
prior auditus. Judaicum exercitum Vespasianus,
Syriæ legiones Mucianus sacramento Othonis ade-
gêre. Simul Ægyptus, omnesque versæ in Orientem provinciæ, nomine ejus tenebantur. Idem Africæ
obsequium, initio à Carthagine orto. Neque exspec-
tatâ Vipstani Aproniani proconsulis auctoritate,
Crescens, Neronis libertus (nam et hi malis temporibus partem se reipublicæ faciunt) epulum plebi,
ob lætitiam recentis imperii, obtulerat, et populus
pleraque sine modo festinavit. Carthaginem ceteræ
civitates secutæ.

LXXVII. Sic distractis exercitibus ac provinciis,
Vitellio quidem ad capessendam principatûs fortunam bello opus erat. Otho, ut in multâ pace, munia imperii obibat : quædam ex dignitate reipublicæ,

prêté serment. On en disait autant de l'Espagne, et il fit un édit où il donnait de grandes louanges à Cluvius Rufus, l'instant d'après, on sut que l'Espagne avait passé dans le parti de Vitellius. L'Aquitaine même, quoique Julius Cordus l'eût, par un serment solennel, lié au parti d'Othon, n'y resta pas long-temps. Il n'y avait de fidélité ni d'affection nulle part; la crainte et la nécessité faisaient et rompaient tous les engagements. Cette même crainte fit tourner la Gaule narbonnaise du côté de Vitellius*, qui, le plus proche et le plus fort, parut aisément le plus légitime. Les provinces éloignées, et toutes les troupes que séparait la Méditerranée, tenaient pour Othon, non par zèle pour sa personne; mais le nom de Rome et du sénat, dont il se couvrait, était d'un grand poids. D'ailleurs les esprits étaient prévenus; c'était l'élection qu'on avait sue la première. En Judée, Vespasien, Mucien, en Syrie, exigèrent pour Othon le serment de leurs légions. L'Égypte encore et toutes les provinces de l'Orient étaient gouvernées en son nom. L'Afrique l'avait reconnu aussi, entraînée par l'impulsion de Carthage. Crescens, affranchi de Néron (car dans les temps malheureux, cette espèce d'hommes joue aussi un rôle dans l'État), sans attendre les ordres du proconsul Vipstanus Apronianus, avait donné, au peuple de cette ville, un grand festin, en réjouissance du nouvel empereur, et le peuple, sans garder de mesures, précipita tout le reste. Les autres villes imitèrent Carthage.

LXXVII. Dans ce partage de l'empire, il fallait une guerre à Vitellius pour exercer la souveraine puissance;

---

* Phrase de Rousseau qui mérite d'être conservée.

pleraque contra decus, ex præsenti usu properando. Consul, cum Titiano fratre, in kalendas martias ipse : proximos menses Verginio destinat, ut aliquod exercitui germanico delinimentum : jungitur Verginio Pompeius Vopiscus, prætextu veteris amicitiæ; plerique Viennensium honori datum interpretabantur. Ceteri consulatus ex destinatione Neronis, aut Galbæ mansêre : Cælio ac Flavio Sabinis, in julias; Arrio Antonino et Mario Celso, in septembres : quorum honori ne Vitellius quidem victor intercessit. Sed Otho, pontificatus auguratusque honoratis jam senibus cumulum dignitatis, addidit; et recèns ab exsilio reversos nobiles adolescentulos, avitis ac paternis sacerdotiis, in solatium, recoluit. Redditus Cadio Rufo, Pedio Blæso, Sævino Pomptino senatorius locus, qui repetundarum criminibus sub Claudio ac Nerone ceciderant : placuit ignoscentibus, verso nomine, quod avaritia fuerat, videri majestatem ; cujus tùm odio etiam bonæ leges peribant.

LXXVIII. Eâdem largitione civitatum quoque ac provinciarum animos aggressus, Hispaliensibus et

Othon en faisait tous les actes, comme s'il eût été en pleine paix; soutenant quelquefois la dignité de l'empire, le plus souvent l'avilissant, selon que l'intérêt du moment l'emportait. Il disposa du consulat, jusqu'aux calendes de mars, pour son frère Titianus et pour lui; il destina les deux mois suivants à Verginius, pour flatter par quelque condescendance l'armée de Germanie, en lui donnant pour collègue Pompéius Vopiscus. Il alléguait, en faveur de ce dernier choix, une ancienne amitié; mais on l'attribuait plus généralement au désir de complaire aux Viennois. Pour le reste de l'année, il suivit les arrangements de Néron ou de Galba; les deux Sabinus, Cælius et Flavius furent consuls jusqu'en juillet; Arrius Antoninus et Marius Celsus, jusqu'en septembre; et cet ordre, Vitellius le respecta même après sa victoire. Othon donna de plus, à ces consuls désignés, des places d'augure et de pontife, de tout temps réservées aux plus vieux consulaires, et qui sont le dernier complément des honneurs (39). Il fit plus encore ; de jeunes nobles arrivés de l'exil, des enfants, pour ainsi dire, il les décora, par forme de dédommagement, de sacerdoces qui n'eussent convenu qu'à leur aïeul, ou tout au plus à leur père. On fit rentrer dans l'ordre des sénateurs Cadius Rufus, Pédius Blæsus, Sævinus Pomptinus, condamnés pour leurs concussions sous Claude et sous Néron. On imagina, en accordant la grâce, de changer les noms, de faire passer ce qui était crime de concussion pour crime de lèse-majesté; et c'est ainsi qu'en haine d'une loi barbare, on en détruisait de sages.

LXXVIII. Briguant avec la même ardeur l'affection des villes et des provinces, il destina de nouvelles familles à

Emeritensibus familiarum adjectiones, Lingonibus universis civitatem romanam, provinciae Baeticae Maurorum civitates dono dedit : nova jura Cappadociae, nova Africae, ostentui magis quàm mansura. Inter quae, necessitate praesentium rerum et instantibus curis excusata, ne tùm quidem immemor amorum, statuas Poppaeae per senatûs-consultum reposuit. Creditus est etiam de celebrandâ Neronis memoriâ agitavisse, spe vulgum alliciendi : et fuêre qui imagines Neronis proponerent : atque etiam Othoni, quibusdam diebus, populus et miles, tanquàm nobilitatem ad decus adstruerent, Neroni Othoni acclamavit. Ipse in suspenso tenuit, vetandi metu, vel agnoscendi pudore.

LXXIX. Conversis ad civile bellum animis, externa sine curâ habebantur. Eò audentiùs Rhoxolani, sarmatica gens, priore hieme caesis duabus cohortibus, magnâ spe ad Moesiam inruperant : novem millia equitum, ex ferociâ et successu, praedae magis quàm pugnae intenta. Igitur vagos et incuriosos, tertia legio, adjunctis auxiliis, repentè invasit : apud Romanos omnia praelio apta : Sarmatae dispersi cupidine praedae, aut graves onere sarcinarum, et lubrico itinerum ademptâ equorum pernicitate, velut vincti caedebantur. Namque mirum dictu ut sit omnis Sarmatarum virtus velut extra ipsos : nihil ad pedestrem pugnam tam ignavum ; ubi per turmas adve-

repeupler Hispalis * et Émérita ; il accorda à tous les Langrois indistinctement le titre de citoyen romain. Il étendit le ressort de la Bétique sur la Mauritanie ; il donna à la Cappadoce, à l'Afrique de nouveaux priviléges ; toutes faveurs qui avaient plus d'éclat que de solidité. Au milieu de ces réglements, auxquels des embarras pressants et la nécessité de ses affaires pouvaient servir d'excuse, n'oubliant pas même encore ses anciennes amours, il fit rétablir, par un sénatus-consulte, les statues de Poppée. On prétend même qu'il eut l'idée de célébrer la mémoire de Néron, dans l'espoir de s'attacher le peuple ; et l'on vit des gens exposer publiquement les images de ce prince ; il y eut même des jours où les soldats et le peuple, voulant rehausser la naissance et la gloire d'Othon, le nommèrent Othon-Néron dans leurs acclamations. Lui, ne s'expliqua point, soit qu'il vît du danger à défendre, ou de la honte à permettre.

LXXIX. La guerre civile occupant tous les esprits, on ne prenait, contre les ennemis étrangers, aucunes précautions. Cette négligence enhardit les Rhoxolans **. Cette nation sarmate, fière d'avoir taillé en pièces, l'hiver précédent, deux de nos cohortes, s'était jetée, pleine d'espérances, dans la Mésie ***, au nombre de neuf mille hommes de cavalerie ; le succès avait accru leur témérité naturelle, et ils songeaient plus à piller qu'à combattre. Comme ils couraient de côté et d'autre sans précaution, la troisième légion, soutenue de ses auxiliaires, tomba sur eux brus-

* Hispalis—Séville, Émérita—Mérida, dans l'Estramadure.
** Ils occupaien le pays qui est entre le Borysthène ou Niéper, et le Don ou Tanaïs, aujourd'hui partie de la Russie et de la Tartarie.
*** Aujourd'hui la Bulgarie et la Servie.

nêre, vix ulla acies obstiterit. Sed tùm humido die, et soluto gelu, neque conti, neque gladii, quos praelongos utrâque manu regunt, usui, lapsantibus equis, et cataphractarum pondere. Id principibus et nobilissimo cuique tegmen, ferreis laminis, aut praeduro corio consertum; ut adversùs ictus impenetrabile, ità impetu hostium provolutis inhabile ad resurgendum : simul altitudine et mollitiâ nivis hauriebantur. Romanus miles facili loricâ, et missili pilo, aut lanceis adsultans, ubi res posceret, levi gladio inermem Sarmatam (neque enim defendi scuto mos est) cominùs fodiebat : donec pauci, qui praelio superfuerant, paludibus abderentur : ibi saevitiâ hiemis, et vi vulnerum absumpti. Postquàm id Romae compertum, M. Aponius, Moesiam obtinens, triumphali statuâ, Fulvius Aurelius, et Julianus Titius, ac Numisius Lupus, legati legionum, consularibus ornamentis donantur : laeto Othone, et gloriam in se trahente, tanquàm et ipse felix bello, et suis ducibus suisque exercitibus rempublicam auxisset.

quement. Chez les Romains, tout était disposé pour le combat; les Sarmates, au contraire, étaient dispersés par l'ardeur du pillage, ou appesantis par la charge du butin; et leurs chevaux, sur un terrain glissant, perdant toute leur vitesse, ils se laissaient égorger, comme s'ils eussent été enchaînés d'avance. Car c'est une chose étrange que la force des Sarmates semble toute entière hors d'eux-mêmes. S'ils sont à pied, rien de si lâche; s'ils arrivent en escadrons, rien ne soutiendra leur choc. Mais, alors, combattant sur des glaces détrempées par les pluies, ces longues piques, ces grands sabres qu'ils saisissent à deux mains, leur devenaient inutiles sous le poids de leurs chevaux qui tombaient sans cesse, et avec la pesanteur de leurs cataphractes (40). C'est le nom d'une armure que portent leurs chefs et leur noblesse; elle est composée de lames de fer, ou d'un cuir très-dur, ajustées l'une sur l'autre comme des écailles. Elle est impénétrable aux coups; mais aussi, renversés une fois par le choc de l'ennemi, il est difficile qu'ils se relèvent. Ils avaient encore contre eux une neige molle et très-épaisse, où ils s'engloutissaient. Le soldat romain, couvert d'une simple cuirasse, l'attaquait, en voltigeant, avec la lance et les javelots, ou, s'armant au besoin de sa courte épée, perçait facilement le Sarmate sans défense, à qui l'usage du bouclier est inconnu. Un petit nombre, échappé au combat, se cacha dans des marais, où la rigueur du froid et l'épuisement de leurs blessures les achevèrent. Quand cet événement fut su à Rome, on décerna à Aponius *, gouverneur de Mésie, une statue triomphale;

---

* Marcus Aponius.

LXXX. Parvo interim initio, undè nihil timebatur, orta seditio propè Urbi excidio fuit. Septimam decimam cohortem, è coloniâ Ostiensi, in Urbem acciri Otho jusserat: armandæ ejus cura Vario Crispino, tribuno è prætorianis, data. Is, quò magis vacuus, quietis castris, jussa exsequeretur, vehicula cohortis, incipiente nocte, onerari, aperto armamentario, jubet: tempus in suspicionem; caussa in crimen; affectatio quietis in tumultum evaluit: et visa inter temulentos arma, cupidinem suî movêre. Fremit miles, et tribunos centurionesque proditionis arguit; tanquàm familiæ senatorum ad perniciem Othonis armarentur: pars ignari et vino graves; pessimus quisque in occasionem prædarum: vulgus, ut mos est, cujuscunque motûs novi cupidum: et obsequia meliorum nox abstulerat. Resistentem seditioni tribunum, et severissimos centurionum obtruncant: rapta arma, nudati gladii, insidentes equis urbem ac palatium petunt.

LXXXI. Erat Othoni celebre convivium, primoribus feminis virisque; qui, trepidi, fortuitusne militum furor, an dolus imperatoris, manere ac deprehendi, an fugere et dispergi, periculosius foret;

et à Fulvius *, Julianus et Numisius, lieutenants de légions, les ornements consulaires; Othon s'applaudissait et se glorifiait de cette victoire, comme d'un succès personnel, comme de l'ouvrage de ses généraux et de ses armées.

LXXX. Dans l'intervalle, il s'éleva, pour un sujet frivole, et du côté dont on se défiait le moins, une sédition qui mit Rome à deux doigts de sa ruine. Othon avait donné ordre que la dix-septième cohorte se rendît d'Ostie à Rome. Le soin de l'armée fut confié à Varius Crispinus, tribun des prétoriens. Celui-ci, croyant exécuter plus paisiblement sa commission, tandis qu'on reposerait dans le camp, fait ouvrir, à l'entrée de la nuit, le dépôt des armes, et charger les voitures de la cohorte. L'heure donna des soupçons; on fit du motif un crime; les précautions contre le tumulte l'excitèrent, et la vue des armes fit naître à des gens ivres l'idée de s'en servir. Les soldats s'emportent : ils accusent leurs centurions et leurs tribuns de trahison, de vouloir armer les esclaves des sénateurs pour assassiner Othon; les uns ne sachant ce qu'ils faisaient, et étourdis par le vin ; tous les pervers, ravis d'une occasion de piller : la multitude, emportée par son goût ordinaire pour toute espèce d'agitation et de nouveauté; la nuit d'ailleurs empêchait de suivre les bons exemples. Le tribun veut s'opposer à la sédition ; il est massacré, et, avec lui, les centurions les plus rigides. Les soldats s'emparent des armes, ils mettent l'épée à la main, ils gagnent à cheval la ville et le palais.

LXXXI. Beaucoup d'hommes et de femmes du premier rang étaient rassemblés alors à un grand repas chez Othon.

---

* Fulvius Aurélius, Julianus Titius, Numisius Lupus.

modò constantiam simulare, modò formidine detegi, simul Othonis vultum intueri : utque evenit, inclinatis ad suspicionem mentibus, cùm timeret Otho, timebatur. Sed haud secùs discrimine senatûs, quàm suo territus, et præfectos prætorii, ad mitigandas militum iras, statim miserat, et abire properè omnes è convivio jussit. Tùm verò passim magistratus, projectis insignibus, vitatâ comitum et servorum frequentiâ, senes feminæque, per tenebras, diversa urbis itinera, rari domos, plurimi amicorum tecta, et, ut cuique humillimus cliens, incertas latebras petivêre.

LXXXII. Militum impetus ne foribus quidem palatii coercitus, quominùs convivium inrumperent, ostendi sibi Othonem expostulantes : vulnerato Julio Martiale, tribuno, et Vitellio Saturnino, præfecto legionis, dùm ruentibus obsistunt. Undiquè arma et minæ, modò in centuriones tribunosque, modò in senatum universum : lymphatis cæco pavore animis, et quià neminem unum destinare iræ poterant, licentiam in omnes poscentibus : donec Otho, contra decus imperii, thoro insistens, precibus et lacrymis ægrè cohibuit : redieruntque in castra inviti, neque innocentes. Posterâ die, velut captâ Urbe, clausæ domus, rarus per vias populus ; moesta plebs ; de-

Tout troublés, ne sachant si la fureur des soldats était l'ouvrage du hasard ou de l'empereur, s'il y aurait plus de danger à rester, au risque d'être surpris, ou à se disperser pour fuir, tantôt ils affectaient de la fermeté, tantôt leur frayeur les décelait; en même temps leurs yeux restaient fixés sur Othon, et, ce qui n'est point extraordinaire, avec la défiance qui remplissait tous les esprits, Othon était saisi de crainte, et on le craignait. Le prince, non moins alarmé pour le sénat que pour lui-même, avait envoyé sur-le-champ les préfets du prétoire pour apaiser les soldats; et il fit sortir promptement tous les conviés. Alors on eût vu femmes et vieillards courir pêle-mêle au milieu des ténèbres; les magistrats jetant les marques de leur dignité, et congédiant leur cortége; tous se dispersant dans les quartiers les plus opposés, peu regagnant leurs maisons, la plupart se sauvant chez leurs amis, et cherchant le réduit le plus ignoré du plus obscur de leurs clients.

LXXXII. La violence des soldats ne respecta pas même les portes du palais; ils se jettent dans la salle du festin, en criant qu'on leur fasse voir Othon : Vitellius Saturninus, préfet d'une légion, et le tribun Julius Martialis, qui voulaient s'opposer à leur irruption, furent blessés. De tous côtés des armes et des menaces, tantôt contre les tribuns et les centurions, tantôt contre le sénat entier. Ces furieux, égarés par une vaine terreur, ne pouvant exhaler leur colère sur personne nommément, voulaient s'en prendre à tous. Enfin Othon, debout sur son lit, et, à la honte de l'empire, s'abaissant aux prières et aux larmes, parvint à les contenir, quoique avec peine; ils rentrèrent au camp, non sans murmurer, le crime dans le cœur. Le lendemain, on eût cru Rome prise d'assaut. Les maisons fermées, à peine

jecti in terram militum vultus, ac plus tristitiæ quàm pœnitentiæ. Manipulatim allocuti sunt Licinius Proculus, et Plotius Firmus, præfecti : ex suo quisque ingenio, mitiùs aut horridiùs. Finis sermonis in eo ut quina millia nummûm singulis militibus numerarentur. Tùm Otho ingredi castra ausus : atque illum tribuni centurionesque circumsistunt, abjectis militiæ insignibus, otium et salutem flagitantes. Sensit invidiam miles, et, compositus in obsequium, auctores seditionis ad supplicium ultrò postulabat.

LXXXIII. Otho, quanquàm turbidis rebus, et diversis militum animis, cùm optimus quisque remedium præsentis licentiæ posceret; vulgus, et plures, seditionibus et ambitioso imperio læti, per turbas et raptus faciliùs ad civile bellum impellerentur; simul reputans non posse principatum, scelere quæsitum, subitâ modestiâ, et priscâ gravitate retineri : sed discrimine Urbis, et periculo senatûs, anxius, postremò ità disseruit : « Neque ut affectus
» vestros in amorem meî accenderem, commilito-
» nes, neque ut animum ad virtutem cohortarer :
» utraque enim egregiè supersunt : sed veni postu-
» laturus à vobis temperamentum vestræ fortitu-
» dinis, et erga me modum caritatis. Tumultûs
» proximi initium, non cupiditate, vel odio, quæ
» multos exercitus in discordiam egêre, ac ne de-
» trectatione quidem, aut formidine periculorum :

quelques hommes dans les rues; la consternation dans le peuple; les soldats marchant les regards baissés, d'un air plus sombre que repentant. Licinius Proculus et Plotius Firmus, préfets du prétoire, parlèrent à toutes les compagnies l'une après l'autre, chacun avec la douceur ou la sécheresse de son caractère. Le résultat fut de compter cinq * mille sesterces à chaque soldat. Pour lors, Othon hasarda d'entrer dans le camp; et, aussitôt, il se voit entouré par tous les tribuns et les centurions, qui vinrent jeter à ses pieds les décorations de leur grade, et solliciter leur retraite, pour mettre du moins leurs jours à couvert. Le soldat sentit l'affront. Disposé à se soumettre, il fut le premier à demander le supplice des auteurs de la sédition.

LXXXIII. Au milieu de cette fermentation des esprits, Othon voyant des dispositions bien opposées dans les soldats; que les plus sages désiraient une réforme, mais que le grand nombre, enclin aux séditions, et flatté des condescendances de leur chef, serait entraîné plus puissamment à la guerre civile par la licence et le brigandage; d'un côté, songeant qu'un pouvoir usurpé par le crime ne pouvait opposer une prompte subordination ni s'armer de l'antique rigidité; de l'autre, s'affligeant des périls de Rome et du sénat, Othon, dis-je, parla ainsi : « Soldats, je ne viens point enflammer » votre zèle pour ma personne, ni ranimer votre ardeur » pour les combats; l'un et l'autre sont au plus haut degré : » je viens au contraire vous prier et de contenir cette valeur, » et de modérer cet attachement. Ce n'est ni la cupidité, ni » la haine, sources trop ordinaires des dissensions des ar-

---

* Neuf cent soixante-douze livres de notre monnaie ; ce qui, pour la totalité des prétoriens, faisait une somme de près de neuf millions.

» nimia pietas vestra, acriùs quàm consideratiùs,
» excitavit. Nam sæpè honestas rerum caussas, ni
» judicium adhibeas, perniciosi exitus consequun-
» tur. Imus ad bellum : nùm omnes nuncios palàm
» audiri, omnia consilia cunctis præsentibus tracta-
» ri, ratio rerum, aut occasionum velocitas patitur?
» tam nescire quædam milites quàm scire oportet.
» Ità se ducum auctoritas, sic rigor disciplinæ ha-
» bet, ut multa etiam centuriones tribunosque tan-
» tùm juberi expediat. Si, ubi jubeantur, quærere
» singulis liceat; pereunte obsequio, etiam impe-
» rium intercidit. An et illìc nocte intempestâ ra-
» pientur arma ? unus alterve perditus ac temulen-
» tus (neque enim plures consternatione proximâ
» insanisse crediderim) centurionis ac tribuni san-
» guine manus imbuet ? imperatoris sui tentorium
» inrumpet ?

LXXXIV. » Vos quidem istud pro me : sed in
» discursu ac tenebris, et rerum omnium confusio-
» ne, patefieri occasio etiam adversùs me potest. Si
» Vitellio et satellitibus ejus eligendi facultas detur,
» quem nobis animum, quas mentes imprecentur,
» quid aliud quàm seditionem et discordiam opta-
» bunt ? ne miles centurioni, ne centurio tribuno
» obsequatur : hinc confusi, pedites equitesque, in
» exitium ruamus. Parendo potiùs, commilitones,

» mées, ni même la crainte du péril et le refus d'y marcher
» qui ont produit le dernier tumulte. Votre excessive ten-
» dresse, plus ardente que mesurée, a fait tout le mal. Mais
» souvent les meilleures intentions, si elles ne sont réglées
» par la prudence, ont des effets bien funestes. Nous allons
» à l'ennemi. Faudra-t-il que toutes les nouvelles soient di-
» vulguées, toutes les délibérations publiques ? La politi-
» que, les circonstances, l'occasion si prompte à fuir, le
» permettront-elles ? Il est des choses que le soldat doit
» savoir; il en est qu'il doit ignorer. Pour que l'autorité
» des chefs, pour que la fermeté de la discipline se main-
» tiennent, il faut souvent que les centurions et les tribuns
» même ne reçoivent que des ordres. Si, au premier qu'on
» donnera, chacun se permet d'en chercher les motifs, la
» subordination se détruit, et, avec elle, l'autorité du com-
» mandement. Comptez-vous, devant l'ennemi, courir aux
» armes la nuit selon votre caprice ? Sur la foi d'un ou deux
» pervers emportés par l'ivresse (car, dans ce dernier accès
» de délire, je ne saurais voir plus de deux coupables),
» tremperez-vous vos mains dans le sang d'un centurion et
» d'un tribun ? forcerez-vous la tente de votre empereur ?

LXXXIV. » Vous l'avez fait pour me servir, je le sais ;
» mais, au milieu de toutes ces courses nocturnes, dans
» cette confusion générale, vous fourniriez à un traître les
» moyens de pénétrer jusqu'à moi ? Eh ! si le ciel laissait à
» Vitellius et à ses satellites le choix des imprécations, que
» pourraient-ils nous souhaiter de plus que la discorde et
» la sédition, que la révolte du soldat contre le centurion,
» du centurion contre le tribun, et cette anarchie univer-
» selle qui nous précipiterait tous ensemble dans la destruc-
» tion ? C'est en exécutant, soldats, ce n'est point en dis-

» quàm imperia ducum sciscitando, res militares
» continentur : et fortissimus in ipso discrimine
» exercitus est qui ante discrimen quietissimus. Vo-
» bis arma et animus sit : mihi consilium, et virtu-
» tis vestræ regimen relinquite. Paucorum culpa
» fuit, duorum pœna erit : ceteri abolete memoriam
» fœdissimæ noctis : nec illas adversùs senatum vo-
» ces ullus unquàm exercitus audiat. Caput imperii,
» et decora omnium provinciarum, ad pœnam vo-
» care, non herclè illi, quos cùm maximè Vitel-
» lius in nos ciet, Germani audeant. Ulline Italiæ
» alumni, et romana verè juventus, ad sanguinem
» et cædem deposcerent ordinem, cujus splendore
» et gloriâ, sordes et obscuritatem Vitellianarum
» partium perstringimus ? Nationes aliquas occupa-
» vit Vitellius, imaginem quamdam exercitûs habet :
» senatus nobiscum est. Sic fit ut hinc respublica,
» indè hostes reipublicæ constiterint. Quid ? vos
» pulcherrimam hanc urbem, domibus, et tectis,
» et congestu lapidum, stare creditis ? Muta ista et
» inanima intercidere ac reparari promiscua sunt;
» æternitas rerum, et pax gentium, et mea cum
» vestrâ salus, incolumitate senatûs firmatur. Hunc
» auspicatò à parente et conditore urbis nostræ ins-
» titutum, et à regibus usquè ad principes conti-
» nuum et immortalem, sicut à majoribus accepi-
» mus, sic posteris tradamus. Nam ut ex vobis
» senatores, ità ex senatoribus principes nascun-
» tur. »

» cutant les ordres de ses chefs qu'on obtient des succès
» militaires; et l'armée la plus paisible avant la bataille,
» dans la bataille même sera la plus terrible. Des armes et
» du cœur, voilà votre partage : le mien, c'est la prudence
» et la conduite de votre valeur. Peu ont été coupables;
» deux seulement seront punis. Que tout le reste perde
» jusqu'à la mémoire de cette nuit honteuse; et puissent les
» autres armées ignorer à jamais vos clameurs contre le sé-
» nat! Certes, les Germains eux-mêmes, qui font presque
» toute l'armée de Vitellius, n'oseraient demander la puni-
» tion de ce sénat, de ces chefs de l'empire, qui en déco-
» rent toutes les provinces; et vous, les propres enfants de
» l'Italie, vous, les vrais Romains, vous solliciteriez le mas-
» sacre et la destruction de cet ordre, dont la gloire et la
» splendeur font ressortir la bassesse et l'obscurité du parti
» de Vitellius? Vitellius s'est emparé de quelques pays; Vi-
» tellius a une sorte d'armée; mais le sénat est avec nous, et
» voilà pourquoi nous sommes, nous, la république, et
» lui, son ennemi. Eh quoi! pensez-vous que ce soit dans
» des murs, dans des maisons, dans un amas de pierres que
» réside cette Rome superbe? Ces formes muettes et ina-
» nimées peuvent indifféremment se décomposer et se re-
» produire : l'éternité de Rome, et la paix des nations, et
» mon salut et le vôtre, tiennent à l'existence du sénat, de
» ce sénat fondé solennellement par le père et le fondateur
» de Rome, et qui s'est maintenu, depuis les rois jusqu'aux
» princes, toujours indestructible et immortel, et que nous
» devons transmettre à nos descendants tel que nous l'a-
» vons reçu de nos ancêtres. Car de vous, Romains, se ré-
» génèrent les sénateurs, et des sénateurs les princes. »

LXXXV. Ea oratio ad perstringendos mulcendosque militum animos, et severitatis modus (neque enim in plures quàm in duos animadverti jusserat) gratè accepta, compositique ad praesens qui coerceri non poterant. Non tamen quies Urbi redierat : strepitus telorum, et facies belli erat : militibus, ut nihil in commune turbantibus, ità sparsis per domos, occulto habitu, et malignâ curâ in omnes quos nobilitas, aut opes, aut aliqua insignis claritudo rumoribus objecerat. Vitellianos quoque milites venisse in Urbem, ad studia partium noscenda, plerique credebant. Undè plena omnia suspicionum, et vix secreta domuum sine formidine. Sed plurimùm trepidationis in publico. Ut quemque nuncium fama attulisset, animum vultumque conversi, ne diffidere dubiis, ac parùm gaudere prosperis viderentur. Coacto verò in curiam senatu, arduus rerum omnium modus, ne contumax silentium, ne suspecta libertas. Et privato Othoni nuper, atque eadem dicenti, nota adulatio. Igitur versare sententias, et hùc atque illùc torquere, hostem et parricidam Vitellium vocantes : providentissimus quisque vulgaribus conviciis; quidam vera probra jacere, in clamore tamen, et ubi plurimae voces, aut tumultu verborum sibi ipsi obstrepentes.

LXXXVI. Prodigia insuper terrebant, diversis auctoribus vulgata. In vestibulo Capitolii omissas

LXXXV. Ce discours, qui flattait les soldats en les réprimandant, et la douceur d'Othon, qui ne punit que deux coupables, satisfirent tous les esprits, et continrent, pour le moment, ceux qu'on ne pouvait corriger. Le calme toutefois n'était point rétabli dans Rome. On entendait le bruit des armes, et on voyait l'image de la guerre. Il n'y eut plus d'attroupements séditieux de soldats; mais ils se glissaient dans les maisons secrètement et déguisés, pour observer tous ceux que leur naissance ou leurs richesses, ou quelques distinctions frappantes exposaient aux soupçons. On croyait aussi qu'il était venu à Rome jusqu'à des soldats de Vitellius, pour sonder les dispositions des esprits : ce qui répandit partout la défiance; et à peine se rassurait-on dans l'intérieur des familles. Mais c'était surtout en public que redoublaient les alarmes. A chaque nouvelle qu'on recevait, on composait ses affections et son visage pour ne point marquer trop d'abattement dans les revers, trop peu de joie dans les succès; et, au sénat, les tempéraments étaient singulièrement difficiles. Le silence eût paru de l'humeur, la liberté de la révolte, et l'adulation ne pouvait échapper à Othon, qui, tout récemment, avait flatté lui-même. Aussi les voyait-on s'embarrasser en opinant, et tourmenter leurs phrases en tout sens pour donner à Vitellius les noms de parricide et d'ennemi de l'État. Les plus précautionnés ne se permettaient que des imputations vagues, ou, si l'on en risquait de précises, c'était au milieu du bruit, lorsque plusieurs voix s'élevaient ensemble, ou bien en précipitant ses mots tellement qu'on s'étourdissait soi-même tout le premier.

LXXXVI. Les prodiges annoncés de divers endroits, venaient ajouter à la terreur. On débitait que, dans le vesti-

habenas bigæ, cui Victoria institerat: erupisse cellà Junonis majorem humanâ speciem : statuam divi Julii, in insulâ Tiberini amnis, sereno et immoto die, ab occidente in orientem conversam : prolocutum in Etruriâ bovem : insolitos animalium partus : et plura alia, rudibus seculis etiam in pace observata, quæ nunc tantùm in metu audiuntur. Sed præcipuus, et, cum præsenti exitio, etiam futuri pavor, subitâ inundatione Tiberis : qui immenso auctu, proruto ponte sublicio, ac strage obstantis molis refusus, non modò jacentia et plana Urbis loca, sed secura ejusmodi casuum implevit. Rapti è publico plerique, plures in tabernis et cubilibus intercepti. Fames in vulgus, inopiâ quæstûs, et penuriâ alimentorum : corrupta stagnantibus aquis insularum fundamenta, dein remeante flumine dilapsa. Utque primùm vacuus à periculo animus fuit, id ipsum, quòd paranti expeditionem Othoni, campus Martius, et via Flaminia, iter belli esset obstructum, à fortuitis vel naturalibus caussis, in prodigium et omen imminentium cladium vertebatur.

LXXXVII. Otho, lustratâ urbe, et expensis belli consiliis, quandò Peninæ Cottiæque Alpes, et ceteri Galliarum aditus Vitellianis exercitibus claudebantur, Narbonensem Galliam adgredi statuit; classe

bule du Capitole, une Victoire avait laissé échapper les rênes de son char ; qu'un spectre, d'une grandeur colossale, s'était élancé d'une chapelle de Junon ; qu'une statue de Jules-César, dans une île du Tibre *, au milieu d'un jour calme et serein, s'était tournée d'orient en occident ; qu'un bœuf avait parlé dans l'Étrurie ; qu'il était né beaucoup de monstres ; et cent choses pareilles, qui, dans les siècles grossiers, occupaient l'attention en tout temps, et dont maintenant on ne parle plus que dans les moments de crise. Mais, ce qui alarmait le plus sur l'avenir, d'autant qu'il s'y joignait une calamité présente, ce fut l'inondation subite du Tibre. Ce fleuve, prodigieusement grossi, avait rompu le pont de bois, et, cette masse de débris embarrassant son cours, il avait reflué sur lui-même, submergé les rues basses de Rome, et même des quartiers jusqu'alors inaccessibles à ses eaux. Plusieurs furent emportés dans les rues, d'autres surpris dans les boutiques et dans leurs lits ; puis la famine dans le peuple, et par le manque de travail, et par la pénurie des subsistances. Les fondements des maisons, minés par les eaux stagnantes, croulèrent après la retraite du fleuve. Lorsqu'enfin cette alarme fut dissipée, on fit des réflexions sur ce qu'au moment où Othon se disposait à partir, le Champ-de-Mars et la voie Flaminienne, qui étaient sa route, lui avaient été fermés ; et, d'un effet naturel et fortuit, on tirait un présage des malheurs qui le menaçaient.

LXXXVII. Othon ayant achevé la solennité des lustrations, et combiné son plan de guerre, voyant que les Alpes Pennines et Cottiennes, et les autres passages des Gaules

* Aujourd'hui l'île de St.-Barthélemi.

validâ, et partibus fidâ, quòd reliquos cæsorum ad pontem Milvium, et sævitiâ Galbæ in custodiam habitos, in numeros legionis composuerat : facta et ceteris spes honoratioris in posterum militiæ. Addidit classi urbanas cohortes, et plerosque è prætorianis, vires et robur exercitûs, atque ipsis ducibus consilium et custodes. Summa expeditionis Antonio Novello, Suedio Clementi, primipilaribus, Æmilio Pacensi, cui ademptum à Galbâ tribunatum reddiderat, permissa. Curam navium Oscus libertus retinebat, ad observandam honestiorum fidem invitatus. Peditum equitumque copiis Suetonius Paullinus, Marius Celsus, Annius Gallus, rectores destinati. Sed plurima fides Licinio Proculo, prætorii præfecto : is urbanæ militiæ impiger, bellorum insolens, auctoritatem Paullini, vigorem Celsi, maturitatem Galli, ut cuique erat, criminando, quod facillimum factu est, pravus et callidus, bonos et modestos anteibat.

LXXXVIII. Sepositus per eos dies Cornelius Dolabella in coloniam Aquinatem, neque artâ custodiâ, neque obscurâ : nullum ob crimen, sed vetusto nomine, et propinquitate Galbæ monstratus. Multos è magistratibus, magnam consularium partem, Otho, non participes aut ministros bello, sed comitum specie, secum expedire jubet. In quîs et L. Vitel-

étaient fermés par les troupes de Vitellius, résolut d'attaquer, par mer, la Gaule narbonnaise. Il avait une flotte considérable, dont il était sûr; elle était montée en partie par ces malheureux échappés au massacre du pont Milvius, tenus impitoyablement en prison par Galba, et dont Othon avait formé quelques cohortes d'une légion; il avait fait en outre espérer aux autres, par la suite, un service plus honorable. Il ajouta, à tous ses soldats de marine, les cohortes de la ville, un corps nombreux de ses prétoriens, la fleur et la force de cette armée, le conseil et les surveillants des généraux même. L'expédition fut confiée à Novellus * et à Suédius, primipilaires, et à Pacensis, tribun des soldats, réintégré par Othon après avoir été destitué par Galba. L'affranchi Oscus avait l'inspection sur les vaisseaux; on l'avait chargé d'éclairer la conduite des chefs qui valaient mieux que lui. La grande armée était commandée par Suétone, Marius Celsus et Annius Gallus. Mais Othon mettait toute sa confiance dans Licinius, préfet du prétoire. Cet homme, qui avait des talents pour contenir le soldat dans la paix, mais nulle connaissance de la guerre, à force de rabaisser ce que Suétone avait de réputation, Celsus d'énergie, Gallus d'expérience, obtenait cet ascendant qu'il est si facile à la méchanceté adroite de prendre sur la vertu modeste.

LXXXVIII. On écarta, dans ce moment, Cornélius Dolabella. Il fut confiné dans la ville d'Aquino **, sans y être toutefois gardé ni étroitement ni en prison. On ne lui reprochait rien que l'ancienneté de son nom, et sa parenté avec Galba, qui le mettaient trop en vue. Une grande partie des

---

* Antonius Novellus, Suédius Clémens, Æmilius Pacensis.
** Dans la terre de Labour.

lium, eodem quo ceteros cultu, nec ut imperatoris fratrem, nec ut hostis. Igitur motæ urbis curæ : nullus ordo metu, aut periculo vacuus : primores senatûs ætate invalidi, et longâ pace desides; segnis et oblita bellorum nobilitas; ignarus militiæ eques; quantò magis occultare et abdere pavorem nitebantur, manifestiùs pavidi. Nec deerant è contrario qui, ambitione stolidâ, conspicua arma, insignes equos, quidam luxuriosos apparatus conviviorum, et irritamenta libidinum, ut instrumenta belli, mercarentur. Sapientibus quietis et reipublicæ cura : levissimus quisque, et futuri improvidus, spe vanâ tumens : multi, adflictâ fide in pace, ac turbatis rebus alacres, et per incerta tutissimi.

LXXXIX. Sed vulgus, et magnitudine nimiâ communium curarum expers populus, sentire paulatim belli mala, conversâ in militum usum omni pecuniâ, intentis alimentorum pretiis : quæ, motu Vindicis, haud perindè plebem attriverant, securâ tùm Urbe, et provinciali bello, quod inter legiones Galliasque velut externum fuit. Nam ex quo divus Augustus res Cæsarum composuit, procul, et in

magistrats et des consulaires reçurent l'ordre de se disposer à partir. Othon ne leur assigna d'emploi dans son armée, ni de fonction à la guerre, que celle de l'accompagner. Dans le nombre, se trouvait aussi Lucius Vitellius, qu'il traitait sur le même pied que les autres, et non comme le frère d'un empereur ou d'un ennemi. Cet ordre mit tous les esprits en mouvement. Nulle classe de citoyens ne fut exempte de crainte ou de péril. Les principaux du sénat, affaiblis par les années, s'étaient engourdis dans une longue paix : la noblesse, oisive depuis long-temps, ne songeait plus à la guerre; les chevaliers ne l'avaient jamais apprise : plus ils s'efforçaient de renfermer et de cacher leur frayeur, plus elle éclatait visiblement. D'autres étaient ravis, au contraire, par la petite vanité d'avoir de magnifiques armes, de monter de superbes chevaux; on en vit dont l'équipage militaire contenait les ameublements de table les plus somptueux, et toutes les inventions de la mollesse. Les sages auraient voulu leur repos et celui de l'État ; tous les esprits légers, qui s'aveuglent sur l'avenir, s'enflaient de vaines espérances; un grand nombre, qui s'étaient ruinés dans la paix, étaient enchantés des troubles *, et trouvaient dans les périls, leur sûreté.

LXXXIX. Cependant le peuple, toujours exempt de ces grandes inquiétudes trop relevées pour lui, se ressentait peu à peu des maux de la guerre, par la rareté de l'argent, qui passait tout entier aux besoins des troupes, et par le renchérissement des denrées. Ce malheur ne s'était point fait sentir également dans la guerre de Vindex, guerre, pour ainsi dire, étrangère, qui, décidée entre les Gaulois

---

* Je proposerais de supprimer *ac* devant *turbatis rebus*.

unius sollicitudinem aut decus, populus romanus bellaverat. Sub Tiberio et Caio, tantùm pacis adversa pertimuêre. Scriboniani contra Claudium incœpta simul audita et coercita. Nero nunciis magis et rumoribus quàm armis depulsus. Tùm legiones classesque, et, quod raro aliàs, prætorianus urbanusque miles, in aciem deducti : Oriens Occidensque, et quidquid utrinquè virium est, à tergo : si ducibus aliis bellatum foret, longo bello materia. Fuêre qui proficiscenti Othoni moras, religionemque nondùm conditorum ancilium afferrent. Adspernatus est omnem cunctationem, ut Neroni quoque exitiosam : et Cæcina, jam Alpes transgressus, exstimulabat.

et les légions, à l'extrémité des provinces, ne troubla point Rome. En effet, depuis qu'Auguste eut affermi la domination des Césars, le peuple romain n'avait fait la guerre qu'au loin, et les craintes ainsi que la gloire étaient pour un seul. Sous Tibère et sous Caïus, on n'avait eu à redouter que les cruautés de la paix. L'entreprise de Scribonianus contre Claude n'avait pas été plutôt connue, qu'elle était déjà étouffée. Ce furent des lettres et des bruits, plutôt que les armes, qui renversèrent Néron. Mais, alors, les légions, les flottes, et, ce qu'on n'avait vu que rarement, les prétoriens et les cohortes de la ville marchaient au combat (41); puis venaient, en seconde ligne, l'Orient, l'Occident, et tout ce qu'il y avait de forces dans l'un et l'autre parti : aliments d'une longue guerre, avec d'autres généraux. Au moment du départ, quelques-uns voulurent faire naître des retardements et des scrupules, sur ce que les * boucliers de Mars n'étaient point encore renfermés. Mais Othon ne voulut rien entendre : c'étaient de pareils délais qui, selon lui, avaient perdu Néron. D'ailleurs Cæcina, déjà parvenu au bas des Alpes, le forçait de se hâter.

---

* Ces boucliers de Mars, qu'on nommait anciles (*ancilia*), étaient un de ces mensonges pieux et de ces superstitions politiques de Numa. Il avait persuadé aux Romains qu'un d'eux était tombé du ciel, et qu'aussi long-temps qu'il resterait au pouvoir de Rome, elle serait invincible. On les tenait soigneusement renfermés dans le temple de Mars. Tous les ans, au commencement du mois de ce nom, temps où l'on célébrait la fête du dieu Mars, les Saliens (c'est ainsi qu'on nommait les prêtres du dieu) promenaient les *anciles* dans toutes les rues de Rome, en accompagnant cette procession de chants et de danses. La fête de Mars durait trente jours, au bout desquels les anciles étaient reportés au fond du sanctuaire, où ils restaient, tout le reste de l'année, cachés à tous les regards.

(Note de Brotier.)

XC. Pridie idus martias, commendatâ Patribus republicâ, reliquias neronianarum sectionum, nondùm in fiscum conversas, revocatis ab exsilio concessit : justissimum donum, et in speciem magnificum, sed, festinatâ jam pridem exactione, usu sterile. Mox, vocatâ concione, majestatem Urbis, et consensum populi ac senatûs pro se attollens, adversùm vitellianas partes modestè disseruit : inscitiam potiùs legionum, quàm audaciam increpans, nullâ Vitellii mentione; sive ipsius ea moderatio, seu scriptor orationis, sibi metuens, contumeliis in Vitellium abstinuit : quandò, ut in consiliis militiæ Suetonio Paullino, et Mario Celso, ità in rebus urbanis Galerii Trachali ingenio Othonem uti credebatur : et erant qui genus ipsum orandi noscerent, crebro Fori usu celebre, et, ad implendas aures, latum et sonans. Clamor vocesque vulgi, ex more adulandi, nimiæ et falsæ : quasi dictatorem Cæsarem, aut imperatorem Augustum prosequerentur, ità studiis votisque certabant : nec metu, aut amore, sed ex libidine servitii, ut in familiis, privata cuique stimulatio, et vile jam decus publicum. Profectus Otho, quietem Urbis, curasque imperii, Salvio Titiano fratri permisit.

XC. La veille des ides de mars*, après avoir recommandé la république au sénat, il abandonna à ceux qu'on avait rappelés de l'exil tout ce qui ne serait point encore entré dans l'épargne, des confiscations de Néron : présent magnifique en apparence, autant que juste ; mais nul en effet, par la célérité qu'on avait mise à ces exactions. Il convoqua ensuite l'assemblée du peuple. Là, se prévalant, pour sa cause, de la majesté de Rome, et du consentement du peuple et du sénat, il parla avec réserve du parti contraire, accusant les légions d'ignorance plutôt que de révolte, sans faire mention de Vitellius; soit modération de la part d'Othon, soit que l'auteur de la harangue eût voulu ménager Vitellius, par crainte pour lui-même. Car on prétend qu'Othon, qui employait Suétone et Celsus pour ses plans de guerre, se servait de Trachalus pour les affaires civiles. Quelques-uns même croyaient reconnaître la manière de Trachalus, qui s'était fait entendre long-temps au Forum, et qui aimait à remplir l'oreille par des périodes nombreuses et retentissantes. Le peuple mit, dans ses acclamations, la fausseté et l'exagération qui caractérisent toujours la flatterie. Le dictateur César et Auguste n'eussent pas excité des transports et des vœux plus ardents. La crainte et l'affection n'y avaient aucune part : c'était une émulation de bassesse, digne de véritables esclaves; obéissant à leurs intérêts particuliers, la gloire de l'État n'était plus rien pour eux. Depuis le départ d'Othon, la tranquillité de Rome et le soin de l'empire furent confiés à son frère Titianus.

---

* 14 mars.

NOTES

DU LIVRE PREMIER.

---

(1) CHAP. Ier., PAGE 295.

INITIUM *mihi operis,* etc. Voici comme je ponctue tout ce commencement : *Initium mihi operis, Ser. Galba iterùm, Caïus Vinius consules erunt; nam, post conditam Urbem, octogintos et viginti prioris œvi annos multi auctores retulerunt.*

Dùm res populi romani (sous-entendu *erant*), *memorabantur* (eæ res) *pari eloquentiâ ac libertate; postquàm,* etc. Il me semble que, de cette manière, les idées ont plus de clarté et plus de suite.

Ceux qui ont lié *dùm res populi romani memorabantur,* etc., avec *octogintos prioris œvi annos,* etc., n'ont pas pris garde que les règnes de Tibère, de Caïus, de Claude et de Néron, font partie de ces huit cent vingt années, et certainement Tacite n'a pas pu dire, de ces temps, que l'histoire s'en écrivait avec liberté.

Quelques-uns, pour sauver cette difficulté, ont lu DCCXX au lieu de DCCCXX; mais, alors, ils font dire à Tacite l'équivalent

NOTES DU LIVRE I.

de ceci : *Je commence mon ouvrage à la huit cent vingtième année de la fondation de Rome ; car les sept cent vingt années précédentes ont trouvé assez d'historiens.*

(2) CHAP. I, PAGE 297.

Vespasien commença ma fortune, etc. On conjecture que Tacite obtint le vigintivirat sous Vespasien ; sous Titus, le tribunat militaire et la questure, et sous Domitien, le sacerdoce quindecimviral, et la préture.

(3) CHAP. II, PAGE 297.

Les restes de la Bretagne conquis, et aussitôt dédaignés ; Britannia perdomita, ac statim missa. Ceci indique la conquête du nord de l'Écosse par Agricola, laquelle fut depuis entièrement abandonnée. Du temps de Tacite, la province romaine ne passait pas l'endroit où, quelque temps après, Adrien fit construire, à la hauteur environ de la ville d'Yorck, le mur qui a porté son nom. Sévère recula depuis les limites jusqu'au golfe de Clote et de Bodotrie, où fut élevé, à la hauteur d'Édimbourg, ce second mur, qui s'appelait le mur de Sévère ; mais, depuis Agricola, nul général ne tenta d'assujettir de nouveau la portion de l'Écosse qui est au-delà, en sorte que le fruit de sa brillante expédition fut entièrement perdu. Mal à propos, Brotier propose de lire *omissa ; missa* est plus hardiment écrit. Plus mal à propos encore, j'avais traduit, dans ma première édition, *la Bretagne entièrement domptée et aussitôt perdue* : la Bretagne même ne fut jamais perdue pour les Romains, qu'au commencement du cinquième siècle, au moment de cette irruption universelle des Barbares. L'exemple de Gordon et de Dotteville, dont je m'étais appuyé, ne devait pas prévaloir contre l'autorité d'un fait connu.

IV.

(4) CHAP. III, PAGE 299.

Comitatæ profugos, etc. Après *comitatæ.... secutæ....*, sous-entendez *sunt*. Après *propinqui audentes.... supremæ clarorum....*, sous-entendez *fuére*. Tacite qui, dans le morceau précédent, a employé l'énumération, et qui l'a enchaînée dans une seule et grande phrase, a varié ici son tour. Il a coupé le style, il a détaché les traits.

(5) CHAP. III, PAGE 299.

Supremæ necessitates. Ces mots ne peuvent pas signifier *les malheurs de la vie*, comme l'ont entendu quelques traducteurs; ils signifient *la mort*.

(6) CHAP. III, PAGE 299.

Nec enim unquàm atrocioribus populi romani cladibus magisve justis indiciis, etc. Je lis, avec Jean-Jacques Rousseau, *judiciis*, au lieu d'*indiciis*. *Atrocioribus...... cladibus* désignent les cruautés de Domitien; *justis judiciis* désignent son assassinat.

(7) CHAP. III, PAGE 299.

Non esse curæ deis securitatem, etc. Je pense bien comme le P. Dotteville : cette phrase n'a pas un sens absolu; elle n'a qu'un sens positif. Elle ne veut pas dire que les dieux ne s'occupent jamais de prévenir le crime, mais qu'ils ne l'ont pas prévenu alors, qu'ils ne le préviennent pas toujours. La dernière pensée est raisonnable; l'autre serait une impiété absurde, et, de plus, une contradiction dans Tacite, qui a cent fois dit le contraire : *Æquitate deûm erga bona malaque exempla....; propitiis, si per mores nostros liceret, diis....; magnâ deûm benignitate rebus externis subventum......;* et vingt autres passages.

Au reste, cette phrase de Tacite ressemble assez à ce passage de Lucain, Ph., IV, 107 :

> *Felix Roma quidem, civesque habitura beatos,*
> *Si libertatis superis tam cura placeret,*
> *Quàm vindicta placet.... !*

(8) CHAP. V, PAGE 301.

Les soldats avaient abandonné Néron, contre leur penchant, séduits par des artifices, etc. Nymphidius et Tigellinus, préfets du prétoire, avaient persuadé à Néron qu'il était abandonné par les prétoriens, et aux prétoriens qu'ils étaient abandonnés par Néron ; que le prince s'était enfui en Égypte. Ce fut ce mensonge qui décida leur défection, et ce fut leur défection qui enhardit le sénat à rendre cet arrêt qui condamnait un empereur à périr du supplice des esclaves.

Sans cette trahison inopinée de deux hommes que Néron avait le plus comblés de bienfaits, ce prince eût joui peut-être encore long-temps de l'impunité de ses crimes ; car la révolte de Vindex était étouffée ; son armée avait été taillée en pièces par l'armée de Germanie ; lui-même s'était tué de désespoir sur le champ de bataille ; et Galba, qui, après quelques irrésolutions, s'était enfin déclaré, n'attendait plus, au lieu de l'empire, que la mort, lorsque les manœuvres de Tigellinus et de Nymphidius changèrent en un instant la face des affaires.

(9) CHAP. V, PAGE 301.

Les gratifications promises au nom de Galba. Nymphidius avait promis, au nom de Galba, sept mille cinq cents drachmes à chaque prétorien, et douze cent cinquante à chacun des autres soldats : sommes exorbitantes, que tous les trésors de l'empire, joints aux plus horribles extorsions, auraient eu peine à acquitter.

(10) CHAP. V, PAGE 303.

L'attentat de leur préfet Nymphidius. Nymphidius fut tout-puissant dans ce temps de trouble et d'anarchie qui suivit la mort de Néron. D'abord, il eut le crédit de faire déposséder Tigellinus, son collègue. Devenu seul chef de cette milice terrible, il osa aspirer à l'empire. Il y avait une conspiration toute formée pour donner au bâtard d'une prostituée la place des Césars. On était au moment d'exécuter cette entreprise, où entraient la plupart des prétoriens, lorsqu'un tribun de soldats, éloquent et vertueux, parvint enfin à faire rougir l'armée de son indigne choix. Nymphidius arrive, se croyant sûr d'être proclamé, tenant en main la harangue de remercîments pour les soldats; il est massacré.

(11) CHAP. VI, PAGE 303.

Cingonius Varro. C'était lui qui avait composé la harangue. Personne n'avait mis plus d'ardeur dans cette conspiration pour donner l'empire à Nymphidius.

(12) CHAP. VI, PAGE 303.

Turpilianus, consulaire. Avant la défaite de Vindex, Néron avait mandé des troupes de l'Illyrie, de la Bretagne, de l'Albanie, etc. Il avait nommé, pour commander cette armée, qui n'était point encore rassemblée, Petronius Turpilianus, un vieillard presque décrépit.

DU LIVRE I. 453

(13) CHAP. VI, PAGE 303.

Le meurtre de tant de milliers de soldats. Néron avait annoncé hautement son projet de former en légion les soldats de la marine, espèce de milice presque toute composée d'esclaves, de criminels condamnés à mort, et pour laquelle les Romains avaient un souverain mépris. Les légionnaires, au contraire, étaient tous ou devaient être des citoyens romains, et ils jouissaient de l'extrême considération attachée à ce titre. Lorsque Galba fut aux portes de Rome, les soldats de marine vinrent réclamer l'exécution des promesses de Néron. Galba ayant rejeté leur demande, ils s'emportèrent en murmures, en menaces; quelques-uns même tirèrent l'épée. Galba les fit charger par sa cavalerie, et, le carnage commencé une fois, il ne fut plus possible de l'arrêter. Dion rapporte qu'il y eut environ sept mille de ces malheureux qui périrent dans cette journée.

(14) CHAP. VII, PAGE 305.

Capito. Ce Capito était d'une telle insolence, qu'un Romain, condamné à son tribunal, en ayant appelé à César, Capito monta sur un siége plus élevé, et lui dit : « Plaide maintenant » ton appel devant César; » et, après avoir joué la farce ridicule et basse d'instruire de nouveau son procès, il le fit condamner à mort.

(15) CHAP. VII, PAGE 305.

Voyant leur maître vieux, ils se hâtaient. Tout le monde connaît la manière admirable dont Corneille a imité ce passage :

> On les voyait tous trois se hâter sous un maître
> Qui, chargé d'un long âge, a peu de temps à l'être,
> Et tous trois à l'envi s'empresser ardemment
> A qui dévorerait ce règne d'un moment.

(16) CHAP. XI, PAGE 311.

Annonæ fecundam, suivant l'abbé Brotier; *annonæ secundam*, suivant l'édition *Variorum*, suivant Ernesti et le P. Dotteville. Les deux leçons peuvent être admises indifféremment. *Annona* signifie *récolte, moisson*, le produit d'une année; *annona* signifie aussi *disette, cherté de grains. Fecundam annonæ* signifiera donc *abondante en grains; annonæ secundam*, favorable pour amener une cherté, une disette dans les grains.

(17) CHAP. XI, PAGE 311.

Ignaram magistratuum domi, retinere. Auguste, réduisant l'Égypte en province romaine, ne voulut pas y conserver la forme de gouvernement que les Romains introduisaient dans leurs nouvelles conquêtes, et qui avait quelque chose de républicain. Il ne voulut point qu'il y eût de sénat ou de conseil public à Alexandrie, quoique presque toutes les villes de l'empire jouissent de cette prérogative.

Ceci prouve qu'il faut faire rapporter *domi* à *magistratuum*, comme le dit Ernesti, et non point *retinere*, comme l'ont pensé le P. Dotteville et l'abbé Brotier.

(18) CHAP. XII, PAGE 313.

J'ai retranché *diverterant*, d'après Juste-Lipse, Ernesti, etc.

(19) CHAP. XV, PAGE 317.

Lege curiatâ, etc. Littéralement : *Si, étant simple particulier, je t'adoptais devant les pontifes, d'après une loi passée dans une assemblée par curies*, etc. Ces petits détails de mœurs, qui nous sont si étrangères, doivent être conservés soigneusement dans un simple récit historique; mais, dans un morceau d'effet, comme un discours, ils jetteraient, à ce qu'il me semble, du froid, de la longueur ou de l'obscurité.

Il y avait trois conditions indispensables pour qu'une adoption fût régulière. La première, que celui qui adoptait fût plus âgé que le fils adoptif, et que, non-seulement il eût passé l'âge d'avoir des enfants, mais qu'il n'en eût point eu dans le cours ordinaire de la nature; ensuite il fallait que la religion et la dignité des deux familles n'en reçussent aucune altération; enfin, qu'il n'y eût ni fraude ni collusion, qu'on ne se proposât point d'autre but que les effets naturels d'une adoption véritable. La discussion de ces trois points appartenait au collége des pontifes : s'ils approuvaient la demande, elle était portée aux citoyens qui faisaient leur séjour à Rome, et qui, dans une assemblée par curies, donnaient leurs suffrages.

La différence entre les assemblées par comices ou par curies, et les assemblées par tribus, était que, dans les premières, il n'y avait que les citoyens romains, domiciliés à Rome, qui fussent convoqués; au lieu que, dans les comices par tribus, tous ceux de la campagne, des villes municipales, des colonies, avaient aussi le droit de voter. Une autre différence, c'est que les tribuns du peuple pouvaient convoquer les comices par tribus, et non les comices par curies.

Au reste, ces comices par curies n'étaient qu'une pure formalité : le peuple ne s'y rendait pas. On envoyait seulement à leur place trente licteurs, qui représentaient les trente curies de Rome.

(20) CHAP. XV, PAGE 319.

Sed alii per obsequium imminuunt fidem. La plupart des traducteurs ont entendu comme s'il y avait *imminuunt tuam fidem,* au lieu qu'il faut sous-entendre *suam,* comme l'a très-bien remarqué le P. Dotteville. *Voyez* dans l'*Othon* de Corneille, act. III, sc. 3, les imitations de ce discours.

(21) CHAP. XVIII, PAGE 325.

Ils envisageaient le donativum *comme un droit qui leur était dû.* Du temps d'Auguste, de Tibère, et même de Caligula, on ne connaissait point encore ces libéralités qui furent, depuis, connues sous le nom de *donativum,* et, dans le Bas-Empire, sous celui d'*augustiaticum.* Elles durent leur origine à Claude. *Primus Cæsarum,* dit Suétone, *fidem militis etiam præmio pigneratus : le premier des Césars, il acheta la fidélité du soldat.*

(22) CHAP. XIX, PAGE 325.

J'ai lu *medii, ac plurimi.*

(23) CHAP. XX, PAGE 327.

Novum officii genus, et ambitu ac numero onerosum. Nouvelle espèce de juridiction fort onéreuse, parce qu'il fallait et faire sa cour et la faire à trente. Ernesti entend ce passage autrement ; mais, dans son explication, *onerosum* ne me paraît pas s'accorder avec *ambitu.*

(24) CHAP. XXI, PAGE 329.

Nec Lusitaniam rursùs, et alterius exsilii honorem expectandum : irait-il encore dans sa *Lusitanie, avec les honneurs d'un second exil?* C'est le sens que Dotteville et J.-J. Rousseau ont donné aussi à ce passage. Gordon a traduit : *qu'il n'en serait pas quitte pour être renvoyé en Lusitanie, et pour avoir l'honneur d'un second exil;* ce qui affirme positivement qu'Othon serait tué; et Tacite dit plus bas : *occidi Othonem posse : qu'il était possible qu'on en voulût à la vie même d'Othon.* Si donc l'on adoptait le sens de Gordon, il se trouverait qu'après avoir donné d'abord le meurtre d'Othon comme un événement inévitable, on ne le donnerait plus, deux lignes plus bas, que comme un événement qui ne serait pas sans vraisemblance.

(25) CHAP. XXII, PAGE 331.

Si auderet, ut sua ostentantes, quiescenti, ut aliena exprobrabant : et, ce qu'ils lui faisaient envisager comme un droit de sa place, s'il se faisait empereur, ils le lui reprochaient comme un travers, s'il restait simple citoyen. Le sens de cette phrase était échappé à la plupart des traducteurs; je me flatte de l'avoir saisi.

(26) CHAP. XXV, PAGE 335.

L'un, tesséraire. La *tessère* (*tessera*) était un morceau de bois ou de métal sur lequel on écrivait le mot d'ordre. Le *tesséraire* était le soldat chargé d'aller prendre chez le chef le mot d'ordre, et de le faire passer à toute la légion. L'emploi de tesséraire était permanent. (*Dix-septième Mémoire de Le Beau sur la légion romaine.*)

(27) CHAP. XXV, PAGE 335.

L'autre, option des gardes. L'*option* était le grade immédiatement au-dessous de celui de centurion : il répond à peu près à celui de lieutenant parmi nous. Du temps de Polybe, c'était le centurion qui nommait l'option; d'où est venu le nom de ce grade, comme *adopté, optatus :* du temps de Varron, c'étaient les tribuns légionnaires. Le centurion était placé à la tête de la centurie, l'option à la queue. (*Seizième Mémoire*, ibid.)

(28) CHAP. XXV, PAGE 337.

Le sens de ces deux mots, *mutandæ militiæ*, a échappé à tous les traducteurs. Ils ont entendu *la crainte d'une réforme, la crainte d'un changement dans la milice*. Brotier a déterminé le vrai sens. Les prétoriens avaient un service plus honorable et plus lucratif. Ils craignaient qu'on ne les fît passer dans un autre moins doux et moins avantageux. Après le service des prétoriens, celui des légionnaires était le plus recherché, puis celui des auxiliaires. Le service dans la flotte était le moindre de tous. Or, c'était une des punitions qu'on infligeait aux soldats, de les faire passer d'un corps à un autre qui était moins considéré : c'était une espèce de dégradation. *Pœnæ militum hujuscemodi sunt, castigatio...... militiæ mutatio,* etc. (*Digest.*, lib. XLIX, tit. 16.)

(29) CHAP. XXVII, PAGE 337.

Et Othon l'entendait, qui était tout près, et qui, au contraire, trouvait le pronostic heureux, et en présageait le succès de ses desseins. Dans la vie d'Othon, composée par Plutarque, ou plutôt, suivant Dacier, par un fils de Plutarque, on lit qu'Othon montra, au contraire, un grand trouble, et que la peur le fit souvent changer de couleur.

(30) CHAP. XXXIV, PAGE 349.

Seu quià irati ità volebant, et faciliùs de odio creditur; soit parce que les mécontents le désiraient; et qu'on suppose assez facilement la haine. Le P. Dotteville traduit : *il est plus à*

DU LIVRE I.

croire qu'il (*) *haïssait en effet Vinius.* Le sens que j'ai suivi me paraît plus heureux. Il a le mérite d'offrir une réflexion générale, qui est vraie et piquante. D'ailleurs, il conserve la signification naturelle de *faciliùs*, qui est peut-être un peu forcée dans l'autre interprétation. Après *volebant*, je ne mets qu'une virgule, au lieu des deux points qui se trouvent dans l'abbé Brotier, et du point qui se trouve dans Ernesti.

(31) CHAP. XXXVI, PAGE 353.

Pour s'élever à l'empire, descendait jusqu'à l'esclavage. Othon avait persuadé aux soldats qu'ils étaient les maîtres de la vie et de la mort des Césars.

(32) CHAP. XLIII, PAGE 363.

J'ai lu *ardentis* au lieu d'*ardentes*, et je l'ai rapporté à Othon plutôt qu'aux soldats; car c'était à lui qu'importait la mort de Pison, et Tacite ajoute, chap. 44, qu'*aucun meurtre ne lui fit plus de plaisir. Nullam cædem Otho majore lœtitiâ excepisse.*

(33) CHAP. XLIV, PAGE 365.

Eussent troublé d'un sentiment douloureux son cœur, etc. Je suis charmé de lire dans Dion les terreurs qui affligèrent Othon du moment qu'il eut consommé ses desseins, et qu'il fut possesseur de l'empire. Il fut si épouvanté la nuit dans son sommeil, qu'il se jeta à bas de son lit, et il eut l'humiliation d'être trouvé dans ces transes par ceux qui montaient la garde auprès de son appartement.

---

* Le père Dotteville, dans sa seconde édition, est revenu au sens que j'indique.

(34) CHAP. XLVII, PAGE 371.

Ils firent chercher et racheter les têtes, etc. Crispina, fille de Vinius, paya celle de son père 1945 liv. *Plut.*

(35) CHAP. LIV, PAGE 385.

Circumdatis cohortibus, etc. Il n'est pas inutile d'observer, pour ceux qui ne sont pas très-familiers avec le latin, que *circumdari* ne signifie pas toujours *être entouré;* qu'il signifie quelquefois *entourer,* littéralement, *être mis autour.* Il y a, dans le Jugurtha de Salluste, une phrase qui ne laisse pas là-dessus le moindre doute. (*Voyez aussi le* chapitre 36 du livre XXV de TITE-LIVE, *Circumdati pedites,* etc.)

(36) CHAP. LV, PAGE 385.

Les légions du Bas-Rhin prêtèrent, aux calendes de janvier, le serment solennel pour Galba. Sous la constitution républicaine, les soldats prêtaient aussi serment aux généraux, avec cette différence que, dans le serment de fidélité, le nom du sénat et du peuple romain était énoncé formellement; et que, sous la constitution impériale, il n'était plus question que de l'empereur. Cependant, quoique dans le serment on eût cessé de faire mention du sénat et du peuple, leur nom était conservé encore sur les drapeaux. Ce fut Constantin qui le fit ôter le premier, pour mettre à la place le monogramme de Jésus-Christ. Julien fit reparaître sur les drapeaux les lettres initiales qui désignaient le sénat et le peuple romain; mais, à sa mort, elles disparurent pour jamais.

Les empereurs faisaient renouveler le serment des soldats au premier janvier, à l'anniversaire de leur naissance, etc.;

surtout ils le faisaient renouveler, avec plus de solennité, de dix ans en dix ans, à compter du premier jour de leur principat, et alors ils ne manquaient pas de faire aux soldats les mêmes largesses qu'à leur avènement.

(37) CHAP. LVI, PAGE 387.

Socordiâ innocens; et sa lâcheté fait sa justification. Mal à propos Gronovius et Ernesti proposent de lire *socordiâ nocens*; *socordiâ innocens* forme un très-beau sens.

(38) CHAP. LXXI, PAGE 411.

Nec Otho, quasi ignosceret, sed ne hostis metum reconciliationis adhiberet, statim inter intimos amicos habuit: et Othon, n'ayant pas même l'air de lui pardonner, voulant ôter jusqu'à ces craintes que laisse la réconciliation d'un ennemi, l'admit sur-le-champ dans sa familiarité intime. Le texte est si corrompu qu'on est réduit à deviner. Le sens que j'ai pris se lie très-bien avec la suite du récit, et on l'entrevoit même à travers l'altération de la phrase.

(39) CHAP. LXXVII, PAGE 421.

Honoratis jam senibus dépend de *cumulum dignitatis*, et non pas d'*addidit*, comme je l'avais cru d'abord, sur la foi de Brotier et de tous les commentateurs ou traducteurs, qui me paraissent s'être entièrement mépris sur le sens de toute cette phrase. Tacite vient de dire qu'Othon avait le plus souvent avili la dignité de l'empire, *pleraque contra decus imperii*. Or, si c'eût été à des vieillards déjà chargés d'honneurs qu'il eût conféré des places qui leur étaient destinées de tout temps, il n'eût rien fait que de convenable. La faute était de les avoir données, contre l'usage, à des hommes qui n'étaient que consuls désignés ; car rien ne prouve mieux la faiblesse d'un gouvernement que ces anticipations d'honneurs, et cette accumulation si rapide de dignités sur les mêmes personnes.

(40) CHAP. LXXIX, PAGE 425.

Cataphractarum pondere. On voit de ces cataphractes représentés sur la colonne Trajane. Rien n'est plus extraordinaire à la vue. Les hommes en sont couverts depuis le haut des épaules jusqu'au poignet et au bout des doigts du pied; le cheval l'est également jusqu'aux narines et à la corne du sabot : on croirait voir des dragons écaillés. Cette armure est si juste au corps, qu'elle en laisse apercevoir tous les muscles et suivre les moindres mouvements, comme si l'homme et le cheval eussent été entièrement nus. « Pour parvenir à faire leurs cataphractes, les » Sarmates, dit Pausanias, dans ses *Attiques*, nettoient bien » les cornes du pied du cheval, et les taillent en petites lames » semblables à des écailles de dragon. Si quelqu'un n'a jamais » vu de dragons, il comprendra la chose, lorsqu'on dira » qu'elles ressemblent aux compartiments d'une pomme de » pin encore verte. Ils percent ces écailles, et les cousent en- » semble avec des nerfs de bœuf ou de cheval. » (*Antiquités expliquées par Monfaucon,* liv. I, pag. 83.)

(41) CHAP. LXXXIX, PAGE 445.

A tergo, expression empruntée de la langue militaire. D'une part, les légions de Germanie et de Bretagne pour Vitellius; de l'autre, pour Othon, les prétoriens, les cohortes de la ville formaient la tête de leur armée, le front de leur bataille : en seconde ligne (*à tergo*), Vitellius avait encore les légions d'Espagne (*occidens*), et Othon, celles de Syrie et de Judée (*oriens*), etc.

HISTOIRES

DE C. CORN. TACITE.

BREVIARIUM LIBRI SECUNDI.

I. Titus, ad Galbam missus, acceptis de ejus interitu nunciis, vertit iter. II. Paphiæ Veneris templum adit. IV. Ibi futura edoctus, et spe ingens, ad patrem, qui bellum judaicum profligaverat, redit. V. Vespasiani ingenium et mores. Mores quoque Muciani. Ii, positis odiis, inter se consentiunt. Inde nova civilium bellorum initia, intumescentibus Orientis legionibus. VIII. Falsi Neronis ludibrium, ab Asprenate compressum. X. In Urbe parvæ res magnis motibus aguntur. Vibius Crispus Annium Faustum, delatorem, accusat; ipse accusandus. XI. Interim belli principia Othoni læta. XII. At licentiùs agit ejus miles; in Alpinos, municipiumque Albium Intemelium sævit. Egregia matris pietas. XIV. Provinciæ Narbonensi imminet othoniana classis. Prælia Vitellianis improspera. XVI. Pacarius, res Corsicæ insulæ ad Vitellium trahens, à Corsis interficitur. XVII. Arma Vitellianorum in Italiâ. XVIII. Ibi inconsulta Othonianorum temeritas. XIX. Spurinna Placentiam munit; quam oppugnat Cæcina : at, irrito conatu, obsidionem solvit, Cremonamque petit. XXIII. Prospera Othonianis ad Cremonam pugna. XXIV. Cæcina insidias struit, quas in ipsum vertit Suetonius Paullinus. Rex Epiphanes, pro Othone pugnans, vulneratur. XXVI. In urgendo hoste haud satis acer Paullinus. XXVII. Valens in

SOMMAIRE DU LIVRE SECOND.

I. Titus, envoyé vers Galba, apprend en route la nouvelle de sa mort, et retourne sur ses pas. II. Il va visiter le temple de Vénus, à Paphos. IV. L'avenir lui est dévoilé, et il rejoint, avec les plus hautes espérances, son père qui venait de terminer la guerre contre les juifs. V. Caractère et mœurs de Vespasien et de Mucien son rival. Ils se réconcilient et se concertent. De là de nouveaux principes de guerres civiles qu'allaient amener la force et l'orgueil des légions d'Orient. VIII. Alarme causée par un faux Néron, et dissipée par Asprénas. X. A Rome, les moindres affaires se décident par des secousses violentes. Vibius Crispus accuse le délateur Annius Faustus des crimes dont il était lui-même coupable. XI. La guerre a pour Othon d'heureux commencements. XII. Indiscipline de ses soldats. Intemelium, ville des Alpes, devient la victime de leurs fureurs. Devoûment sublime d'une mère. XIV. La flotte d'Othon menace la Gaule narbonnaise. Combats où les soldats de Vitellius sont battus. XVI. Pacarius, en voulant entraîner la Corse dans le parti de Vitellius, est tué par ces insulaires. XVII. Entrée de l'armée de Vitellius en Italie. XVIII. Fougue téméraire des soldats d'Othon. XIX. Spurina fortifie Plaisance. Cécina vient l'y assiéger, mais sans succès; il lève le siége et marche sur Crémone. XXIII. Avantage remporté près de cette ville par l'armée d'Othon. XXIV. Embuscade de Cécina que Suétonius Paullinus tourne contre lui-même. Le roi Épiphane est blessé en combattant pour Othon. XXVI. Le peu d'activité de Suétonius empêche la défaite entière de Cécina. XXVII. Arrivée de Valens en Italie. Révolte des Bataves qui

Italiam venit. Gravis in ejus exercitu Batavorum seditio, Alpheni Vari consilio composita. Junctis armis, Valens et Cæcina Vitellium fovent, probraque Othoni objectant. XXXI. Vitellii atque Othonis comparatio. Otho de genere belli consultat. Moras alii, alii festinationem stulte suadent, et prævalent. XXXIII. Funestiore adhuc consilio, Otho cum validâ copiarum manu Brixellum concedit. XXXIV. Vitelliani transitum Padi simulant. XXXV. Leve prælium Othonianis adversum. XXXVII. Vanus rumor, pavore belli, fastidiove principum, pacis consilia inter exercitus fuisse agitata. XXXIX. Titianus et Proculus ad quartum à Bebriaco castra imperiti promovent, et de prælio dubitant. XL. Otho, morâ æger, spei impatiens, rem in discrimen mitti jubet. XLI. Bebriacensis pugna. XLIV. Othonianorum fuga, et adversùs duces suos ira. XLV. Vitelliani victa castra intrant: victi victoresque, in lacrymas effusi, civilia bella detestantur. XLVI. Accepto cladis nuntio, Otho, consilii certus, milites amicosque solatia tentantes alloquitur; grassantem seditionem coercet: dein mortem sibi ipse consciscit. Juxta ejus rogum quidam militum se interficiunt. L. Othonis ætas, origo, fama. LI. Novata luctu ac dolore militum seditio. LII. Magna pars senatûs, Othonem secuta, extremum discrimen adit. LV. In tanto rerum motu, nihil Romæ trepidationis: spectantur ludi: auditâ Othonis morte, omnes Vitellio plausêre. LVI. Gravis tamen Italiæ victor exercitus. LVII. Vitellio victoria sua nuntiatur, simulque transgressa in partes utraque Mauretania. LX. Is centuriones promptissimos Othonianorum interficit, duces absolvit. LXI. Marici, inserere sese fortunæ ausi, supplicium. LXII. Vitellii gula et leges. LXIII. Dolabellæ cædes. Triariæ licentia: Galeriæ et Sextiæ modestia. LXV. Cluvius

font partie de son armée, apaisée par la prudence d'Alphénus Varus. Jonction de Valens et de Cécina; ils travaillent de concert pour la cause de Vitellius, et prodiguent les injures à Othon. XXXI. Parallèle de Vitellius et d'Othon. Othon tient conseil sur le plan de campagne à suivre. Les uns sont d'avis de gagner du temps, les autres de tout brusquer, et ce dernier avis l'emporte sur celui des meilleures têtes. XXXIII. Othon prend un parti encore plus funeste, celui de se retirer à Brixelles avec un fort détachement. XXXIV. Les Vitelliens feignent de vouloir passer le Pô. XXXV. Légère rencontre désavantageuse pour les soldats d'Othon. XXXVII. Projets de paix agités entre les deux armées, soit crainte de la guerre, soit dégoût des deux princes, mais qui ne sont que de vains bruits. XXXIX. Titianus et Proculus viennent prendre une position désavantageuse à quatre milles de Bébriac, et délibèrent sur la bataille. XL. Othon, impatient de tout délai qui retarde ses espérances, ordonne de tenter le sort des armes. XLI. Bataille de Bébriac. XLIV. Déroute des soldats d'Othon, et leur fureur contre leurs chefs. XLV. Les Vitelliens entrent dans le camp ennemi : vainqueurs et vaincus, fondant en larmes, détestent les guerres civiles. XLVI. A la nouvelle de cette défaite, Othon a pris sa résolution; sa réponse aux consolations de ses soldats et de ses amis. Il réprime une sédition, ensuite se donne la mort. Des soldats se tuent auprès de son bûcher. L. Age d'Othon, son origine, sa réputation. LI. Le deuil et la douleur des soldats renouvellent la sédition. LII. Danger que court une grande partie du sénat qui avait suivi Othon. LV. Rome reste calme au milieu de cette grande révolution. Les jeux sont célébrés : à la nouvelle de la mort d'Othon, tous les applaudissements sont pour Vitellius. LVI. L'armée victorieuse pèse sur l'Italie. LVII. Vitellius apprend avec sa victoire que les deux Mauritanies l'ont reconnu. LX. Il fait périr les plus braves centurions du parti d'Othon, et pardonne aux généraux. LXI. Supplice de Maricus qui ose se présenter à la fortune. LXII. Intempérance et lois de Vitellius. LXIII. Meurtre de Dolabella. Férocité de Triaria : modération de Galéria et de Sextia. LXV. Absolution de Cluvius. LXVI. Ton menaçant des légions vaincues : querelles de la quatorzième et des Bataves. LXVII. Congé honorable donné aux

absolvitur. LXVI. Victæ legiones ferociunt. Quartadecimanorum et Batavorum jurgia. LXVII. Prætorianorum honesta missio : sparguntur legiones. LXVIII. Ticini tumultus alio tumultu sedatus. Verginii periculum. LXIX. Batavorum cohortes in Germaniam remissæ : amputati legionum auxiliorumque numeri : reliquum militiæ luxu corrumpitur. LXX. Vitellius Cremonam adventat, lustratque avidè Bebriacenses campos; nec tot millia insepultorum civium exhorret. LXXI. Neronis libidines æmulatur; consulatus dividit. LXXII. Falsus Scribonianus mendacium cruce luit. LXXIII. Superbia socordiaque Vitellii, ob adactum in verba ejus Orientem. LXXIV. At Vespasianus bellum armaque parat. LXXVI. Quem nutantem firmat incenditque Mucianus. LXXVII. Incitant quoque vatum responsa. Carmeli, montis deique, ara et reverentia. LXXIX. In Ægypto, mox in Syriâ, imperator salutatur Vespasianus. LXXXI. Ad ejus partes accedunt reges Sohemus, Antiochus, Agrippa et regina Berenice. LXXXII. Belli consilia. Vespasianus occupat Ægyptum. Titus Judææ instat : Mucianus ad bellum proficiscitur; pecuniasque, belli civilis nervos, conquirit. LXXXV. Mœsicæ ac Pannonicæ legiones, in partes transgressæ, Dalmaticum militem trahunt. Belli faces Antonius Primus et Cornelius Fuscus. LXXXVII. Vitellius, in dies segnior corruptiorque, gravi ac luxuriante agmine Romæ appropinquat. LXXXVIII. Post militum plebisque cædes, Urbem, ut captam, ingreditur. XC. Magnificam de semetipso orationem habet. XCI. Humani divinique juris expers, quædam tamen popularia usurpat. XCII. Munia imperii Cæcina et Valens obeunt. XCIII. Militis in Urbe otium, libidines, morbi ac mortes. Sedecim prætoriæ cohortes, quatuor urbanæ scribuntur. XCIV. Insolentia militis, et paucitas. Inopia simul

SOMMAIRE.

prétoriens. Les légions sont dispersées. LXVIII. Tumulte à Ticinum apaisé par un autre tumulte : danger de Verginius. LXIX. Renvoi des cohortes bataves en Germanie ; réforme des légionnaires et des auxiliaires ; luxe et corruption du reste de l'armée. LXX. Arrivée de Vitellius à Crémone ; il parcourt d'un œil avide le champ de bataille de Bébriac, et voit sans horreur tant de milliers de citoyens sans sépulture. LXXI. Il prend Néron pour modèle dans son luxe indécent. LXXII. Un faux Scribonianus paie son imposture du supplice des esclaves. LXXIII. Insolence et dissolutions de Vitellius, à la nouvelle que l'Orient lui a prêté serment. LXXIV. Vespasien, de son côté, se prépare à prendre les armes. LXXVI. Mucien fixe ses irrésolutions et ranime son courage. LXXVII. Les réponses des devins ajoutent à sa confiance. Autel du Mont-Carmel qu'on y révère comme un dieu. LXXIX. Vespasien est proclamé empereur en Égypte et bientôt en Syrie. LXXXI. Les rois Sohème, Anthiocus, Agrippa et la reine Bérénice se déclarent en sa faveur. LXXXII. Mesures prises pour entrer en campagne. Vespasien occupe l'Égypte ; Titus est chargé de réduire la Judée ; Mucianus prend les devants et ramasse de grandes sommes d'argent, qu'il appelle le nerf de la guerre civile. LXXXV. L'adhésion des légions de Mœsie et de Pannonie entraîne celle des troupes de Dalmatie. Antonius Primus et Cornélius Fuscus attisent le feu de la guerre. LXXXVII. Vitellius, de jour en jour plus apathique et plus corrompu, approche de Rome avec une armée embarrassée de butin et perdue de licence. LXXXVIII. Après des massacres de soldats et d'habitants, il entre dans la capitale comme dans une ville prise d'assaut. XC. Il se donne à lui-même les plus magnifiques éloges. XCI. Sa profonde ignorance des moindres usages civils et religieux ; quelques actes de popularité. XCII. Cécina et Valens se partagent les soins du gouvernement. XCIII. Oisiveté des soldats à Rome, leurs débauches, leurs maladies ; mortalité parmi eux. On forme seize cohortes prétoriennes et quatre urbaines. XCIV. Insolence de la soldatesque ; réduction du nombre des soldats. Dénûment et prodigalité de Vitellius. Opulence de l'affranchi Asiaticus. État déplorable de Rome. XCV. Magnificence avec laquelle on célèbre le jour de naissance de Vitellius, qui solennise les obsèques

et prodigentia Vitellii Asiatici, liberti, opes. Urbis miseria. XCV. Ingenti tamen paratu Vitellii dies natalis celebratur : ipse Neroni inferias facit. XCVI. Nuntiatæ defectionis Flavianos rumores male coercet. XCVII. Excita tamen auxilia, sed necessitas dissimulata. XCIX. Inrumpentibus hostibus, Cæcina ad bellum præmittitur. C. At is cum Lucilio Basso, Ravennate Misenensique classibus præposito, proditionem componit.

Hæc, consulibus Galbâ Aug. II et T. Vinio cæsis, gesta paucis mensibus.

A. U. C.   J.-C.

DCCCXXII. 69. suff. coss. { M. Salvio Othone Aug.
                              L. Salvio Othone Titiano.

            suff. coss. { L. Verginio Rufo, II.
                          Pompeio Vopisco.

            suff. coss. { Cælio Sabino.
                          T. Flavio Sabino.

            suff. coss. { T. Arrio Antonino.
                          P. Mario Celso.

SOMMAIRE. 471

de Néron. XCVI. Vains efforts qu'il fait pour étouffer les bruits de la défection de Vespasien. XCVII. Il fait venir des renforts et dissimule le besoin de ses affaires. XCIX. A la nouvelle de l'invasion de l'ennemi, Cécina a ordre de prendre les devants. C. Ce général concerte sa trahison avec Lucilius Bassus, commandant des deux flottes de Ravenne et de Misène.

Espace de peu de mois, depuis le meurtre de Galba Auguste, consul pour la deuxième fois, et de T. Vinius son collègue.

A. DE R.   DE J.-C.

DCCCXXII. 69. cons. subr. { M. Salvius Othon Auguste.
L. Salvius Othon Titianus.

cons. subr. { L. Verginius Rufus, pour la 2º. f.
Pompée Vopiscus.

cons. subr. { Cælius Sabinus.
T. Flavius Sabinus.

cons. subr. { T. Arrius Antoninus.
P. Marius Celsus.

C. CORNELII TACITI

HISTORIARUM

LIBER SECUNDUS.

I. Struebat jam fortuna, in diversâ parte terrarum, initia caussasque imperio, quod variâ sorte, lætum reipublicæ aut atrox, ipsis principibus prosperum aut exitio fuit. Titus Vespasianus, è Judæâ, incolumi adhuc Galbâ, missus à patre, caussam profectionis officium erga Principem, et maturam petendis honoribus juventam ferebat. Sed vulgus, fingendi avidum, disperserat accitum in adoptionem: materia sermonibus senium et orbitas principis, et intemperantia civitatis, donec unus eligatur, multos destinandi. Augebat famam ipsius Titi ingenium, quantæcunque fortunæ capax, decor oris cum quâdam majestate, prosperæ Vespasiani res,

HISTOIRES

DE C. CORN. TACITE.

LIVRE DEUXIÈME.

1. Déjà se préparait, dans une autre partie du monde, l'agrandissement d'une nouvelle famille *, qui éprouva des vicissitudes dans sa destinée, fut chère et terrible aux Romains, trouva dans l'empire sa gloire et sa perte. Titus avait quitté la Judée, par ordre de son père, du vivant de Galba; il ne donnait, à son départ, d'autre motif que celui d'aller faire sa cour au Prince, et solliciter les honneurs où son âge lui permettait de prétendre. Mais le public, ardent à conjecturer, avait répandu le bruit qu'on le mandait pour l'adopter; vain bruit fondé sur ce que Galba était vieux et sans enfants, et sur cette précipitation de la capitale à annoncer plusieurs choix avant celui qu'on doit

---

* Celle des Flavius, qui donna à l'empire Vespasien, Titus et Domitien.

praesaga responsa, et inclinatis ad credendum animis, loco ominum etiam fortuita. Ubi Corinthi, Achaiae urbe, certos nuntios accepit de interitu Galbae, et aderant qui arma Vitellii bellumque adfirmarent, anxius animo, paucis amicorum adhibitis, cuncta utrinquè perlustrat. Si pergeret in Urbem, nullam officii gratiam, in alterius honorem suscepti: ac se Vitellio, sive Othoni, obsidem fore. Sin rediret, offensam haud dubiam victoris: sed, incertâ adhuc victoriâ, et concedente in partes patre, filium excusatum. Sin Vespasianus rempublicam susciperet, obliviscendum offensarum de bello agitantibus.

II. His ac talibus inter spem metumque jactatum, spes vicit. Fuêre qui accensum desiderio Berenices reginae vertisse iter crederent. Neque abhorrebat à Berenice juvenilis animus: sed gerendis rebus nullum ex eo impedimentum: laetam voluptatibus adolescentiam egit, suo quàm patris imperio modestior. Igitur oram Achaiae, et Asiae, ac laeva maris praevectus, Rhodum et Cyprum insulas, indè Syriam audentioribus spatiis petebat. Atque illum cupido incessit adeundi visendique templum Paphiae Veneris, inclytum per indigenas advenasque. Haud fuerit longum initia religionis, templi situm, formam

faire. D'ailleurs, les qualités même de Titus, dignes de la plus haute fortune, un heureux accord de grâce et de majesté, les succès de Vespasien, quelques prédictions, des événements tout simples, mais que la crédulité des esprits transformait en présages, tout concourait à fortifier ces bruits. Il était à Corinthe, ville de l'Achaïe, lorsque des nouvelles sûres l'instruisirent de la mort de Galba; en même temps, on lui confirmait les desseins et la marche de Vitellius. Dans cette situation embarrassante, il rassemble quelques amis, et pèse avec eux toutes ses démarches. S'il allait à Rome, on ne lui saurait aucun gré d'un voyage entrepris pour un autre, et il ne serait qu'un otage pour Vitellius ou pour Othon; s'il retournait sur ses pas, il choquerait infailliblement le vainqueur; mais son père, en se déclarant pour un parti avant que la victoire fût décidée, lui obtiendrait sa grâce. Que si Vespasien aspirait lui-même à l'empire, peu importait d'offenser, quand on songeait à combattre.

II. Au milieu de ces réflexions et d'autres pareilles, l'ambition et la crainte l'agitant tour à tour, l'ambition l'emporta. Quelques-uns ont attribué son retour à une passion ardente pour Bérénice; il est vrai que son jeune cœur n'était point insensible aux charmes de cette reine; mais sa passion ne nuisait en rien aux affaires. Sa première jeunesse fut livrée à tout l'enchantement des plaisirs; quand il régna lui-même, il fut plus réservé que sous son père. Laissant donc sur la gauche la Grèce et l'Asie, dont il avait suivi toutes les côtes, il gagne, d'une navigation plus hardie, l'île de Rhodes, celle de Chypre, enfin la Syrie. Dans ce trajet, il céda au désir de visiter le temple de Vénus, à Paphos, si célèbre par le concours des habitants et des

deæ, neque enim alibi sic habetur, paucis disserere.

III. Conditorem templi regem Aërian vetus memoria, quidam ipsius deæ nomen id perhibent. Fama recentior tradit à Cinyrâ sacratum templum, deamque ipsam, conceptam mari, hùc appulsam. Sed scientiam artemque haruspicum accitam; et Cilicem Thamiram intulisse. Atque ità pactum ut familiæ utriusque posteri cærimoniis præsiderent. Mox, ne honore nullo regium genus peregrinam stirpem antecelleret, ipsà quam intulerant scientià hospites cessêre: tantùm Cinyrades sacerdos consulitur. Hostiæ, ut quisque vovit; sed mares deliguntur. Certissima fides hædorum fibris. Sanguinem aræ obfundere vetitum: precibus et igne puro altaria adolentur, nec ullis imbribus, quanquàm in aperto, madescunt. Simulacrum deæ non effigie humanâ: continuus orbis latiore initio tenuem in ambitum, metæ modo, exsurgens: et ratio in obscuro.

IV. Titus, spectatâ opulentià, donisque regum, quæque alia lætum antiquitatibus Græcorum genus incertæ vetustati adfingit, de navigatione primùm consuluit. Postquàm pandi viam et mare prosperum accepit, de se per ambages interrogat, cæsis compluribus hostiis. Sostratus (sacerdotis id nomen

étrangers. Je vais dire un mot sur l'origine de ce culte, sur les cérémonies (1) qu'on observe dans le temple, et sur la forme qu'on y donne à la déesse; car elle est bien différente de celle sous laquelle on la représente ailleurs; ces détails ne me retiendront pas long-temps.

III. D'anciennes traditions donnent, pour fondateur à ce temple, un roi Aérias; quelques-uns prétendent que ce nom est celui de la déesse même. De plus récentes rapportent que le temple fut consacré par Cinyre, dans le lieu où aborda Vénus après que la mer l'eut conçue; mais qu'on dut l'art des aruspices à des étrangers; qu'il fut apporté par le cilicien Thamiras, et qu'on régla que les fonctions du sacerdoce se partageraient entre les descendants de ces deux familles. Par la suite, la famille royale reprenant toute prééminence sur une race étrangère, celle-ci abandonna la science qu'elle-même avait apportée. Aujourd'hui, le prêtre que l'on consulte, est toujours de la famille de Cinyre. On sacrifie les victimes qu'on veut, pourvu qu'elles soient mâles. On a pourtant plus de confiance aux entrailles des chevreaux. Il est défendu d'ensanglanter l'autel. On n'y offre qu'un feu pur et des prières; et, quoiqu'en plein air, jamais la pluie ne l'a mouillé. La statue de la déesse n'a pas une forme humaine. C'est un bloc arrondi, plus large à la base, et se rétrécissant au sommet comme une pyramide. La raison de cette forme, on l'ignore.

IV. Titus considéra toutes les richesses du temple, offrandes des rois, et autres merveilles que les Grecs, amoureux d'antiquités, rapportent toujours aux temps les plus obscurs et les plus reculés; puis il consulta d'abord sur sa navigation. On lui dit que la route était ouverte, que la navigation serait heureuse. Alors il interroge sur lui-

erat) ubi læta et congruentia exta, magnisque consultis annuere deam videt, pauca in præsens et solita respondens, petito secreto, futura aperit. Titus, aucto animo, ad patrem pervectus, suspensis provinciarum et exercituum mentibus ingens rerum fiducia accessit. Profligaverat bellum Judaicum Vespasianus, oppugnatione Hierosolymorum reliquâ, duro magis et arduo opere, ob ingenium montis, et pervicaciam superstitionis, quàm quò satis virium obsessis ad tolerandas necessitates superesset. Tres, ut suprà memoravimus, ipsi Vespasiano legiones erant, exercitæ bello : quatuor Mucianus obtinebat in pace : sed æmulatio, et proximi exercitûs gloria repulerat segnitiam : quantùmque illis roboris discrimina et labor, tantùm his vigoris addiderat integra quies, et inexpertus belli labor : auxilia utrique cohortium alarumque, et classes regesque, ac nomen dispari famâ celebre.

V. Vespasianus acer militiæ, anteire agmen, locum castris capere, noctù diùque consilio, ac, si res posceret, manu hostibus obniti, cibo fortuito, veste habituque vix à gregario milite discrepans : prorsùs, si avaritia abesset, antiquis ducibus par. Mucianum è contrario magnificentia, et opes, et

même, avec quelques détours; il avait immolé un grand nombre de victimes. Sostrate (c'était le nom du prêtre), voyant que toutes donnaient constamment les signes les plus heureux, et qu'il y avait une grande entreprise que la déesse favorisait, après la courte réponse d'usage pour les spectateurs, tire à l'écart Titus, et lui dévoile l'avenir. Titus, avec ce surcroît de confiance, ayant rejoint heureusement son père, dans un moment où les provinces et les armées étaient en suspens, porta dans la balance (2) des destinées un poids immense. Vespasien avait terminé la guerre de Judée; il ne restait qu'à assiéger Jérusalem; entreprise rude et difficile, non que les assiégés eussent de grands moyens de résistance, mais parce que la montagne était escarpée, et que le fanatisme est opiniâtre. Vespasien avait, comme je l'ai dit, trois légions éprouvées par la guerre; les quatre de Mucien étaient restées inactives; mais leur émulation et la gloire de l'armée voisine en avaient repoussé la mollesse, et ce que l'ame des uns avait gagné en fermeté par les travaux et les périls, le corps des autres l'avait en vigueur, par ce mâle repos et par l'exemption des fatigues de la guerre. Les deux généraux avaient en outre de l'infanterie et de la cavalerie auxiliaires, une flotte, des rois alliés, et un nom célèbre, mais par des qualités bien différentes.

V. Vespasien était un guerrier infatigable, toujours à la tête des troupes, traçant lui-même son camp, nuit et jour observant l'ennemi; et, dans l'occasion, combattant de sa personne, indifférent sur sa nourriture, se distinguant à peine du moindre soldat par ses vêtements et son extérieur; enfin, à la cupidité près, comparable aux anciens généraux. Mucien, au contraire, en imposait par la

cuncta privatum modum supergressa extollebant : aptior sermone, dispositu provisuque, civilium rerum peritus : egregium principatûs temperamentum, si, demptis utriusque vitiis, solæ virtutes miscerentur. Ceterùm hic Syriæ, ille Judææ præpositus, vicinis provinciarum administrationibus, invidiâ discordes, exitu demùm Neronis, positis odiis, in medium consuluêre : primùm per amicos ; dein præcipua concordiæ fides Titus, prava certamina communi utilitate aboleverat : naturâ atque arte compositus adliciendis etiam Muciani moribus. Tribuni centurionesque, et vulgus militum, industriâ, licentiâ, per virtutes, per voluptates, ut cuique ingenium, adsciscebantur.

VI. Antequàm Titus adventaret, sacramentum Othonis acceperat uterque exercitus, præcipitibus, ut adsolet, nunciis, et tardâ mole civilis belli, quod longâ concordiâ quietus Oriens, tunc primùm parabat. Namque olim validissima inter se civium arma, in Italiâ, Galliâve, viribus Occidentis cœpta. Et Pompeio, Cassio, Bruto, Antonio, quos omnes trans mare secutum est civile bellum, haud prosperi exitus fuerant. Auditique sæpiùs in Syriâ Judææâque Cæsares quàm inspecti. Nulla seditio legionum : tantùm adversùs Parthos minæ, vario eventu. Et, proximo civili bello, turbatis aliis, inconcussa ibi

magnificence, les richesses, et par un air de grandeur qui semblait l'élever au-dessus de la condition privée. Il parlait mieux, entendait mieux les dispositions, les préparatifs, les affaires civiles. De ces deux hommes on eût composé un empereur parfait, en ôtant leurs vices et réunissant leurs vertus. La proximité de leurs gouvernements (l'un commandait en Syrie, l'autre en Judée) avait mis entre eux la division qui naît de la jalousie. Ils avaient enfin, depuis la mort de Néron, renoncé à leur haine; et tous deux se concertèrent, d'abord par l'entremise de leurs amis, puis par celle de Titus, le principal lien de leur concorde. C'était lui qui leur avait fait sacrifier ces indignes rivalités à l'intérêt commun; la nature et l'art lui avaient donné un charme qui séduisait jusqu'à Mucien même. Les tribuns (3), les centurions et les moindres soldats, aimant dans lui, chacun suivant leur caractère, son application, ses écarts, ses vertus, ses plaisirs, ne respiraient que pour lui.

VI. Avant qu'on sût l'arrivée de Titus si prochaine, les deux armées avaient prêté serment à Othon; les courriers, toujours prompts dans ces occasions, avaient prévenu les apprêts toujours lents d'une guerre civile, d'autant plus que c'était la première que l'Orient méditait au sortir d'une longue tranquillité; car les principales, jusque-là, avaient toujours commencé dans la Gaule et dans l'Italie, avec les forces de l'Occident. Pompée, Brutus, Cassius et Antoine, qui transportèrent la guerre civile au-delà des mers, avaient tous été malheureux. La Syrie et la Judée avaient plus connu le nom des Césars que leur personne. Nulle révolte n'avait eu lieu parmi ces légions, seulement quelques menaces de guerre avec les Parthes, où les échecs balancèrent

pax : dein fides erga Galbam. Mox, ut Othonem ac Vitellium scelestis armis res romanas raptum ire vulgatum est, ne penes ceteros imperii praemia, penes ipsos tantùm servitii necessitas esset, fremere miles, et vires suas circumspicere. Septem legiones statim, et cum ingentibus auxiliis Syria Judaeaque : indè continua Aegyptus, duaeque legiones : hinc Cappadocia Pontusque, et quidquid castrorum Armeniis praetenditur. Asia, et ceterae provinciae, nec virorum inopes, et pecuniae opulentae : quantùm insularum mari cingitur, et parando interim bello secundum tutumque ipsum mare.

VII. Non fallebat duces impetus militum. Sed bellantibus aliis placuit exspectari belli eventum : victores victosque nunquàm solidâ fide coalescere : nec referre Vitellium an Othonem superstitem fortuna faceret. Rebus secundis etiam egregios duces insolescere : discordiam his, ignaviam, luxuriem : et suismet vitiis alterum bello, alterum victoriâ periturum. Igitur arma in occasionem distulêre, Vespasianus Mucianusque nuper, ceteri olim mixtis consiliis : optimus quisque amore reipublicae : multos dulcedo praedarum stimulabat; alios ambiguae domi res. Ità boni malique caussis diversis, studio pari, bellum omnes cupiebant.

les succès; et, dans les dernières dissensions civiles, elles ne participèrent point au mouvement du reste de l'empire, tranquilles sous Néron, puis fidèles à Galba. Mais enfin, quand ces guerriers virent qu'Othon et Vitellius, dans une guerre détestable, allaient s'arrachant la puissance romaine, que les distinctions de la victoire seraient pour les autres, pour eux seulement l'humiliation d'obéir, ils s'indignèrent, et se mirent à considérer leurs forces. Ils se voyaient d'abord sept légions avec une armée d'auxiliaires, la Syrie et la Judée; puis, sans interruption, l'Égypte et deux autres légions; puis la Cappadoce, le Pont, et tous ces camps qui bordent l'Arménie; l'Asie et les autres provinces ne manquant point d'hommes, et riches en argent; toutes les îles pour eux, et la mer même, qui, leur laissant le temps de faire leurs préparatifs, était une barrière et une sûreté.

VII. Les chefs n'ignoraient pas cette disposition des soldats; mais, puisqu'il y avait une guerre, ils résolurent d'en attendre l'issue, persuadés que les vainqueurs et les vaincus ne formaient jamais de liaison sincère, et qu'il importait peu qui de Vitellius ou d'Othon survécût à la querelle. Les succès avaient corrompu les plus grands capitaines; combien devait-on plus compter sur les discordes de ceux-ci, sur leur lâcheté, leurs dissolutions, sur leurs vices enfin, qui, seuls, perdraient l'un dans les combats, l'autre après la victoire? Ils remirent donc la guerre à la première occasion favorable. Tous agissaient de concert, Vespasien et Mucien depuis peu, les autres depuis long-temps; les plus vertueux par l'amour du bien public, un grand nombre par l'attrait du butin; d'autres par le dérangement de leurs affaires. En-

VIII. Sub idem tempus, Achaia atque Asia falsò exterritæ, velut Nero adventaret: vario super exitu ejus rumore, eòque pluribus vivere eum fingentibus credentibusque. Ceterorum casus conatusque in contextu operis dicemus : tunc servus è Ponto, sive, ut alii tradidêre, libertinus ex Italiâ, citharæ et cantûs peritus (undè illi, super similitudinem oris, propior ad fallendum fides) adjunctis desertoribus, quos inopiâ vagos ingentibus promissis corruperat, mare ingreditur : ac, vi tempestatum in Cythnum insulam detrusus, et militum quosdam ex Oriente commeantium adscivit, vel abnuentes interfici jussit, et, spoliatis negotiatoribus, mancipiorum valentissimum quemque armavit. Centurioncmque Sisennam, dextras, concordiæ insignia, syriaci exercitûs nomine ad prætorianos ferentem, variis artibus adgressus est : donec Sisenna, clàm relictâ insulâ, trepidus et vim metuens aufugeret : indè latè terror, multis ad celebritatem nominis erectis, rerum novarum cupidine et odio præsentium.

IX. Gliscentem in dies famam fors discussit. Galatiam ac Pamphyliam, provincias Calpurnio Asprenati regendas Galba permiserat : datæ è classe Misenensi duæ triremes ad prosequendum, cum quibus Cythnum insulam tenuit. Nec defuêre qui trierar-

fin, bons et méchants, par différents motifs, mais avec la même ardeur, désiraient tous la guerre.

VIII. Vers le même temps, la Grèce et l'Asie eurent une fausse alarme; on attendait à chaque instant d'y voir arriver Néron. Les bruits sur sa mort s'étaient fort contredits; et voilà pourquoi il y eut tant de fourbes qui le supposèrent vivant, et tant de dupes qui le crurent. Je rapporterai, dans le cours de cet ouvrage, les tentatives de ces différents aventuriers et leurs catastrophes. Celui d'alors était un esclave du Pont, ou, suivant d'autres, un affranchi italien. Il chantait et jouait très-bien de la lyre, ce qui, avec la conformité de ses traits, accrédita l'imposture. Il rassembla quelques déserteurs indigents et vagabonds, qu'il avait séduits par de magnifiques promesses, et il s'embarqua avec eux. Poussé par la tempête vers l'île de Cythne *, où se trouvaient quelques soldats qui revenaient par congé de l'Orient, il gagne les uns, fait tuer les autres, pille quelques cargaisons d'esclaves, et arme dans le nombre les plus vigoureux. Le centurion Sisenna, qui portait aux prétoriens, de la part de l'armée d'Asie, deux mains entrelacées en signe de concorde, passe par l'île. Le faux Néron attaque par mille moyens sa fidélité; enfin Sisenna, quittant l'île furtivement, se sauve avec précipitation, dans la crainte d'être assassiné. Bientôt la terreur se répand au loin, la célébrité de ce nom éveillait beaucoup d'esprits, mécontents du présent et avides de changement.

IX. Ces bruits se fortifiaient de jour en jour; le hasard les dissipa. Galba avait nommé Calpurnius Asprénas gouverneur de la Galatie et de la Pamphilie. On lui donna, pour

* Aujourd'hui Thermia, une des Cyclades.

chos nomine Neronis accirent : is, in mœstitiam compositus, et fidem suorum quondàm militum invocans, ut eum in Syriâ aut Ægypto sisterent orabat. Trierarchi nutantes, seu dolo, adloquendos sibi milites, et paratis omnium animis reversuros firmaverunt. Sed Asprenati cuncta ex fide nunciata : cujus cohortatione expugnata navis, et interfectus quisquis ille erat. Corpus, insigne oculis, comâque et torvitate vultûs, in Asiam atque indè Romam pervectum est.

X. In civitate discordi, et, ob crebras principum mutationes, inter libertatem ac licentiam incerta, parvæ quoque res magnis motibus agebantur. Vibius Crispus, pecuniâ, potentiâ, ingenio inter claros magis quàm inter bonos, Annium Faustum, equestris ordinis, qui, temporibus Neronis, delationes factitaverat, ad cognitionem senatûs vocabat. Nam recèns, Galbæ principatu, censuerant Patres ut accusatorum caussæ noscerentur. Id senatûs-consultum variè jactatum, et, prout potens vel inops reus inciderat, infirmum aut validum retinebatur. Ad hæc terrore et propriâ vi Crispus incubuerat delatorem fratris sui pervertere : traxeratque magnam senatûs partem ut indefensum et inauditum dedi ad exitium postularent. Contrà, apud alios, nihil æquè reo proderat quàm nimia potentia ac-

l'escorter, deux trirèmes de la flotte de Misène, avec lesquelles il vint relâcher à Cythne. On ne manqua point de mander les triérarques de la part de Néron. Celui-ci, affectant un air de douleur, et implorant la fidélité de ses anciens soldats, les pria de le débarquer en Syrie ou en Égypte. Les triérarques ébranlés, ou feignant de l'être, répondirent qu'ils allaient en parler aux soldats, et ils donnèrent l'assurance de revenir aussitôt qu'ils auraient disposé les esprits. Mais ils allèrent raconter fidèlement le tout à Asprénas, qui donna l'ordre de se saisir du vaisseau, et de tuer l'aventurier, quel qu'il fût. Le corps de ce misérable, qui avait en effet les yeux, la chevelure de Néron, et la férocité de sa physionomie, fut porté en Syrie, et de là à Rome.

X. Dans un État livré aux dissensions, et qui, par les fréquentes mutations de ses chefs, flottait entre la licence et la liberté, les moindres affaires se menaient par des secousses violentes. Vibius Crispus, qui, par ses richesses, son pouvoir, ses talents, avait bien plus d'éclat que de considération, avait dénoncé au sénat Annius Faustus, chevalier romain, qui, sous Néron, faisait le métier de délateur. Car un sénatus-consulte, rendu tout récemment sous Galba, autorisait à poursuivre cette espèce d'hommes. Cette loi, sujette à des vicissitudes, faible ou puissante selon que l'était l'accusé, subsistait néanmoins. Non content de la loi, Vibius avait employé la terreur et toutes ses ressources personnelles pour perdre à jamais le délateur de son frère *; et il avait amené une grande partie du sénat à demander

---

* Vibius Secundus, condamné pour crime de concussions, comme on l'a vu dans le quatorzième livre des Annales.

cusatoris : dari tempus, edi crimina, et quamvis invisum ac nocentem, more tamen audiendum censebant. Et valuêre primò, dilataque in paucos dies cognitio : mox damnatus est Faustus, nequaquàm eo assensu civitatis quem pessimis moribus meruerat : quippè ipsum Crispum easdem accusationes cum præmio exercuisse meminerant : nec pœna criminis, sed ultor displicebat.

XI. Læta interim Othoni principia belli, motis ad imperium ejus è Dalmatiâ Pannoniâque exercitibus : fuêre quatuor legiones, è quibus bina millia præmissa; ipsæ modicis intervallis sequebantur : septima à Galbâ conscripta; veteranæ undecima, ac tertiadecima, et præcipuâ famâ quartadecumani, rebellione Britanniæ compressâ. Addiderat gloriam Nero, eligendo ut potissimos : undè longa illis erga Neronem fides, et erecta in Othonem studia. Sed quò plus virium ac roboris, è fiduciâ tarditas inerat : agmen legionum alæ cohortesque præveniebant. Ex ipsâ Urbe haud spernenda manus, quinque prætoriæ cohortes, et equitum vexilla cum legione primâ : ac deforme insuper auxilium, duo millia gladiatorum, sed per civilia arma etiam severis ducibus usurpatum. His copiis rector additus Annius Gallus, cum Vestricio Spurinnà, ad

qu'on prononçât la condamnation de Faustus sans écouter ses défenses. D'autres, au contraire, voyaient, dans ce pouvoir énorme de l'accusateur, le plus grand motif de commisération pour l'accusé. Ils voulaient qu'on lui donnât du temps, qu'on produisît les griefs; qu'en un mot, tout odieux, tout coupable qu'il était, on suivît les formes, qu'on l'entendît; et ils prévalurent d'abord. On accorda quelques jours pour l'instruction du procès; mais Faustus n'en fut pas moins condamné. Son châtiment fut loin de produire ce contentement général que méritaient ses mœurs exécrables. On se rappelait que Vibius s'était enrichi par de semblables moyens. Ce n'était point la vengeance qui déplaisait, c'était le vengeur.

XI. Cependant la guerre avait, pour Othon, d'heureux commencements; les quatre légions de la Dalmatie et de la Pannonie marchèrent à son secours. Deux mille hommes prirent les devants; le reste suivait à peu de distance. A l'exception de la septième, qu'avait levée Galba, c'étaient tous de vieux corps, la onzième, la treizième, surtout cette quatorzième légion, si fameuse par la défaite des Bretons révoltés. Néron en avait encore rehaussé la gloire, en la choisissant, sur toutes les autres, comme la plus brave; de là, sa fidélité constante pour ce prince, et son zèle empressé pour Othon. Mais cette confiance même en ses forces et en sa valeur rendit sa marche plus lente. Les légions se faisaient précéder par leur infanterie auxiliaire et par leur cavalerie. Le corps d'armée parti de Rome n'était point à mépriser; il y avait cinq cohortes prétoriennes, les vexillaires de la cavalerie, et la première légion; en outre deux mille gladiateurs, ressource honteuse, mais que, dans les guerres civiles, des généraux, même sévères, n'avaient

occupandas Padi ripas præmissus : quoniam prima consiliorum frustrà ceciderant, transgresso jam Alpes Cæcinâ, quem sisti intra Gallias posse speraverat. Ipsum Othonem comitabantur speculatorum lecta corpora, cum ceteris prætoriis cohortibus, veterani è prætorio, classicorum ingens numerus. Nec illi segne aut corruptum luxu iter : sed loricâ ferreâ usus est, et ante signa pedester, horridus, incomptus, famæque dissimilis.

XII. Blandiebatur cœptis fortuna, possessâ per mare et naves majore Italiæ parte, penitùs usque ad initium maritimarum Alpium : quibus tentandis, adgrediendæque provinciæ Narbonensi, Suedium Clementem, Antonium Novellum, Æmilium Pacensem duces dederat. Sed Pacensis per licentiam militum vinctus : Antonio Novello nulla auctoritas : Suedius Clemens ambitioso imperio regebat, ut adversùs modestiam disciplinæ corruptus, ità præliorum avidus. Non Italia adiri, nec loca sedesque patriæ videbantur : tanquàm externa littora et urbes hostium, urere, vastare, rapere : eò atrociùs quòd nihil usquàm provisum adversùm metus : pleni agri, apertæ domus : occursantes domini juxta conjuges et liberos, securitate pacis et belli malo circumveniebantur. Maritimas tùm Alpes tenebat procurator Marius Maturus. Is, concitâ gente (nec deest juventus), arcere provinciæ finibus Othonianos intendit. Sed, primo impetu, cæsi dis-

point dédaignée. Annius Gallus fut mis à la tête de ces troupes, et détaché avec Vestricius Spurinna pour aller du moins occuper les rives du Pô, puisque Cæcina avait déjà passé les Alpes, et que le premier projet de l'arrêter dans les Gaules ne pouvait plus s'exécuter. Othon gardait auprès de sa personne l'élite des spéculateurs, le reste des cohortes prétoriennes, les vétérans du prétoire, un corps nombreux des soldats de marine; et sa marche n'était ni lente, ni déshonorée par le luxe; il portait une cuirasse de fer, toujours à la tête des enseignes, toujours à pied, tout poudreux, sans parure et démentant sa renommée.

XII. La fortune favorisait ses entreprises; sa flotte l'avait rendu maître de la plus grande partie de l'Italie, jusqu'au pied des Alpes maritimes. Voulant les franchir et attaquer la Gaule narbonnaise, il avait chargé de cette expédition Suédius, Novellus et Pacensis. Mais les soldats eurent l'insolence de mettre Pacensis aux fers; Novellus n'avait nulle autorité; Suédius seul les gouvernait à force de bassesses, corrupteur de la discipline, mais ne respirant que les combats. Ils ne croyaient plus être en Italie, ni sur le territoire et au milieu des établissements de leur patrie. Il semblait que ce rivage fût étranger, ces villes ennemies; ils pillaient, brûlaient, saccageaient, d'autant plus que nulle part on ne s'était muni contre le danger. Les champs étaient couverts de moissons, les maisons ouvertes. Les habitants accouraient sur leur passage avec leurs femmes, leurs enfants; et ils éprouvaient, avec la sécurité de la paix, toutes les horreurs de la guerre. Le procurateur Marius Maturus occupait alors les Alpes maritimes. Il avait levé des hommes (le pays n'en manque point), et il résolut de chasser les Othoniens de sa province. Mais, dès le premier choc, ses

jectique montani, ut quibus, temerè collectis, non castra, non ducem noscitantibus, neque in victoriâ decus esset, neque in fugâ flagitium.

XIII. Inritatus eo praelio Othonis miles, vertit iras in municipium Albium Intemelium; quippè in acie nihil praedae : inopes agrestes, et vilia arma; nec capi poterant, pernix genus, et gnari locorum : sed calamitatibus insontium expleta avaritia. Auxit invidiam praeclaro exemplo femina Ligus, quae, filio abdito, cùm simul pecuniam occultari milites credidissent, eòque per cruciatus interrogarent ubì filium occuleret? uterum ostendens, latere respondit. Nec, ullis deindè terroribus, aut morte, constantiam vocis egregiae mutavit.

XIV. Imminere provinciae Narbonensi, in verba Vitellii adactae, classem Othonis, trepidi nuncii Fabio Valenti attulêre. Aderant legati coloniarum, auxilium orantes. Duas Tungrorum cohortes, quatuor equitum turmas, universam Treverorum alam, cum Julio Classico, praefecto, misit : è quibus pars, in coloniâ Forojuliensi retenta, ne, omnibus copiis in terrestre iter versis, vacuo mari classis adceleraret. Duodecim equitum turmae, et lecti è cohortibus adversùs hostem iêre : quibus adjuncta Ligurum cohors, vetus loci auxilium, et quingenti Pannonii, nondùm sub signis. Nec mora praelio : sed

montagnards furent taillés en pièces et dispersés, comme devaient l'être des hommes rassemblés à la hâte, qui ne connaissaient ni l'art des campements, ni leur chef, ni la gloire de vaincre, ni la honte de fuir.

XIII. La colère des Othoniens, irritée par ce combat, se tourne contre la ville d'Intémélium *. Pour tout butin, ils avaient trouvé, sur le champ de bataille, des paysans pauvres et des armes grossières; encore ne pouvait-on prendre les hommes, qui étaient d'une agilité extrême, et qui connaissaient parfaitement le pays. En saccageant une ville innocente, ils assouvirent leur avarice. L'horreur de ce pillage s'accrut encore par le beau trait d'une Ligurienne qui avait caché son fils. Les soldats, persuadés qu'elle avait recélé de l'argent dans le même lieu, et, d'après cette idée, épuisant les tortures pour lui faire déclarer où était ce fils, elle leur répondit, *là*, en leur montrant ses flancs. Et, au milieu des plus terribles menaces, et jusqu'à la mort, elle soutint la fermeté de ce mot magnanime.

XIV. La nouvelle que la flotte d'Othon menaçait la Gaule narbonnaise, qui avait reconnu Vitellius, fut portée précipitamment à Valens. Les députés des colonies étaient venus en personne pour solliciter des secours. Il envoie deux cohortes de Tungres, quatre compagnies de leur cavalerie, la division entière de celle des Trévires, sous les ordres du préfet Classicus. Une partie de ces troupes resta dans Fréjus, de peur que, si elles eussent toutes avancé dans l'intérieur, la flotte, qui était maîtresse de la mer, n'eût surpris la colonie. Douze compagnies de cavalerie et l'élite des cohortes marchèrent à l'ennemi; on les renforça d'une co-

* Aujourd'hui Vintimille.

acie ità instructà ut pars classicorum, mixtis paganis, in colles mari propinquos exsurgeret, quantùm inter colles ac littus æqui loci, prætorianus miles expleret, in ipso mari ut adnexa classis, et pugnæ parata, conversâ et minaci fronte prætenderetur. Vitelliani, quibus minor peditum vis, in equite robur, Alpinos proximis jugis, cohortes densis ordinibus post equitem locant. Trevirorum turmæ obtulêre se hosti incautè, cùm exciperet contrà veteranus miles, simul à latere saxis urgeret apta ad jaciendum etiam paganorum manus : qui, sparsi inter milites, strenui ignavique, in victoriâ idem audebant. Additus perculsis terror, invectâ in terga pugnantium classe. Ità undiquè clausi : deletæque omnes copiæ forent, ni victorem exercitum attinuisset obscurum noctis, obtentui fugientibus.

XV. Nec Vitelliani, quanquàm victi, quiêvere : accitis auxiliis, securum hostem, ac successu rerum socordiùs agentem invadunt : cæsi vigiles, perrupta castra, trepidatum apud naves ; donec, sidente paulatim metu, occupato juxtà colle defensi, mox

horte de Liguriens, corps d'auxiliaires anciennement attaché à la défense du pays, et de cinq cents Pannoniens qui n'avaient point encore été sous le drapeau. On ne tarda point à en venir aux mains; et tel fut l'ordre de bataille. Une partie des soldats de marine, auxquels on avait entremêlé les habitants du lieu, se posta sur les collines voisines de la mer; tout l'espace uni qui se trouvait entre la mer et les collines était rempli par les prétoriens; et, sur la mer même, la flotte semblait s'unir au reste des troupes, disposée pour le combat, tournée contre l'ennemi, et se prolongeant sur un front menaçant. Les Vitelliens, qui avaient moins d'infanterie, et dont la cavalerie faisait la force, placèrent leurs montagnards sur les hauteurs voisines, et tinrent leurs cohortes serrées derrière leur cavalerie. La cavalerie trévire alla à l'ennemi sans précaution; tandis que les prétoriens vétérans les recevaient en face, ils furent accablés sur les flancs par les pierres que lançait cette troupe d'habitants, bons pour ce genre d'attaque; d'ailleurs, braves ou non, mêlés parmi des soldats, et victorieux, ils montraient le même courage. La flotte, se portant sur les derrières des Trévires, acheva d'y mettre la consternation. Ainsi, enfermée de toutes parts, l'armée entière eût été détruite, si les vainqueurs n'eussent été arrêtés par l'obscurité de la nuit (4), que prétextèrent aussi les fuyards.

XV. Les Vitelliens, vaincus, ne s'endormirent point. Ayant reçu des renforts, et voyant la sécurité de l'ennemi, que le succès rendait plus négligent, ils tombent sur lui. Les sentinelles sont égorgées, le camp forcé, la confusion sur la flotte; enfin, la frayeur se calmant peu à peu, on s'empare d'une hauteur voisine, où l'on se défendit; puis

irrupêre : atrox ibi cædes, et Tungrarum cohortium præfecti, sustentatâ diù acie, telis obruuntur. Ne Othonianis quidem incruenta victoria fuit, quorum improvidè secutos, conversi equites circumvenerunt. Ac velut pactis induciis, ne hinc classis, indè eques subitam formidinem inferrent; Vitelliani retrò Antipolim, Narbonensis Galliæ municipium; Othoniani Albingaunum, interioris Liguriæ revertêre.

XVI. Corsicam ac Sardiniam, ceterasque proximi maris insulas, fama victricis classis in partibus Othonis tenuit. Sed Corsicam propè adflixit Decimi Pacarii procuratoris temeritas, tantâ mole belli nihil in summam profutura, ipsi exitiosa. Namque, Othonis odio, juvare Vitellium Corsorum viribus statuit, inani auxilio, etiamsi provenisset. Vocatis principibus insulæ, consilium aperit : et contradicere ausos; Claudium Phirricum, trierarchum Liburnicarum ibi navium, Quinctium Certum, equitem romanum interfici jubet : quorum morte exterriti qui aderant, simul ignara et alieni metûs socia imperitorum turba, in verba Vitellii juravêre. Sed, ubi delectum agere Pacarius, et inconditos homines fatigare militiæ muneribus occœpit, laborem insolitum perosi, infirmitatem suam reputabant, insulam esse quam incolerent, et longè Germaniam viresque legionum : direptos vastatosque classe, etiam quos cohortes alæque protegerent.

on attaqua; et, dans ce dernier choc, le carnage fut terrible. Les préfets des cohortes tungres, après mille efforts pour soutenir leur troupe, furent percés de coups. La victoire même coûta du sang aux Othoniens; ceux d'entre eux qui poursuivirent inconsidérément l'ennemi, furent enveloppés par la cavalerie qui se retourna. Et, depuis ce jour, comme par un traité mutuel, pour éviter les alarmes subites que donnaient d'un côté la flotte, de l'autre la cavalerie, ils se replièrent, les Vitelliens vers Antibes, dans la Gaule Narbonnaise, les Othoniens vers Albenga, dans la Ligurie intérieure.

XVI. La flotte d'Othon, victorieuse, retint dans son parti la Corse et la Sardaigne, et les autres îles de ces mers. Toutefois, le procurateur Décimus Pacarius pensa faire le malheur de la Corse, par une témérité qui, dans ce grand choc de tout l'empire, n'eût été nullement décisive pour son parti, et qui fut très-fatale à lui-même. Pacarius, qui haïssait Othon, résolut d'aider Vitellius de toutes les forces de son île; secours frivole, quand même il eût été effectif. Il convoque les principaux insulaires, leur fait part de son projet; et comme Claudius Phirricus, triérarque des galères stationnées dans l'île, et Q. Certus, chevalier romain, osèrent le contredire, il les fait tuer. Le reste de l'assemblée qu'intimide leur mort, et, avec eux, cette multitude imbécile qui partage aveuglément les frayeurs d'autrui, jurent obéissance à Vitellius. Mais, aussitôt que Pacarius eut commencé à faire des levées, et à fatiguer d'exercices militaires des hommes étrangers à la discipline, dans leur aversion pour ces travaux inaccoutumés, ils se mettent à réfléchir sur leur propre impuissance, sur la position de leur pays, qui était une île, sur l'éloignement de la Ger-

Et aversi repentè animi : nec tamen apertâ vi : aptum tempus insidiis legère : digressis qui Pacarium frequentabant, nudus et auxilii inops, balneis interficitur, trucidati et comites. Capita, ut hostium, ipsi interfectores ad Othonem tulêre : neque eos aut Otho præmio affecit, aut punivit Vitellius, in multâ colluvie rerum majoribus flagitiis permixtos.

XVII. Aperuerat jam Italiam, bellumque transmiserat, ut suprà memoravimus, ala Syllana, nullo apud quemquam Othonis favore : nec quià Vitellium mallent; sed longa pax ad omne servitium fregerat, faciles occupantibus, et melioribus incuriosos. Florentissimum Italiæ latus, quantùm inter Padum Alpesque camporum et urbium, armis Vitellii (namque et præmissæ à Cæcinâ cohortes advenerant) tenebatur. Capta Pannoniorum cohors apud Cremonam. Intercepti centum equites, ac mille classici, inter Placentiam Ticinumque : quo successu vitellianus miles non jam flumine aut ripis arcebatur. Irritabat quin etiam Batavos Transrhenanosque Padus ipse : quem repentè, contra Placentiam, transgressi, raptis quibusdam explorato-

manie et de ses légions, sur les ravages de la flotte dans les contrées même que protégeait une armée. Tout-à-coup leurs dispositions changent. Ils n'emploient cependant pas la force ouverte. Ils choisissent un moment où Pacarius avait renvoyé sa suite, et, le surprenant dans le bain, nu et sans défense, ils le tuent. Ses amis furent aussi massacrés. Toutes ces têtes furent portées à Othon par les meurtriers mêmes, comme les têtes d'autant d'ennemis; et ni Othon ne récompensa, ni Vitellius ne punit une action qui, dans ce long amas d'atrocités, se perdit parmi de plus grands forfaits.

XVII. Déjà l'Italie, tout ouverte, voyait la guerre dans son sein, depuis la défection de cette division de cavalerie du nom de Sylla, dont j'ai parlé plus haut; personne dans ce corps n'aimait Othon; et ce n'était point qu'ils aimassent mieux Vitellius. Une longue paix avait détruit toute énergie; tout maître leur était bon; ils suivaient le plus proche, sans s'inquiéter du meilleur. La plus florissante portion de l'Italie, tout ce qu'il y a de plaines et de villes entre les Alpes et le Pô *, était occupé par les armes de Vitellius; car les cohortes détachées d'avance par Cæcina, étaient arrivées aussi. Une cohorte de Pannoniens avait été faite prisonnière auprès de Crémone; cent cavaliers et mille soldats de marine avaient été interceptés entre Plaisance et Ticinum **. Fier de ces succès, le soldat vitellien ne voyait plus dans le fleuve une barrière qui dût l'arrêter. Il n'y avait pas jusqu'au nom même du Pô qui ne fût un aiguillon

---

* Le Piémont, le Mont-Ferrat, le Milanais, Milan, Novarre, Verceilles, etc.
** Pavie.

ribus, ità ceteros terruêre ut adesse omnem Cæcinæ exercitum, trepidi ac falsi, nunciarent.

XVIII. Certum erat Spurinnæ (is enim Placentiam obtinebat) necdùm venisse Cæcinam, et, si propinquaret, coercere intra munimenta militem, nec tres prætorias cohortes, et mille vexillarios, cum paucis equitibus, veterano exercitui objicere. Sed indomitus miles, et belli ignarus, correptis signis vexillisque, ruere, et retinenti duci tela intentare, spretis centurionibus tribunisque, providentiam ducis laudantibus : quin proditionem, et accitum Cæcinam clamitabant. Fit temeritatis alienæ comes Spurinna, primò coactus, mox velle simulans, quò plus auctoritatis inesset consiliis, si seditio mitesceret.

XIX. Postquàm in conspectu Padus, et nox appetebat, vallari castra placuit. Is labor, urbano militi insolitus, contudit animos. Tùm inertissimus quisque castigare credulitatem suam, metum ac discrimen ostendere, si, cum exercitu, Cæcina, patentibus campis, tam paucas cohortes circumfudisset. Jamque totis castris modesti sermones, et inscrentibus se centurionibus tribunisque, laudari providentia ducis, quòd coloniam, virium et opum validam, robur ac sedem bello legisset. Ipse pos-

pour les Bataves, et pour tous ces peuples d'au-delà du Rhin. Ils passent ce fleuve brusquement vis-à-vis de Plaisance, enlèvent quelques coureurs avancés, et inspirent aux autres une telle épouvante, que ceux-ci vont avec précipitation débiter faussement que c'était l'armée entière de Cæcina qui paraissait.

XVIII. Spurinna, cantonné dans Plaisance même, était bien sûr d'abord que Cæcina n'était point encore arrivé, et, ensuite, quand il approcherait, bien résolu de rester derrière ses remparts, et de ne point exposer, devant une armée de vétérans, trois cohortes prétoriennes, et mille vexillaires en tout, presque sans cavalerie. Mais le fougueux soldat, sans expérience de la guerre, arrache ses enseignes et ses drapeaux, se jette hors de la ville malgré son général, auquel il présentait la pointe de ses armes, malgré les centurions et les tribuns (5), qui ne cessaient de leur crier qu'ils étaient trahis, qu'on allait les livrer à Cæcina. Ne pouvant l'empêcher, Spurinna partage leur témérité, puis feint de l'approuver, afin de ménager plus de crédit à ses représentations, si la sédition venait à s'apaiser.

XIX. A la vue du Pô et aux approches de la nuit, il fallut se retrancher. Ce travail, tout nouveau pour des soldats de ville, abattit leur présomption. Les plus paresseux (6) se reprochaient leur crédulité, montraient des craintes sur le danger qu'ils couraient au milieu d'une plaine tout ouverte, où il était si facile à l'armée de Cæcina d'envelopper un si petit nombre de cohortes. Et déjà, dans tout le camp, les discours étaient plus mesurés; les tribuns et les centurions, venant à s'entremêler avec les soldats, louent la prudence du général d'avoir choisi une place-forte et bien approvisionnée pour y établir le siége de la guerre. Enfin

tremò Spurinna, non tam culpam exprobrans quàm ratione ostendens, relictis exploratoribus, ceteros Placentiam reduxit, minùs turbidos, et imperia accipientes. Solidati muri, propugnacula addita, auctæ turres, provisa parataque non arma modò, sed obsequium et parendi amor, quod solùm illis partibus defuit, cùm virtutis haud pœniteret.

XX. At Cæcina, velut relictâ post Alpes sævitiâ ac licentiâ, modesto agmine per Italiam incessit. Ornatum ipsius municipia et coloniæ in superbiam trahebant; quòd, versicolore sagulo, braccas, tegmen barbarum, indutus, togatos adloqueretur. Uxorem quoque ejus Saloninam, quanquàm in nullius injuriam, insigni equo ostroque veheretur, tanquàm læsi gravabantur: insitâ mortalibus naturâ recentem aliorum felicitatem ægris oculis introspicere, modumque fortunæ à nullis magis exigere quàm quos in æquo vidêre. Cæcina, Padum transgressus, tentatâ Othonianorum fide per colloquium et promissa, iisdem petitus, postquàm pax et concordia speciosis et inritis nominibus jactata sunt, consilia curasque in oppugnationem Placentiæ magno terrore vertit: gnarus, ut initia belli provenissent, famam in cetera fore.

XXI. Sed primus dies, impetu magis quàm veterani exercitûs artibus transactus: aperti incauti-

Spurinna, survenant lui-même, leur fait sentir leur faute par des raisons plus que par des reproches; et, laissant seulement quelques gardes avancées, il ramène à Plaisance sa troupe; moins turbulente et écoutant le commandement. On répara les murs, on exhaussa les tours, on ajouta de nouvelles fortifications. On se pourvut d'armes et de machines, surtout d'obéissance et de subordination, seules vertus qui manquèrent à ce parti, dont la bravoure fut irréprochable.

XX. Cependant Cæcina, comme s'il eût laissé derrière les Alpes la licence et la cruauté, traverse l'Italie sans y commettre de désordres. Sa parure seulement révolta. Il portait, avec un *sagum* (7) rayé, les *braques* des Germains, et recevait, ainsi vêtu, les députés des villes. Cet habillement militaire et barbare parut un affront pour la toge. Ils ne pardonnaient pas non plus à sa femme Salonina, quoiqu'elle ne cherchât point à insulter, de se montrer sur un cheval superbe, couvert d'une housse de pourpre, les hommes envisageant toujours avec des yeux jaloux les fortunes récentes, et n'exigeant jamais plus de modestie dans l'élévation que de ceux qu'ils ont vus leurs égaux. Lorsque les Vitelliens eurent passé le Pô, que les deux partis, dans différents pourparlers, eurent essayé mutuellement de se corrompre, qu'ils se furent joués par toutes ces protestations spécieuses et frivoles de paix et de concorde, Cæcina dirigea tous ses plans pour l'attaque de Plaisance; et il fit des préparatifs formidables, connaissant trop l'importance d'un premier succès pour la réputation de toute une guerre.

XXI. Toutefois la première attaque se fit avec précipitation, nullement avec la prudence de vétérans consommés; ils s'avancèrent au pied des murs, sans précaution,

que muros subiere, cibo vinoque præmgraves. In eo certamine, pulcherrimum amphitheatri opus, situm extra muros, conflagravit : sive ab oppugnatoribus incensum, dùm faces, et glandes, et missilem ignem in obsessos jaculantur; sive ab obsessis, dùm regerunt. Municipale vulgus, pronum ad suspiciones, fraude illata ignis alimenta credidit à quibusdam è vicinis coloniis, invidiâ et æmulatione, quòd nulla in Italiâ moles tam capax foret : quocumque casu accidit, dùm atrociora metuebantur, in levi habitum : redditâ securitate, tanquàm nihil graviùs pati potuissent, mœrebant. Ceterùm multo suorum cruore pulsus Cæcina : et nox parandis operibus absumpta. Vitelliani pluteos, cratesque, et vineas suffodiendis muris, protegendisque oppugnatoribus; Othoniani sudes, et immensas lapidum ac plumbi ærisque moles, perfringendis obruendisque hostibus, expediunt. Utrinquè pudor, utrinquè gloria, et diversæ exhortationes, hinc legionum et germanici exercitûs robur, indè urbanæ militiæ, et prætoriarum cohortium decus attollentium : illi ut segnem ac desidem, et circo ac theatris corruptum militem; hi peregrinum et externum increpabant : simul Othonem, ac Vitellium, celebrantes culpantesve, uberioribus inter se probris quàm laudibus stimulabantur.

XXII. Vixdùm orto die, plena propugnatoribus mœnia : fulgentes armis virisque campi, densum legionum agmen, sparsa auxiliorum manus, altiora

tout découverts, surchargés de nourriture et de vin. Dans ce combat, un superbe amphithéâtre, situé hors des murs, fut entièrement consumé, soit que les assiégeants eussent mis le feu en lançant des torches, des traits enflammés et des feux volants sur les assiégés, ou bien les assiégés eux-mêmes en y répondant. Le peuple de Plaisance, prompt à soupçonner, crut que des colonies voisines, jalouses de ce monument, le plus vaste de l'Italie, avaient fomenté l'embrasement. Ce désastre, quelle qu'en fût la cause, toucha peu, tant qu'on en craignit de plus grands; après le péril, comme si c'eût été le pire des maux qu'on eût pu éprouver, on se désola. Cæcina fut repoussé avec une grande perte des siens, et toute la nuit employée en préparatifs. Les Vitelliens disposent les mantelets, les claies, les galeries, toutes les machines pour saper les murs et protéger les assaillants. Les Othoniens rassemblent des pièces de bois, des masses énormes de pierres, de plomb ou de fer, pour enfoncer les rangs et pour écraser l'ennemi. Des deux côtés la honte, des deux côtés la gloire, et des exhortations qui se combattent; là, on exaltait la force des légions et de toute l'armée de Germanie; ici, la dignité des défenseurs de la capitale et des cohortes prétoriennes; ceux-ci étaient des lâches, énervés par l'inaction, et corrompus par la mollesse du cirque et du théâtre; ceux-là des étrangers et des barbares. Ils célébraient aussi ou déchiraient Vitellius et Othon, et ils s'enflammaient encore par ce parallèle, où la satire abondait bien plus que l'éloge.

XXII. Le jour paraît à peine, que les murs sont remplis de combattants, la campagne couverte d'armes et de soldats; les légions marchaient par bataillons serrés, les auxiliaires par troupes éparses; aux endroits du mur trop

murorum sagittis aut saxis incessere ; neglecta aut aevo fluxa cominùs aggredi : ingerunt desuper Othoniani pila, librato magis et certo ictu, adversùs temerè subeuntes cohortes Germanorum, cantu truci, et, more patrio, nudis corporibus, super humeros scuta quatientium. Legionarius, pluteis et cratibus tectus, subruit muros, instruit aggerem, molitur portas. Contrà, praetoriani dispositos ad id ipsum molares, ingenti pondere ac fragore provolvunt : pars subeuntium obruti : pars confixi, et exsangues, aut laceri, cùm augeret stragem trepidatio, eòque acriùs è moenibus vulnerarentur, rediêre, infractâ partium famâ. Et Caecina, pudore coeptae temerè oppugnationis, ne inrisus ac vanus iisdem castris adsideret, trajecto rursùs Pado, Cremonam petere intendit. Tradidêre sese abeunti Turullius Cerialis, cum compluribus classicis; et Julius Briganticus, cum paucis equitum : hic praefectus alae, in Batavis genitus; ille primipilaris, et Caecinae haud alienus, quòd ordines in Germaniâ duxerat.

XXIII. Spurinna, comperto itinere hostium, defensam Placentiam, quaeque acta, et quid Caecina pararet, Annium Gallum per litteras docet. Gallus legionem primam in auxilium Placentiae ducebat, diffisus paucitate cohortium, ne longius obsidium, et vim germanici exercitûs parùm tolerarent. Ubi pulsum Caecinam pergere Cremonam accepit, aegrè

élevés, on lança de loin des flèches et des pierres ; les parties négligées et dégradées par le temps furent attaquées de près ; d'en haut, les Othoniens, balançant mieux et assurant mieux leurs coups, accablent de leurs traits les cohortes des Germains, qui s'avançaient témérairement avec des chants terribles, le corps nu, suivant l'usage de leur pays, et en agitant leurs boucliers sur leurs épaules. Les légionnaires, à l'abri des claies et des galeries, sapent les murs, élèvent des plates-formes, battent les portes. De leur côté, les prétoriens, pourvus de grosses pierres, font rouler ces masses énormes, qui tombent avec un bruit horrible; une partie des assaillants est écrasée; d'autres expirent sous les traits; enfin, le désordre augmentant le carnage, en les livrant à tous les coups de l'ennemi, ils rentrèrent dans leur camp avec beaucoup de morts ou de blessés, et leur réputation ternie. Cæcina, honteux de sa témérité, ne voulant plus s'obstiner dans un vain projet qui le livrerait à la risée, repassa le Pô pour gagner Crémone. Dans sa retraite, Turullius Cérialis, avec un grand nombre de soldats de marine, et Julius Briganticus, avec quelques cavaliers, passèrent de son côté. Briganticus, né chez les Bataves, commandait une division de cavalerie ; Turullius, primipilaire, avait eu aussi le même grade à l'armée de Germanie, où il avait connu Cæcina.

XXIII. Spurinna, instruit de la marche de l'ennemi, mande à Gallus la défense de Plaisance, toutes ses opérations et celles que projetait Cæcina. Gallus menait la première légion au secours de la place, dans la crainte qu'une garnison aussi faible ne pût résister à un siége un peu long, et aux forces de l'armée de Germanie. Lorsqu'il eut appris l'échec de Cæcina et sa retraite à Crémone, après avoir con-

coercitam legionem, et pugnandi ardore usque ad seditionem progressam, Bebriaci sistit. Inter Veronam Cremonamque situs est vicus, duabus jam romanis cladibus notus infaustusque. Iisdem diebus, à Maritio Macro, haud procul Cremonâ, prosperè pugnatum : namque promptus animi Martius transvectos navibus gladiatores, in adversam Padi ripam, repentè effudit. Turbata ibi Vitellianorum auxilia, et ceteris Cremonam fugientibus, cæsi qui restiterant : sed repressus vincentium impetus, ne novis subsidiis firmati hostes, fortunam prælii mutarent. Suspectum id Othonianis fuit, omnia, quæcumque facta, pravè æstimantibus. Certatim, ut quisque animo ignavus, procax ore, Annium Gallum, et Suetonium Paullinum, et Marium Celsum (nam eos Otho quoque præfecerat) variis criminibus incessebant. Acerrima seditionum ac discordiæ incitamenta, interfectores Galbæ : scelere et metu vecordes, miscere cuncta, modò palàm turbidis vocibus, modò occultis ad Othonem litteris : qui humillimo cuique credulus, bonos metuens, trepidabat, rebus prosperis incertus, et inter adversa melior. Igitur, Titianum, fratrem accitum, bello præposuit. Intereà, Paullini et Celsi ductu, res egregiæ gestæ.

XXIV. Angebant Cæcinam nequidquàm omnia cœpta ; et senescens exercitûs sui fama : pulsus Placentiâ, cæsis nuper auxiliis, etiam per concursum exploratorum, crebra magis quàm digna memoratu

tenu, quoique avec peine, la légion qui, dans l'ardeur de combattre, en était venue presque à une sédition, Gallus vint camper à Bébriac *. C'est le nom d'un bourg situé entre Vérone et Crémone, auquel deux sanglantes batailles donnèrent bientôt une célébrité malheureuse. Dans le même temps, Martius Macer remporta un avantage près de Crémone. Cet homme, d'un courage entreprenant, met les gladiateurs dans des barques, passe le Pô, et fond brusquement sur la rive opposée, où il défait un corps d'auxiliaires vitelliens. Ceux qui résistèrent furent taillés en pièces; le reste fuyait vers Crémone; mais Martius, craignant qu'un renfort de troupes fraîches ne changeât la fortune du combat, arrêta ses soldats victorieux. Cette précaution fut suspecte aux Othoniens; quoi qu'on fît, ils le condamnaient. Une foule de misérables qui joignaient, comme c'est l'ordinaire, l'insolence à la lâcheté, harcelaient d'accusations Gallus, Suétone, Celsus, tous les généraux. Les plus ardents instigateurs des séditions et de la discorde étaient les meurtriers de Galba. Égarés par leurs crimes et leurs craintes, ils troublaient toutes les mesures, tantôt ouvertement par des clameurs emportées, tantôt en secret par des lettres à Othon, qui, écoutant tous les subalternes, redouta les gens de bien, s'alarma de tout, inquiet dans la prospérité, et soutenant mieux le malheur. Il fit venir son frère Titianus pour lui confier la conduite de la guerre. Dans l'intervalle, Suétone et Celsus, qui commandaient encore, se signalèrent.

XXIV. Cæcina, malheureux dans toutes ses entreprises, voyait avec dépit s'évanouir la réputation de son armée.

---

* Aujourd'hui le bourg de Caneto.

prælia, inferior; propinquante Fabio Valente, ne omne belli decus illùc concederet, reciperare gloriam, avidiùs quàm consultiùs properabat. Ad duodecimum à Cremonâ, locus Castorum vocatur, ferocissimos auxiliarium, imminentibus viæ lucis occultos componit : equites procedere longiùs jussi, et irritato prælio sponte refugi, festinationem sequentium elicere, donec insidiæ coorirentur. Proditum id Othonianis ducibus : et curam peditum Paullinus, equitum Celsus sumpsêre. Tertiædecimæ legionis vexillum, quatuor auxiliorum cohortes, et quingenti equites in sinistro locantur : aggerem viæ tres prætoriæ cohortes, altis ordinibus, obtinuêre : dextrâ fronte prima legio incessit, cum duabus auxiliaribus cohortibus, et quingentis equitibus. Super hos è prætorio auxiliisque mille equites, cumulus prosperis, aut subsidium laborantibus ducebantur.

XXV. Antequàm miscerentur acies, terga vertentibus Vitellianis, Celsus, doli prudens, repressit suos. Vitelliani temerè exsurgentes, cedente sensim Celso, longiùs secuti, ultrò in insidias præcipitantur : nam à lateribus cohortes, legionum adversa frons, et subito discursu terga cinxerant equites. Signum pugnæ non statim à Suetonio Paullino pediti datum : cunctator naturâ, et cui cauta potiùs consilia cum ratione quàm prospera ex casu

Repoussé devant Plaisance, ses auxiliaires défaits, ses partis même presque toujours battus dans une multitude de petits combats indignes d'être rapportés, il redoutait encore l'approche de Valens, qui allait lui ravir tout l'honneur de la guerre, et il se hâtait de recouvrer sa gloire avec plus d'ardeur que de prudence. A douze milles de Crémone, dans un lieu qui se nomme le champ des Castors *, il cache l'élite de ses auxiliaires dans des bois qui commandaient le chemin. Sa cavalerie eut ordre d'avancer plus loin, d'engager le combat, et, par une fuite simulée, d'attirer l'ennemi sur leurs pas, jusqu'à ce que l'empressement à poursuivre le précipitât dans l'embuscade. Des traîtres en donnèrent avis aux généraux d'Othon; Suétone se chargea de l'infanterie, et Celsus de la cavalerie. On place, à l'aile gauche, les vexillaires de la treizième légion, quatre cohortes d'auxiliaires et cinq cents cavaliers. Trois cohortes prétoriennes, formées en colonne, occupèrent la chaussée du chemin; à l'aile droite, marchaient la première légion avec cinq cents cavaliers et deux cohortes d'auxiliaires. On réserva, sur les prétoriens et sur les auxiliaires, mille cavaliers, pour achever la victoire ou rétablir le combat.

XXV. Avant que les armées se mêlassent, les Vitelliens tournèrent le dos; mais Celsus, averti du piége, fit faire halte aux siens. Bientôt les Vitelliens, se levant imprudemment, et poursuivant trop loin Celsus, qui se retirait peu à peu, tombent eux-mêmes dans l'embuscade; car, en même temps que les cohortes les attaquèrent sur les flancs, et les légions en face, la cavalerie courut promptement les envelopper par derrière. Dans le premier moment, Sué-

---

* Entre le Pô et l'Adda, près de la petite ville de Pizzighitone.

placerent, compleri fossas, aperiri campum, pandi aciem jubebat; satis cito incipi victoriam, ubi provisum foret ne vinceretur. Eà cunctatione, spatium Vitellianis datum, in vineas, nexu traducum impeditas, refugiendi; et modica silva adhærebat : undè rursùs ausi, promptissimos prætorianorum equitum interfecêre : vulneratur rex Epiphanes, impigrè pro Othone pugnam ciens.

XXVI. Tùm Othonianus pedes erupit : protritâ hostium acie, versi in fugam etiam qui subveniebant : nam Cæcina non simul cohortes, sed singulas acciverat : quæ res in prælio trepidationem auxit, cùm dispersos, nec usquàm validos, pavor fugientium abriperet. Orta et in castris seditio, quòd non universi ducerentur : vinctus præfectus castrorum, Julius Gratus, tanquàm fratri, apud Othonem militanti, proditionem ageret; cùm fratrem ejus, Julium Frontonem, tribunum, Othoniani sub eodem crimine vinxissent. Ceterùm ea ubiquè formido fuit, apud fugientes, occursantes, in acie, pro vallo, ut deleri cum universo exercitu Cæcinam potuisse, ni Suetonius Paullinus receptui cecinisset, utrisque in partibus percrebuerit. Timuisse se Paullinus ferebat, tantùm insuper laboris atque itineris, ne vitellianus miles, recens è castris, fessos aggrederetur, et perculsis nullum retrò sub-

tone ne donna pas à l'infanterie le signal du combat. Naturellement temporiseur, et préférant les opérations prudentes et régulières à des succès hasardés, il faisait combler les fossés, découvrir le champ de bataille, déployer son infanterie, persuadé qu'il est assez temps de commencer à vaincre, quand on s'est assuré de n'être pas vaincu. Ces retardements donnèrent aux Vitelliens le temps de se sauver dans des vignes défendues par leurs guirlandes entrelacées (8), et adossées à un petit bois. De là ils firent une nouvelle attaque, où périrent les plus braves cavaliers prétoriens. Le roi Épiphane y reçut une blessure, en combattant pour Othon avec la plus grande valeur.

XXVI. Ce fut alors que donna l'infanterie othonienne. Elle écrasa l'armée ennemie, et même elle mit en fuite les différents détachements qui arrivaient pour la soutenir; car ce fut la grande faute de Cæcina. Au lieu d'envoyer tous ces corps à la fois, il les fit marcher successivement; ce qui augmenta la confusion, les cohortes n'attaquant que par pelotons, jamais en force, et la consternation des fuyards les entraînant elles-mêmes. Il y eut même, à ce sujet, une sédition dans le camp. Ils mirent aux fers Julius Gratus, préfet de camp; ils le soupçonnaient de favoriser son frère Julius Fronto, tribun dans l'armée d'Othon; et, au même instant, les Othoniens arrêtaient celui-ci sur les mêmes soupçons. Au reste, la frayeur fut telle parmi les fuyards et ceux qui venaient les soutenir, sur le champ de bataille et devant le camp, qu'il passa pour constant, dans les deux partis, que l'armée entière de Cæcina eût pu être détruite, si Suétone n'eût fait sonner la retraite. Suétone disait qu'il avait craint pour les siens un surcroît de fatigue et de marche, et la supériorité des troupes fraîches, sortant

sidium foret : apud paucos ea ducis ratio probata, in vulgus adverso rumore fuit.

XXVII. Haud perindè id damnum Vitellianos in metum compulit, quàm ad modestiam composuit : nec solùm apud Caecinam, qui culpam in militem conferebat, seditioni magis quàm praelio paratum : Fabii quoque Valentis copiae (jam enim Ticinum venerat) posito hostium contemptu, et recuperandi decoris cupidine, reverentiùs et aequaliùs duci parebant. Gravis alioquin seditio exarserat, quam altiore initio (neque enim rerum à Caecinâ gestarum ordinem interrumpi oportuerat) repetam. Cohortes Batavorum, quas bello Neronis, à quartadecimâ legione digressas, cùm Britanniam peterent, audito Vitellii motu, in civitate Lingonum Fabio Valenti adjunctas retulimus, superbè agebant; ut cujusque legionis tentoria accessissent, coercitos à se quartadecimanos, ablatam Neroni Italiam, atque omnem belli fortunam in ipsorum manu sitam jactantes. Contumeliosum id militibus, acerbum duci; corrupta jurgiis aut rixis disciplina : ad postremum Valens è petulantiâ etiam perfidiam suspectabat.

XXVIII. Igitur, nuncio allato pulsam Trevirorum alam Tungrosque à classe Othonis, et Narbonensem Galliam circumiri; simul curâ socios tuendi, et militari astu, cohortes turbidas, ac, si una forent, praevalidas, dispergendi, partem Batavorum

de leur camp, sur des troupes harassées, qui, en cas d'échec, n'auraient point eu d'asile. Ces raisons, approuvées du petit nombre, furent condamnées hautement par la multitude.

XXVII. Cet échec inspira moins de crainte aux Vitelliens que de docilité; et ce ne fut pas seulement dans le camp de Cæcina, qui rejetait la faute sur ses soldats, plus disposés à se révolter qu'à se battre; l'armée même de Valens (car il était déjà à Ticinum *), cessant de mépriser l'ennemi, et brûlant de recouvrer son honneur, obéissait plus respectueusement et plus constamment à son chef. Une sédition violente y avait éclaté auparavant. Je vais reprendre la chose de plus haut, n'ayant pas voulu interrompre le fil des opérations de Cæcina. Les cohortes des Bataves, détachées de la quatorzième légion pendant la guerre de Vindex, ayant appris le soulèvement de Vitellius, au moment où elles se rendaient en Bretagne, avaient joint Valens dans la ville de Langres, comme nous l'avons rapporté. Ces barbares étaient d'une insolence extrême. Ils ne passaient jamais devant la tente d'un légionnaire, qu'ils ne se vantassent d'avoir su contenir la quatorzième légion, d'avoir enlevé à Néron l'Italie, et de tenir dans leurs mains tout le sort de la guerre. Ces bravades, outrageantes pour le soldat, importunaient le général; les querelles et les disputes altéraient la discipline; Valens enfin craignait que, de l'arrogance, on en vînt à la trahison.

XXVIII. Aussi, dès qu'il eut appris que la flotte d'Othon avait repoussé la cavalerie des Trévires, ainsi que les Tungres, et qu'elle tenait bloquée la Gaule narbonnaise,

* Pavie.

ire in subsidium jubet : quod ubi auditum vulgatumque, moerere socii, fremere legiones, orbari se fortissimorum virorum auxilio : veteres illos et tot bellorum victores, postquàm in conspectu sit hostis, velut ex acie adduci : si provincia Urbe et salute imperii potior sit, omnes illùc sequerentur : sin victoriæ sanitas, sustentaculum, columen in Italiâ verteretur, non abrumpendos, ut corpori, validissimos artus.

XXIX. Hæc ferociter jactando, postquàm, immissis lictoribus, Valens coercere seditionem cœptabat, ipsum invadunt, saxa jaciunt, fugientem sequuntur. Spolia Galliarum et Viennensium aurum, et pretia laborum suorum occultare clamitantes, direptis sarcinis, tabernacula ducis, ipsamque humum pilis et lanceis rimabantur : nam Valens, servili veste, apud decurionem equitum tegebatur. Tùm Alphenus Varus, præfectus castrorum, deflagrante paulatim seditione, addit consilium, vetitis obire vigilias centurionibus, omisso tubæ sono, quo miles ad belli munia cietur. Igitur torpere cuncti, circumspectare inter se attoniti : et id ipsum quòd nemo regeret, paventes; silentio, patientiâ, postremò precibus ac lacrymis veniam quærebant. Ut vero deformis, et flens, et præter spem incolumis

voulant, à la fois, et protéger les alliés, et, par une ruse militaire, disperser un corps trop puissant, s'il restait rassemblé, il commande une partie des Bataves pour aller au secours de la province. Mais, à peine cet ordre est donné et publié, les alliés se désolent, les légionnaires s'indignent de ce qu'on les privait du secours de guerriers si intrépides, de ce qu'à la vue de l'ennemi, et presque sur le champ de bataille, on emmenait ces braves vétérans, signalés par tant de victoires ; si une seule province valait mieux que Rome et tout l'empire, ils y marcheraient tous ; si les conquêtes solides, prépondérantes (9), décisives, étaient celles de l'Italie, pourquoi mutiler l'armée ? Qu'attendre d'un corps auquel on coupait ses plus vigoureux membres ?

XXIX. Non contents de ces plaintes insolentes, lorsque Valens se mettait en devoir, avec ses licteurs, de réprimer la sédition, ils fondent sur lui, ils lui jettent des pierres, ils le poursuivent dans sa fuite. Mille voix s'écriaient qu'il leur dérobait les dépouilles des Gaules, l'or des Viennois, tout le fruit de leurs travaux ; ils pillent ses bagages, ils fouillent avec leurs lances et leurs javelots dans sa tente et jusque dans la terre même. Pendant ce temps, Valens, déguisé en esclave, se tenait caché chez un décurion de cavalerie. Alphénus Varus, préfet de camp, défendit aux centurions de relever les sentinelles, aux trompettes de sonner les différents exercices. Cet artifice, au moment où d'elle-même la sédition se calmait insensiblement, réussit. Les soldats restent frappés d'engourdissement; ils se regardent tous avec des yeux étonnés ; l'idée seule que personne ne les commandait les épouvante; on vit, à leur résignation, à leur silence, qu'ils cherchaient

Valens processit, gaudium, miseratio, favor : versi in lætitiam (ut est vulgus utroque immodicum) laudantes gratantesque, circumdatum aquilis signisque, in tribunal ferunt. Ille, utili moderatione, non supplicium cujusquam poposcit : ac ne dissimulans suspectior foret, paucos incusavit : gnarus, civilibus bellis, plus militibus quàm ducibus, licere.

XXX. Munientibus castra apud Ticinum, de adversâ Cæcinæ pugnâ allatum, et prope renovata seditio, tanquàm fraude et cunctationibus Valentis prælio defuissent. Nolle requiem, non exspectare ducem, anteire signa, urgere signiferos : rapido agmine Cæcinæ junguntur. Improspera Valentis fama apud exercitum Cæcinæ erat : expositos se tantò pauciores integris hostium viribus querebantur, simul in suam excusationem, et adventantium robur, per adulationem attollentes, ne ut victi et ignavi despectarentur. Et, quanquàm plus virium, prope duplicatus legionum auxiliorumque numerus erat Valenti, studia tamen militum in Cæcinam inclinabant; super benignitatem animi, quâ promptior habebatur, etiam vigore ætatis, proceritate corporis, et quodam inani favore. Hinc æmulatio ducibus. Cæcina ut fœdum et maculosum, ille ut vanum ac tumidum, inridebant. Sed, condito odio,

leur pardon; bientôt ils supplient, ils pleurent; et lorsqu'enfin Valens, qu'ils croyaient mort, se remontra tout défiguré, les yeux en larmes, cette vue inopinée les saisit de joie, d'attendrissement, d'enthousiasme. La multitude est excessive en tout. Dans cette révolution d'allégresse, ils l'accablent de louanges et de félicitations; ils le portent à son tribunal au milieu des aigles et des drapeaux. Lui, par une modération sage, ne demanda le supplice de personne: et, pour ne pas se rendre trop suspect en dissimulant, il accusa, mais quelques mutins seulement, sachant trop bien que, dans les guerres civiles, les soldats ont plus de pouvoir que les chefs (10).

XXX. Ils se retranchaient auprès de Ticinum, lorsqu'ils apprirent le malheureux combat de Cæcina. Outrés d'avoir manqué une bataille, ils en accusent les artifices et les lenteurs de Valens; peu s'en fallut que la sédition ne recommençât. Ils ne veulent point de repos, ils ne prennent point d'ordre; ils pressent, ils devancent les enseignes. Après une marche forcée ils se joignent à Cæcina. Les soldats de Cæcina pensaient désavantageusement de Valens; ils se plaignaient qu'il eût exposé leur armée, de beaucoup plus faible, à toutes les forces de l'ennemi; et, outre qu'ils se ménageaient par là une excuse, ils mettaient de l'adulation à exalter ainsi la force de l'armée qui venait d'arriver, afin qu'elle ne les méprisât point comme des lâches et des vaincus. Mais, quoique l'armée de Valens fût plus forte, qu'il eût presque le double de légions et d'auxiliaires, les soldats inclinaient davantage pour Cæcina; indépendamment de sa libéralité, qu'il portait même à l'excès, la vigueur de sa jeunesse, la majesté de sa taille, je ne sais quoi de frivole lui gagnait les cœurs. De là les jalousies des deux

eamdem utilitatem fovere, crebris epistolis, sine respectu veniæ, probra Othoni objectantes, cùm duces partium Othonis, quamvis uberrimâ conviciorum in Vitellium materiâ, abstinerent.

XXXI. Sanè ante utriusque exitum, quo egregiam Otho famam, Vitellius flagitiosissimam meruêre, minùs Vitellii ignavæ voluptates quàm Othonis flagrantissimæ libidines timebantur. Addiderat huic terrorem atque odium cædes Galbæ, contrà illi initium belli nemo imputabat. Vitellius ventre et gulâ sibi ipsi hostis; Otho luxu, sævitiâ, audaciâ, reipublicæ exitiosior ducebatur. Conjunctis Cæcinæ ac Valentis copiis, nulla ultrà penes Vitellianos mora quin totis viribus certarent. Otho consultavit trahi bellum, an fortunam experiri placeret. Tùm Suetonius Paullinus, dignum famâ suâ ratus, quâ nemo illâ tempestate militaris rei callidior habebatur, de toto genere belli censere, festinationem hostibus, moram ipsis utilem disseruit.

XXXII. Exercitum Vitellii universum advenisse: nec multùm virium à tergo, quoniam Galliæ tumeant, et deserere Rheni ripam, inrupturis tam infestis nationibus, non conducat: britannicum

chefs. Cæcina se raillait de l'avarice et des débauches de Valens; Valens, de l'orgueil et de la présomption de Cæcina. Toutefois, renfermant leurs haines, ils travaillèrent pour la cause commune, tous deux sans la moindre précaution pour l'avenir, prodiguant dans leurs lettres des injures à Othon. Les généraux d'Othon, au contraire, quoique la matière fût bien riche, s'en abstenaient contre Vitellius.

XXXI. Il est certain qu'avant l'époque de leur mort, si glorieuse pour Othon, si infâme pour Vitellius, on redoutait moins les lâches inclinations de celui-ci, que la fougue ardente des passions d'Othon. Le meurtre de Galba avait ajouté à la haine et à l'effroi qu'inspirait ce dernier; au contraire, personne n'imputait le commencement de la guerre à Vitellius; son intempérance ne semblait nuire qu'à lui seul; le faste d'Othon, sa cruauté, son audace, paraissait plus terrible pour la république. Depuis la jonction de Valens et de Cæcina, les Vitelliens ne demandaient pas mieux que la querelle fût décidée dans un grand combat. Othon, incertain s'il traînerait la guerre en longueur, ou s'il tenterait la fortune, tint conseil. Suétone, qui passait pour le plus grand capitaine de ce siècle, crut devoir à sa réputation de développer alors ses idées sur la conduite générale de la guerre. Il représenta que l'intérêt de l'ennemi était de se hâter, celui d'Othon, de gagner du temps.

XXXII. « Toute l'armée de Vitellius était arrivée, ajoutait-il; elle ne pouvait plus guère espérer de renforts, à cause de la fermentation des Gaules, et de l'irruption inévitable de tant de nations ennemies, si l'on abandonnait la rive du Rhin; les soldats de Bretagne étaient retenus par

militem hoste et mari distineri : Hispanias armis non ità redundare : provinciam Narbonensem incursu classis et adverso prælio contremuisse : clausam Alpibus, et nullo maris subsidio, Transpadanam Italiam, atque ipso transitu exercitûs vastam : non frumentum usquàm exercitui, nec exercitum sine copiis retineri posse. Jam Germanos, quod genus militum apud hostes atrocissimum sit, tracto in æstatem bello, fluxis corporibus, mutationem soli cœlique haud toleraturos. Multa bella impetu valida, per tædia et moras evanuisse. Contrà, ipsis omnia opulenta et fida : Pannoniam, Mœsiam, Dalmatiam, Orientem, cum integris exercitibus : Italiam, et caput rerum Urbem; senatumque et populum, nunquàm obscura nomina, etsi aliquandò obumbrentur; publicas privatasque opes, et immensam pecuniam, inter civiles discordias ferro validiorem; corpora militum aut Italiæ sueta, aut æstibus. Objacere flumen Padum, tutas viris murisque urbes, è quibus nullam hosti cessuram, Placentiæ defensione exploratum. Proindè duceret bellum : paucis diebus quartamdecimam legionem, magnâ ipsam famâ, cum mœsiacis copiis affore : tùm rursùs deliberaturum, et, si prælium placuisset, auctis viribus certaturos.

XXXIII. Accedebat sententiæ Paullini Marius Celsus : idem placere Annio Gallo, paucos ante dies lapsu equi adflicto, missi qui consilium ejus

la mer et par l'ennemi; l'Espagne avait peu de troupes; la Gaule narbonnaise, ravagée par la flotte et vaincue dans un combat, tremblait pour elle-même; le pays au-delà du Pô, fermé par les Alpes, ne tirant nul secours de la mer, était dévasté par le passage seul des troupes; on n'y trouverait nulle part de blés pour l'armée, et une armée ne pouvait se soutenir sans subsistances; à l'égard des Germains, si l'on prolongeait la guerre jusqu'à l'été, on verrait bientôt fondre tous ces grands corps, qui donnaient à l'armée ennemie une apparence si terrible; ils ne supporteraient point le changement de pays et de climat; beaucoup d'armées, dont le premier choc eût été redoutable, avaient été détruites par l'ennui seul et par l'inaction; les Othoniens, au contraire, avaient tout, abondance et sûreté; la Pannonie, la Mésie, la Dalmatie, l'Orient, avec des armées florissantes, étaient à eux; ils avaient l'Italie et Rome, la tête de l'empire; ils avaient le sénat et le peuple, noms toujours brillants, malgré des éclipses passagères; les richesses publiques, les richesses particulières, l'or, plus puissant que le fer dans les discordes civiles; des soldats accoutumés à l'Italie et aux chaleurs; devant eux un grand fleuve, tout autour des places garanties par leurs murs et par leurs défenseurs, et que l'exemple de Plaisance instruisait à braver l'ennemi; il fallait donc prolonger la guerre; dans peu de jours, la quatorzième légion arriverait avec sa grande réputation et avec les troupes de Mésie; alors on délibérerait de nouveau, et, si l'on voulait combattre, on combattrait avec une augmentation de forces. »

XXXIII. Celsus était de l'avis de Suétone. On envoya prendre celui de Gallus, malade depuis quelques jours d'une chute de cheval; il se trouva semblable. Othon penchait

sciscitarentur retulerant. Otho pronus ad decertandum : frater ejus Titianus, et præfectus prætorii Proculus, imperitiâ properantes, fortunam, et deos, et numen Othonis adesse consiliis, affore conatibus testabantur : neu quis obviàm ire sententiæ auderet, in adulationem concesserant. Postquàm pugnari placitum, interesse pugnæ imperatorem, an seponi meliùs foret dubitavêre. Paullino et Celso jam non adversantibus, ne principem objectare periculis viderentur, iidem illi deterioris consilii auctores perpulêre ut Brixellum concederet, ac, dubiis præliorum exemptus, summæ rerum et imperii seipsum reservaret. Is primus dies othonianas partes adflixit : namque et cum ipso prætoriarum cohortium, et speculatorum, equitumque valida manus discessit; et remanentium fractus animus : quandò suspecti duces, et Otho, cui uni apud militem fides, dùm et ipse non nisi militibus credit, imperia ducum in incerto reliquerat.

XXXIV. Nihil eorum Vitellianos fallebat, crebris, ut in civili bello, transfugiis ; et exploratores, curâ diversâ sciscitandi, sua non occultabant. Quieti intentique Cæcina ac Valens, quandò hostis imprudentiâ rueret, quod loco sapientiæ est, alienam stultitiam opperiebantur, inchoato ponte transitum Padi simulantes, adversùs oppositam gladiatorum manum, ac ne ipsorum miles segne otium tereret. Naves pari inter se spatio, validis utrinquè trabibus connexæ, adversum in flumen dirigebantur,

pour la bataille; son frère Titianus, et Proculus, préfet du prétoire, décidant avec la précipitation de l'ignorance, soutenaient que la fortune, que les dieux et le génie d'Othon présidaient à ses desseins, présideraient à leur exécution; et, pour qu'on n'osât point combattre leur avis, ils l'avaient tourné en adulation. La bataille résolue, on examina si Othon s'y trouverait, ou s'il se tiendrait à l'écart. Pour lors, Suétone et Celsus ne contestèrent rien, afin de n'avoir point l'air de commettre le salut d'Othon, et l'avis le plus funeste prévalut encore. Les deux autres décidèrent qu'Othon se retirerait à Brixellum *, d'où, sans exposer sa personne, il se réserverait pour diriger la guerre et l'empire. Dès ce moment le parti d'Othon fut ruiné. Un gros détachement de cohortes prétoriennes, de spéculators et de cavalerie, partit avec lui, et ce qui resta perdit courage; les chefs leur étaient suspects, et Othon lui-même, qui avait seul la confiance des soldats et leur donnait toute la sienne, n'avait laissé aux généraux qu'une autorité précaire.

XXXIV. Rien n'échappait aux Vitelliens; ils savaient tout par les transfuges, si communs dans les guerres civiles; d'ailleurs les espions, en cherchant à découvrir le secret des autres, laissaient pénétrer le leur. Valens et Cæcina se reposèrent donc de la perte de l'ennemi sur son imprudence; et, ce qui est une partie de l'habileté, ils se tinrent prêts à profiter des fautes d'autrui. Ils avaient commencé un pont vis-à-vis le bord où campaient les gladiateurs, pour faire croire qu'ils voulaient passer le Pô, et en même temps

---

* Bresello, dans le duché de Reggio.

jactis super anchoris, quæ firmitatem pontis continerent. Sed anchorarum funes non extenti fluitabant, ut, augescente flumine, inoffensus ordo navium attolleretur. Claudebat pontem imposita turris, et in extremam navem educta : undè tormentis ac machinis hostes propulsarentur.

XXXV. Othoniani in ripâ turrim struxerant, saxaque et faces jaculabantur. Et erat insula amne medio, in quam gladiatores, navibus molientes, Germani nando prælabebantur. Ac fortè plures transgressos, completis liburnicis, per promptissimos gladiatorum Macer aggreditur. Sed neque ea constantia gladiatoribus ad prælia quæ militibus; nec perindè nutantes è navibus quàm stabili gradu è ripâ, vulnera dirigebant. Et cùm variis trepidantium inclinationibus, mixti remiges propugnatoresque turbarentur, desilire in vada ultrò Germani, retentare puppes, scandere foros, aut cominùs mergere : quæ cuncta in oculis utriusque exercitûs, quantò lætiora Vitellianis, tantò acriùs Othoniani caussam auctoremque cladis detestabantur.

pour occuper l'oisiveté des soldats. Des bateaux, placés à une égale distance les uns des autres, et la proue opposée au courant, étaient liés par un double rang de grosses poutres, et, de plus, assujettis avec des ancres qui maintenaient le pont ferme et solide. Cependant, on avait laissé les câbles de ces ancres flottants, et assez lâches pour que, si le fleuve venait à grossir, tous ces rangs de bateaux pussent s'élever avec l'eau sans être endommagés. Le pont était fermé par une tour construite sur le dernier bateau, et garnie d'instruments et de machines pour écarter l'ennemi.

XXXV. Les Othoniens, sur leur bord, avaient aussi élevé une tour, d'où ils lançaient des pierres et des torches. Il y avait au milieu du fleuve une île, où souvent les gladiateurs se rendaient en bateau, et les Germains à la nage. Un jour que ces derniers y étaient passés en plus grand nombre, Macer les fait attaquer par ses plus braves gladiateurs, entassés sur des galères. Les gladiateurs n'ont pas, dans une action, la fermeté des soldats; d'ailleurs, placés dessus les vaisseaux et sur un fond vacillant, ils ne pouvaient assurer leurs coups aussi bien que l'ennemi, de pied ferme sur le rivage. Et comme, au milieu de tant de mouvements précipités, les rameurs et les combattants, tombant les uns sur les autres, se troublaient, les Germains sautent dans l'eau, ils saisissent les poupes, ils grimpent à bord, ou bien, s'attachant aux hommes, ils les noient. L'action se passait à la vue des deux armées; et plus les Vitelliens faisaient éclater leur joie, plus les Othoniens accablaient d'imprécations celui qu'ils regardaient comme la cause et l'auteur du désastre.

XXXVI. Et prælium quidem, abruptis * quæ supererant navibus, fugâ diremptum : Macer ad exitium poscebatur. Jamque vulneratum eminùs lanceâ, strictis gladiis invaserant, cùm intercursu tribunorum centurionumque protegitur. Nec multò pòst, Vestricius Spurinna, jussu Othonis, relicto Placentiæ modico præsidio, cum cohortibus subvenit. Dein Flavium Sabinum, consulem designatum, Otho rectorem copiis misit, quibus Macer præfuerat; læto milite ad mutationem ducum, et ducibus, ob crebras seditiones, tam infestam militiam adspernantibus.

XXXVII. Invenio, apud quosdam auctores, pavore belli, seu fastidio utriusque principis, quorum flagitia ac dedecus apertiore in dies famâ noscebantur, dubitâsse exercitus nùm, posito certamine, vel ipsi in medium consultarent, vel senatui permitterent legere imperatorem. Atque eò duces othonianos spatium ac moras suasisse : præcipuè Paullinum; quòd vetustissimus consularium, et militiâ clarus, gloriam nomenque britannicis expeditionibus meruisset. Ego ut concesserim, apud paucos, tacito voto, quietem pro discordiâ, bonum et innocentem principem, pro pessimis ac flagitiosissimis expetitum; ità neque Paullinum, quâ prudentia fuit, sperâsse, corruptissimo seculo, tantam vulgi moderationem, reor, ut qui pacem belli amore

* Brotier lit : *abreptis.*

XXXVI. Le combat fut terminé par la fuite prompte des navires qui restaient ; mais on voulait la mort de Macer. Non contents de l'avoir blessé de loin avec une lance, ils le chargent l'épée à la main ; les tribuns et les centurions, se jetant au milieu, le sauvèrent. Peu de temps après, Spurinna, n'ayant laissé, par l'ordre d'Othon, qu'une garnison faible à Plaisance, arriva avec ses cohortes ; et le même Othon envoya Sabinus*, consul désigné, pour remplacer Macer. Les soldats se réjouissaient de tous ces changements de généraux ; mais les généraux n'acceptaient qu'à regret un commandement que tant de séditions rendaient si dangereux.

XXXVII. On lit, dans quelques auteurs, que les deux armées, soit crainte de la guerre, soit dégoût pour les deux princes, dont l'infamie et l'opprobre se manifestaient plus visiblement de jour en jour, songèrent à mettre bas les armes, et à concerter entre elles le choix d'un empereur, ou à l'abandonner au sénat ; et que ce fut la raison pour laquelle les généraux d'Othon avaient conseillé d'attendre et de temporiser, surtout Suétone, le plus ancien des consulaires, à qui la gloire des armes et la réputation de ses campagnes britanniques avaient donné tant d'éclat. Pour moi, je ne nierai point qu'épouvanté de leurs dissensions et des vices infâmes de leurs maîtres, quelques citoyens ne soupirassent, au fond du cœur, après les douceurs de la concorde et les vertus d'un bon prince ; mais en même temps, je ne puis croire que Suétone, avec autant de lumières, ait pu se flatter jamais que la multitude, dans le plus corrompu

* Frère de Vespasien.

turbaverant, bellum pacis caritate deponerent : neque aut exercitus, linguis moribusque dissonos, in hunc consensum potuisse coalescere, aut legatos ac duces, magnâ ex parte luxûs, egestatis, scelerum sibi conscios, nisi pollutum obstrictumque meritis suis principem passuros.

XXXVIII. Vetus, ac jam pridem insita mortalibus potentiæ cupido, cum imperii magnitudine adolevit, erupitque. Nam rebus modicis, æqualitas facilè habebatur, sed ubi, subacto orbe, et æmulis urbibus regibusque excisis, securas opes concupiscere vacuum fuit, prima inter Patres plebemque certamina exarsêre : modò turbulenti tribuni, modò consules prævalidi : et in urbe ac Foro tentamenta civilium bellorum. Mox è plebe infimâ C. Marius, et nobilium sævissimus L. Sulla, victam armis libertatem in dominationem verterunt. Post quos Cn. Pompeius occultior, non melior. Et nunquàm posteà, nisi de principatu quæsitum. Non discessêre ab armis in Pharsaliâ ac Philippis civium legiones; nedùm Othonis ac Vitellii exercitus sponte posituri bellum fuerint : eadem illos deûm ira, eadem hominum rabies, eædem scelerum caussæ in discordiam egêre. Quòd singulis velut ictibus transacta sunt bella, ignaviâ principum factum est. Sed me veterum novorumque morum reputatio longiùs tulit : nunc ad rerum ordinem venio.

des siècles, montrât cet excès de modération; qu'après avoir troublé la paix par amour de la guerre, on renonçât à la guerre par amour de la paix; qu'au milieu de cette confusion de mœurs et de langages, on eût pu amener de grandes armées à cette uniformité de sentiments; ni qu'enfin des lieutenants et des généraux, presque tous dissolus, chargés de dettes et de crimes, eussent souffert un prince qui n'eût pas été souillé comme eux, et qu'ils n'eussent pas lié à leur ambition par leurs services.

XXXVIII. Cette vieille passion, de tout temps enracinée dans le cœur des mortels, la passion du pouvoir, s'accrut parmi nous avec l'empire, et ses éclats furent terribles. Tant que la république était bornée, l'égalité se maintenait facilement. Mais, après la conquête du monde, après la destruction des monarchies et des républiques rivales, lorsque, avec de la sécurité, on eut du loisir pour l'ambition, la guerre commença à s'allumer entre le peuple et les grands. Tantôt des tribuns factieux, tantôt des consuls tyranniques l'emportèrent; on s'essayait dans le Forum aux guerres civiles. Bientôt Marius, le plus obscur des plébéiens, et Sylla, le plus cruel des nobles, subjuguant la liberté par les armes, mirent à la place le pouvoir d'un seul. Après eux, Pompée fut plus dissimulé, non moins ambitieux; et, depuis, on ne combattit que pour se donner un maître. Des légions de citoyens ne quittèrent point les armes à Pharsale et à Philippes; comment les satellites d'Othon et de Vitellius eussent-ils consenti à la paix? Le même courroux dans les dieux, la même rage dans les hommes, les mêmes motifs pour le crime, les poussaient à la discorde; et, si chaque guerre se termina, pour ainsi dire, du premier coup, on le doit à la lâcheté des princes. Mais ces considérations sur

XXXIX. Profecto Brixellum Othone, honor imperii penes Titianum fratrem, vis ac potestas penes Proculum præfectum. Celsus et Paullinus, cùm prudentiâ eorum nemo uteretur, inani nomine ducum, alienæ culpæ prætendebantur: tribuni centurionesque ambigui, quòd, spretis melioribus, deterrimi valebant: miles alacer; qui tamen jussa ducum interpretari quàm exsequi mallet. Promoveri ad quartum à Bebriaco castra placuit; adeò imperitè ut, quanquàm verno tempore anni, et tot circùm amnibus, penuriâ aquæ fatigarentur. Ibi de prælio dubitatum, Othone per litteras flagitante ut maturarent, militibus ut Imperator pugnæ adesset poscentibus: plerique copias trans Padum agentes acciri postulabant. Nec perindè dijudicari potest quid optimum factu fuerit, quàm pessimum fuisse quod factum est.

XL. Non ut ad pugnam, sed ad bellandum profecti, confluentes Padi et Adduæ fluminum, sedecim indè millium spatio distantes, petebant. Celso et Paullino abnuentibus, militem itinere fessum, sarcinis gravem, objicere hosti, non admissuro, quominùs expeditus, et vix quatuor millia passuum progressus, aut incompositos in agmine, aut dispersos, et vallum molientes adgrederetur. Titianus et Proculus, ubi consiliis vincerentur, ad jus imperii transibant. Aderat sanè citus equo Numida,

nos mœurs anciennes et nouvelles m'ont emporté trop loin ; je reprends la suite des faits.

XXXIX. Depuis le départ d'Othon pour Brixellum, son frère Titianus avait les honneurs du commandement, Proculus, le pouvoir et la réalité. Suétone et Celsus, qu'on ne consultait plus, restaient avec le vain titre de généraux, pour couvrir les fautes d'autrui; les tribuns et les centurions, voyant l'incapacité prévaloir sur l'expérience, étaient découragés; le soldat était plein d'ardeur, mais toujours interprétant les ordres de ses chefs, au lieu de les suivre. On résolut de se porter en avant, et d'aller camper à quatre milles de Bébriac, dans un lieu si mal choisi, qu'on y souffrit une disette d'eau extrême, quoiqu'on fût au printemps, et dans un pays tout entre-coupé de rivières. Là, on délibéra sur la bataille. Othon, dans ses lettres, insistait pour qu'on se hâtât; les soldats demandaient que l'Empereur se trouvât à l'action ; la plupart voulaient qu'on fît venir les troupes d'au-delà du Pô. Au reste, il n'est pas facile de déterminer ce qu'il y avait de mieux à faire ; ce qui est sûr, c'est qu'on fit ce qu'il y avait de pis.

XL. L'armée se mit en marche comme pour (11) une expédition lointaine et non pour un combat; elle allait gagner le confluent de l'Adda et du Pô *, à seize milles de distance du lieu du départ. En vain Suétone et Celsus se refusaient à livrer ainsi des troupes, harassées d'une route et embarrassées de bagages, à un ennemi leste, qui, ayant à peine quatre milles à faire, ne manquerait pas de les attaquer, ou dans le désordre de leur marche, ou lorsque les travaux des retranchements les tiendraient dispersés.

* Aujourd'hui Bocca d'Adda, près Castel-Nuova.

cum atrocibus mandatis, quibus Otho, increpitâ ducum segnitiâ, rem in discrimen mitti jubebat; æger morâ, et spei impatiens.

XLI. Eâdem die, ad Cæcinam, operi pontis intentum, duo prætoriarum cohortium tribuni, colloquium ejus postulantes, venerunt. Audire conditiones, ac reddere parabat, cùm præcipites exploratores adesse hostem nunciavêre. Interruptus tribunorum sermo : eòque incertum fuit insidias, an proditionem, vel aliquod honestum consilium coeptaverint. Cæcina, dimissis tribunis, revectus in castra, datum jussu Fabii Valentis pugnæ signum, et militem in armis invenit. Dùm legiones de ordine agminis sortiuntur, equites prorupêre, et, mirum dictu, à paucioribus Othonianis quominùs in vallum impingerentur, italicæ legionis virtute deterriti sunt : ea, strictis mucronibus, redire pulsos, et pugnam resumere coegit. Disposita vitellianarum legionum acies, sine trepidatione : etenim, quanquàm vicino hoste, adspectus armorum densis arbustis prohibebatur : apud Othonianos, pavidi duces, miles ducibus infensus, mixta vehicula et lixæ, et præruptis utrinquè fossis, via quieto quoque agmini angusta. Circumsistere alii signa sua, quærere alii : incertus undiquè clamor, accurrentium, vocitantium : et ut cuique audacia vel formido, in pri-

Proculus et Titianus, quand les raisons leur manquaient, recouraient toujours à l'autorité. Un fait certain, c'est qu'un cavalier numide était arrivé à toute bride avec des lettres menaçantes d'Othon, qui accusait la lâcheté des généraux, et commandait qu'on attaquât; il était malade d'attendre, et impatient de finir.

XLI. Ce même jour, tandis que Cæcina surveillait les travaux du pont, deux tribuns des cohortes prétoriennes demandèrent à lui parler. Il se préparait à les entendre et à leur donner sa réponse, lorsque ses coureurs vinrent en hâte lui annoncer que l'ennemi paraissait. La conférence des tribuns fut interrompue; ce qui a laissé ignorer si c'était une ruse ou une trahison, ou quelque dessein louable qu'ils méditaient. Les tribuns congédiés, Cæcina, de retour au camp, trouve le signal du combat déjà donné par Valens, et le soldat sous les armes. Tandis que les légions tirent au sort leur rang pour marcher, la cavalerie attaque; et, ce qui est incroyable, elle fut repoussée par une poignée d'Othoniens, et si rudement, qu'elle allait se rejeter dans ses retranchements sans la légion italique. Celle-ci, présentant aux cavaliers la pointe de l'épée, les force de retourner, tout rompus qu'ils étaient, et de recommencer le combat. Les légions vitelliennes se rangèrent en bataille sans confusion; car, malgré la proximité de l'ennemi, l'épaisseur des arbres empêchait qu'elles n'en fussent aperçues. Du côté des Othoniens, c'était le contraire; des généraux tremblants, des soldats courroucés contre leurs chefs, les rangs embarrassés par les chariots et les valets, et, des deux côtés, un fossé profond qui ne laissait qu'un chemin étroit, même pour une armée qui eût défilé tranquillement. On voit les uns qui se placent autour de leurs enseignes, d'autres

mam postremamve aciem prorumpebant, vel revehebantur.

XLII. Attonitas subito terrore mentes falsum gaudium in languorem vertit, repertis qui descivisse à Vitellio exercitum ementirentur. Is rumor ab exploratoribus Vitellii dispersus, an in ipsâ Othonis parte, seu dolo, seu fortè surrexerit, parùm compertum. Omisso pugnæ ardore, Othoniani ultrò salutavêre; et hostili murmure excepti, plerisque suorum ignaris quæ caussa salutandi, metum proditionis fecêre. Tùm incubuit hostium acies, integris ordinibus, rubore et numero præstantior. Othoniani, quanquàm dispersi, pauciores, fessi, prælium tamen acriter sumpsère, et, per locos arboribus ac vineis impeditos, non una pugnæ facies: cominùs eminùsque, catervis et cuneis concurrebant: in aggere viæ collato gradu, corporibus et umbonibus niti; omisso pilorum jactu, gladiis et securibus galeas loricasque perrumpere: noscentes inter se, ceteris conspicui, in eventum totius belli certabant.

XLIII. Fortè, inter Padum viamque, patenti campo, duæ legiones congressæ sunt: pro Vitellio una et vicesima, cui cognomen Rapaci, vetere gloriâ insignis; è parte Othonis, prima Adjutrix, non antè in aciem deducta, sed ferox, et novi decoris avida. Primani, stratis unaetvicesimanorum principiis, aquilam abstulêre: quo dolore accensa legio,

qui les cherchent, partout des cris confus; on accourt, on s'appelle; les plus braves s'élançaient aux premiers rangs; les lâches se reportaient aux derniers.

XLII. A ce saisissement d'une terreur subite, une fausse joie fit succéder la langueur; quelques voix publièrent que l'armée de Vitellius l'avait abandonné. On ne sait si ce bruit fut répandu par le parti de Vitellius ou par celui d'Othon, à dessein ou par hasard. Les Othoniens, ne songeant plus à combattre, saluèrent l'ennemi; et, comme on leur répondit par un cri menaçant, comme la plupart des leurs ignoraient pourquoi on saluait, ils se crurent trahis. Ce fut dans ce moment que l'armée ennemie fondit sur eux, ses rangs pleins et serrés, ses soldats plus nombreux et plus forts. Les Othoniens, quoique dispersés, fatigués, inférieurs en nombre, soutinrent le choc vigoureusement. La nature du terrain, embarrassé d'arbres et de vignes, sépara la bataille en plusieurs actions particulières. On s'attaquait de près et de loin, par pelotons et par colonnes. Sur la chaussée du chemin, on se battait corps à corps; on se heurtait avec les boucliers. Renonçant à lancer le *pilum*, avec la hache et l'épée ils brisaient les casques et les cuirasses; se connaissant entre eux, en vue à toute l'armée, ils combattaient pour la décision totale de la guerre.

XLIII. Le hasard mit aux mains deux légions dans une plaine toute ouverte, entre le Pô et le chemin. C'était, du côté de Vitellius, la vingt et unième (12), appelée *Rapax*, depuis long-temps couverte de gloire; et, du côté d'Othon, la première, nommée *Adjutrix*, ne s'étant trouvée encore à aucune bataille, mais brave et impatiente de commencer sa réputation. Celle-ci renversa les premiers rangs de la vingt et unième, et lui enleva son aigle. L'autre fut si ou-

et impulit rursùs primanos, interfecto Orphidio Benigno legato, et plurima signa vexillaque ex hostibus rapuit. A parte aliâ, propulsa quintanorum impetu tertiadecima legio : circumventi plurium accursu quartadecimani. Et, ducibus Othonis jam pridem profugis, Cæcina ac Valens subsidiis suos firmabant. Accessit recens auxilium, Varus Alphenus cum Batavis, fusâ gladiatorum manu, quam navibus transvectam, oppositæ cohortes in ipso flumine trucidaverant. Ità victores latus hostium invecti.

XLIV. Et, mediâ acie perruptâ, fugêre passim Othoniani, Bebriacum petentes. Immensum id spatium : obstructæ strage corporum viæ, quò plus cædis fuit : neque enim, civilibus bellis, capti in prædam vertuntur. Suetonius Paullinus, et Licinius Proculus, diversis itineribus, castra vitavêre. Vedium Aquilam tertiædecimæ legionis legatum, iræ militum inconsultus pavor obtulit : multo adhuc die vallum ingressus, clamore seditiosorum et fugacium circumstrepitur : non probris, non manibus abstinent : desertorem proditoremque increpant; nullo proprio crimine ejus, sed, more vulgi, suum quisque flagitium aliis objectantes. Titiannum et Celsum nox juvit, dispositis jam excubiis, compressisque militibus, quos Annius Gallus precibus, consilio, auctoritate flexerat ne, super cladem adversæ pugnæ, suismet ipsi cædibus sævirent : sive finis bello ve-

trée de cet affront, qu'elle repoussa à son tour la première, tua son lieutenant Orphidius Benignus, et lui prit la plupart de ses enseignes et de ses drapeaux. D'un autre côté, la treizième légion fut enfoncée par la cinquième, et les détachements de la quatorzième accablés par le nombre. D'ailleurs, les généraux d'Othon avaient fui depuis longtemps, et Cæcina, ainsi que Valens, appuyaient sans cesse leurs soldats par des renforts. Ils reçurent encore un nouveau secours. Alphénus Varus, ayant défait les gladiateurs qui, voulant passer le Pô dans des barques, avaient été massacrés sur le fleuve même par les Bataves, accourut avec leurs cohortes. Alors les vainqueurs se portèrent sur le flanc de l'ennemi.

XLIV. Et les Othoniens, qui virent leur centre entièrement rompu, s'enfuirent de tous côtés, cherchant à regagner Bébriac. Le trajet était immense; les chemins étaient obstrués par l'entassement des corps morts, ce qui augmenta le carnage; car, dans les guerres civiles, les prisonniers ne sont point un objet de butin. Suétone et Proculus prirent une route différente, et se gardèrent de retourner au camp. Védius, lieutenant de la treizième légion, fut moins sage : égaré par la peur, il alla s'offrir à la colère des soldats. Il était grand jour encore quand il entra dans l'enceinte. A l'instant, les cris des séditieux et des fuyards éclatent autour de lui; ils n'épargnent ni les injures ni les coups, ils l'appellent déserteur et traître; non qu'il fût coupable personnellement, mais, suivant l'esprit de la multitude, ils cherchaient à rejeter chacun leur honte sur un autre. La nuit favorisa Celsus et Titianus. Ils trouvèrent les sentinelles déjà placées, et les soldats adoucis par les soins de Gallus. A force de prières, en employant les raisons et

nisset, seu resumere arma mallent, unicum victis in consensu levamentum. Ceteris fractus animus. Prætorianus miles, non virtute se, sed proditione victum fremebat. Ne Vitellianis quidem incruentam fuisse victoriam, pulso equite, raptâ legionis aquilâ : superesse cum ipso Othone, militum quod trans Padum fuerit; venire mœsicas legiones; magnam exercitûs partem Bebriaci remansisse : hos certè nondùm victos ; et, si ità ferret, honestiùs in acie perituros. His cogitationibus truces, haud pavidi, extremâ desperatione ad iram sæpiùs quàm in formidinem stimulabantur.

XLV. At vitellianus exercitus ad quintum à Bebriaco lapidem consedit, non ausis ducibus eâdem die oppugnationem castrorum : simul voluntaria deditio sperabatur. Sed expeditis, et tantùm ad prælium egressis munimentum fuêre arma et victoria. Posterâ die, haud ambiguâ othoniani exercitûs voluntate, et qui ferociores fuerant ad pœnitentiam inclinantibus, missa legatio : nec apud duces vitellianos dubitatum quominùs pacem concederent. Legati paulisper retenti : ea res hæsitationem attulit, ignaris adhuc an impetrâssent. Mox, remissâ legatione, patuit vallum. Tùm victi victoresque, in lacrymas effusi, sortem civilium armorum miserâ

l'autorité, il leur avait persuadé enfin de ne point ajouter, par leurs propres fureurs, au carnage d'une journée si meurtrière; soit qu'on voulût mettre fin à la guerre ou reprendre les armes, l'unique ressource, dans la défaite, était l'union. Tous les autres étaient consternés. Les prétoriens n'avaient que de l'indignation. Ils attribuaient leur désastre à la trahison plutôt qu'à la valeur de l'ennemi. Ils se vantaient encore d'avoir ensanglanté sa victoire, repoussé sa cavalerie, enlevé l'aigle d'une légion. Ne restait-il pas, avec Othon, toutes les troupes d'au-delà du Pô? Les légions de Mésie arrivaient; une grande partie de l'armée était demeurée dans Bébriac; ceux-là, du moins, n'étaient pas encore des vaincus; enfin, s'il le fallait, il y aurait plus d'honneur à expirer sur le champ de bataille. Ces pensées (13) les rendaient furieux; ils ne craignaient rien. L'idée même de leur extrême détresse leur inspirait de la rage plutôt que de la frayeur.

XLV. L'armée de Vitellius s'arrêta à cinq milles de Bébriac; les généraux n'osèrent point entreprendre le même jour l'attaque du camp; d'ailleurs, on espérait qu'il se rendrait de lui-même. N'étant sortis que pour combattre, ils n'avaient point d'instruments pour se retrancher; mais ils avaient, pour rempart, leurs armes et leur victoire. Le lendemain, on ne balançait plus dans l'armée d'Othon; ceux qui s'étaient montrés les plus hardis inclinaient pour la soumission, et l'on envoya des députés demander la paix. Les généraux de Vitellius n'hésitèrent point à l'accorder. Les députés furent retenus quelque temps; ce retard inquiéta les Othoniens, qui ne savaient comment on avait reçu leurs demandes. Au retour de la députation, ils ne tardèrent point à ouvrir les portes. Alors les vainqueurs et les vaincus

lætitiâ detestantes. Iisdem tentoriis, alii fratrum, alii propinquorum vulnera fovebant. Spes et præmia in ambiguo ; certa funera et luctus : nec quisquam adeò mali expers ut non aliquam mortem mœreret. Requisitum Orphidii legati corpus honore solito crematur : paucos necessarii ipsorum sepelivêre : ceterum vulgus super humum relictum.

XLVI. Opperiebatur Otho nuncium pugnæ, nequaquàm trepidus, et consilii certus : mœsta primùm fama, dein profugi è prælio perditas res patefaciunt. Non exspectavit militum ardor vocem imperatoris : bonum habere animum jubebant : superesse adhuc novas vires, et ipsos extrema passuros, ausurosque : neque erat adulatio. Ire in aciem, excitare partium fortunam, furore quodam et instinctu flagrabant : qui procul adstiterant, tendere manus, et proximi prensare genua; promptissimo Plotio Firmo. Is, prætorii præfectus, identidem orabat ne fidissimum exercitum, ne optimè meritos milites desereret : majore animo tolerari adversa quàm relinqui : fortes et strenuos etiam contra fortunam insistere spei; timidos et ignavos ad desperationem formidine properare. Quas inter voces, ut flexerat vultum, aut induraverat Otho, clamor et gemitus. Nec prætoriani tantùm, proprius Othonis miles, sed præmissi è Mœsiâ, eamdem obstinationem adventantis exercitûs, legiones Aquileiam ingressas, nunciabant : ut nemo dubitet potuisse

fondirent en larmes, déplorant le sort des guerres civiles, où les succès sont affreux. Dans les mêmes tentes, on avait à panser les blessures ou d'un proche ou d'un frère. L'espoir et la récompense étaient incertains; il n'y avait de sûr que les pertes et l'affliction. Le moins malheureux avait encore quelque mort à pleurer. On rechercha le corps du lieutenant Orphidius, qu'on brûla avec les honneurs accoutumés; quelques autres furent ensevelis par leurs amis; le reste abandonné sur le champ de bataille.

XLVI. Othon attendait la nouvelle du combat sans le moindre trouble; sa résolution était prise. D'abord des bruits fâcheux, puis la présence des fuyards lui annoncent son désastre. Le zèle des soldats n'attendit point les exhortations de leur empereur. Ils lui criaient d'avoir confiance; qu'il lui restait encore des forces non entamées; qu'eux-mêmes risqueraient tout, souffriraient tout; et ils ne flattaient point. Ils brûlaient de retourner au combat, et de relever la fortune du parti; il y avait de l'exaltation, une sorte de fureur; les plus éloignés lui tendaient les mains, les plus proches embrassaient ses genoux; Plotius surtout était plein de résolution. Ce préfet du prétoire le conjura, à diverses reprises, de ne point abandonner de si braves soldats, de si fidèles serviteurs; qu'il y avait plus de force à supporter le malheur qu'à s'y dérober; que les ames courageuses, en dépit même de la fortune, s'obstinaient à espérer; que la peur, dans les lâches, accélérait le désespoir. Pendant ce discours, Othon parut s'attendrir, on cria de joie; on le vit qui s'endurcissait, on pleura. Et ce n'étaient pas seulement les prétoriens, troupe dévouée spécialement à Othon; les détachements de Mésie lui promettaient la même constance dans leurs légions qui allaient arriver, qui étaient

renovari bellum atrox, lugubre, incertum victis, et victoribus.

XLVII. Ipse, aversus à consiliis belli, « Hunc,
» inquit, animum, hanc virtutem vestram ultrà
» periculis objicere, nimis grande vitæ meæ pretium
» puto. Quantò plus spei ostenditis, si vivere place-
» ret, tantò pulchrior mors erit. Experti invicem
» sumus, ego ac fortuna : nec tempus computave-
» ritis : difficilius est temperare felicitati, quà te
» non putes diù usurum. Civile bellum à Vitellio
» cœpit; et, ut de principatu certaremus armis,
» initium illic fuit : ne plusquàm semel certemus,
» penes me exemplum erit : hinc Othonem posteri-
» tas æstimet. Fruetur Vitellius fratre, conjuge,
» liberis : mihi non ultione, neque solatiis opus est.
» Alii diutiùs imperium tenuerint; nemo tam forti-
» ter reliquerit. An ego tantùm romanæ pubis,
» tot egregios exercitus, sterni rursùs, et reipu-
» blicæ eripi patiar ? Eat hic mecum animus, tan-
» quàm perituri pro me fueritis; sed este supers-
» tites : nec diù moremur, ego incolumitatem ves-
» tram, vos constantiam meam. Plura de extremis
» loqui, pars ignaviæ est : præcipuum destinationis
» meæ documentum habete, quòd de nemine que-
» ror; nam incusare deos vel homines, ejus est qui
» vivere velit. »

XLVIII. Talia locutus, ut cuique ætas aut digni-
tas, comiter appellatos, irent properè neu rema-

déjà dans Aquilée; en sorte qu'on ne doute point que la guerre n'eût pu encore être longue, sanglante, non moins redoutable aux vainqueurs qu'aux vaincus.

XLVII. Othon rejeta tous ces projets de guerre. « Ma
» vie, dit-il, ne vaut pas que j'expose encore tant de cou-
» rage et de vertu. Plus vous me faites envisager de res-
» sources, si je voulais vivre, plus ma mort sera belle. Nous
» nous sommes éprouvés mutuellement, la fortune et moi.
» Et ne dites pas que l'épreuve a été courte; il est plus diffi-
» cile de se modérer, quand on jouit d'un bonheur qu'on
» sent devoir nous échapper bientôt. C'est Vitellius qui a com-
» mencé la guerre civile; et, si l'on a combattu pour l'em-
» pire, on le doit à lui d'abord; on me devra de n'avoir
» combattu qu'une fois. Que la postérité, par-là, juge entre
» nous deux. J'aurai conservé, à Vitellius, son frère, sa
» femme, ses enfants; je n'ai pas besoin de vengeance non
» plus que de consolation. D'autres auront gardé l'empire
» plus long-temps; nul ne l'aura plus courageusement quitté.
» Eh! comment pourrais-je souffrir qu'une aussi florissante
» jeunesse, que d'aussi braves armées fussent égorgées de
» nouveau et enlevées à la patrie? Laissez-moi emporter,
» en mourant, l'idée que vous fussiez morts pour moi; mais
» vivez, et ne retardons plus, moi, votre sûreté, vous,
» ma résolution. Parler plus long-temps de mourir serait un
» reste de faiblesse. Jugez, par-là même, combien cette
» résolution est invariable; je ne me plains de personne.
» Quand on accuse les dieux ou les hommes, on tient en-
» core à la vie. »

XLVIII. Après ce discours, il parla à chacun avec bonté, suivant leur âge et leur rang; il ordonnait aux plus

nendo iram victoris asperarent : juvenes auctoritate, senes precibus movebat : placidus ore, intrepidus verbis, intempestivas suorum lacrymas coercens. Dari naves ac vehicula abeuntibus jubet : libellos epistolasque, studio erga se, aut in Vitellium contumeliis insignes, abolet : pecunias distribuit, parcè, nec ut periturus. Mox Salvium Cocceianum, fratris filium, primâ juventâ, trepidum et mœrentem, ultrò solatus est, laudando pietatem ejus, castigando formidinem : an Vitellium tam immitis animi fore, ut pro incolumi totâ domo, ne hanc quidem sibi gratiam redderet ? Mereri se festinato exitu clementiam victoris. Non enim ultimâ desperatione, sed poscente prælium exercitu, remisisse reipublicæ novissimum casum. Satis sibi nominis, satis posteris suis nobilitatis quæsitum : post Julios, Claudios, Servios, se primum in familiam novam imperium intulisse : proindè erecto animo capesseret vitam, neu patruum sibi Othonem fuisse, aut obliviscereturunquàm, aut nimiùm meminisset.

XLIX. Post quæ, dimotis omnibus, paulùm requievit : atque illum supremas jam curas animo volutantem, repens tumultus avertit, nunciatâ consternatione ac licentiâ militum : namque abeuntibus exitium minitabantur, atrocissimâ in Verginium vi, quem clausâ domo obsidebant : increpitis seditionis auctoribus regressus, vacavit abeuntium alloquiis,

jeunes, il conjurait les plus vieux de partir au plus tôt, pour ne point aigrir les ressentiments du vainqueur, reprochant aux siens leurs larmes inconsidérées, le front toujours calme, la voix toujours ferme. Il fait donner à ceux qui partaient des vaisseaux et des voitures ; il brûle les lettres et les mémoires qui marquaient trop de zèle pour lui, ou de mépris pour Vitellius ; il fait ses largesses sagement, sans cette prodigalité des mourants. Salvius Coccéianus, un fils de son frère, dans la première fleur de la jeunesse, tremblait et se désolait. Il va à lui et le console ; il loue son attachement, il blâme ses craintes. Vitellius serait-il assez barbare pour ne point marquer quelque reconnaissance à un homme qui lui avait conservé toute sa famille ? La promptitude de sa mort lui donnait des droits à la clémence du vainqueur, car ce n'était point l'excès du désespoir : l'armée demandait le combat : il périssait pour épargner à la république un malheur de plus. Othon avait assez fait pour sa propre gloire, assez pour l'illustration de ses descendants : le premier, après les Jules, les Claudes, les Servius, il avait porté l'empire dans une nouvelle famille. Que de raisons, pour Coccéianus, d'avancer dans la vie avec confiance, sans oublier jamais qu'Othon fut son oncle, ni aussi s'en trop souvenir *.

XLIX. Il fait ensuite retirer tout le monde, et prend un peu de repos. Déjà toutes ses pensées se fixaient à la mort, lorsqu'un tumulte soudain vint le distraire : on lui annonça l'emportement et la licence des soldats. Ils menaçaient de tuer ceux qui partaient. Leur fureur éclatait surtout contre

* Domitien fit périr, depuis, ce Salvius Coccéianus, parce qu'il célébrait par une fête le jour de la naissance de son oncle.

donec omnes inviolati digrederentur. Vesperascente die, sitim haustu gelidæ aquæ sedavit: tùm allatis pugionibus duobus; cùm utrumque pertentâsset, alterum capiti subdidit: et explorato jam profectos amicos, noctem quietam, utque adfirmatur, non insomnem egit. Luce primâ, in ferrum pectore incubuit: ad gemitum morientis ingressi liberti, servique, et Plotius Firmus, prætorii præfectus, unum vulnus invenêre. Funus maturatum: ambitiosis id precibus petierat, ne amputaretur caput, ludibrio futurum. Tulêre corpus prætoriæ cohortes, cum laudibus et lacrymis, vulnus manusque ejus exosculantes. Quidam militum, juxta rogum interfecêre se; non noxâ, neque ob metum, sed æmulatione decoris, et caritate principis: ac posteà promiscuè Bebriaci, Placentiæ, aliisque in castris, celebratum id genus mortis. Othoni sepulcrum exstructum est modicum, et mansurum.

L. Hunc vitæ finem habuit septimo et tricesimo ætatis anno. Origo illi è municipio Ferentino. Pater consularis, avus prætorius: maternum genus impar, nec tamen indecorum: pueritiâ ac juventâ, qualem monstravimus: duobus facinoribus, altero flagitiosissimo, altero egregio, tantùmdem apud posteros meruit bonæ famæ, quantùm malæ. Ut conquirere fabulosa, et fictis oblectare legentium ani-

Verginius qu'ils tenaient assiégé dans sa maison. Othon, après avoir réprimandé les auteurs de la sédition, rentra pour recevoir les adieux de ses amis. Il ne les quitta qu'après les avoir mis tous à l'abri de toute insulte. Sur le soir, il demanda un verre d'eau glacée, se fit apporter deux poignards, les essaya tous deux, en mit un sous son chevet, et enfin s'étant bien assuré du départ de ses amis, il se coucha tranquillement. On assure même qu'il dormit. Au point du jour il s'enfonce le fer dans la poitrine. A un soupir qu'il fit en mourant, les affranchis et les esclaves entrèrent avec Plotius, préfet du prétoire; ils ne trouvèrent qu'une seule blessure. On pressa ses obsèques : il l'avait recommandé lui-même instamment, dans la crainte que sa tête ne fût coupée et ne servît de jouet. Les prétoriens portèrent son corps, ne cessant de louer Othon, et de couvrir ses mains et sa blessure de baisers et de larmes. Quelques soldats se tuèrent auprès du bûcher, non qu'ils fussent coupables, ou craignissent le vainqueur, mais par une émulation de gloire, par attachement pour ce prince; et, depuis, à Bébriac, à Plaisance, et dans les autres camps, il y eut beaucoup de morts pareilles. On lui éleva un tombeau simple, qui durera.

L. Ainsi périt Othon, à l'âge de trente-sept ans. Il sortait d'une ville municipale, de Férente *. Son père fut consul, son aïeul préteur. Son origine maternelle, sans être aussi brillante, n'était rien moins qu'obscure. J'ai parlé de son enfance et de sa jeunesse. Deux actions, l'une affreuse, l'autre héroïque lui ont mérité de la postérité autant d'éloges que d'exécration. Il serait peu digne sans doute de la

---

* Frenti, dans la Toscane.

nos, procul gravitate cœpti operis crediderim; tà vulgatis traditisque demere fidem non ausim. Die quo Bebriaci certabatur, avem invisitatâ specie, apud Regium Lepidum celebri vico consedisse, incolæ memorant, nec deindè cœtu hominum, aut circumvolitantium alitum, territam pulsamve, donec Otho se ipse interficeret : tùm ablatam ex oculis : et tempora reputantibus, initium finemque miraculi, cum Othonis exitu competîsse.

LI. In funere ejus, novata luctu ac dolore militum seditio : nec erat qui coerceret. Ad Verginium versi, modò ut reciperet imperium, nunc ut legatione apud Cæcinam ac Valentem fungeretur, minitantes orabant. Verginius, per aversam domûs partem furtim degressus, inrumpentes frustratus est. Earum quæ Brixelli egerant, cohortium preces Rubrius Gallus tulit. Et venia statim impetrata, concedentibus ad victorem, per Flavium Sabinum, iis copiis, quibus præfuerat.

LII. Posito ubiquè bello, magna pars senatûs extremum discrimen adiit, profecta cum Othone ab Urbe, dein Mutinæ relicta : illùc adverso de prælio allatum : sed milites, ut falsum rumorem adspernantes, quòd infensum Othoni senatum arbitrabantur, custodire sermones, vultum habitumque trahere in deterius : conviciis postremò ac probris caussam

sévérité de cet ouvrage, de recueillir des fables à plaisir, pour amuser la crédulité des lecteurs; mais aussi il est des traditions constantes que je n'oserais rejeter. Les habitants du pays rapportent que, le jour de la bataille de Bébriac un oiseau d'une espèce inconnue parut à Regium * Lepidum; qu'il s'arrêta dans une ** rue très-fréquentée de la ville; que ni le concours du peuple, ni la foule d'oiseaux qui volaient à l'entour, ne purent l'effrayer et le faire enfuir, jusqu'au moment de la mort d'Othon; qu'alors il disparut, et qu'en rapprochant les temps, on vit que le commencement et la fin de cette apparition se rapportaient avec la catastrophe du prince.

LI. A ses funérailles, les regrets et la douleur des soldats renouvelèrent la sédition, et il n'y avait personne pour la réprimer. Ils jetèrent les yeux sur Verginius; ils le prièrent, tantôt d'accepter l'empire, tantôt d'être leur médiateur auprès de Valens et de Cæcina, et, en priant, ils menaçaient. Verginius se sauva par une porte secrète, au moment où ils forçaient sa maison. Ce fut Rubrius Gallus qui porta la soumission de ces troupes de Brixellum; et leur grâce fut accordée, aussitôt que Sabinus eut mené aussi aux vainqueurs le corps qu'il commandait.

LII. La guerre terminée pour tous, une grande partie du sénat courut un extrême péril; c'était celle qu'Othon avait amenée de Rome, puis laissée à Modène. La nouvelle de la défaite arriva dans cette ville; mais les soldats la reje-

---

* Aujourd'hui Reggio, dans l'Etat de Modène, à quinze milles environ de Brixellum.
** Je lis *vico* au lieu de *luco*.

et initium cædis quærebant : cùm alius insuper metus senatoribus instaret, ne prævalidis jam Vitellii partibus, cunctanter excepisse victoriam crederentur : ità trepidi et utrinquè anxii coëunt; nemo privatim expedito consilio, inter multos societate culpæ tutior. Onerabat paventium curas ordo Mutinensis, arma et pecuniam offerendo, appellabatque patres conscriptos, intempestivo honore.

LIII. Notabile indè jurgium fuit, quo Licinius Cæcina Marcellum Eprium, ut ambigua disserentem, invasit. Nec ceteri sententias aperiebant : sed invisum memoriâ delationum, expositumque ad invidiam Marcelli nomen, irritaverat Cæcinam, ut novus adhuc, et in senatum nuper adscitus, magnis inimicitiis claresceret. Moderatione meliorum dirempti. Et rediêre omnes Bononiam, rursùs consiliaturi : simul, medio temporis, plures nuncii sperabantur. Bononiæ, divisis per itinera qui recentissimum quemque percunctarentur, interrogatus Othonis libertus caussam digressûs, habere se suprema ejus mandata respondit : ipsum viventem quidem relictum, sed solà posteritatis curâ, et abruptis vitæ blandimentis. Hinc admiratio, et plura

taient comme fausse, l'attribuant à l'animosité du sénat contre Othon. Ils épiaient les discours, les physionomies, les contenances, pour leur donner une interprétation sinistre; ils en vinrent enfin aux injures et aux insultes, afin d'avoir un prétexte de commencer le massacre. D'un autre côté, les sénateurs ne voyaient pas un moindre péril à ce que le parti de Vitellius, devenu tout-puissant, pût penser qu'ils avaient hésité à reconnaître sa victoire. Dans cette double perplexité, ils s'assemblent précipitamment. Personne n'avait risqué de démarches particulières : ils se croyaient plus en sûreté mettant en commun leurs fautes. Pour surcroît d'inquiétudes et d'alarmes, le sénat de Modène leur offrait des armes * et de l'argent; et il les appelait pères conscripts (14), honneur bien déplacé (15) alors.

LIII. Cette session fut remarquable par la dispute de Marcellus ** Eprius et de Licinius *** Cæcina. Licinius attaqua vivement Marcellus sur l'ambiguïté de ses avis; ce n'est point que les autres s'expliquassent plus franchement; mais Marcellus, odieux par des délations qu'on n'avait point oubliées, avait un nom qui avertissait l'envie; et ce nom avait piqué l'ambition de Licinius, homme obscur, nouvellement admis dans le sénat, qui cherchait dans un adversaire puissant un moyen de célébrité. Les plus sages apaisèrent ce différent; ils se rendirent tous à Bologne, pour y délibérer de nouveau. Dans l'intervalle, ils se flattaient

---

* Ce qui les mettait dans le cas d'offenser ou Vitellius, en s'en servant, ou les troupes d'Othon, en ne s'en servant pas.

** Ce fameux délateur qui avait accusé Thraséas.

*** Qu'il faut se garder de confondre avec le général de Vitellius, qui se nommait Aliénus Cæcina.

interrogandi pudor. Atque omnium animi in Vitellium inclinavêre.

LIV. Intererat consiliis frater ejus, L. Vitellius, seque jam adulantibus offerebat, cùm repentè Cœnus, libertus Neronis, atroci mendacio universos perculit, adfirmans superventu quartædecimæ legionis, junctis à Brixello viribus, cæsos victores, versam partium fortunam. Caussa fingendi fuit ut diplomata Othonis, quæ negligebantur, lætiore nuncio revalescerent. Et Cœnus quidem, rapidè in Urbem vectus, paucos post dies, jussu Vitellii pœnas luit. Senatorum periculum auctum, credentibus Othonianis militibus vera esse quæ afferebantur. Intendebat formidinem quòd publici consilii facie discessum Mutinâ, desertæque partes forent. Nec ultrà in commune congressi, sibi quisque consuluêre : donec missæ à Fabio Valente epistolæ demerent metum. Et mors Othonis, quò laudabilior, eò velociùs audita.

d'acquérir plus de lumières. On avait disposé, sur tous les chemins, des émissaires pour recueillir les nouvelles les plus récentes. Un affranchi d'Othon, interrogé à Bologne, répondit qu'il était parti chargé des derniers ordres de son maître; qu'il l'avait laissé encore existant, mais n'ayant plus devant les yeux que la postérité, et détaché de tous les charmes de la vie. Dans leur admiration, ils rougirent de questionner davantage, et ils se déclarèrent tous pour Vitellius.

LIV. Son frère, Lucius Vitellius, était dans l'assemblée, et déjà il se prêtait à leurs adulations, lorsque tout-à-coup Cœnus, affranchi de Néron, vint, par un mensonge impudent, les consterner tous. Il affirma que l'arrivée de la quatorzième légion et la jonction des troupes de Brixellum avaient changé la face des affaires; que les vainqueurs étaient défaits. Cœnus avait un ordre* d'Othon pour qu'on lui fournît des chevaux sur la route. Comme on respectait peu cet ordre, il voulut le faire valoir par une nouvelle plus heureuse. Tel fut le motif de son mensonge. Cœnus fit en peu de temps, comme il voulait, le voyage de Rome, et, quelques jours après, fut mené au supplice par ordre de Vitellius. Le péril des sénateurs en devint plus menaçant. Le soldat ne douta point de la vérité du rapport; et, ce qui redoublait ses fureurs, c'est qu'on avait donné à ce départ de Modène, et à cet abandon du parti, toute la solennité d'une délibération publique. Depuis ce moment, les sénateurs ne s'assemblèrent plus : chacun agit séparé-

---

* Il y avait des postes établies dans l'empire, mais elles n'étaient que pour le besoin de l'État; il fallait un rescrit du prince (diplôme) pour obtenir des chevaux de poste.

LV. At Romæ nihil trepidationis. Cereales ludi ex more spectabantur. Ut cessisse vitâ Othonem, et à Flavio Sabino, præfecto Urbis, quod erat in urbe militum sacramento Vitellii adactum, certi auctores in theatrum attulerunt, Vitellio plausère: populus, cum lauru ac floribus, Galbæ imagines circum templa tulit, congestis in modum cumuli coronis, juxta lacum Curtii, quem locum Galba moriens sanguine infecerat. In senatu cuncta, longis aliorum principatibus composita, statim decernuntur. Additæ erga germanicos exercitus laudes gratesque : et missa legatio quæ gaudio fungeretur. Recitatæ Fabii Valentis epistolæ, ad consules scriptæ haud immoderatè : gratior Cæcinæ modestia fuit quòd non scripsisset.

LVI. Ceterùm Italia graviùs atque atrociùs quàm bello adflictabatur : dispersi per municipia et colonias Vitelliani, spoliare; rapere, vi et stupris polluere : in omne fas nefasque avidi, aut venales, non sacro, non profano abstinebant. Et fuère qui inimicos suos, specie militum, interficerent. Ipsique milites, regionum gnari, refertos agros, dites dominos, in prædam, aut, si repugnatum foret, ad excidium destinabant; obnoxiis ducibus, et prohibere

ment. Enfin des lettres de Valens dissipèrent leurs craintes; et la mort d'Othon se divulgua d'autant plus vite qu'elle était glorieuse.

LV. Pendant ce temps on était fort tranquille à Rome; on célébrait, comme à l'ordinaire, les jeux * de Cérès. Lorsque la nouvelle qu'Othon était mort, et que Sabinus, préfet de Rome, avait fait prêter serment à Vitellius par tout ce qu'il y avait de troupes dans la ville, eut été portée au théâtre comme un fait authentique, on applaudit à Vitellius. Tous les citoyens promenèrent autour des temples les images de Galba, ornées de fleurs et de lauriers; avec un amas de couronnes entassées on lui forma une espèce de tombeau près du lac Curtius, lieu que Galba, en mourant, avait trempé de son sang. Au sénat, tout ce qu'on avait imaginé d'honneurs successivement, dans ce long période du principat, fut décerné sur-le-champ. On ajouta des éloges et des remercîments pour les armées de Germanie, et l'on envoya une députation pour exprimer la joie publique. On lut une lettre de Valens aux consuls; elle était assez réservée; on trouva pourtant plus de réserve encore à Cæcina de n'avoir point écrit.

LVI. Cependant l'Italie était plus cruellement dévastée que pendant la guerre. Les Vitelliens, dispersés dans toutes les villes, pillaient et saccageaient : ce n'était que viols et prostitutions; se vendant pour le crime, ou s'y livrant pour eux-mêmes, ils n'épargnaient ni le sacré, ni le profane. Quelques habitants se couvrirent du nom des soldats pour assassiner leurs ennemis; et les soldats eux-mêmes, qui con-

* Dans le Cirque. Ils commençaient le 19 avril, et duraient plusieurs jours.

non ausis : minùs avaritiæ in Cæcinâ, plus ambitionis : Valens, ob lucra et quæstus infamis, eòque alienæ etiam culpæ dissimulator. Jam pridem attritis Italiæ rebus, tantùm peditum equitumque, vis, damnaque, et injuriæ, ægrè tolerabantur.

LVII. Interim Vitellius, victoriæ suæ nescius, ut ad integrum bellum, reliquas germanici exercitûs vires trahebat. Pauci veterum militum in hibernis relicti, festinatis per Gallias delectibus, ut remanentium legionum nomina supplerentur. Cura ripæ Hordeonio Flacco permissa. Ipse è Britannico delectu octo millia sibi adjunxit : et paucorum dierum iter progressus, prosperas apud Bebriacum res, ac morte Othonis concidisse bellum accepit. Vocatâ concione, virtutem militum laudibus cumulat. Postulante exercitu, ut libertum suum, Asiaticum, equestri dignitate donaret, inhonestam adulationem compescit. Dein, mobilitate ingenii, quod palàm abnuerat, inter secreta convivii largitur; honoravitque Asiaticum annulis, fœdum mancipium, et malis artibus ambitiosum.

LVIII. Iisdem diebus, accessisse partibus utramque Mauretaniam, interfecto procuratore Albino, nuncii venêre. Luceius Albinus, à Nerone Maure-

Vitellius

naissaient le pays, marquaient les domaines les plus fertiles, les maisons les plus riches, s'en emparaient, ou, en cas de résistance, ravageaient et massacraient, sans que leurs chefs osassent rien empêcher; tous deux esclaves de leurs soldats, Cæcina, par ambition plus que par avarice, Valens, par l'infamie de ses rapines et de ses concussions, qui le forçaient à dissimuler celles d'autrui. Dans l'Italie, déjà écrasée par une longue oppression, tant de soldats de toutes armes, leurs injustices, leurs violences, leurs brigandages devenaient intolérables.

LVII. Pendant ce temps, Vitellius, ignorant sa victoire, et croyant avoir besoin de toutes ses forces, traînait avec lui les restes de l'armée de Germanie. Il ne laissa dans les quartiers d'hiver qu'un petit nombre de vieux soldats, et il pressa les levées dans les Gaules, afin de recruter des légions dont il ne restait plus que le nom. La garde du Rhin fut commise à Hordéonius; pour lui, il ajouta à son armée huit mille hommes des meilleures troupes de Bretagne, et à peine eut-il marché quelques jours, qu'il apprit la victoire de Bébriac, et la mort d'Othon, qui terminait la querelle. Il convoque une assemblée, où il donne les plus grands éloges à la valeur de ses soldats. L'armée voulait qu'il élevât son affranchi Asiaticus au rang de chevalier. Il réprime cette basse adulation; puis, par une inconséquence de son caractère, ce qu'il avait refusé publiquement, il l'accorde dans l'intimité d'un festin, et il décore de l'anneau un esclave infâme, qui ne briguait la faveur que par des vices ou des crimes.

LVIII. Dans le même temps, il reçut la nouvelle que les deux Mauritanies l'avaient reconnu, après l'assassinat d'Albinus, leur procurateur. Lucéius Albinus avait été nommé

taniæ Cæsariensi præpositus, addita per Galbam Tingitanæ provinciæ administratione, haud spernendis viribus agebat : novemdecim cohortes, quinque alæ, ingens Maurorum numerus aderat, per latrocinia et raptus apta bello manus. Cæso Galbâ, in Othonem pronus, nec Africâ contentus, Hispaniæ angusto freto diremptæ, imminebat. Indè Cluvio Rufo metus, et decimam legionem propinquare littori, ut transmissurus, jussit : præmissi centuriones, qui Maurorum animos Vitellio consiliarent : neque arduum fuit, magnâ per provincias germanici exercitûs famâ. Spargebatur insuper, spreto procuratoris vocabulo, Albinum insigne regis, et Jubæ nomen usurpare.

LIX. Ità mutatis animis, Asinius Pollio, alæ præfectus, è fidissimis Albino, et Festus ac Scipio, cohortium præfecti, opprimuntur. Ipse Albinus, dùm è Tingitanâ provinciâ Cæsariensem Mauretaniam petit, appulsus littori, trucidatur : uxor ejus, cùm se percussoribus obtulisset, simul interfecta est ; nihil eorum quæ fierent Vitellio anquirente : brevi auditu, quamvis magna transibat, impar curis gravioribus. Exercitum itinere terrestri pergere jubet : ipse Arare flumine devehitur, nullo principali paratu, sed vetere egestate conspicuus : donec Junius Blæsus, Lugdunensis Galliæ rector, genere inlustri, largus animo, et par opibus, circumdaret principis ministeria, comitaretur liberaliter, eo ipso ingratus, quamvis odium Vitellius vernilibus blan-

par Néron au gouvernement de la Mauritanie Césarienne *, auquel Galba joignit depuis la Tingitane **. Ses forces n'étaient point à mépriser : il avait dix-neuf cohortes, cinq divisions de cavalerie, un grand nombre de Maures, troupes que les rapines et le brigandage forment naturellement pour la guerre. Galba mort, il pencha pour Othon, et, non content de l'Afrique, il menaçait l'Espagne, qui n'en est séparée que par un bras de mer étroit ***. Cluvius, alarmé, fit approcher de la côte la dixième légion, comme s'il eût projeté une descente : des centurions prirent les devants pour aller concilier à Vitellius l'esprit des Maures ; ce qui ne fut pas difficile, avec la réputation de l'armée de Germanie, si imposante pour les provinces. D'ailleurs, il se débitait qu'Albinus, dédaignant le titre de procurateur, prenait les marques de la royauté et le nom de Juba.

LIX. Les Maures ainsi gagnés, on massacre Festus et Scipion, préfets de cohorte, et Asinius Pollio, préfet d'une division de cavalerie, l'un des plus zélés partisans d'Albinus. Albinus lui-même, voulant passer de la Tingitane dans la Mauritanie Césarienne, est égorgé au moment où il débarquait. Sa femme se présenta au fer des meurtriers, et se fit tuer avec son époux. Au reste, Vitellius ne s'informa d'aucun de ces détails. Les nouvelles les plus importantes, il les écoutait un moment, puis n'y pensait plus; les moindres soins l'accablaient. L'armée continua sa route par terre;

---

* Aujourd'hui le royaume d'Alger.

** Le royaume de Fez et de Maroc. C'était Claude qui avait partagé la Mauritanie en deux provinces, la Tingitane et la Césarienne, gouvernées chacune par un chevalier romain. Galba les réunit en une seule, comme elles l'étaient auparavant.

*** Le détroit de Gibraltar.

ditiis velaret. Prestò fuêre Lugduni victricium victarumque partium duces. Valentem et Cæcinam, pro concione laudatos, curuli suæ circumposuit. Mox universum exercitum occurrere infanti filio jubet: perlatumque, et paludamento opertum, sinu retinens, Germanicum appellavit, cinxitque cunctis fortunæ principalis insignibus: nimius honos inter secunda, rebus adversis in solatium cessit.

LX. Tùm interfecti centuriones promptissimi Othonianorum; undè præcipua in Vitellium alienatio per illyricos exercitus. Simul ceteræ legionis contactu, et adversùs germanicos milites invidiâ, bellum meditabantur. Suetonium Paullinum, ac Licinium Proculum, tristi morâ squalidos tenuit; donec auditi, necessariis magis defensionibus, quàm honestis uterentur. Proditionem ultrò imputabant; spatium longi ante prælium itineris, fatigationem Othonianorum, permixtum vehiculis agmen, ac pleraque fortuita fraudi suæ adsignantes: et Vitellius

lui, s'embarque sur la Saône, n'ayant rien de l'appareil impérial, donnant encore le spectacle de sa première indigence. Enfin, Junius Blæsus, gouverneur de la Gaule Lyonnaise, qui soutenait sa haute naissance et sa noble générosité par d'immenses richesses, entoura Vitellius du cortége convenable à un prince; lui-même il l'escortait avec magnificence, et, par-là même il déplut, quoique, pour déguiser sa haine, Vitellius lui prodiguât des caresses ignobles. Il trouva à Lyon les chefs du parti victorieux et ceux du parti vaincu. Il prononça publiquement l'éloge de Valens et de Cæcina, et les fit asseoir à ses côtés dans sa chaire curule. Il ordonna à l'armée entière d'aller au-devant de son fils, un enfant au berceau. On le lui apporta couvert du *paludamentum*; il le prit dans ses bras, le nomma Germanicus, et l'environna de toutes les décorations impériales; honneur (16) excessivement ridicule, quand même il eût conservé sa fortune, bien funeste quand il l'eut perdue.

LX. On fit mourir les plus braves centurions du parti d'Othon; et ce fut là, surtout, ce qui aliéna les armées d'Illyrie. La contagion gagna les autres légions, qui, d'ailleurs jalouses des soldats de Germanie, nourrissaient des projets de guerre. Vitellius eut la barbarie de traîner long-temps Suétone et Proculus dans l'humiliation et la perplexité. Enfin il daigna entendre leurs défenses, que dicta la nécessité, bien plus que l'honneur. Ils se donnèrent le mérite d'une trahison. Cette longue marche avant la bataille, la fatigue des Othoniens, les bagages qui embarrassaient les lignes, enfin les hasards même, ils les imputaient à leurs desseins contre Othon. Vitellius crut à la perfidie, et les déchargea du crime de fidélité. Titianus, frère d'Othon, ne fut inquiété aucunement; sa tendresse fraternelle

credidit de perfidiâ, et fidem absolvit. Salvius Titianus, Othonis frater, nullum discrimen adiit, pietate et ignaviâ excusatus. Mario Celso consulatus servatur : sed creditum famâ, objectumque mox in senatu Cæcilio Simplici, quòd eum honorem pecuniâ mercari, nec sine exitio Celsi voluisset : restitit Vitellius, deditque posteà consulatum Simplici, innoxium et inemptum. Trachalum adversùs criminantes Galeria, uxor Vitellii, protexit.

LXI. Inter magnorum virorum discrimina (pudendum dictu), Mariccus quidam, è plebe Boiorum, inserere sese fortunæ, et provocare arma romana, simulatione numinum ausus est. Jamque assertor Galliarum, et deus (nomen id sibi indiderat), concitis octo millibus hominum, proximos Æduorum pagos trahebat; cùm gravissima civitas, electâ juventute, adjectis à Vitellio cohortibus, fanaticam multitudinem disjecit. Captus in eo prælio Mariccus, ac mox feris objectus, quià non laniabatur, stolidum vulgus inviolabilem credebat, donec spectante Vitellio interfectus est.

LXII. Nec ultrà in defectores, aut bona cujusquam, sævitum. Rata fuêre eorum qui acie othonianâ ceciderant testamenta, aut lex intestatis : prorsùs, si luxuriæ temperaret, avaritiam non timeres. Epularum fœda et inexplebilis libido : ex Urbe atque Italiâ irritamenta gulæ gestabantur,

et sa lâcheté l'excusèrent. Le consulat fut conservé à Celsus, malgré les intrigues de Cæcilius Simplex, qui voulut, à ce qu'on croit généralement, acheter la place de Celsus, et même le perdre; du moins on lui en fit le reproche dans le sénat. Vitellius résista, et il donna depuis à Simplex un consulat qui ne lui coûta ni crime ni argent. Trachalus, assailli d'accusateurs, trouva une protectrice dans Galérie, femme de Vitellius.

LXI. Au milieu des persécutions qu'essuyaient tant de grands hommes, j'ai honte de parler d'un misérable Boïen [*], nommé Mariccus, obscur dans son pays même, qui osa se présenter à la fortune, et provoquer la puissance romaine, en se faisant passer pour un dieu. Il en avait même pris le nom; il se donnait pour le libérateur des Gaules; déjà il avait rassemblé huit mille hommes; et quelques cantons des Æduens (17), les plus éloignés d'Autun, s'ébranlaient, lorsque cette cité (18) si sage, avec l'élite de ses guerriers, auxquels Vitellius ajouta quelques cohortes, dissipa cette troupe de fanatiques. Mariccus fut pris dans ce combat, et bientôt après livré aux bêtes. Comme elles ne le dévoraient pas, le peuple imbécile le croyait déjà invulnérable; Vitellius le fit tuer sous ses yeux.

LXII. Et sa rigueur contre (19) ces rebelles ne s'étendit pas plus loin; il épargna et les personnes et les biens. Les testaments de ceux qui étaient morts en combattant pour Othon, furent maintenus, ou, à défaut de testaments, la loi. Au fond, sans l'excès de ses dissolutions, Vitellius eût

---

[*] Les Boïens occupaient le Bourbonnais.

strepentibus ab utroque mari itineribus : exhausti conviviorum apparatibus principes civitatum : vastabantur ipsæ civitates : degenerabat à labore ac virtute miles, assuetudine voluptatum, et contemptu ducis. Præmisit in Urbem edictum, quo vocabulum Augusti differret, Cæsaris non reciperet, cùm de potestate nihil detraheret. Pulsi Italia mathematici. Cautum severè ne equites romani ludo et arenâ polluerentur : priores id principes pecuniâ, et sæpiùs vi perpulerant : ac pleraque municipia et coloniæ æmulabantur, corruptissimum quemque adolescentium pretio inlicere.

LXIII. Sed Vitellius, adventu fratris, et inrepentibus dominationis magistris, superbior et atrocior, occidi Dolabellam jussit, quem in coloniam Aquinatem sepositum ab Othone retulimus. Dolabella, auditâ morte Othonis, Urbem introierat : id ei Plancius Varus, præturâ functus, ex intimis Dolabellæ amicis, apud Flavium Sabinum, præfectum Urbis, objecit, tanquàm, ruptâ custodiâ, ducem se victis partibus ostentâsset : addidit tentatam cohortem, quæ Ostiæ ageret : nec ullis tantorum criminum probationibus in pœnitentiam versus, seram veniam post scelus quærebat. Cunctantem super

été irréprochable sur l'avarice. Mais il avait un amour crapuleux de bonne chère, que rien ne pouvait assouvir (20). On lui apportait de Rome, du fond de l'Italie, tout ce qui pouvait flatter sa gourmandise, et les routes de l'une à l'autre mer gémissaient sous les chariots de ses pourvoyeurs. Les chefs des villes étaient ruinés par la dépense de ses repas; les villes même étaient affamées; le soldat perdait sa valeur et l'amour du travail, par l'habitude des plaisirs et le mépris pour son chef. Il se fit devancer à Rome par un édit où il remettait à prendre le titre d'Auguste, refusait celui de César, sans rien diminuer du pouvoir. Les astrologues furent chassés d'Italie. On défendit, sous des peines sévères, aux chevaliers romains de se prostituer sur le théâtre et sur l'arène. Avant lui, les princes avaient plus d'une fois acheté, commandé même cet avilissement; et beaucoup de villes, à l'envi les unes des autres, profitaient de la perversité de leurs jeunes gens pour les y engager par l'appât de l'or.

LXIII. L'arrivée de son frère, et les leçons de despotisme qu'on lui insinua, rendirent Vitellius plus arrogant et plus cruel; il fit tuer Dolabella, qu'Othon avait, comme je l'ai dit, confiné dans la colonie d'Aquinum. Dolabella, ayant appris la mort d'Othon, était entré dans Rome; et cette marche, Plancius Varus, un ancien préteur, un des intimes amis de Dolabella, la fit envisager à Sabinus, préfet de Rome, comme un crime; comme si Dolabella eût rompu ses fers, et qu'il fût venu se présenter pour un chef au parti vaincu. Plancius ajouta qu'on avait tenté de séduire la cohorte qui était en garnison à Ostie. N'ayant trouvé aucunes preuves d'une accusation aussi grave, il se rétracta, et il cherchait à se la faire pardonner. Ce fut en vain. Le crime

tantâ re Flavium Sabinum, Triaria, L. Vitellii uxor, ultra feminam ferox, terruit ne periculo principis famam clementiæ affectaret. Sabinus, suopte ingenio mitis, ubi formido incessisset, facilis mutatu, et in alieno discrimine sibi pavens, ne adlevâsse videretur, impulit ruentem.

LXIV. Igitur Vitellius, metu et odio, quòd Petroniam, uxorem ejus, mox Dolabella in matrimonium accepisset, vocatum per epistolas, vitatâ Flaminiæ viæ celebritate, devertere Interamnium, atque ibi interfici jussit. Longum interfectori visum: in itinere ac tabernâ projectum humi jugulavit: magnâ cum invidiâ novi principatûs, cujus hoc primum specimen noscebatur. Et Triariæ licentiam modestum è proximo exemplum onerabat, Galeria, imperatoris uxor, non immixta tristibus; et pari probitate mater Vitelliorum, Sextilia, antiqui moris. Dixisse quin etiam ad primas filii sui epistolas ferebatur non Germanicum à se, sed Vitellium genitum. Nec ullis posteà fortunæ inlecebris, aut ambitu civitatis, in gaudium evicta, domûs suæ tantùm adversa sensit.

se consomma. Triaria, épouse de Lucius Vitellius, d'une férocité monstrueuse dans une femme, vint effrayer Sabinus sur ce qu'il hésitait dans une affaire importante, sur ce qu'il cherchait à se faire, aux dépens de son prince, une réputation de clémence. Le caractère doux de Sabinus se dénaturait facilement, quand la crainte une fois l'avait saisi. Dans le malheur d'autrui, il eut peur pour lui-même; et, pour ne point paraître avoir tendu la main à un malheureux, il le poussa dans le précipice.

LXIV. Vitellius craignait Dolabella, et il le haïssait, parce que Dolabella avait épousé Pétronie, première femme de Vitellius, aussitôt après leur divorce. Il l'invita par lettres à se rendre auprès de lui, et, sous main, il donna ordre d'éviter le grand éclat de la voie Flaminienne, de détourner par Interamnium*, et là de le tuer. Le terme parut long au meurtrier; sur la route et dans les auberges, Dolabella se reposait étendu à terre; on en profita pour l'égorger. Ce meurtre jeta bien de l'odieux sur un règne qui s'annonçait par de tels essais; et ce qui faisait ressortir toute l'indignité de Triaria, c'est qu'elle trouvait près d'elle des exemples tout contraires, et dans Galérie, femme de l'empereur, qui n'eut jamais de pouvoir pour nuire, et dans Sextilia, mère de Vitellius, femme également vertueuse, et de mœurs antiques. On dit qu'à la première lettre de son fils **, son premier mot fut qu'elle était la mère de Vitellius et non de Germanicus; et depuis, supérieure à toutes les séductions de la fortune, au milieu des adorations de tout l'empire,

---

* Aujourd'hui Terni, dans l'Ombrie.
** Qui avait signé *Germanicus*; nom qu'il prit depuis qu'il eut été proclamé.

LXV. Digressum à Lugduno Vitellium, M. Cluvius Rufus adsequitur, omissâ Hispaniâ; lætitiam et gratulationem vultu ferens, animo anxius, et petitum se criminationibus gnarus. Hilarius, Cæsaris libertus, detulerat, tanquàm audito Vitellii et Othonis principatu, propriam ipse potentiam, et possessionem Hispaniarum tentâsset: eòque diplomatibus nullum principem præscripsisset. Interpretabatur quædam ex orationibus ejus, contumeliosa in Vitellium, et pro se ipso popularia. Auctoritas Cluvii prævaluit, ut puniri ultrò libertum suum Vitellius juberet: Cluvius comitatui principis adjectus, non ademptâ Hispaniâ, quam rexit absens, exemplo L. Aruntii: cum Tiberius Cæsar ob metum, Vitellius Cluvium nullâ formidine retinebat. Non idem Trebellio Maximo honos: profugerat Britanniâ, ob iracundiam militum: missus est in locum ejus Vectius Bolanus, è præsentibus.

LXVI. Angebat Vitellium victarum legionum haudquaquàm fractus animus: sparsæ per Italiam, et victoribus permixtæ, hostilia loquebantur: præcipua quartadecimanorum ferocia, qui se victos abnuebant: quippè, Bebriacensi acie, vexillariis tantùm pulsis, vires legionis non adfuisse. Remitti eos in Britanniam, undè à Nerone exciti erant, placuit; atque interim Batavorum cohortes unà tendere, ob veterem adversùs quartadecimanos discordiam: nec

elle sut se défendre de l'enivrement; elle ne montra de sensibilité que pour les malheurs de sa famille.

LXV. Vitellius, parti de Lyon, voit arriver auprès de lui, du fond de l'Espagne, Cluvius Rufus, qui, sous un air de joie et de félicitation, cachait de vives inquiétudes; il n'ignorait pas qu'on l'avait noirci. Hilaire, affranchi du prince, l'avait accusé d'avoir voulu profiter de la rivalité de Vitellius et d'Othon, pour se faire, de l'Espagne, un domaine indépendant, et de n'avoir, dans cette vue, mis le nom d'aucun prince en tête de ses édits. Il trouvait, dans quelques endroits de ses harangues, l'intention de décrier Vitellius, et de se faire désirer lui-même. Cluvius triompha pleinement, et Vitellius fut le premier à faire punir son affranchi. Il mit Cluvius de sa cour sans lui ôter l'Espagne, qu'il gouverna absent, comme Arruntius sous Tibère; mais la crainte avait été le motif de Tibère; elle ne fut point celui de Vitellius. Il ne fit pas à Trébellius le même honneur. Trébellius s'était enfui de Bretagne, à cause du soulèvement des soldats; on envoya à sa place Vectius Bolanus, alors auprès du prince.

LXVI. Les légions vaincues inquiétaient Vitellius; il s'en fallait que leur courage fût abattu. Quoique dispersées dans l'Italie, et partout entourées des vainqueurs, elles parlaient en ennemies, surtout la quatorzième, qui niait sa défaite, parce qu'il n'y avait eu que ses vexillaires de battus à Bébriac, et que le corps de la légion n'y était point. On jugea à propos de la renvoyer en Bretagne, d'où Néron l'avait tirée; et, en attendant, on la fit camper avec les cohortes des Bataves, à cause des anciennes dissensions qui divisaient ces deux corps. Avec autant de haine, la paix entre des

diù, in tantis armatorum odiis, quies fuit. Augustæ Taurinorum, dùm opificem quemdam Batavus ut fraudatorem insectatur, legionarius ut hospitem tuetur, sui cuique commilitones aggregati, à conviciis ad cædem transiêre: et prælium atrox arsisset, ni duæ prætoriæ cohortes, caussam quartadecimanorum secutæ, his fiduciam, et metum Batavis fecissent: quos Vitellius agmini suo jungi, ut fidos; legionem, Graiis Alpibus traductam, eo flexu itineris ire jubet, quo Viennam vitarent: namque et Viennenses timebantur. Nocte quà proficiscebatur legio, relictis passim ignibus, pars Taurinæ coloniæ ambusta: quod damnum, ut pleraque belli mala, majoribus aliarum urbium cladibus oblitteratum. Quartadecimani, postquàm Alpibus degressi sunt, seditiosissimus quisque signa Viennam ferebant: consensu meliorum compressi, et legio in Britanniam transvecta.

LXVII. Proximus Vitellio è prætoriis cohortibus metus erat: separati primùm, deindè, addito honestæ missionis lenimento, arma ad tribunos suos deferebant: donec motum à Vespasiano bellum crebresceret: tùm, resumptâ militiâ, robur Flavianarum partium fuêre. Prima classicorum legio in Hispaniam missa, ut pace et otio mitesceret: undecima ac septima suis hibernis redditæ: tertiadecimani struere amphitheatra jussi: nam Cæcina Cremonæ, Valens Bononiæ, spectaculum gladiatorum

soldats ne pouvait subsister long-temps. A Turin, un Batave maltraite un artisan qu'il traitait de fripon ; un légionnaire, qui était son hôte, prend sa défense. Chaque soldat venant à s'attrouper autour de leur camarade, des injures ils en vinrent à se massacrer ; et l'on eût vu s'allumer un combat furieux, si deux cohortes prétoriennes, prenant parti pour la légion, ne lui eussent donné une supériorité qui intimida les Bataves. Vitellius retint ceux-ci dans son armée, se croyant sûr de leur affection ; et il renvoya la légion par les Alpes grecques *. Il la força à ce détour afin de lui faire éviter Vienne, que l'on craignait aussi. La nuit où la légion partit, des feux qu'on laissa allumés de côté et d'autre, causèrent l'incendie d'une partie de Turin. Il en fut de ce désastre comme de la plupart des maux de la guerre ; de plus grands le firent oublier. Lorsque la légion eut descendu les Alpes, les séditieux voulaient marcher à Vienne. Les plus sages se réunirent pour les arrêter, et la légion repassa en Bretagne.

LXVII. Après cette légion, ce que Vitellius craignait le plus, c'étaient les cohortes prétoriennes. Il les sépara d'abord ; puis les licencia, en leur accordant l'adoucissement du congé honorable (21) ; et ils allèrent remettre leurs armes à leurs tribuns. Lorsque les bruits de la guerre de Vespasien se répandirent, ils se reformèrent de nouveau, et furent le soutien de son parti. On envoya en Espagne la première légion de la marine, dans l'idée que la paix et l'inaction pourraient l'adoucir. La onzième et la septième furent ren-

---

* Le petit Saint-Bernard.

edere parabant : nunquàm ità ad curas intento Vitellio, ut voluptatum obliviscerctur.

LXVIII. Et quidem partes modestè distraxerat : apud victores orta seditio, ludicro initio, nisi numerus cæsorum invidiam bello auxisset. Discubuerat Vitellius Ticini, adhibito ad epulas Verginio. Legati tribunique, ex moribus imperatorum, severitatem æmulantur, vel tempestivis conviviis gaudent : perindè miles intentus, aut licenter agit. Apud Vitellium, omnia indisposita, temulenta, pervigiliis ac bacchanalibus quàm disciplinæ et castris propiora. Igitur, duobus militibus, altero legionis quintæ, altero è Gallis auxiliaribus, per lasciviam, ad certamen luctandi accensis, postquàm legionarius prociderat, insultante Gallo, et iis qui ad spectandum convenerant in studia diductis; erupêre legionarii in perniciem auxiliorum, ac duæ cohortes interfectæ. Remedium tumultûs fuit alius tumultus : pulvis procul et arma adspiciebantur : conclamatum repentè quartamdecimam legionem, verso itinere, ad prælium venire : sed erant agminis coactores : agniti dempsêre sollicitudinem. Interim Verginii servus, forte obvius, ut percussor Vitellii insimulatur : et ruebat ad convivium miles, mortem Verginii exposcens. Ne Vitellius quidem, quanquàm ad omnes suspiciones pavidus, de innocentià ejus dubi-

dues à leurs quartiers d'hiver. On occupa la treizième à construire des amphithéâtres; car Cæcina préparait à Crémone, et Valens à Bologne, un spectacle de gladiateurs; les affaires n'occupant jamais assez fortement Vitellius pour qu'il oubliât les plaisirs.

LXVIII. Vitellius ayant ainsi dispersé sans éclat le parti vaincu, il s'éleva, parmi les vainqueurs même, une sédition, à propos d'un badinage; mais, ce qui n'en était point un, ce fut le nombre des morts qui ajouta à l'horreur de cette guerre. Vitellius était à un grand repas dans Ticinum, auquel on avait invité Verginius. A l'exemple du général, les lieutenants et les tribuns se piquent de sévérité, ou aiment les longs festins; de même aussi le soldat se montre ou appliqué ou dissolu. Sous Vitellius, il n'y avait aucune règle, c'était une débauche continuelle; on eût cru voir une orgie et des bacchanales plutôt qu'un camp discipliné. Deux soldats, l'un de la cinquième légion, l'autre des auxiliaires de la Gaule, dans l'ivresse d'une joie folâtre, se défièrent à la lutte. Comme le légionnaire fut terrassé, que le Gaulois insultait au vaincu, et que ceux qui s'étaient rassemblés pour les regarder s'étaient partagés en factions, les légionnaires sortirent brusquement pour massacrer les auxiliaires, et il y eut deux cohortes de taillées en pièces. Le remède à ce tumulte fut un autre tumulte; on apercevait de loin de la poussière et des armes; tout-à-coup il s'éleva un cri général que c'était la quatorzième légion qui revenait sur ses pas pour livrer bataille. C'étaient les traîneurs de l'armée qu'on ramenait; on ne sortit d'effroi qu'après les avoir reconnus. Dans l'intervalle, un esclave de Verginius, qui vint à passer, est pris pour un assassin envoyé contre Vitellius. Le soldat se précipitait vers la salle du festin, demandant la

tavit : ægrè tamen cohibiti qui exitium viri consularis, et quondam ducis sui flagitabant. Nec quemquam sæpiùs quàm Verginium omnis seditio infestavit : manebat admiratio viri, et fama; sed oderant, ut fastidīti.

LXIX. Postero die, Vitellius, senatûs legatione quam ibi opperiri jusserat auditâ, transgressus in castra, ultrò pietatem militum collaudavit : frementibus auxiliis tantùm impunitatis atque arrogantiæ legionariis accessisse. Cohortes Batavorum, ne quid truculentius auderent, in Germaniam remissæ, principium interno simul externoque bello parantibus fatis. Reddita civitatibus Gallorum auxilia, ingens numerus, et primâ statim defectione, inter inania belli assumptus. Ceterùm, ut largitionibus affectæ jam imperii opes sufficerent, amputari legionum auxiliorumque numeros jubet, vetitis supplementis : et promiscuæ missiones offerebantur : exitiabile id reipublicæ, ingratum militi, cui eadem munia inter paucos, periculaque ac labor crebriùs redibant : et vires luxu corrumpebantur, contra

mort de Verginius avec fureur. Vitellius lui-même, quoique cette ame pusillanime s'ouvrît bien facilement aux soupçons, n'eut pas le moindre doute sur l'innocence de Verginius; et, cependant, il eut toutes les peines du monde à calmer cette rage des soldats contre un consulaire, leur ancien général. Personne ne fut plus assailli que Verginius par des séditions de toute espèce. Ils conservaient de l'admiration pour ce grand homme; ils étaient pleins de sa gloire; mais ils le haïssaient, s'étant crus méprisés.

LXIX. Le lendemain, Vitellius, après avoir donné audience aux députés du sénat qui avaient eu ordre de l'attendre à Ticinum*, se transporta dans le camp. Il n'y eut point d'éloges qu'il ne fît de l'affection de ses soldats. Une telle approbation, après une telle insolence des légions, fit frémir de rage les auxiliaires. Dans la crainte que les cohortes bataves ne se portassent à quelque extrémité, on les renvoya en Germanie; ce qui fut un acheminement à cette guerre **, à la fois civile et étrangère, que les destins nous préparaient. Il rendit à leur patrie toute cette multitude immense de Gaulois auxiliaires, vain épouvantail qu'il avait mis autour de lui dès les premiers moments de sa révolte; et, afin de pouvoir, dans l'épuisement des finances, suffire aux largesses, il réforma des compagnies dans les légions et dans les auxiliaires; il fut défendu de recruter, et l'on offrit des congés à ceux qui en voulaient; opérations toutes per-

---

* Pavie.
** Celle de Civilis. On en parlera plus bas dans le quatrième livre des Histoires.

veterem disciplinam, et instituta majorum, apud quos virtute quàm pecuniâ res romana meliùs stetit.

LXX. Indè Vitellius Cremonam flexit, et, spectato munere Cæcinæ, insistere bebriacensibus campis, ac vestigia recentis victoriæ lustrare oculis, concupivit. Fœdum atque atrox spectaculum : intra quadragesimum pugnæ diem lacera corpora, trunci artus, putres virorum equorumque formæ, infecta tabo humus, protritis arboribus ac frugibus, dira vastitas : nec minùs inhumana pars viæ quam Cremonenses lauru rosisque constraverant, exstructis altaribus, cæsisque victimis, regium in morem : quæ læta in præsens, mox perniciem ipsis fecêre. Aderant Valens et Cæcina, monstrabantque pugnæ locos : hinc erupisse legionem agmen, hinc equites coortos : indè circumfusas auxiliarium manus. Jam tribuni præfectique, sua quisque facta extollentes, falsa, vera, aut majora vero miscebant. Vulgus quoque militum, clamore et gaudio, deflectere viâ, spatia certaminum recognoscere; aggerem armorum, strues corporum intueri, mirari. Et erant quos varia sors rerum, lacrymæque et misericordia subiret : at non Vitellius flexit oculos, nec tot millia insepultorum civium exhorruit : lætus ultrò, et tam

nicieuses à la république, et désagréables aux soldats, qui voyaient retomber sur un moindre nombre les mêmes charges, et revenir plus souvent les dangers et les travaux. De plus, leurs forces étaient énervées par le luxe et les débauches, au mépris de l'ancienne discipline et de la politique de nos pères, qui, pour le soutien de la puissance romaine, comptaient plus sur le courage que sur l'argent.

LXX. De Ticinum, Vitellius se détourna vers Crémone; et, après avoir assisté aux jeux de Cæcina, il voulut s'arrêter dans les plaines de Bébriac, pour y contempler à loisir les traces de sa victoire; spectacle dégoûtant et affreux. C'était le quarantième jour depuis la bataille; tous les corps étaient en pièces, les membres tronqués, les hommes et les chevaux défigurés par la putréfaction, la terre empoisonnée d'un sang infect, plus de vestiges d'arbres et de moissons, la destruction dans toute son horreur; non moins odieuse à voir était la partie du chemin que les Crémonais avaient jonchée de lauriers et de roses, où ils avaient dressé des autels et immolaient des victimes, comme si Vitellius eût été un roi; adulation qui leur réussit alors, et bientôt après causa leur ruine. Cæcina et Valens accompagnaient Vitellius; ils lui montraient toute la bataille : ici, les légions attaquèrent; là, donna la cavalerie; plus loin, se déploya le corps des auxiliaires. Les tribuns et les préfets, exaltant chacun leurs faits d'armes, entremêlaient la vérité, le mensonge et l'exagération. Jusqu'aux moindres soldats se détournèrent de la route avec des cris et des transports de joie; ils allèrent reconnaître la place de tous les combats; à la vue de ces monceaux d'armes, de cet entassement de morts, ils restaient dans la contemplation, dans l'admiration. Il y en eut que l'idée des vicissitudes humaines conduisit à l'at-

propinquæ sortis ignarus, instaurabat sacrum diis loci.

LXXI. Exin Bononiæ à Fabio Valente gladiatorum spectaculum editur, advecto ex Urbe cultu. Quantòque magis propinquabat, tantò corruptius iter, immixtis histrionibus et spadonum gregibus, et cetero neronianæ aulæ ingenio: namque et Neronem ipsum Vitellius admiratione celebrabat, sectari cantantem solitus, non necessitate, quâ honestissimus quisque, sed luxu, et saginæ mancipatus emptusque. Ut Valenti et Cæcinæ vacuos honoris menses aperiret, coarctati aliorum consulatus, dissimulatus Martii Macri, tanquàm othonianarum partium ducis: et Valerium Marinum, destinatum à Galbâ consulem, distulit, nullâ offensâ, sed mitem, et injuriam segniter laturum. Pedanius Costa omittitur, ingratus principi, ut adversùs Neronem ausus, et Verginii exstimulator. Sed alias protulit caussas: actæque insuper Vitellio gratiæ, consuetudine servitii.

LXXII. Non ultra paucos dies, quanquàm acribus initiis cœptum, mendacium valuit. Exstiterat quidam, Scribonianum se Camerinum ferens, neronianorum temporum metu in Istriâ occultatum,

tendrissement et aux larmes. Pour Vitellius, il ne détourna pas les yeux; il vit, sans horreur, tant de milliers de citoyens sans sépulture (22). Provoquant lui-même la joie, sans prévoir combien il était près d'une destinée toute semblable, il prodiguait les sacrifices aux dieux de cette terre (23) de mort.

LXXI. Puis aussitôt il va voir à Bologne le spectacle de gladiateurs que donnait Valens; on avait tout fait venir de Rome. Et, plus il approchait de la capitale *, plus il mit de dissolution dans sa marche; il traînait à la suite de l'armée des troupes d'histrions et d'eunuques; c'était tout l'esprit ** de la cour de Néron; car Vitellius était plein d'admiration pour ce prince; quand Néron chantait, Vitellius ne le quittait point, non par nécessité, comme les plus vertueux même, mais par un amour de crapule, esclave né de quiconque l'engraissait. Tous les mois de cette année étaient remplis par les consuls déjà nommés; pour trouver une place à Valens et à Cæcina, on resserra les autres consulats; on oublia Martius Macer, qui avait été un chef du parti othonien; et l'on recula Valérius Marinus, nommé consul par Galba. On n'avait rien à lui reprocher; mais on le connaissait d'un caractère doux, et capable d'endurer patiemment un affront. Pédanius Costa fut rayé; Vitellius ne lui pardonnait pas de s'être déclaré contre Néron, et d'avoir excité Verginius; mais l'Empereur allégua d'autres motifs; et on lui décerna des actions de grâces par une vieille routine de servitude.

LXXII. Une imposture, quoique d'abord accréditée for-

---

* Et non pas de Bologne, comme le dit Gordon.
** Vitellius avait commencé par être le mignon de Tibère.

quòd illìc clientelæ et agri veterum Crassorum, ac nominis favor manebat. Igitur, deterrimo quoque in argumentum fabulæ assumpto, vulgus credulum, et quidam militum, errore veri, seu turbarum studio, certatim aggregabantur; cùm pertractus ad Vitellium, interrogatusque quisnam mortalium esset, postquàm nulla dictis fides, et à domino noscebatur, conditione fugitivus, nomine Geta, sumptum de eo supplicium in servilem modum.

LXXIII. Vix credibile memoratu est quantùm superbiæ socordiæque Vitellio adoleverit, postquàm speculatores è Syriâ Judæâque adactum in verba ejus Orientem nunciavêre. Nam, etsi vagis adhuc et incertis auctoribus, erat tamen in ore famâque Vespasianus, ac plerumquè ad nomen ejus Vitellius excitabatur. Tùm ipse, exercitusque, ut nullo æmulo, sævitiâ, libidine, raptu in externos mores proruperant.

LXXIV. At Vespasianus bellum armaque, et procul vel juxtà sitas vires circumspectabat. Miles ipsi adeò paratus ut præeuntem sacramentum, et fausta Vitellio omnia precantem, per silentium audierint. Muciani animus nec Vespasiano alienus, et in Titum pronior. Præfectus Ægypti, Alexander, consilia sociaverat. Tertiam legionem, quòd è Syriâ in Mœsiam transîsset, suam numerabat: ceteræ

tement, fut dissipée au bout de quelques jours. Un homme s'était donné pour Scribonianus Camérinus, que la peur de Néron avait réduit à se cacher dans l'Istrie, où les Crassus avaient depuis long-temps des possessions, des clients, et un nom respecté. Il s'était associé quelques misérables pour l'aider à jouer cette comédie; déjà la populace crédule, et quelques soldats, par ignorance de la vérité, ou par amour du désordre, s'attroupaient à l'envi, lorsque Vitellius se le fit amener. On le questionna. Le fourbe, s'étant coupé dans ses réponses, fut enfin reconnu par son maître pour un esclave fugitif, nommé Géta; on le punit du supplice des esclaves.

LXXIII. Il est incroyable à quel point s'accrurent l'insolence et les dissolutions de Vitellius, lorsque les soldats, revenus de Syrie et de Judée, lui eurent appris que l'Orient l'avait reconnu. Jusqu'alors, quoique les bruits fussent encore vagues et incertains, la voix publique ne laissait pas de nommer Vespasien; et ce nom, Vitellius ne l'entendait presque jamais sans trouble. Depuis ce moment, le chef et l'armée, ne se croyant plus de concurrents, se livrèrent, dans leurs cruautés, dans leurs débauches, dans leurs brigandages, à tout l'emportement des barbares.

LXXIV. Cependant Vespasien combinait en silence la guerre et ses suites, ses ressources prochaines ou éloignées. D'abord ses soldats lui étaient si dévoués, qu'ils le laissèrent dicter le serment et tous les vœux pour Vitellius, sans répéter un seul mot. Mucien n'avait pas d'éloignement pour Vespasien, et il avait beaucoup de penchant pour Titus; le préfet d'Égypte, Alexandre, était associé à leurs projets. Vespasien regardait comme à lui la troisième légion, qui était passée de Syrie en Mésie; il espérait que les autres lé-

Illyrici legiones secuturæ sperabantur. Namque omnes exercitus flammaverat arrogantia venientium à Vitellio militum, quòd truces corpore, horridi sermone, ceteros, ut impares, inridebant. Sed, in tantâ mole belli, plerumquè cunctatio; et Vespasianus, modò in spem erectus, aliquandò adversa reputabat : quis ille dies foret quo sexaginta ætatis annos, et duos filios juvenes bello permitteret ? Esse privatis cogitationibus regressum, et, prout velint, plus minùsve sumi ex fortunâ : imperium cupientibus nihil medium inter summa et præcipitia.

LXXV. Versabatur ante oculos germanici exercitûs robur, notum viro militari : suas legiones civili bello inexpertas; Vitellii, victrices : et, apud victos, plus querimoniarum quàm virium : fluxam per discordias militum fidem, et periculum ex singulis. Quid enim profuturas cohortes alasque, si unus alterque præsenti facinore paratum ex diverso præmium petat ? Sic Scribonianum sub Claudio interfectum; sic percussorem ejus, Volaginium, è gregario ad summa militiæ provectum. Faciliùs universos impelli quàm singulos vitari.

LXXVI. His pavoribus nutantem, et alii legati amicique firmabant, et Mucianus, post multos secretosque sermones, jam et coràm ità locutus : « Omnes qui magnarum rerum consilia suscipiunt,

gions d'Illyrie s'y joindraient. Toutes ces troupes étaient outrées de l'arrogance des soldats qui arrivaient de l'armée de Vitellius, et qui, fiers de leur stature menaçante, de leur voix terrible, méprisaient les autres comme des hommes dégénérés. Mais, au moment de si vastes entreprises, on a presque toujours de l'irrésolution, et Vespasien, enhardi quelquefois par l'espérance, songeait aussi quelquefois aux revers. Quel jour que celui où il commettrait aux hasards d'une guerre soixante ans d'une vie paisible, et la jeunesse entière de deux fils ? Dans les entreprises ordinaires, on pouvait revenir sur ses pas, et, à son choix, s'abandonner plus ou moins à la fortune; quand on aspirait au faîte des honneurs, il n'y avait point de milieu entre le sommet et les précipices.

LXXV. La valeur de l'armée de Germanie, si bien appréciée par un général-soldat, se représentait à ses yeux. Il voyait ses légions, non éprouvées par la guerre civile; celles de Vitellius victorieuses; dans les vaincus, plus de mécontentement que de forces, peu de fond à faire dans des dissensions civiles sur la foi des soldats, et, dans chacun d'eux, un ennemi. Eh! que lui serviraient de grandes armées, si un ou deux traîtres, par un moment d'audace, songeait à s'assurer la faveur du parti contraire ? C'était ainsi que Scribonianus avait péri sous Claude, et que le meurtrier, Volaginius, s'était élevé du dernier rang aux premiers grades du service. Il était plus facile de soulever cent mille hommes, que de se garantir d'un seul.

LXXVI. Si ces craintes le tenaient en suspens, d'un autre côté ses lieutenants et ses amis l'encourageaient; enfin Mucien, après beaucoup de conférences secrètes, alla jusqu'à lui parler ainsi, même publiquement : « Tous ceux qui

» aestimare debent an quod inchoatur reipublicae
» utile, ipsis gloriosum, aut promptum effectu,
» aut certè non arduum sit. Simul ipse qui suadet,
» considerandus est, adjiciatne consilio periculum
» suum : et, si fortuna coeptis adfuerit, cui summum
» decus adquiratur. Ego te, Vespasiane, ad impe-
» rium voco, tam salutare reipublicae quàm tibi
» magnificum. Juxta deos, in tuâ manu positum
» est. Nec speciem adulantis expaveris : à contume-
» liâ quàm à laude propiùs fuerit post Vitellium
» eligi. Non adversùs divi Augusti acerrimam men-
» tem, nec adversùs cautissimam Tiberii senectu-
» tem, ne contra Caii quidem, aut Claudii, vel
» Neronis, fundatam longo imperio domum exsur-
» gimus : cessisti etiam Galbae imaginibus : torpere
» ultra, et polluendam perdendamque rempublicam
» relinquere, sopor et ignavia videretur, etiam si
» tibi, quàm inhonesta, tam tuta servitus esset.
» Abiit jam, et transvectum est tempus quo pos-
» ses videri concupisse : confugiendum est ad impe-
» rium. An excidit trucidatus Corbulo ? splendidior
» origine quàm non sumus, fateor : sed et Nero,
» nobilitate natalium, Vitellium anteibat. Satis cla-
» rus est, apud timentem, quisquis timetur. Et
» posse ab exercitu principem fieri, sibi ipse Vitel-
» lius documento, nullis stipendiis, nullâ militari
» famâ, Galbae odio provectus Ne Othonem quidem
» ducis arte, aut exercitûs vi, sed praeproperâ ip-
» sius desperatione victum, jam desiderabilem et

» adoptent le projet d'une grande entreprise, doivent exa-
» miner si ce projet est utile à l'État, glorieux pour eux-
» mêmes, d'une exécution facile, ou du moins praticable.
» On doit considérer aussi celui qui le conseille, s'il partage
» les dangers de l'entreprise ; et, en cas que le succès la cou-
» ronne, à qui en reviendra l'honneur. Pour moi, Vespa-
» sien, en te proposant l'empire, je sauve l'État, je sers ta
» gloire ; je t'offre un bien qui, après les dieux, dépend de
» toi - même. Et ne soupçonne pas dans ce discours la
» moindre adulation ; c'est presque un affront, plutôt qu'un
» honneur, d'être choisi après Vitellius. Nous n'avons à
» combattre ni cette intelligence si pénétrante d'Auguste,
» ni cette politique si défiante de Tibère, ni cet ascendant
» que donnait à Caïus même, à Claude, à Néron, la per-
» pétuité de l'empire dans une même famille. Tu as respecté
» encore, dans Galba, ses aïeux. Attendre plus long-temps,
» et laisser la république aux mains qui la souillent et la
» perdent, paraîtrait enfin une lâche et honteuse indolence,
» quand même la servitude ne serait pas pour toi aussi dan-
» gereuse que déshonorante. Il est passé (24), il est déjà
» loin de nous ce temps où l'ambition pouvait se montrer
» impunément. Tu n'as d'asile que l'empire. Songe * au (25)
» meurtre de Corbulon. Son origine, je l'avoue, était plus
» illustre que la nôtre ; mais la naissance de Néron surpassait
» aussi celle de Vitellius. D'ailleurs, un tyran craintif trouve
» toujours trop d'éclat à ceux qu'il redoute. Eh ! Vitellius
» ne sait-il point par lui-même qu'une armée peut faire un
» prince, lui qui, n'ayant ni services ni réputation mili-
» taires, doit à la haine contre Galba toute son élévation ;

---

* *An excidit*, sous-entendu *è memoriá*.

» magnum principem fecit. Cùm interim spargit le-
» giones, exarmat cohortes, nova quotidiè bello
» semina ministrat: si quid ardoris ac ferociæ miles
» habuit, popinis, et comessationibus, et principis
» imitatione deteritur. Tibi è Judæâ, et Syriâ, et
» Ægypto novem legiones integræ, nullâ acie ex-
» haustæ, non discordiâ corruptæ : sed firmatus usu
» miles, et belli domitor externi. Classium, alarum,
» cohortium robora ; et fidissimi reges ; et tua ante
» omnes experientia.

LXXVII. » Nobis nihil ultrà arrogabo quàm ne
» post Valentem ac Cæcinam numeremur. Ne ta-
» men Mucianum socium spreveris, quià æmulum
» non experiris : me Vitellio antepono, te mihi.
» Tuæ domui triumphale nomen, duo juvenes, ca-
» pax jam imperii alter, et primis militiæ annis,
» apud germanicos quoque exercitus clarus. Ab-
» surdum fuerit non cedere imperio ei cujus filium
» adoptaturus essem, si ipse imperarem. Ceterùm,
» inter nos, non idem prosperarum adversarumque
» rerum ordo erit. Nam, si vincimus, honorem quem
» dederis habebo : discrimen, ac pericula ex æquo
» patiemur : immò, ut meliùs est, tu hos exercitus
» rege; mihi bellum, et præliorum incerta trade.

» lui qui n'a pas même vaincu Othon par la science du gé-
» néral, ni par la bravoure des soldats, mais seulement par
» le désespoir précipité de son rival; lui qui, de cet Othon
» même, a fait un grand et regrettable empereur? Tandis
» qu'il disperse les légions, qu'il désarme les cohortes, que
» chaque jour il prépare les semences d'une nouvelle guerre,
» ses soldats, s'ils avaient quelque ardeur et quelque courage,
» achèvent de l'user dans les festins, dans les débauches,
» dans l'imitation de leur prince. Toi, tu réunis dans la
» Judée, dans la Syrie, dans l'Égypte, neuf légions com-
» plètes, ni affaiblies par les combats, ni corrompues par
» les dissensions. Tes soldats sont endurcis aux travaux,
» et vainqueurs des ennemis de Rome. Tu as des flottes,
» des auxiliaires, une cavalerie redoutable, des monar-
» ques dévoués à ton parti, et, par-dessus tout, ton expé-
» rience.

LXXVII. » Pour moi, je ne réclame rien de plus que
» de n'être pas mis au-dessous de Valens et de Cæcina. Tou-
» tefois ne va pas dédaigner l'association de Mucien, parce
» que tu n'éprouves point sa concurrence. Je te préfère
» à moi, moi à Vitellius. Ta maison est illustrée par un
» triomphe, et soutenue par deux fils jeunes, dont l'un est
» déjà digne de l'empire, et, dès ses premières campagnes,
» s'est fait, parmi les braves soldats de Germanie, une ré-
» putation de bravoure. Pourrais-je ne point céder l'empire
» à celui dont j'adopterais le fils, si je régnais moi-même?
» Au reste, nous partagerons entre nous la bonne et la
» mauvaise fortune, dans une proportion bien différente.
» Si nous triomphons, je n'aurai d'honneurs que ce que tu
» m'en donneras; les disgrâces et les périls seront les mêmes
» pour nous deux. Que dis-je? borne-toi plutôt à diriger

» Acriore hodiè disciplinâ victi quàm victores agunt :
» hos ira, odium, ultionis cupiditas ad virtutem
» accendit : illi per fastidium et contumaciam hebes-
» cunt. Aperiet et recludet contecta et tumescentia
» victricium partium vulnera bellum ipsum. Nec
» mihi major in tuâ vigilantiâ, parcimoniâ, sapien-
» tiâ, fiducia est quàm in Vitellii torpore, inscitiâ,
» sævitiâ. Sed et meliorem in bello caussam quàm in
» pace habemus : nam qui deliberant desciverunt. »

LXXVIII. Post Muciani orationem, ceteri audentiùs circumsistere, hortari, responsa vatum et siderum motus referre. Nec erat intactus tali superstitione, ut qui mox, rerum dominus, Seleucum quemdam mathematicum, rectorem et præscium palàm habuerit. Recursabant animo vetera omina : cupressus arbor, in agris ejus, conspicuâ altitudine, repentè prociderat; ac, posterâ die, eodem vestigio resurgens, procera et latior virebat : grande id prosperumque, consensu haruspicum : et summa claritudo juveni admodùm Vespasiano promissa. Sed primò triumphalia, et consulatus, et judaïcæ victoriæ decus, implèsse fidem ominis videbantur : ut hæc adeptus est, portendi sibi imperium credebat. Est Judæam inter Syriamque Carmelus, itâ vocant montem deumque : nec simulacrum deo, aut templum; sic tradidêre majores : ara tantùm et reve-

» nos mouvements ; laisse à moi seul l'exécution et le risque
» des combats. Les vaincus, aujourd'hui, observent une
» discipline plus sévère que les vainqueurs. La colère, la
» haine, l'amour de la vengeance aiguillonnent, dans les
» uns, le courage; il s'émousse, dans les autres, par la pré-
» somption et l'indocilité. Dans le parti victorieux, fer-
» mentent sourdement des plaies secrètes que va rouvrir
» et envenimer la guerre même. Et, si je compte sur ta
» vigilance, sur ton économie, sur ta sagesse, je ne compte
» pas moins sur l'engourdissement, sur l'ignorance, sur la
» cruauté de Vitellius. Enfin, la guerre même rend notre
» cause meilleure que la paix. Qui délibère, est déjà re-
» belle. »

LXXVIII. Après que Mucien eut parlé, les autres s'enhardirent encore ; ils se pressaient autour de Vespasien ; ils lui rappelaient les réponses des devins, les observations des astrologues. Et, sur ce point, Vespasien n'était pas sans faiblesse, comme il le fit bien voir après, lorsqu'il fut maître de l'empire, et qu'il tint publiquement à sa cour l'astrologue Séleucus, dont les prédictions lui servaient à régler ses entreprises. D'anciens présages lui revenaient sans cesse à l'esprit. Dans une de ses terres, un cyprès, d'une hauteur extraordinaire, avait été subitement renversé ; le lendemain, on l'avait vu relevé à la même place, aussi haut, et plus vert, plus touffu que jamais. C'était, d'après tous les aruspices, un grand et magnifique présage ; et l'on promit à Vespasien, fort jeune alors, la plus brillante destinée. D'abord il crut que ses décorations triomphales, son consulat et ses victoires en Judée avaient rempli la prédiction ; ces honneurs une fois obtenus, il se persuada que c'était l'empire qui lui était annoncé. Entre la Syrie et la Judée se

rentia. Illìc sacrificanti Vespasiano, cùm spes occultas versaret animo, Basilides sacerdos, inspectis identidem extis, « Quidquid est, inquit, Vespasiane, » quod paras, seu domum exstruere, seu prolatare » agros, sive ampliare servitia; datur tibi magna » sedes, ingentes termini, multùm hominum. » Has ambages et statim exceperat fama, et tunc aperiebat: nec quidquam magis in ore vulgi: crebriores apud ipsum sermones; quantò sperantibus plura dicuntur.

LXXIX. Haud dubiâ destinatione discessère, Mucianus Antiochiam, Vespasianus Cæsaream: illa Syriæ, hæc Judææ caput est. Initium ferendi ad Vespasianum imperii Alexandriæ cœptum, festinante Tiberio Alexandro, qui kalendis juliis sacramento ejus legiones adegit. Isque primus principatûs dies in posterum celebratus, quamvis judaïcus exercitus quinto nonas julias apud ipsum jurâsset, eo ardore ut ne Titus quidem filius exspectaretur, Syriâ remeans, et consiliorum inter Mucianum ac patrem nuncius: cuncta impetu militum acta: non paratâ concione, non conjunctis legionibus.

trouve le Carmel, montagne dont on a fait un dieu du même nom. Ce dieu n'a ni temple, ni statue (ainsi l'a réglé une tradition ancienne); un simple autel y attire la vénération des hommes. Vespasien y sacrifiait dans le temps que ses projets d'élévation roulaient en secret dans sa tête. Le prêtre, nommé Basilide, ayant considéré les entrailles à diverses reprises, « Quels que soient tes desseins, dit-il à » Vespasien, soit que tu veuilles bâtir, ou étendre tes do- » maines, ou multiplier tes esclaves, les dieux te pro- » mettent une grande habitation, un vaste territoire, beau- » coup d'hommes ». Ces ambiguïtés mystérieuses avaient été recueillies aussitôt par la renommée; et alors on les expliquait. C'était l'entretien ordinaire du public; on en parlait souvent à Vespasien lui-même, par cette complaisance qu'on a pour les faibles qu'on nous montre.

LXXIX. Leurs desseins, irrévocablement arrêtés, ils se retirèrent, Mucien à Antioche*, Vespasien à Césarée; l'une est la capitale de la Syrie, l'autre de la Judée. Le premier lieu où l'on proclama Vespasien empereur fut Alexandrie. Tibère Alexandre se hâta de le faire reconnaître par ses légions, dès les calendes ** de juillet; et c'est de ce jour qu'on a commencé à dater son principat, quoique l'armée de Judée n'eût prêté serment que le cinq des nones *** de ce mois. Du reste, elle y mit tant d'ardeur, qu'on n'attendit pas même Titus qui revenait de Syrie, où son père l'avait envoyé pour se concerter avec Mucien. L'enthousiasme des soldats fit tout. On ne les avait point

---

* Antioche, aujourd'hui Antakia.—Césarée, aujourd'hui Kaisarié.
** Le 1er. de juillet.
*** Le 3 de juillet.

LXXX. Dùm quæritur tempus locusque, quodque in re tali difficillimum est, prima vox; dùm animo spes, timor, ratio, casus obversantur; egressum cubiculo Vespasianum, pauci milites, solito adsistentes ordine, ut legatum salutaturi, imperatorem salutavêre. Tùm ceteri accurrere, Cæsarem, et Augustum, et omnia principatûs vocabula cumulare : mens à metu ad fortunam transierat. In ipso nihil tumidum, arrogans, aut in rebus novis novum fuit : ut primùm tantæ multitudinis obfusam oculis caliginem disjecit, militariter locutus, læta omnia, et adfluentia excepit : namque id ipsum opperiens Mucianus, alacrem militem in verba Vespasiani adegit. Tùm Antiochensium theatrum ingressus, ubì illis consultare mos est, concurrentes, et in adulationem effusos adloquitur : satis decorus etiam græcâ facundiâ, omniumque quæ diceret, atque ageret, arte quâdam ostentator. Nihil æquè provinciam exercitumque accendit quàm quòd adseverabat Mucianus statuisse Vitellium ut germanicas legiones in Syriam, ad militiam opulentam quietamque transferret ; contrà, syriacis legionibus germanica hiberna, cœlo ac laboribus dura, mutarentur. Quippè et provinciales sueto militum contubernio gaudebant, plerique necessitudinibus et propinquitatibus mixti ; et militibus, vetustate stipendiorum, nota et familiaria castra in modum penatium diligebantur.

convoqués d'avance ; on n'avait point rassemblé les légions.

LXXX. Tandis qu'on cherche le lieu, le temps, et ce qui, en pareille occasion, fait la plus grande difficulté, un premier homme qui commence, tandis que les espérances, les craintes, les mesures, les hasards se combinent, quelques soldats voient sortir Vespasien de son appartement. Ils s'étaient rangés à l'ordinaire, comme pour saluer leur commandant; ils le proclament empereur. Aussitôt les autres accourent; ils le nomment César et Auguste; ils accumulent tous les titres du principat. L'ame de Vespasien, se fortifiant contre la crainte, s'abandonna dès ce moment à la fortune. On ne vit en lui nulle vanité, nulle hauteur, enfin, dans un si grand changement, rien de changé. Sitôt que le premier nuage qu'avait jeté sur ses yeux ce grand mouvement, fut dissipé, il les harangue militairement, et tout lui réussit : c'est un enchaînement de prospérités. Mucien n'attendait que ce moment; il fait prêter le serment à ses soldats, qui obéissent avec transport. Il se rend ensuite au théâtre d'Antioche, lieu ordinaire des délibérations, où il y eut un concours prodigieux d'habitants et un flux d'adulations universel. Mucien les harangua, s'exprimant même en grec avec assez de grâce, et possédant l'art de donner à ses actions et à ses paroles cet éclat qui impose à l'imagination. Rien n'enflamma la province et l'armée, comme l'assurance donnée par Mucien du projet de Vitellius de transporter les légions de Germanie dans les garnisons riches et tranquilles de la Syrie; tandis qu'aux soldats de Syrie, il destinait le service et le climat rigoureux de la Germanie. Les habitants des provinces s'étaient affectionnés aux soldats par l'habitude de les voir; la plupart étaient unis par l'amitié et par des alliances; de leur côté, les soldats, natu-

LXXXI. Ante idus julias, Syria omnis in eodem sacramento fuit. Accessêre cum regno, Sohemus, haud spernendis viribus, Antiochus, vetustis opibus ingens, et inservientium regum ditissimus : mox per occultos suorum nuncios excitus ab Urbe Agrippa, ignaro adhuc Vitellio, celeri navigatione properaverat : nec minore animo regina Berenice partes juvabat, florens aetate formâque, et seni quoque Vespasiano magnificentiâ munerum grata. Quidquid provinciarum adluitur mari, Asiâ atque Achaïâ tenùs, quantùmque introrsùs in Pontum et Armenios patescit, juravêre : sed inermes legati regebant, nondùm additis Cappadociae legionibus. Consilium de summâ rerum Beryti habitum : illùc Mucianus, cum legatis tribunisque, et splendidissimo quoque centurionum ac militum, venit : et è judaïco exercitu lecta decora. Tantùm simul peditum equitumque, et aemulantium inter se regum paratus, speciem·fortunae principalis effecerant.

LXXXII. Prima belli cura agere delectus, revocare veteranos : destinantur validae civitates exercendis armorum officinis : apud Antiochenses, aurum argentumque signatur : eaque cuncta per idoneos ministros, suis quaeque locis, festinabantur. Ipse Vespasianus adire, hortari, bonos laude, segnes

ralisés dans leur camp par un long séjour, le chérissaient comme leurs pénates.

LXXXI. Avant les ides * de juillet, toute la Syrie fut sous l'obéissance de Vespasien, ainsi que les États de Sohême et d'Antiochus. Sohême avait des forces qui n'étaient point à mépriser, et Antiochus des trésors immenses, accumulés depuis des siècles. Bientôt après, Agrippa se joignit à eux. Averti secrètement par les siens, il s'était sauvé de Rome à l'insu de Vitellius, et il avait accéléré sa navigation. Le parti avait encore un autre allié non moins ardent, la reine Bérénice, brillante de jeunesse et de beauté, et qui avait charmé jusqu'au vieux Vespasien, mais par la magnificence de ses présents. Toutes les provinces baignées par la mer, depuis l'Asie jusqu'à la Grèce, et toutes celles qui s'étendent dans l'intérieur jusque vers le Pont et les deux Arménies, le reconnurent; mais il n'y avait que des lieutenants et point d'armées : la Cappadoce** n'avait point encore de légions. On tint un conseil à Béryte***, pour régler les opérations. Mucien s'y rendit avec ses lieutenants, ses tribuns et la portion la plus brillante de ses centurions et de ses soldats : on choisit aussi la fleur de l'armée de Judée. Tant de troupes d'infanterie et de cavalerie rassemblées, et la pompe de tous ces rois qui disputaient à l'envi de magnificence, formaient à Vespasien un cortége digne du rang suprême.

LXXXII. Le premier soin fut de faire des levées, de

* Le 15 de juillet.
** Ce fut Vespasien qui établit, le premier, un corps d'armée dans cette province, pour la garantir des incursions des Barbares, et qui lui donna, pour commandant, un consulaire, au lieu d'un simple chevalier romain.
*** Aujourd'hui Barut, dans la Phénicie.

exemplo, incitare sæpiùs quàm coercere; vitia magis amicorum quàm virtutes dissimulans. Multos præfecturis et procurationibus, plerosque senatorii ordinis honore percoluit, egregios viros, et mox summa adeptos: quibusdam fortuna pro virtutibus fuit. Donativum militi, neque Mucianus primâ concione, nisi modicè ostenderat; ne Vespasianus quidem plus civili bello obtulit quàm alii in pace; egregiè firmus adversùs militarem largitionem, eòque exercitu meliore. Missi ad Parthum Armeniumque legati, provisumque ne, versis ad civile bellum legionibus, terga nudarentur. Titum instare Judææ, Vespasianum obtinere claustra Ægypti placuit: sufficere videbantur adversùs Vitellium pars copiarum, et dux Mucianus, et Vespasiani nomen, ac nihil arduum fatis. Ad omnes exercitus legatosque scriptæ epistolæ, præceptumque ut prætorianos, Vitellio infensos, reciperandæ militiæ præmio invitarent.

LXXXIII. Mucianus, cum expeditâ manu, socium magis imperii quàm ministrum agens, non

rappeler les vétérans. On choisit des places fortes pour y fabriquer des armes. On frappe à Antioche de la monnaie d'or et d'argent ; et, dans chaque lieu, des inspecteurs intelligents veillaient à l'exécution prompte de ses ordres. Vespasien allait en personne visiter, animer les travaux ; il donnait aux uns des louanges, aux autres l'exemple ; il encourageait plus qu'il ne réprimandait, dissimulant les vices de ses amis plutôt que leurs vertus. Il s'en attacha plusieurs, en les nommant procurateurs ou préfets, et la plupart en leur conférant le titre de sénateur ; presque tous étaient des hommes distingués, et parvinrent aux dignités ; à quelques-uns, la fortune tint lieu de mérite. Quant au *donativum*, Mucien, dans sa première harangue, ne l'avait fait entrevoir que légèrement. Vespasien même n'offrit pas plus, pour une guerre civile, qu'on ne donnait en pleine paix : il se roidissait avec courage contre toutes ces largesses militaires, et ses soldats n'en valaient que mieux. On envoya des députés chez les Parthes et chez les Arméniens, et l'on pourvut à ce que les frontières ne fussent pas exposées dans le temps où la guerre civile allait distraire les légions. On arrêta que Titus achéverait de réduire la Judée, que Vespasien occuperait les barrières de l'Égypte. On crut suffisante, contre Vitellius, une partie des troupes, Mucien pour chef, le nom de Vespasien, et l'idée que rien ne résistait à sa destinée. On écrivit à toutes les armées, ainsi qu'aux lieutenants, et l'on recommanda de mettre à profit la haine des prétoriens contre Vitellius, et de les attirer par la promesse de les rétablir.

LXXXIII. Mucien, qui se conduisait en collègue plutôt qu'en ministre de Vespasien, prit les devants avec un corps de troupes lestes. Sans ralentir sa marche, pour éviter l'air

lento itinere, ne cunctari videretur, neque tamen properans, gliscere famam ipso spatio sinebat : gnarus modicas vires sibi, et majora credi de absentibus. Sed legio sexta, et tredecim vexillariorum millia, ingenti agmine sequebantur. Classem è Ponto Byzantium adigi jusserat; ambiguus consilii nùm, omissâ Mœsiâ, Dyrrachium pedite atque equite, simul longis navibus versum in Italiam mare clauderet, tutâ pone tergum Achaïâ Asiâque; quas inermes exponi Vitellio, ni præsidiis firmarentur; atque ipsum Vitellium in incerto fore quam partem Italiæ protegeret, si sibi Brundisium Tarentumque, et Calabriæ Lucaniæque littora infestis classibus peterentur.

LXXXIV. Igitur navium, militum, armorum paratu strepere provinciæ. Sed nihil æquè fatigabat quàm pecuniarum conquisitio : eos esse belli civilis nervos dictitans Mucianus, non jus, aut verum in cognitionibus, sed solam magnitudinem opum spectabat : passim delationes; et locupletissimus quisque in prædam correpti : quæ gravia atque intoleranda, sed necessitate armorum excusata, etiam in pace mansère; ipso Vespasiano, inter initia imperii, ad obtinendas iniquitates haud perindè obstinante : donec, indulgentiâ fortunæ, et parvis magistris, didicit, aususque est. Propriis quoque opibus Mucianus bellum juvit, largus privatim quòd avidiùs de republicâ sumeret. Ceteri conferendarum pecuniarum

de l'irrésolution, sans l'accélérer non plus, il laissait croître par l'éloignement même, la réputation de ses forces, connaissant leur faiblesse, et combien l'on exagère ce qu'on ne voit pas. Mais la sixième légion et treize mille vexillaires suivaient, avec un train considérable. Il avait ordonné à la flotte de se rendre du Pont à Byzance, incertain s'il ne quitterait point la route de la Mésie * pour débarquer avec toute son armée à Dyrrachium **, et, en même temps, fermer avec ses vaisseaux la mer d'Italie. Par-là, il assurait sur ses derrières l'Asie et la Grèce, qu'autrement il ne pouvait défendre contre Vitellius sans s'affaiblir par des détachements, et il laissait Vitellius lui-même incertain sur le lieu où il porterait ses forces, la flotte pouvant menacer à la fois Brindes, Tarente, et les rivages de la Calabre et de la Lucanie ***.

LXXXIV. On équipait donc, on enrôlait, on fabriquait : tout était en mouvement dans les provinces ; mais rien ne pesait autant que l'inquisition sur les fortunes. Mucien répétait sans cesse que le nerf de la guerre civile était l'argent ; et, pour en avoir, on n'examinait plus si les accusations étaient fondées, mais si les accusés étaient riches. C'étaient des délations en foule, et tout ce qu'il y avait de plus opulents était la proie inévitable du fisc. Ces abus énormes et intolérables, qu'on justifiait alors par les besoins de la guerre, subsistèrent même dans la paix. Pour Vespasien, dans les commencements de son règne, il ne mit pas la même audace à s'enrichir par des injustices ; mais, depuis,

---

* Aujourd'hui la Bulgarie et partie de la Servie.
** Durazzo.
*** Partie de la principauté citérieure et de la Basilicate.

exemplum secuti; rarissimus quisque eamdem in reciperando licentiam habuerunt.

LXXXV. Adcelerata interim Vespasiani coepta, illyrici exercitûs studio, transgressi in partes. Tertia legio exemplum ceteris Moesiae legionibus praebuit. Octava erat ac septima Claudiana, imbutae favore Othonis, quamvis praelio non interfuissent. Aquileiam progressae, proturbatis qui de Othone nunciabant, laceratisque vexillis nomen Vitellii praeferentibus, raptâ postremò pecuniâ, et inter se divisâ, hostiliter egerant. Undè metus, et ex metu consilium : posse imputari Vespasiano, quae apud Vitellium excusanda erant. Ità tres moesicae legiones per epistolas adliciebant pannonicum exercitum, aut abnuenti vim parabant. In eo motu, Aponius Saturninus, Moesiae rector, pessimum facinus audet, misso centurione ad interficiendum Tertium Julianum, septimae legionis legatum, ob simultates quibus caussam partium praetendebat. Julianus, comperto discrimine, et gnaris locorum adscitis, per avia Moesiae, ultra montem Haemum profugit : nec deinde civili bello interfuit, per varias moras susceptum ad Vespasianum iter trahens, et, ex nunciis, cunctabundus, aut properans.

gâté par la fortune et par des maîtres pervers, il apprit et il osa. Mucien contribua aussi de ses propres richesses aux frais de la guerre, prodigue de ses biens, parce qu'il comptait sur ceux de l'État. D'autres suivirent l'exemple de ces contributions volontaires : très-peu eurent, comme lui, le droit de s'en dédommager.

LXXXV. Le zèle de l'armée d'Illyrie, qui se déclara pour Vespasien, avança ses projets. La troisième légion donna l'exemple aux deux autres légions de la Mésie, la huitième et la septième Claudiane (26), toutes deux affectionnées pour Othon, quoiqu'elles ne se fussent pas trouvées à la bataille. Elles s'étaient avancées jusqu'à Aquilée; elles avaient maltraité ceux qui vinrent annoncer le désastre d'Othon; elles avaient déchiré les drapeaux qui portaient le nom de Vitellius, enfin elles avaient pillé la caisse militaire et se l'étaient partagée : c'étaient autant d'hostilités. Elles en craignirent les suites, et la crainte leur conseilla de se faire un mérite, auprès de Vespasien, de ce qui était un crime aux yeux de Vitellius. Elles écrivirent donc toutes trois à l'armée de Pannonie, pour l'attirer dans leur parti, ou, à son refus, lui déclarer la guerre. Aponius Saturninus, gouverneur de Mésie, voulut, par une lâcheté exécrable, profiter de ces mouvements pour satisfaire des ressentiments particuliers, qu'il couvrait de l'intérêt du parti. Il charge un centurion d'assassiner Tertius Julianus, lieutenant de la septième légion. Julianus, averti du péril, ayant pris des guides sûrs, se sauva par les déserts de la Mésie, au-delà du mont Hémus*; et, depuis, il ne prit aucune part à la guerre civile. Il s'était mis en route pour aller trouver Vespasien;

---

* Le mont Argentaro.

LXXXVI. At, in Pannoniâ, tertiadecima legio, ac septima Galbiana, dolorem iramque bebriacensis pugnæ retinentes, haud cunctanter Vespasiano accessêre, vi præcipuâ Primi Antonii. Is, legibus nocens, et, tempore Neronis, falsi damnatus, inter alia belli mala, senatorium ordinem reciperaverat. Præpositus à Galbâ septimæ legioni, scriptitâsse Othoni credebatur, ducem se partibus offerens; à quo neglectus, in nullo othoniani belli usu fuit : labantibus Vitellii rebus, Vespasianum secutus, grande momentum addidit, strenuus manu, sermone promptus, serendæ in alios invidiæ artifex, discordiis et seditionibus potens, raptor, largitor, pace pessimus, bello non spernendus. Juncti indè mœsici ac pannonici exercitus, Dalmaticum militem traxêre, quanquàm consularibus legatis nihil turbantibus. Titus Ampius Flavianus Pannoniam, Pompeius Silvanus Dalmatiam tenebant, divites senes. Sed procurator aderat Cornelius Fuscus, vigens ætate, claris natalibus : primâ juventâ, quietis cupidine, senatorium ordinem exuerat : idem pro Galbâ dux coloniæ suæ, eâque operâ procurationem adeptus, susceptis Vespasiani partibus, acerrimam bello facem prætulit; non tam præmiis periculorum, quàm ipsis periculis lætus : pro certis, et olim partis, nova, ambigua, ancipitia malebat. Igitur movere et quatere quidquid usquàm ægrum foret, ad-

mais il traîna sa marche sous différents prétextes, et, selon les événements, il la ralentissait ou l'accélérait.

LXXXVI. Dans la Pannonie, la treizième légion et la septième Galbiane, qui conservaient du ressentiment et de la colère de l'affront de Bébriac, ne balancèrent point à se déclarer pour Vespasien, entraînées surtout par l'impulsion d'Antonius. Ce Romain, déclaré coupable par les lois, et condamné sous Néron, comme faussaire, avait été, entre les autres malheurs de la guerre, replacé dans le sénat. Nommé par Galba commandant de la septième légion, il avait écrit, à ce qu'on croyait, plusieurs lettres à Othon, pour lui offrir ses services comme général. Négligé par Othon, il ne fut point employé dans cette guerre. Lorsque la puissance de Vitellius chancela, il se tourna du côté de Vespasien, et mit un grand poids dans la balance; intrépide, éloquent, habile à semer la haine, fait pour dominer dans les troubles et les séditions, pillant d'une main, prodiguant de l'autre, détestable citoyen, guerrier recommandable. Les armées de Mésie et de Pannonie, ainsi réunies, entraînèrent celle de Dalmatie, quoique les généraux, personnages consulaires, n'y contribuassent en rien. Flavianus * commandait en Pannonie, Silvanus en Dalmatie, tous deux riches et vieux. Mais il y avait un procurateur, Cornélius Fuscus, dans toute la vigueur de l'âge, du nom le plus illustre. Cornélius, dans sa première jeunesse, avait, pour l'amour du repos, renoncé au rang de sénateur. Depuis, ayant fait déclarer sa colonie pour Galba, il reçut en récompense cette procurature, et se jetant alors dans le parti de Vespasien, il attisa avec plus d'ardeur que nul autre le

---

* Titus Ampius Flavianus, Pompeius Silvanus.

grediuntur. Scriptæ in Britanniam ad quartadecimanos, in Hispaniam ad primanos epistolæ; quòd utraque legio pro Othone, adversa Vitellio fuerat : sparguntur per Gallias litteræ; momentoque temporis flagrabat ingens bellum, illyricis exercitibus palàm desciscentibus, ceteris fortunam secuturis.

LXXXVII. Dùm hæc, per provincias, à Vespasiano ducibusque partium geruntur, Vitellius, contemptior in dies segniorque, ad omnes municipiorum villarumque amœnitates resistens, gravi Urbem agmine petebat. Sexaginta millia armatorum sequebantur, licentiâ corrupta : calonum numerus amplior; procacissimis etiam inter servos lixarum ingeniis : tot legatorum amicorumque comitatus, inhabilis ad parendum, etiam si summâ modestiâ regeretur. Onerabant multitudinem obvii ex Urbe senatores equitesque : quidam metu, multi per adulationem, ceteri, ac paulatim omnes, ne, aliis proficiscentibus, ipsi remanerent. Aggregabantur è plebe, flagitiosa per obsequia Vitellio cogniti, scurræ, histriones, aurigæ, quibus ille amicitiarum dehonestamentis mirè gaudebat. Nec coloniæ modò, aut municipia, congestu copiarum, sed ipsi cultores, arvaque, maturis jam frugibus, ut hostile solum, vastabantur.

feu de la guerre, aimant les périls plus pour eux-mêmes que pour le fruit qu'on en retire, préférant, à des biens acquis et assurés, le changement, l'incertitude, les risques et les hasards. Ces deux hommes donc travaillent à remuer, et à mettre en action tout ce qui fermentait de mécontents dans tous les coins de l'empire. On écrivit en Bretagne à la quatorzième légion, en Espagne à la première : toutes deux avaient été pour Othon contre Vitellius. On répand des lettres dans les Gaules, et, en moins d'un instant, on eut allumé un vaste embrasement : les légions d'Illyrie étaient ouvertement rebelles; le reste n'attendait qu'un succès.

LXXXVII. Tandis que Vespasien et les chefs de son parti font ces préparatifs dans les provinces, Vitellius, chaque jour plus méprisable, et d'une indolence plus stupide, s'arrêtant dans les moindres villes et dans les moindres campagnes où on l'amusait, se traînait vers Rome avec un immense attirail. Il menait soixante mille soldats perdus de licence, sans compter les valets d'armée, dont le nombre était encore plus grand, et qui, de tous les esclaves, sont l'espèce la plus insolente. Les commandants et les favoris, seuls, composaient une troupe qu'avec la plus exacte discipline il eût été impossible de contenir. A tout l'embarras de cette multitude énorme, se joignaient les sénateurs et les chevaliers qui vinrent de Rome à sa rencontre, quelques-uns par crainte, beaucoup par adulation, la plupart, et insensiblement tous, pour ne point rester quand les autres partaient. Il s'y agrégeait encore de la populace, tous ceux que d'infâmes complaisances avaient liés avec Vitellius, bouffons, histrions, cochers *, dont la société dégoûtante formait

---

* On avait vu Vitellius, avec l'habit bleu des palefreniers, panser les chevaux du cirque.

LXXXVIII. Multæ et atroces inter se militum cædes, post seditionem Ticini cœptam : manente legionum auxiliorumque discordiâ : ubi adversùs paganos certandum foret, consensu. Sed plurima strages ad septimum ab Urbe lapidem : singulis ibi militibus Vitellius paratos cibos, ut gladiatoriam saginam, dividebat : et effusa plebes totis se castris miscuerat. Incuriosos milites, vernaculâ, ut rebantur, urbanitate, quidam spoliavêre, abscisis furtim balteis, an accincti forent, rogitantes. Non tulit ludibrium insolens contumeliæ animus : inermem populum gladiis invasêre : cæsus inter alios pater militis, cùm filium comitaretur; deindè agnitus; et, vulgatâ cæde, temperatum ab innoxiis. In Urbe tamen trepidatum, præcurrentibus passim militibus. Forum maximè petebant, cupidine visendi locum in quo Galba jacuisset. Nec minùs sævum spectaculum erant ipsi, tergis ferarum et ingentibus telis horrentes, cùm turbam populi per inscitiam parùm vitarent, aut, ubi lubrico viæ, vel occursu alicujus procidissent, ad jurgium, mox ad manus et ferrum transirent. Quin et tribuni præfectique cum terrore et armatorum catervis volitabant.

un des plus doux passe-temps d'un empereur. Et, non-seulement on épuisait les villes pour subvenir à l'amas des approvisionnements, on dépouillait encore les cultivateurs; on enlevait les moissons debout sur les champs; on dévastait comme sur un sol ennemi.

LXXXVIII. Depuis la sédition de Ticinum, il y eut entre les soldats des massacres horribles et fréquents, la querelle des légions et des auxiliaires subsistant toujours : ils n'étaient d'accord que pour égorger les habitants. Mais le plus grand carnage se fit à sept milles de Rome. Vitellius y faisait distribuer à chaque soldat une ration énorme de viandes tout apprêtées, telle qu'on la donne aux gladiateurs. Des flots de populace avaient rempli toute l'étendue du camp. Quelques hommes, dans un accès de gaîté qu'ils croyaient plaisant, profitant de la distraction des soldats, les dépouillèrent de leurs ceinturons, qu'ils avaient coupés furtivement; puis leur dirent de ceindre leurs épées. Cette plaisanterie parut un affront à ces esprits intraitables. Ils tombent, l'épée à la main, sur la populace sans armes; on égorgea, entre autres, le père d'un soldat, à côté de son fils qu'il n'avait point quitté. Il n'y eut que cette méprise, reconnue et divulguée, qui fit épargner des innocents. A Rome, il n'y eut pas moins de désordre, par cette foule de soldats qui avaient pris les devants, et qui couraient de côté et d'autre. La curiosité les portait surtout au Forum, pour y voir le lieu où Galba avait été tué. Mais eux-mêmes n'y donnèrent pas un spectacle moins cruel. Outre l'effroi qu'inspiraient leurs vêtements de peaux de bêtes et leurs piques énormes, toutes les fois que, par maladresse, ils ne pouvaient se démêler de la foule, ou bien qu'un faux pas sur un terrain glissant, ou le moindre choc les faisait

LXXXIX. Ipse Vitellius, à ponte Milvio, insigni equo, paludatus accinctusque, senatum et populum ante se agens, quominùs ut captam urbem ingrederetur, amicorum consilio deterritus, sumptâ prætextâ, et composito agmine, incessit. Quatuor legionum aquilæ per frontem, totidemque circà è legionibus aliis vexilla, mox duodecim alarum signa, et, post peditum ordines, eques : dein quatuor et triginta cohortes, ut nomina gentium, aut species armorum forent, discretæ. Ante aquilam præfecti castrorum tribunique, et primi centurionum, candidâ veste : ceteri juxta suam quisque centuriam, armis donisque fulgentes. Et militum phaleræ, torquesque splendebant : decora facies, et non Vitellio principe dignus exercitus. Sic Capitolium ingressus, atque ibi matrem amplexus, Augustæ nomine honoravit.

XC. Posterâ die, tanquàm apud alterius civitatis senatum populumque, magnificam orationem de semetipso prompsit, industriam temperantiamque suam laudibus attollens; consciis flagitiorum ipsis qui aderant, omnique Italiâ, per quam somno et

tomber, ils s'emportaient, ils frappaient, ils massacraient. Il n'y eut pas jusqu'à des tribuns et des préfets même qui ne courussent ainsi de toutes parts avec un air de menaces, et des troupes entières de soldats armés.

LXXXIX. Pour Vitellius, il était déjà au pont Milvius, sur un cheval superbe, revêtu du *paludamentum*, ayant ceint l'épée, chassant devant lui le sénat et le peuple romain ainsi qu'un vil troupeau ; et il allait entrer dans Rome, comme dans une ville prise d'assaut, lorsque pourtant, sur la représentation de ses amis, il prit la prétexte, mit de l'ordre dans sa marche, et entra à pied. Les aigles de quatre légions étaient en avant, et, autour, un nombre égal de drapeaux des autres légions, puis les enseignes de douze divisions de cavalerie; après les légionnaires venaient les troupes à cheval; ensuite trente-quatre cohortes, distinguées par la variété des nations et par celle des armures. Au-devant de chaque aigle marchaient, vêtus de blanc, les préfets de camp avec les tribuns et les primipilaires : les centurions étaient, chacun à côté de leur centurie, parés de leurs armes et de tous les prix de leur valeur. Les décorations des soldats, leurs phalères et leurs colliers paraissaient aussi dans tout leur éclat : spectacle imposant, magnifique armée, digne d'un autre chef ! Ce fut avec cette pompe que Vitellius se rendit au Capitole; là, il reçut les embrassements de sa mère qu'il décora du titre d'*Augusta*.

XC. Le lendemain, comme s'il eût harangué un sénat et un peuple qui ne l'eussent pas connu, il se donna à lui-même de magnifiques éloges; il exalta son activité et sa tempérance; tandis qu'il avait, pour témoins de ses infamies, ceux-mêmes qui l'entendaient, et l'Italie entière, au travers de laquelle il avait promené l'opprobre de sa nonchalance

luxu pudendus incesserat. Vulgus tamen, vacuum curis, et sine falsi verique discrimine solitas adulationes edoctum, clamore et vocibus adstrepebat: abnuentique nomen Augusti, expressêre ut assumeret, tam frustrà quàm recusaverat.

XCI. Apud civitatem cuncta interpretantem, funesti ominis loco acceptum est quòd maximum pontificatum adeptus Vitellius, de cærimoniis publicis xv. kal. aug. edixisset, antiquitùs infausto die Cremerensi Alliensique cladibus : adeò omnis humani divinique juris expers, pari libertorum amicorumque socordiâ, velut inter temulentos agebat. Sed comitia consulum cum candidatis civiliter celebrans, omnem infimæ plebis rumorem, in theatro ut spectator, in circo ut fautor, affectavit : quæ, grata sanè et popularia, si à virtutibus proficiscerentur, memoriâ vitæ prioris, indecora et vilia accipiebantur. Ventitabat in senatum, etiam cùm parvis de rebus Patres consulerentur. Ac fortè Priscus Helvidius, prætor designatus, contra studium ejus censuerat. Commotus primò Vitellius, non tamen ultra quàm tribunos plebis in auxilium spretæ potestatis advocavit. Mox mitigantibus amicis, qui altiorem iracundiam ejus verebantur, nihil novi accidisse respondit quòd duo senatores in republicâ dissentirent : solitum se etiam Thraseæ contradicere. Inrisêre plerique impudentiam æmulationis : aliis id ipsum placebat quòd neminem ex præ-

et de ses dissolutions. Le peuple, étranger aux affaires, et qui, sans s'inquiéter si c'est mensonge ou vérité, répète les formules d'adulation qu'on lui a apprises, faisait tout retentir d'acclamations et d'applaudissements; et il le força, malgré sa résistance, à prendre enfin le titre d'Auguste, sans plus de raison qu'il n'en avait eu de le refuser.

XCI. Dans une ville où tout se remarque, on tira un fâcheux présage de ce que Vitellius, après avoir pris possession du souverain pontificat, donna un édit pour une fête, le 15 * des calendes d'août, jour que les défaites de Crémère (27) et d'Allia avaient rendu depuis long-temps sinistre. Mais telle était sa profonde ignorance des moindres usages civils et religieux; l'incapacité de ses affranchis et de ses amis n'était pas moindre; il n'avait, pour ainsi dire, autour de lui que des gens ivres. Dans les comices consulaires, il ne se distingua en rien des autres candidats. Il ambitionna, dans les moindres choses, les suffrages de la plus vile populace; au théâtre, il se confondait avec elle; au cirque, il entrait dans leurs factions; popularité qu'on eût aimée, sans doute, si elle eût eu la vertu pour principe; mais le souvenir de sa vie passée la faisait imputer à bassesse et à lâcheté. Il allait souvent au sénat, même pour des affaires peu importantes. Un jour, Helvidius, préteur désigné, avait combattu un avis auquel tenait fortement Vitellius. Celui-ci d'abord en fut ému. Toutefois, il se contenta d'appeler les tribuns au secours de son autorité blessée. Au sortir du sénat, ses amis, lui croyant un ressentiment plus profond, cherchaient à l'adoucir. Il répondit qu'il n'y avait rien d'étrange de voir deux sénateurs d'opinion dif-

---

* Le 18 juillet.

potentibus, sed Thraseam ad exemplar veræ gloriæ legisset.

XCII. Præposuerat prætorianis P. Sabinum, à præfecturâ cohortis, Julium Priscum, tùm centurionem : Priscus Valentis, Sabinus Cæcinæ gratiâ pollebant. Inter discordes, Vitellio nihil auctoritatis : munia imperii Cæcina ac Valens obibant, olim anxii odiis, quæ bello et castris malè dissimulata, pravitas amicorum, et fecunda gignendis inimicitiis civitas auxerat, dùm ambitu, comitatu et immensis salutantium agminibus contendunt, comparanturque; variis in hunc aut illum Vitellii inclinationibus. Nec unquàm satis fida potentia, ubi nimia est. Simul ipsum Vitellium, subitis offensis aut intempestivis blanditiis mutabilem, contemnebant metuebantque. Nec eò segniùs invaserant domos, hortos, opesque imperii : cùm flebilis et egens nobilium turba, quos ipsos liberosque patriæ Galba reddiderat, nullâ principis misericordiâ juvarentur. Gratum primoribus civitatis, etiam plebes approbavit quòd reversis ab exsilio jura libertorum concessisset : quanquàm id omni modo servilia ingenia corrumpebant, abditis pecuniis per occultos aut ambitiosos sinus : et quidam in domum Cæsaris transgressi, atque ipsis dominis potentiores.

férente; qu'il avait souvent lui-même contredit Thraséas. La plupart ne sentirent que le ridicule de ce rapprochement de Thraséas et de Vitellius; d'autres voyaient avec plaisir qu'il eût cité, pour modèle de la vraie gloire, un citoyen opprimé, préférablement à tous ces favoris si puissants.

XCII. Il avait mis à la tête du prétoire Publius Sabinus * préfet d'une cohorte prétorienne, et Julius Priscus, simple centurion : Priscus avait la faveur de Valens, Sabinus celle de Cæcina. Au milieu de leurs dissensions, Cæcina et Valens laissaient Vitellius sans autorité : ils gouvernaient seuls l'empire. Leur ancienne inimitié, contenue avec peine au milieu de la guerre et des camps, s'était envenimée par les noirceurs de leurs amis, et dans une capitale habile à faire éclore les inimitiés. C'était à qui aurait des protégés, un cortége et une cour nombreuse d'adorateurs; c'était sans cesse rivalités et comparaisons : puis les prédilections de Vitellius penchaient tantôt pour l'un, tantôt pour l'autre. Un pouvoir extrême est toujours mal assuré. Vitellius, des caresses les plus déplacées, passait souvent à des emportements brusques; ils le méprisaient et ils le craignaient. Ils n'en avaient pas envahi avec moins d'ardeur des palais, des jardins, tous les trésors de l'empire, tandis qu'une foule de nobles, que Galba avait rendus à leur patrie, languissaient eux et leurs enfants dans les larmes et dans la misère, sans que la pitié du prince leur offrît le moindre secours. Il fit pourtant une chose agréable aux grands, et qui eut même l'approbation du peuple; il accorda aux bannis qu'on avait rappelés le droit (28) de pa-

---

* Ce Publius Sabinus n'était point de la même famille que le Flavius Sabinus, préfet de Rome, frère de Vespasien.

XCIII. Sed miles, plenis castris, et redundante multitudine, in porticibus aut delubris, et urbe totâ vagus, non principia noscere, non servare vigilias, neque labore firmari : per inlecebras Urbis, et inhonesta dictu, corpus otio, animum libidinibus imminuebant. Postremò, ne salutis quidem cura : infamibus Vaticani locis magna pars tetendit : undè crebræ in vulgus mortes. Et, adjacente Tiberi, Germanorum Gallorumque obnoxia morbis corpora fluminis aviditas, et æstûs impatientia labefecit. Insuper confusus, pravitate vel ambitu, ordo militiæ. Sedecim prætoriæ, quatuor urbanæ cohortes scribebantur, quîs singula millia inessent. Plus in eo delectu Valens audebat, tanquàm ipsum Cæcinam periculo exemisset : sanè adventu ejus partes convaluerant, et sinistrum lenti itineris rumorem prospero prælio verterat : omnisque inferioris Germaniæ miles Valentem adsectabatur : undè primùm creditur Cæcinæ fides fluitâsse.

XCIV. Ceterùm, non ità ducibus indulsit Vitel-

tronage. Mais la bassesse des affranchis frustrait leurs patrons par mille artifices; ils cachaient leur argent, ou le déposaient dans des mains puissantes. Quelques-uns passaient dans la maison du prince, et devenaient des hommes plus importants que leurs maîtres mêmes.

XCIII. Cependant les soldats, dont le camp n'avait pu contenir qu'une faible partie, avaient été jetés dans les portiques ou dans les temples; et ils erraient dans toute la ville. Ils ne connaissaient plus leurs enseignes; ils ne montaient plus de garde; ils n'étaient plus exercés au travail. Livrés à des excès que je n'ose nommer, ils énervaient, au milieu des délices de Rome, leurs corps dans l'oisiveté, leurs ames dans la débauche. Enfin, on négligea jusqu'à leur conservation : une grande partie campa dans les lieux malsains du Vatican; et, de là, des mortalités fréquentes. Le voisinage du Tibre fut encore une source de maladies pour les Gaulois et pour les Germains, qui, ne pouvant supporter la chaleur, se perdirent par l'usage immodéré de l'eau. De plus, soit pour nuire à un ennemi, soit pour avancer une créature, on confondit tout l'ordre de la milice. On formait seize cohortes du prétoire et quatre de la ville, chacune de mille hommes. Dans la formation de ces cohortes, Valens s'arrogeait le plus de droits, sous prétexte que Cæcina même lui devait son salut. Il est certain que le parti ne s'était rétabli que depuis l'arrivée de Valens. Les premières rumeurs qu'avait excitées la lenteur de sa marche s'étaient dissipées par sa victoire, et tous les soldats de la Basse-Germanie lui étaient dévoués. C'est de ce moment qu'on croit que la fidélité de Cæcina commença à chanceler.

XCIV. Au reste, Vitellius n'accorda pas tant aux chefs,

lius ut non plus militi liceret : sibi quisque militiam sumpsêre : quamvis indignus, si ità maluerat, urbanæ militiæ adscribebatur : rursùs bonis, remanere inter legionarios aut alares volentibus, permissum : nec deerant qui vellent, fessi morbis, et intemperiem cœli incusantes. Robora tamen legionibus alisque subtracta : convulsum castrorum decus, viginti millibus, è toto exercitu, permixtis magis quàm electis. Concionante Vitellio, postulantur ad supplicium Asiaticus, et Flavius, et Rufinus, duces Galliarum, quòd pro Vindice bellâssent. Nec coercebat ejusmodi voces Vitellius : super insitam animo ignaviam, conscius sibi instare donativum, et deesse pecuniam, omnia alia militi largiebatur. Liberti principum, conferre pro numero mancipiorum, ut tributum, jussi. Ipse, solâ perdendi curâ, stabula aurigis extruere : circum gladiatorum ferarumque spectaculis opplere; tanquàm in summâ abundantiâ, pecuniæ inludere.

XCV. Quin et natalem Vitellii diem Cæcina ac Valens, editis totâ Urbe vicatim gladiatoribus, celebravêre, ingenti paratu, et ante illum diem insolito. Lætum fœdissimo cuique, apud bonos invidiæ fuit quòd, exstructis in campo Martio aris, inferias Neroni fecisset : cæsæ publicè victimæ cremataæque : facem Augustales subdidêre : quod sacerdotium, ut

qu'il ne permit encore plus aux soldats. Chacun prit le service qui lui convint. Les plus mauvais sujets étaient admis dans les cohortes prétoriennes, s'ils le demandaient; d'un autre côté, on laissa aux plus braves soldats la liberté de rester dans les légions et dans la cavalerie auxiliaire; ce que plusieurs préférèrent, dans la crainte des maladies et de l'intempérie du climat. Ainsi, tandis qu'on ôtait de leur force aux légions et à la cavalerie, on déshonora le camp des prétoriens, par cet attroupement de vingt milliers d'hommes, qui étaient moins un choix qu'un mélange confus de toute l'armée. Pendant que Vitellius haranguait, les soldats demandèrent le supplice d'Asiaticus, de Flavius et de Rufinus, chefs des Gaulois, qui avaient combattu pour Vindex; et Vitellius ne réprimait point de telles insolences : indépendamment de sa lâcheté naturelle, il se sentait pressé par les gratifications qu'il devait aux soldats; et, dans l'impuissance de les satisfaire, il leur abandonnait tout le reste. Les affranchis des princes furent assujettis à une sorte de tribut, en raison du nombre de leurs esclaves. Pour lui, occupé seulement de dissiper, il bâtissait des écuries pour les conducteurs des chars; il couvrait le cirque de bêtes et de gladiateurs : il se jouait de l'argent *, comme s'il eût été au sein de l'abondance.

XCV. L'anniversaire de sa naissance fut célébré par Valens et par Cæcina avec un appareil extraordinaire et inouï jusqu'à ce jour; il y eut, dans toutes les rues ** de Rome, des combats de gladiateurs. Les infâmes se réjouirent, et les bons s'indignèrent, en voyant Vitellius élever des autels

---

* Vitellius ne trouvait pas le palais d'or de Néron assez beau pour lui.
** Il y avait, suivant Victor, quatre cent vingt-quatre rues.

Romulus Tatio regi, ità Cæsar Tiberius Juliæ genti sacravit. Nondùm quartus à victoriâ mensis, et libertus Vitellii Asiaticus, Polycletos, Patrobios, et vetera odiorum nomina æquabat. Nemo in illâ aulâ probitate aut industriâ certavit : unum ad potentiam iter, prodigis epulis, et sumptu ganeâque satiare inexplebiles Vitellii libidines. Ipse abundè ratus, si præsentibus frueretur; nec in longius consultans, novies millies sestertiûm, paucissimis mensibus, intervertisse creditur. Magna et misera Civitas, eodem anno Othonem Vitelliumque passa, inter Vinios, Fabios, Icelos, Asiaticos, variâ et pudendâ sorte agebat; donec successêre Mucianus, et Marcellus, et magis alii homines quàm alii mores.

XCVI. Prima Vitellio tertiæ legionis defectio nuntiatur, missis ab Aponio Saturnino epistolis, antequàm is quoque Vespasiani partibus aggregaretur. Sed neque Aponius cuncta, ut trepidans re subitâ, perscripserat, et amici, adulantes, molliùs interpretabantur : unius legionis eam seditionem; ceteris exercitibus constare fidem. In hunc modum etiam Vitellius apud milites disseruit, prætorianos nuper exauctoratos insectatus, à quibus falsos rumores dispergi, nec ullum civilis belli metum ad-

à Néron dans le champ de Mars, et solenniser ses obsèques. On immola, on brûla publiquement des victimes; le feu fut allumé par les Augustaux, sorte de prêtres fondés par Tibère en l'honneur des Jules, à l'imitation de ceux que Romulus institua pour le roi Tatius. Il n'y avait pas encore quatre mois depuis la victoire, et Asiaticus, affranchi de Vitellius, égalait déjà les * Polyclètes, les Patrobes, et toutes ces fortunes dévouées, de tout temps, à l'exécration. Dans cette cour, personne ne disputait de talents et de vertus : l'unique voie, pour s'élever, était de chercher, par des festins ruineux, à assouvir, dans de crapuleuses orgies, les désirs insatiables de Vitellius. Celui-ci, bornant tous ses soins à jouir du présent, ne voyait rien au-delà; on dit qu'en très-peu de mois il avait englouti neuf cent ** millions de sesterces. Ainsi cette malheureuse Rome se vit, dans la même année, prostituée à un Othon, à un Vitellius, et, tour à tour, le vil jouet des Vinius, des Fabius, des Icélus, des Asiaticus, que remplacèrent ensuite un Mucien, un Marcellus ***, et toujours les mêmes hommes sous des noms différents.

XCVI. La première révolte qu'apprit Vitellius, fut celle de la troisième légion : Aponius Saturninus l'avait mandée, avant qu'il passât lui-même dans le parti de Vespasien. Mais Aponius, dans la précipitation inséparable d'un événement subit, n'avait pas marqué tous les détails; et les courtisans, cherchant à flatter, déguisaient le mal; ils ne voyaient, de révoltée, qu'une seule légion : le reste était ferme

---

* Affranchis de Néron.

** Cent soixante-quinze millions quatre-vingt-quinze mille deux cent vingt-cinq livres.

*** Marcellus Éprius, grand orateur, mais délateur infâme.

severabat, suppresso Vespasiani nomine, et vagis per urbem militibus, qui sermones populi coercerent : id præcipuum alimentum famæ erat.

XCVII. Auxilia tamen è Germaniâ, Britanniàque, et Hispaniis excivit, segniter, et necessitatem dissimulans. Perindè legati provinciæque cunctabantur : Hordeonius Flaccus, suspectis jam Batavis, anxius proprio bello ; Vectius Bolanus, nunquàm satis quietâ Britanniâ ; et uterque ambigui : neque ex Hispaniis properabatur, nullo tùm ibi consulari : trium legionum legati, pares jure, et, prosperis Vitellii rebus, certaturi ad obsequium, adversam ejus fortunam ex æquo detrectabant. In Africâ, legio cohortesque, delectæ à Claudio Macro, mox à Galbâ demissæ, rursùs jussu Vitellii militiam cepêre : simul cetera juventus dabat impigrè nomina : quippè integrum illìc ac favorabilem proconsulatum Vitellius, famosum invisumque Vespasianus egerat : perindè socii de imperio utriusque conjectabant : sed experimentum contrà fuit.

XCVIII. Ac primò, Valerius Festus, legatus, studia provincialium cum fide juvit : mox nutabat, palàm epistolis edictisque Vitellium, occultis nunciis

dans son devoir. Ce fut de cette manière que Vitellius en parla lui-même aux soldats; il accusait les prétoriens, licenciés depuis peu, de semer ces faux bruits, et il se montrait sans la moindre crainte sur une guerre civile. Il avait supprimé le nom de Vespasien, et répandu, dans toute la ville, des soldats pour arrêter les discours qui se tenaient. Rien ne fortifia davantage les bruits.

XCVII. Toutefois, il fit venir des renforts de la Gaule, de la Germanie et de la Bretagne, mais avec lenteur, dissimulant le besoin de ses affaires. A son exemple, les lieutenants et les provinces traînaient en longueur; Hordéonius Flaccus, parce qu'il soupçonnait déjà les Bataves, et qu'il craignait une guerre pour lui-même; Vettius Bolanus, parce que la Bretagne n'est jamais parfaitement tranquille; tous deux encore parce qu'ils chancelaient. On ne se hâtait pas plus en Espagne, où il n'y avait point alors de consulaire. Trois lieutenants y commandaient avec une autorité égale : Vitellius heureux, ils eussent tous disputé de zèle; malheureux, ils se défendaient chacun d'entrer dans sa mauvaise fortune. En Afrique, la légion et les cohortes que Clodius Macer avait levées, et Galba licenciées ensuite, n'hésitèrent point à exécuter l'ordre de Vitellius, qui leur prescrivit de se reformer de nouveau : toute la jeunesse de ce pays s'empressait aussi de s'enrôler. L'intégrité de son proconsulat y avait laissé, de Vitellius, des impressions favorables; celui de Vespasien avait été odieux et décrié. Les alliés en tiraient des conjectures pour le principat de l'un et de l'autre; mais l'expérience les démentit.

XCVIII. D'abord, le lieutenant Valérius Festus seconda de bonne foi le zèle de la province : bientôt on le vit flottant. Il soutenait publiquement Vitellius dans ses lettres et dans

Vespasianum fovens, et hæc illave defensurus, prout invaluissent. Deprehensi cum litteris edictisque Vespasiani, per Rhætiam et Gallias, militum et centurionum quidam, ad Vitellium missi, necantur: plures fefellêre, fide amicorum aut suomet astu occultati. Ità Vitellii paratus noscebantur, Vespasiani consiliorum pleraque ignota, primùm socordiâ Vitellii; deindè Pannonicæ Alpes, præsidiis insessæ, nuncios retinebant: mare quoque etesiarum flatu in orientem navigantibus secundum, indè adversum erat.

XCIX. Tandem, inruptione hostium, atrocibus undiquè nunciis exterritus, Cæcinam ac Valentem expediri ad bellum jubet: præmissus Cæcina; Valentem è gravi corporis morbo tùm primùm adsurgentem, infirmitas tardabat. Longè alia proficiscentis ex Urbe germanici exercitûs species: non vigor corporibus, non ardor animis: lentum et rarum agmen; fluxa arma, segnes equi: impatiens solis, pulveris, tempestatum; quantùmque hebes ad sustinendum laborem miles, tantò ad discordias promptior. Accedebat hùc Cæcinæ ambitio vetus, torpor recens, nimiâ fortunæ indulgentiâ soluti in luxum: seu perfidiam meditato, infringere exercitûs virtutem inter artes erat. Credidêre plerique, Flavii Sabini consiliis concussam Cæcinæ mentem, ministro sermonum Rubrio Gallo, rata apud Vespasianum fore pacta transitionis: simul odiorum invidiæque

ses édits; et, sous main, il donnait des avis à Vespasien, se ménageant ainsi, à la fois, pour l'un et l'autre parti. On surprit, dans la Rhétie et dans les Gaules, quelques soldats et quelques centurions avec des lettres et des édits de Vespasien; on les envoya à Vitellius, qui les fit mourir; mais presque tous les autres échappèrent, à la faveur de leurs amis, ou de leurs déguisements. Ainsi l'on savait les dispositions de Vitellius; et, au contraire, les projets de Vespasien étaient la plupart ignorés, d'une part, par l'indolence stupide de Vitellius; de l'autre, parce que les détachements qui occupaient les Alpes Pannoniennes* arrêtaient les courriers; et que les vents étésiens, qui favorisaient la navigation en Orient, contrariaient le retour.

XCIX. Enfin, réveillé par l'invasion de l'ennemi et par les nouvelles effrayantes qui arrivaient de toutes parts, Vitellius ordonne à Cæcina et à Valens de se préparer à marcher. Cæcina prit les devants: Valens était retenu par la faiblesse qui lui restait d'une maladie grave, dont il relevait à peine. L'armée de Germanie, en quittant Rome, était à peine reconnaissable. Nulle vigueur dans les corps, nulle ardeur dans les courages, une marche languissante, les rangs clairsemés, les armes qui tombaient des mains, les chevaux qui se traînaient, le soldat ne pouvant supporter le soleil, la poussière, l'intempérie des saisons; et, plus il était faible au travail, plus il était ardent à la révolte. A cela se joignait un général, corrupteur éternel de ses soldats, perdu lui-même de mollesse, en qui toutes les délicatesses d'une grande fortune avaient détruit le courage: peut-être aussi qu'avec le projet de trahir, il entrait dans les vues de Cæ-

---

* Aujourd'hui *Alpi Giule*, entre la Carinthie et la Carniole.

erga Fabium Valentem admonebatur, ut impar apud Vitellium, gratiam viresque apud novum principem pararet.

C. Caecina, complexu Vitellii multo cum honore digressus, partem equitum ad occupandam Cremonam praemisit: mox vexillarii quartaedecimae, et sextaedecimae legionum; dein quinta, et duoetvicesima secutae: postremo agmine unaetvicesima Rapax, et prima Italica incessere, cum vexillariis trium britannicarum legionum et electis auxiliis. Profecto Caecinâ, scripsit Fabius Valens exercitui quem ipse ductaverat, ut in itinere opperiretur; sic sibi cum Caecinâ convenisse: qui praesens, eòque validior, immutatum id consilium finxit, ut ingruenti bello totâ mole occurreretur. Ità adcelerare legiones Cremonam, pars Hostiliam petere jussae: ipse Ravennam devertit, praetexto classem adloquendi: mox Patavii secretum componendae proditionis quaesitum. Namque Lucilius Bassus, post praefecturam alae, Ravennati simul ac Misenensi classibus à Vitellio praepositus, quòd non statim praefecturam praetorii adeptus foret, iniquam iracundiam flagitiosâ perfidiâ ulciscebatur: nec sciri potest traxeritne

cina d'énerver la vigueur de ses troupes. On a cru généralement que ce fut Flavius Sabinus, qui, par l'entremise de Rubrius Gallus, ébranla la fidélité de Cæcina; on lui persuada que Vespasien ratifierait les conditions du traité; en même temps on excitait sa haine et sa jalousie contre Valens, et on le flattait, auprès du nouveau prince, d'une prépondérance de faveur et de crédit que son rival lui enlevait auprès de Vitellius.

C. Cæcina, ayant pris congé de l'empereur, qui le combla de distinctions, envoya d'avance une partie de la cavalerie pour occuper Crémone. Les vexillaires de la quatorzième (29) et de la seizième légion, suivirent de près; ensuite la cinquième et la dix-huitième, enfin la vingt et unième, surnommée *Rapax*, et la première *Italique* se mirent en marche, avec les vexillaires des trois légions de Bretagne et l'élite des auxiliaires. Après le départ de Cæcina, Valens écrivit à l'armée qu'il avait commandée personnellement, de l'attendre sur la route; qu'il en était convenu avec Cæcina. Mais celui-ci, profitant de l'avantage que lui donnait sa présence, fit entendre qu'on avait changé de projet, qu'on avait besoin de toutes leurs forces pour combattre l'ennemi qui les menaçait. Ainsi, pressant la marche des légions, il en envoya une partie à Crémone, une autre à Hostilie* : lui, se détourna vers Ravenne, sous prétexte de se concerter avec la flotte; et, sans s'y arrêter, ils allèrent, Bassus et lui, chercher à Padoue le mystère dont ils avaient besoin pour couvrir les apprêts de leur trahison. Bassus était passé de la préfecture d'une division de cavalerie au

---

* Ostiglia, dans le duché de Mantoue.

Cæcinam, an (quod evenit inter malos, ut et similes sunt) eadem illos pravitas impulerit.

CI. Scriptores temporum, qui, potiente rerum Flaviâ domo, monumenta belli hujusce composuerunt, curam pacis et amorem reipublicæ corruptas in adulationem caussas tradidêre. Nobis, super insitam levitatem, et, prodito Galbâ, vilem mox fidem, æmulatione etiam invidiâque, ne ab aliis apud Vitellium anteiretur, pervertisse ipsum Vitellium videtur. Cæcina, legiones adsecutus, centurionum militumque animos, obstinatos pro Vitellio, variis artibus subruebat : Basso eadem molienti minor difficultas erat, lubricâ ad mutandam fidem classe, ob memoriam recentis pro Othone militiæ.

commandement des deux flottes de Ravenne et de Misène. Il devait ce poste à Vitellius; mais, furieux de n'avoir point obtenu sur-le-champ la préfecture du prétoire, il voulait satisfaire un injuste ressentiment par une perfidie infâme. On ne peut savoir si c'est lui qui entraîna Cæcina, ou si, comme il arrive entre des méchants qui se ressemblent, ils furent poussés à ce forfait par une égale perversité.

CI. Les contemporains qui ont écrit l'histoire de cette guerre, dans le temps que la famille des Flavius occupait l'empire, ont dénaturé, par adulation, les motifs de Cæcina; ils lui ont supposé le désir de la paix et l'amour de l'État. Pour moi, je ne puis faire cet honneur à un homme qui avait prouvé, en trahissant Galba, tout son mépris pour ses devoirs; et je pense qu'outre sa légèreté naturelle, ses rivalités et sa jalousie contre ceux que lui préférait Vitellius, le portèrent à perdre Vitellius lui-même. Lorsque Cæcina eut joint les légions, il n'y eut point d'artifices qu'il n'employât pour ruiner sourdement cet attachement invincible des soldats et des centurions pour Vitellius. Bassus en faisait autant sur la flotte, et il y trouvait moins d'obstacles; on était tout disposé à trahir Vitellius, par l'idée seule qu'on venait de porter les armes contre lui.

NOTES

DU LIVRE DEUXIÈME.

---

(1) CHAP. II, PAGE 477.

TEMPLI *situm.* Ne faudrait-il pas lire *ritum templi*, au lieu de *situm ?* En effet, Tacite ne parle que des cérémonies qui s'observaient dans le temple; il ne parle aucunement de la position ou structure de ce temple. J'ai traduit en supposant *ritum.*

(2) CHAP. IV, PAGE 479.

Ingens rerum fiducia accessit; porta dans la balance des destinées un poids immense. Je mets, comme Freinshémius, *fiducia* au nominatif. Tacite a dit de Titus : *ingens rerum fiducia,* comme il a dit, plus bas, *præcipua concordiæ fides.* Gronovius vient à l'appui du sentiment de Freinshémius; il cite deux passages de Justin qui jettent beaucoup de lumière sur cette phrase de Tacite, et qui justifient le sens que je lui ai donné. *Qui ex continenti ad Darium profecti, non mediocre momentum Persarum viribus accessére*, liv. XI; et, au livre XIII, *ubì et Olympias esset mater Alexandri, non mediocre momentum partium.*

(3) CHAP. V, PAGE 481.

Tribuni centurionesque, et vulgus militum, industriâ, licentiâ, per virtutes et voluptates, ut cuique ingenium, adsciscebantur; les tribuns, les centurions et les moindres soldats aimaient dans lui (*Titus*), chacun suivant leur caractère, son application, ses écarts, ses vertus, ses plaisirs, ne respiraient tous que pour lui.

Je ne dois pas dissimuler que le P. Dotteville, Guérin, Gordon, ont entendu ce passage bien différemment. Voici la traduction du P. Dotteville ; celle des autres est la même au fond : *Le vice, la vertu, l'amour de la discipline, le relâchement, furent employés, suivant les conjonctures, pour gagner les tribuns, les centurions et chacun des soldats.* On voit qu'ils font rapporter aux soldats ce que j'applique à Titus. Malgré la défiance que doit m'inspirer cette unanimité d'autorités respectables, j'avoue que je tiens à mon sens. Titus est ici le principal personnage du tableau, que tout doit faire ressortir. On voit que Tacite a cherché à arrêter long-temps sur ce grand homme la vue de son lecteur; il nous entretient de la figure de Titus, de ses maîtresses; il le suit dans les moindres particularités de sa vie; il l'accompagne dans ses voyages à Rhodes, à Chypre, en Syrie. Tout le morceau est destiné uniquement à l'annoncer avec éclat. Ce morceau, Tacite l'aurait-il terminé par un trait qui eût été étranger à son héros?

(4) CHAP. XIV, PAGE 495.

Obscurum obtentui fugientibus; l'obscurité de la nuit que prétextèrent aussi les fuyards. C'est le sens qu'a donné Ernesti. Il me paraît plus fin et plus conforme à la signification naturelle d'*obtentui*, que le sens qu'a préféré l'abbé Brotier.

(5) CHAP. XVIII, PAGE 501.

J'ai supprimé *providentiam ducis laudantibus*, d'après Pichena, Ernesti et l'abbé Brotier.

(6) CHAP. XIX, PAGE 501.

J'ai lu *inertissimus*, d'après Freinshémius et Ernesti, au lieu de *vetustissimus*.

(7) CHAP. XX, PAGE 503.

Il portait, avec un sagum rayé, les braques des Germains. Pour n'y plus revenir, je vais réunir, dans un seul morceau, tout ce qui concerne l'habillement militaire des Romains.

Les soldats romains portaient sur la peau une tunique de laine, qui n'était point ouverte par-devant, comme nos chemises ; elle descendait un peu au-dessous du genou ; elle ne couvrait le bras que jusqu'au coude ; car on regardait, comme une preuve de mollesse, d'avoir des manches à sa tunique. Nos idées sont bien changées ; parmi nous, ce sont les hommes qui ont des manches, et les femmes n'en ont pas, ou du moins les ont très-courtes.

Par-dessus cette tunique se mettait la cuirasse, qui variait pour le poids et la matière. Elle couvrait le corps depuis le haut de la poitrine jusqu'aux hanches. Elle était tantôt de cuir, tantôt de mailles de fer, etc., etc.

Ce ne fut que dans la décadence de l'empire, lorsque la discipline se relâcha, que l'usage vint de porter, sous la tunique de laine, une chemise de lin.

Par-dessus la cuirasse, le soldat romain mettait le *sagum*, qui était l'habillement militaire : c'était une draperie ouverte et assez flottante, qui s'attachait sur l'épaule avec une boucle. Elle descendait plus bas que la tunique. Le *sagum* était de laine, on le quittait pour le combat et les travaux militaires ; il servait de couverture au soldat dans le camp.

Le choix de la couleur que les Lacédémoniens donnaient à leurs casques est assez remarquable, elle était rouge, afin qu'elle se confondît avec celle du sang.

J'avais pensé d'abord que le même motif avait influé sur la couleur du *sagum*, qui était roux, *russatum*; mais les Romains le quittaient pour le combat, comme je viens de le dire.

Le *paludamentum* n'était que le *sagum* du général; il différait de celui du soldat par un peu plus de longueur, surtout par la couleur, qui était semée d'or, d'écarlate et de pourpre, et par d'autres ornements.

Chlamis et *paludamentum* sont deux mots qui n'expriment que la même chose.

Outre ces vêtements ordinaires, les soldats romains portaient, dans les marches et dans les factions, le *penula*, sorte de surtout de laine, plus pesant que la toge, ouvert seulement par le haut pour laisser passer la tête, et ayant un capuchon. Dans les villes on l'employait aussi; c'était l'habit de voyage; l'habit de pluie, qui se mettait sur la tunique, tenait lieu de la toge pour les hommes, et de la robe, *stola*, pour les femmes. Il n'était pas aussi honnête que la toge. Aussi les sénateurs ne le portèrent point en public jusqu'au temps d'Alexandre Sévère. Les Romains avaient communément la cuisse et la jambe nues, sous leur longue toge qui leur descendait jusqu'aux talons. Les soldats seuls avaient des bottines de fer, *ocreæ*. Il est à remarquer qu'ils n'en avaient qu'une à la jambe droite, parce qu'en combattant avec l'épée, ils étaient dans l'usage de porter toujours en avant la jambe droite, en sorte que la gauche ne se trouvait point exposée.

Jusqu'à Auguste, les soldats romains n'avaient eu, sur les cuisses et les jambes, que leur tunique et la bottine : depuis ce prince, comme on fit beaucoup la guerre dans les pays septentrionaux, on commença à donner aux soldats des hauts-de-chausses qui descendaient jusqu'au-dessous du mollet ; c'est ce qu'on nommait *braccæ, braques, tegmen barbarum*, dit Tacite, qu'on prit des Gaulois, et dont, en général, se servaient tous les peuples du Nord, tous ces barbares qui dépecèrent, depuis, l'empire romain.

Les hauts-de-chausses, *braccæ*, s'introduisirent fort tard parmi les habitants des villes. A la fin du quatrième siècle de l'ère chrétienne, l'empereur Honorius les défendit sous peine d'exil perpétuel. Du temps de la république, l'État se chargeait d'habiller les soldats ; mais, selon Polybe, le questeur retenait, sur leur solde, les frais de leurs habits. Caïus Gracchus, dans son tribunat, fit passer une loi qui ordonnait d'habiller les soldats, sans rien prendre sur leur paie. Cette faveur ne subsista pas, puisque, dans Tacite, Percennius se plaint, entre autres griefs, de cette retenue.

Sous Constantin et ses successeurs, ce furent les provinces qu'on chargea d'habiller, à leurs frais, les soldats.

(8) CHAP. XXV, PAGE 513.

Vineas nexu traducum impeditas. Tous les traducteurs ont rendu ainsi ce passage : *des vignes entrelacées ou embarrassées de provins*. Ils se sont tous trompés, faute d'avoir vu les lieux. Dans presque toute l'Italie, et notamment entre Crémone et Plaisance, les vignes sont mariées à des arbres plantés en quinconce, et, de là, étendent leurs jets, qui courent s'attacher d'un arbre à l'autre, en formant des espèces de guirlandes, ce que Tacite appelle *nexus traducum*. Ces guirlandes se soutiennent à quelques pieds au-dessus de la terre, et devaient fort gêner la cavalerie. Je n'y ai jamais vu de *provins*. Notre manière de cultiver la vigne y est inusitée.

(9) CHAP. XXVIII, PAGE 517.

Columen, proprement un faîte. C'est le nom de cette pièce de bois qui se prolonge sur tout le comble d'un bâtiment, et d'où partent tous les chevrons d'une charpente. *Sustentaculum*, étai.

(10) CHAP. XXIX, PAGE 519.

Dans les guerres civiles, les soldats ont plus de *pouvoir que les chefs*. Lucain a rendu cette idée avec une précision énergique : *Facinus, quos inquinat, æqua.*

(11) CHAP. XL, PAGE 533.

Non ut ad pugnam, sed ad bellandum profecti; l'armée se mit en marche comme pour une expédition lointaine, et non pour un combat. Le sens de ce passage a échappé à beaucoup de traducteurs et de commentateurs : je crois l'avoir saisi. *Les Othoniens marchèrent, non comme des gens qui avaient l'ennemi tout près d'eux, qui allaient l'attaquer, mais comme des gens qui se seraient mis tranquillement en campagne pour aller faire la guerre à deux ou trois cents lieues de chez eux,* etc., etc.

(12) CHAP. XLIII, PAGE 537.

La vingt et unième légion, appelée Rapax. Juste-Lipse cite un ancien monument, qu'on voit encore au Capitole, où les noms des légions sont gravés par ordre. Comme ces noms reparaîtront plus d'une fois dans le cours de cet ouvrage, il n'est pas inutile de les transcrire ici :

II Augusta.	II Adjutrix.
VI Victrix.	IV Flavia.
XX Victrix.	VII Claudia.
VIII Augusta.	I Italica.
XXII Primigenia.	V Macedonia.
I Minervia.	XI Claudia.
XXX Ulpia.	XIII Gemina.
I Adjutrix.	XII Fulminatrix.
X Gemina.	XV Apollinea.
XIV Gemina.	III Gallicana.
I Parthica.	II Parthica.
IV Scythica.	II Trajana.
XVI Flavia.	III Augusta.
VI Ferratensis.	VII Gemina.
X Fretensis.	II Italica.
III Cyrenensis.	III Parthica.

On voit que les légions étaient distinguées à la fois, et par leur numéro, et par un surnom qu'on joignait à ce numéro. Ce surnom était tiré, soit d'une qualité glorieuse pour la légion, soit de la province où elle avait le plus servi, soit du général qui l'avait levée, etc.; etc.

(13) CHAP. XLIV, PAGE 541.

Ces pensées les rendaient furieux; ils ne craignaient rien. On lit dans toutes les éditions : *His cogitationibus truces aut pavidi, extremâ desperatione ad iram sæpiùs quàm in formidinem stimulabantur.* J'avoue que cette leçon est inintelligible. Qu'on relise ce que Tacite fait dire ou penser aux prétoriens ; il n'y a rien assurément qui indique le moindre sentiment de faiblesse, qui autorise ce mot, *aut pavidi.* Voici comme je proposerais de lire, et c'est d'après cette nouvelle leçon que j'ai traduit : *His cogitationibus truces; haud pavidi : extremâ desperatione,* etc. Outre que le sens exige, à ce qu'il me semble, ce changement, il n'y a pas une grande différence entre *aut* et *haud,* et l'on conçoit que cette erreur a bien pu échapper à un copiste.

(14) CHAP. LII, PAGE 553.

Et il les appelait pères conscripts. Tarquin l'Ancien avait porté à trois cents le nombre des sénateurs. Tarquin-le-Superbe ayant, par ses condamnations arbitraires, considérablement diminué ce nombre, Brutus, pour le compléter, prit les premiers de l'ordre équestre. Ces nouveaux sénateurs s'appelèrent *conscripti,* dit Tite-Live, *videlicet in novum senatum lecti,* comme ayant été nouvellement inscrits. Les anciens sénateurs conservèrent le nom de *pères, patres.* Or, toutes les fois que l'on convoquait le sénat, le crieur appelait d'abord les anciens, *patres,* et ensuite les nouveaux, *conscripti;* par la suite, au lieu de séparer, par une virgule, ces deux mots, *patres, conscripti,* qui exprimaient deux choses différentes, on les réunit, et l'on en fit la dénomination générale de tous les sénateurs indistinctement.

(15) CHAP. LII, PAGE 553.

Honneur bien déplacé alors. Dans un moment où le sénat était avili, où il était l'esclave d'une soldatesque effrénée, où les soldats venaient de lui enlever le plus beau de ses priviléges, celui de nommer ses chefs.

(16) CHAP. LIX, PAGE 563.

Honneur excessivement ridicule, quand même il eût conservé sa fortune, bien funeste quand il l'eût perdue. On lit, dans le texte : *Nimius honos inter secunda, rebus adversis in solatium cessit.* Ce mot *in solatium* serait une absurdité, à ce qu'il me semble. Une des premières choses que fit Mucien, fut de faire périr cet enfant de Vitellius ; et, certainement, les honneurs extravagants et prématurés que lui avait fait rendre son père n'y contribuèrent pas peu. Or, comment ce qui fut cause du malheur de cet enfant aurait-il pu être pour lui une *consolation?* Au lieu de *solatium*, j'ai lu *exitium*.

(17) CHAP. LXI, PAGE 565.

Les plus éloignés d'Autun. Le latin dit, *les plus proches de Maricus*, ce qui revient au même. Les cantons les plus proches des Boïens étaient les plus éloignés d'Autun.

(18) CHAP. LXI, PAGE 565.

Gravissima civitas, cette cité si sage. Ernesti explique *gravissima* par *valida, potens.* Que l'on consulte le *Trésor de la langue latine*, au mot *Gravis*, où il y a deux pages in-folio de ce mot employé de toutes les manières, on ne trouvera nulle part qu'il ait le sens qu'Ernesti lui donne. L'explication du P. Dotteville, que j'ai suivie, me paraît bien préférable.

(19) CHAP. LXII, PAGE 565.

Nec ultrà in defectores aut bona cujusquam sævitum ; et sa rigueur contre ces rebelles ne s'étendit pas plus loin, etc. J'ai pensé, comme Davanzati, que cette phrase se rapportait uniquement aux complices de ce Boïen. Le P. Dotteville l'entend des Othoniens. Je ne crois pas qu'il ait raison. Les Othoniens, Tacite ne les aurait point appelés *defectores.* D'ailleurs la transition aurait été bien brusque.

DU LIVRE II.

(20) CHAP. LXII, PAGE 567.

On ne pouvait suffire à sa honteuse et insatiable voracité.
Vitellius faisait jusqu'à trois et quatre repas énormes par jour, sans en être incommodé, par l'habitude qu'il avait de se faire vomir. Un grand nombre de ses courtisans, moins robustes que lui, périrent à la suite de ces monstrueux festins. C'est à ce sujet que Vibius Crispus, qu'une indispcsition avait empêché de s'y trouver, dit assez plaisamment : « Si je n'avais point été » malade, je serais mort. »

Vitellius dépensa, à un seul de ses repas, près de huit cent mille livres de notre monnaie ; dans un autre, qui lui fut donné par son frère, on servit jusqu'à deux mille poissons, et jusqu'à sept mille oiseaux des plus rares et des plus exquis.

Vitellius avait fait faire un plat énorme, qu'il appelait le bouclier de Minerve. Pline l'Ancien rapporte qu'on fut obligé de construire un fourneau exprès pour ce plat : le fourneau était d'une grandeur si démesurée, que, quoiqu'il ne fût qu'en terre cuite, il coûta près de deux cent mille francs. Pour faire ce que Vitellius appelait la dédicace de ce plat monstrueux, on le couvrit de foies de sargets, de cervelles de faisans et de paons, de langues de phænicoptères, et de laitances de murènes, que les matelots et les officiers de ses flottes avaient été occupés à rassembler d'un bout de la Méditerranée à l'autre, depuis Cadix jusqu'à la mer de Crète et au canal de Rhodes.

Le nom de Vitellius était resté à certains mets succulents et recherchés, jusqu'au temps de l'historien Dion, qui rapporte cette anecdote.

(21) CHAP. LXVII, PAGE 573.

L'adoucissement du congé honorable, honesta missio. Termes énoncés formellement dans les cartouches de congés qu'on donnait aux soldats qui avaient bien servi.

(22) CHAP. LXX, PAGE 581.

On connaît le mot affreux de Vitellius. Comme plusieurs de ceux qui étaient avec lui marquaient de l'horreur pour cette infection épouvantable de tant de milliers de cadavres entassés : « Le corps d'un ennemi mort sent toujours bon, » leur dit-il, et, en même temps, il fit apporter du vin, en but largement, et invita sa suite à en faire autant.

(23) CHAP. LXX, PAGE 581.

Instaurabat sacra diis loci; il prodiguait des sacrifices aux dieux de cette terre de mort. J'avais d'abord été surpris que Tacite eût terminé un morceau d'un aussi grand effet par deux mots d'une harmonie aussi sèche, *diis loci;* mais c'est que la circonstance était atroce pour les Romains. Dans leurs idées religieuses, ces fêtes, ces sacrifices, ces réjouissances, dans un lieu dévoué à la mort, étaient singulièrement révoltants. Or, toutes les fois que Tacite peut saisir son lecteur par un grand résultat, par une pensée forte, par une réflexion profonde, il semble affecter de briser l'harmonie, afin, apparemment, que, l'oreille n'étant point distraite par le son, l'esprit s'attache uniquement à la pensée.

(24) CHAP. LXXVI, PAGE 587.

Abiit jam et transvectum est tempus, quo posses videri concupisse. Littéralement : *Il est passé.... le temps où l'on pouvai paraître avoir eu de l'ambition,* etc.

(25) CHAP. LXXVI, PAGE 587.

Songe au meurtre de Corbulon. Lorsque Corbulon reçut

l'ordre de Néron qui le condamnait à mourir, il dit, en prenant son épée pour se percer : « J'ai ce que je mérite. »

(26) CHAP. LXXXV, PAGE 603.

La septième laudiane. Cette légion avait reçu de Claude ce surnom, en récompense de ce qu'elle n'avait point favorisé la révolte de Furius Scribonianus en Dalmatie. Outre ce nom de *Claudiane*, Claude lui fit donner, par le sénat, celui de *pia* et de *fidelis*. On trouve des médailles avec cette inscription : *Legio septima Claudiana, septimùm pia, septimùm fidelis.*

(27) CHAP. XCI, PAGE 613.

La journée de Crémère, etc. Ce fut celle où tous les Fabius furent tués par les Véiens. C'est un trait bien remarquable que celui d'une seule famille osant faire la guerre à toute une nation. Je ne sais si les Romains avaient trop raison de mettre cette journée au nombre de leurs journées sinistres; cet échec fut peut-être ce qui sauva la république, qui, infailliblement, eût été asservie par cette famille si nombreuse et si puissante. Pendant sept années consécutives, il y eut toujours un Fabius dans le consulat, et l'usage paraissait s'en être établi, lorsqu'elle vint à être presque détruite. Crémère est aujourd'hui la Varca, et l'Allia Torrente di Catino.

(28) CHAP. XCII, PAGE 615.

Il accorda aux bannis qu'on avait rappelés le droit de patronage. C'était Galba qui avait rappelé les exilés; il n'avait pu leur rendre leurs biens, qui avaient été dissipés par les profusions de Néron : ainsi ils étaient dans l'indigence. Vitellius, pour les dédommager, leur accorda ce droit de patronage, qui eût été considérable si on ne l'eût éludé.

Les affranchis étaient obligés de donner la subsistance à leur ancien maître, s'il était dans la misère; ils étaient obligés de lui laisser, par testament, la moitié de leurs biens.

(29) CHAP. C, PAGE 627.

Les vexillaires de la quatorzième. Je crois qu'il faudrait lire la *quinzième*; car on avait envoyé en Bretagne la quatorzième, qui d'ailleurs avait paru trop attachée à Othon pour que Vitellius n'eût pas à s'en défier.

FIN DU QUATRIÈME VOLUME.

www.ingramcontent.com/pod-product-compliance
Lightning Source LLC
Chambersburg PA
CBHW050129240426
43673CB00043B/1603